David Gooding | John Lennox

WAS SOLLEN WIR TUN?

Was ist das beste Konzept für Ethik?

DIE SUCHE NACH WIRKLICHKEIT UND BEDEUTUNG **3**

WAS SOLLEN WIR TUN?

WAS IST DAS BESTE KONZEPT FÜR ETHIK?

DAVID GOODING

JOHN LENNOX

MIX
Papier aus verantwortungsvollen Quellen
FSC® C014496
FSC
www.fsc.org

David Gooding | John Lennox
WAS SOLLEN WIR TUN?
Was ist das beste Konzept für Ethik?

Best.-Nr. 271 727
ISBN 978-3-86353-727-2
Christliche Verlagsgesellschaft Dillenburg

Titel des englischen Originals:
Doing What's Right
Whose System of Ethics is Good Enough?
Book 4, The Quest for Reality and Significance

1. Auflage

www.cv-dillenburg.de

Übersetzung: Christiane Henrich
Satz und Umschlaggestaltung:
Christliche Verlagsgesellschaft Dillenburg
Umschlagmotiv: © Myrtlefield Trust/Frank Gutbrod

Druck: GGP Media GmbH, Pößneck
Printed in Germany

UNSEREN JÜNGEREN
KOMMILITONEN GEWIDMET,
IN DER ERINNERUNG,
DASS WIR SELBST
EINST STUDENTEN WAREN
UND IMMER NOCH SIND.

INHALTSVERZEICHNIS

ABBILDUNGEN

WARUM DIESES BUCH GERADE HEUTE HOCHAKTUELL IST

WOLLEN WIR UNS VON EINEM AUTONOMEN AUTO FAHREN LASSEN?

Immer neue Möglichkeiten tun sich der Menschheit auf. Besonders die Künstliche Intelligenz (KI) und die Digitalisierung eröffnen uns ein ganz neues Universum. Ferngesteuerte Hochpräzisions-Operationen über den Ozean hinweg können Leben retten. Hochleistungsserver werten hochkomplexe, riesige Datenmengen für uns aus und helfen uns, Zusammenhänge zu entdecken, die uns ansonsten verborgen geblieben wären. Roboter erledigen gefährliche Aufgaben, z. B. in Atomkraftwerken, und entlasten damit menschliche Arbeitskräfte. Drohnen fliegen in den Krieg, die steuernden Soldaten müssen nicht mehr ihre Familien daheim verlassen und ihr Leben riskieren ... Doch zugleich stellen wir fest, dass solche Drohnen dafür erbarmungsloser auch ziviles Leben zerstören, dass die Datenauswertung sich verselbstständigt und sich unkontrolliert versteckte Vorurteile einschleichen können (z. B. bei der Vergabe von Krediten), und dass das massenhafte Sammeln von Daten neue Ungerechtigkeiten, Marktmonopole und – teils sogar unbeabsichtigt – Wege der Meinungsmanipulation herstellt, z. B. durch Blasenbildung.

Durch Künstliche Intelligenz entstehen neue Fragen: Soll ich z. B. ein autonom fahrendes Auto nutzen? Das bringt sicher viele Annehmlichkeiten mit sich. Die Prognosen sagen uns, dass dadurch insgesamt weniger Unfälle geschehen werden, v. a. wenn man die autonom fahrenden Autos miteinander koppelt. Dafür werden aber andere Unfälle passieren, die einem menschlichen Fahrer nicht unterlaufen würden (und natürlich stellt sich ein neues Datenschutzproblem in Bezug auf die Aufenthaltsorte der „Fahrer“).

Wer trägt die Verantwortung für einen Unfall? Der Hersteller oder der Nutzer? Oder muss die KI-Maschine selbst eine Verantwortung zugeschrieben bekommen? Wollen wir unser Leben dann den Entscheidungsalgorithmen einer solchen Maschine anvertrauen?

Neue Möglichkeiten eröffnen immer neue Chancen und Vorteile, aber auch neue Gefahren und Schwierigkeiten. „Was also sollen wir tun?“ ist die entscheidende Frage. Soll man sich der Neuerung komplett verschließen und sie verbieten? Oder einfach dem Fortschritt der Technik freien Lauf lassen? Beide Extreme erscheinen nicht angemessen. Aber wie finden wir den richtigen Weg dazwischen? Welche Maßstäbe können uns leiten, woran können wir uns orientieren – sowohl als Gesellschaft und Staatengemeinschaft als auch privat und in christlichen Gemeinden?

Das vorliegende Buch zeigt uns fundiert auf, dass die Auswahl an ethischen Systemen begrenzt ist. Sie sind im Grunde an einer Hand abzählbar. Somit können wir lernen, Maßstäbe für unsere Entscheidungen und Handlungen bewusst zu identifizieren und zu unterscheiden.

Da die Frage der Ethik „Was sollen wir tun?" eng an die Fragen „Was ist wirklich?" und „Was können wir wissen?" gekoppelt ist, empfiehlt sich auch die Lektüre der anderen Bände dieser Reihe.

Dieses Buch wird uns nicht die aktuellen Fragen unserer Zeit beantworten, aber es wird uns helfen, uns ein eigenes Urteil zu bilden, das im Einklang mit unserem Wunsch steht, Gottes Willen zu erkennen und das Gute zu tun. In seinem Brief an die Römer schreibt der Apostel Paulus im Kapitel 12, Vers 2: „Richtet euch nicht länger nach den Maßstäben dieser Welt, sondern lernt, in einer neuen Weise zu denken, damit ihr verändert werdet und beurteilen könnt, ob etwas Gottes Wille ist – ob es gut ist, ob Gott Freude daran hat und ob es vollkommen ist" (NGÜ).

Wir wünschen, dass dieses Buch Ihnen dabei hilft!

Dr. Alexander Fink
Leiter des Instituts für Glaube und Wissenschaft (www.iguw.de)

ZUR DEUTSCHEN AUSGABE

Liebe Leser,

Ethik betrifft jeden. Denn wer lebt, muss Entscheidungen treffen. Und selbst wenn ein Mensch noch nie über Ethik und Moral nachgedacht hat, trifft er doch täglich unzählige ethische Entscheidungen. Denn jeder hat einen Werterahmen, nach dem er entscheidet – ob ihm das bewusst ist oder nicht. Jeder Mensch hat eine Ethik.

Der vorliegende dritte Band der Buchreihe *Die Suche nach Wirklichkeit und Bedeutung* widmet sich der ethischen Frage: „Wie sollen wir leben?" Eine Frage, mit der wir nie fertig werden, denn jede Veränderung in Wissenschaft, Technik und Gesellschaft stellt uns vor neue Herausforderungen: Wie gehen wir z. B. mit den Fortschritten in der Medizin um? Sollen wir alles tun, was wir technisch tun könnten? Kann die Mehrheit einer Gesellschaft bestimmen, was ethisch richtiges Handeln ist?

Die Autoren David Gooding[1] und John Lennox stellen deshalb die wichtigsten ethischen Konzepte vor. Eine Ethik kann z. B. ihren Fokus auf die Folgen unserer Entscheidungen richten. So fragt der *Utilitarismus* (Bentham) nach den Ergebnissen, das heißt dem Nutzen, dem maximalen Glück für eine größtmögliche Anzahl von Menschen. Die *Pflichtethik* (Kant) richtet dagegen ihren Blick auf Prinzipien, die unserem Handeln zugrunde liegen. Und die *Tugendethik* (Aristoteles) nimmt den Handelnden selbst und seinen Charakter in den Blick. Die Autoren zeigen, dass alle diese Konzepte Stärken und Schwächen haben. Fällt z. B. bei der Frage nach dem maximalen Glück der meisten der Einzelne nicht durchs Raster? Wer legt fest, was Pflichten sind? Und kann man wirklich nur auf den Charakter des Einzelnen setzen oder braucht man auch übergeordnete Prinzipien? Und wer setzt diese fest? Die Gesellschaft? Oder vielleicht Gott?

Als Christen sind die Autoren überzeugt, dass man bei der ethischen Frage an Gott nicht vorbeikommt. Dabei weisen sie am Schluss ihrer Untersuchung auf eine Besonderheit der christlichen Ethik hin: Sie ist immer etwas Zweites, am Anfang stehen die Barmherzigkeit und die Güte Gottes – nicht eine Liste von ethischen Forderungen. Die christlichen Gebote bleiben

1 Verstorben im August 2019

dennoch verbindlich und gültig, weil sie Ausdruck von Gottes Wesen und der Natur des Menschen sind, der nach seinem Bild geschaffen wurde.

Auch wenn die Autoren aus ihrer Überzeugung keinen Hehl machen, wollen sie nicht einfach Werbung fürs Christentum machen. Sie wollen zum Selberdenken anregen. Das wird besonders auch da deutlich, wo sie Praxisbeispiele diskutieren, die nicht immer einfache Lösungen bieten.

Der Verlag, im März 2021

VORWORT ZUR SERIE

Viele Studenten haben ein Problem – viele Probleme sogar, aber eines ganz besonders: Ihre Kindheit ist vorbei, das Erwachsenenleben beginnt, und nun müssen sie sich einer Flut von Veränderungen stellen, die die Unabhängigkeit des Erwachsenseins mit sich bringt. Das kann spannend sein, ist manchmal aber auch beängstigend: Plötzlich muss man auf eigenen Füßen stehen und selbst entscheiden, wie man leben möchte, welche Berufslaufbahn man einschlagen will, welche Ziele man verfolgen und welche Werte und Prinzipien man sich zu eigen machen will.

Wie trifft man solche Entscheidungen? Zunächst einmal durch reichlich Nachdenken. Mit der Zeit werden wachsendes Wissen und Erfahrungen einem diese Entscheidungen leichter machen. Aber vernachlässigt man diese grundlegenden Entscheidungen zu lange, besteht die Gefahr, dass man sich einfach durchs Leben treiben lässt. Schnell vernachlässigt man dabei den charakterformenden Prozess, die eigene Weltsicht zu durchdenken. Denn genau das brauchen wir: Einen in sich stimmigen Rahmen, der dem Leben eine echte Perspektive und überzeugende Werte und Ziele gibt. Eine solche Weltsicht zu gestalten – besonders zu Zeiten, in denen die traditionellen Vorstellungen und Werte der Gesellschaft radikal infrage gestellt werden –, kann eine gewaltige Aufgabe für jeden sein, nicht zuletzt auch für Studenten. Schließlich bestehen Weltanschauungen normalerweise aus vielen Elementen, die unter anderem aus Wissenschaft, Philosophie, Literatur, Geschichte und Religion stammen. Und man kann von keinem Studenten erwarten, schon in einem dieser Bereiche ein Experte zu sein, geschweige denn in allen Bereichen (aber wer von uns ist das schon?).

Dabei müssen wir nicht auf die gesammelte Weisheit der späteren Lebensjahre warten, um zu erkennen, was die großen Themen des Lebens sind. Denn wenn wir erst einmal begriffen haben, was wirklich wichtig ist, wird es umso einfacher sein, fundierte und weise Entscheidungen jeder Art zu treffen. Als Beitrag dazu haben die Autoren diese Buchserie geschrieben, insbesondere für jüngere Menschen, die sich mit diesen Themen auseinandersetzen wollen. Dabei steht jedes Buch dieser Serie für sich, liefert gleichzeitig aber einen Beitrag zum umfassenden Bild des Gesamtprojektes.

Daher werden wir jeweils am Anfang die Themen in einer umfassenden Einleitung darlegen. Hier geben wir einen Überblick über die grundlegenden Fragen, die wir stellen müssen, über die wichtigsten Standpunkte, die wir kennen sollten, und warum die Bedeutung und das Wesen der letzten Wirklichkeit für jeden von uns wichtig sind. Denn es ist unvermeidbar, dass sich jeder von uns irgendwann und auf irgendeine Weise mit den grundlegenden Fragen unserer Existenz auseinandersetzt. Ist unser Dasein hier gewollt oder sind wir nur zufällig hier? In welchem Sinn – wenn es ihn denn gibt – sind wir wichtig, oder sind wir einfach winzige Staubkörnchen, die eine bedeutungslose Ecke des Universums bevölkern? Liegt in all dem ein Sinn? Und wenn unser Dasein wirklich wichtig ist, wo können wir verlässliche Antworten auf diese Fragen finden?

In Buch 1, *Was ist der Mensch?*, betrachten wir Fragen rund um die Bedeutung des Menschen. Wir werden nicht nur über die Freiheit des Menschen nachdenken und wie diese oft auf gefährliche Weise abgewertet wird, sondern werden auch das Wesen und die Grundlage der Moral betrachten und dabei die Gemeinsamkeiten und Unterschiede verschiedener Moralvorstellungen untersuchen. Denn jede Interpretation der Freiheit, für die Menschen sich entscheiden, wirft Fragen nach der Macht auf, die wir über andere Menschen und auch über die Natur ausüben, manchmal mit katastrophalen Folgen. Was sollte uns leiten, wenn wir Macht ausüben? Was – wenn überhaupt etwas – sollte unseren Entscheidungen Grenzen setzen? Und in welchem Maß können diese Einschränkungen uns davon abhalten, unser volles Potenzial zu entfalten und unsere Bestimmung zu verwirklichen?

Die Gegebenheiten dieser Fragen führen uns zu einem weiteren Problem. Auch wenn wir uns für eine Weltanschauung entschieden haben, ist es nun einmal nicht so, dass sich das Leben dann automatisch vor uns entfaltet und wir keine weiteren Entscheidungen mehr zu treffen haben. Ganz im Gegenteil: Von Kindheit an werden wir immer mehr mit der praktischen Notwendigkeit konfrontiert, ethische Entscheidungen zu treffen, über Richtig und Falsch, Gerechtigkeit und Unrecht, Wahrheit und Lüge. Solche Entscheidungen beeinflussen nicht nur unsere individuellen Beziehungen zu den Menschen in unserer direkten Umgebung: Wir alle tragen unseren Teil dazu bei, den sozialen und moralischen Grundton einer Nation und sogar der ganzen Welt mitzuprägen. Wir brauchen daher jede mögliche Hilfe, um zu lernen, wie man wahrhaft ethische Entscheidungen trifft.

Aber alles Nachdenken über Ethik bringt uns unweigerlich zu der Frage, was die letzte Autorität hinter der Ethik ist. Wer oder was besitzt die Autorität, uns zu sagen: „Du solltest dies tun" oder „Du solltest dies nicht tun"? Wenn wir keine befriedigende Antwort auf diese Frage haben, fehlt unserer Vorstellung von Ethik eine ausreichend tragfähige und gültige Grundlage.

Letztendlich führt uns die Antwort darauf unweigerlich zu einer weiter reichenden philosophischen Frage: In welchem Verhältnis stehen wir zum Universum, dessen Teil wir sind? Was ist das Wesen der letzten Wirklichkeit? Gibt es einen Schöpfer, der uns geschaffen hat? Der uns mit einem moralischen Bewusstsein versehen hat und der von uns erwartet, nach seinen Gesetzen zu leben? Oder ist der Mensch das Produkt geistloser, amoralischer Kräfte, die sich nicht um Ethik scheren? Dann ist es der Menschheit selbst überlassen, ihre eigenen ethischen Regeln zu schaffen, so gut sie kann. Dann muss sie versuchen, einen größtmöglichen Konsens dafür zu erhalten, entweder durch Überzeugungsarbeit oder – leider – sogar durch Gewalt.

Wir werden dieses Thema im vierten Buch unter der Überschrift *Was ist Wirklichkeit?* abschließend besprechen. Dort werden wir die Sichtweisen und Glaubensüberzeugungen aus unterschiedlichen Teilen der Welt und aus verschiedenen Jahrhunderten vergleichen: die indische Philosophie des Shankara, die Natur- und Moralphilosophie der alten Griechen mit einem Beispiel aus der griechischen Mystik, den modernen Atheismus und Naturalismus und schließlich den christlichen Theismus.

Die Auseinandersetzung mit unterschiedlichen Sichtweisen wirft weitere Fragen auf: Wie können wir wissen, welche von ihnen wahr ist – wenn überhaupt eine wahr ist? Und was ist überhaupt Wahrheit? Gibt es überhaupt so etwas wie eine absolute Wahrheit? Und woran können wir diese erkennen, wenn wir auf sie stoßen? Daraus ergibt sich eine grundlegende Frage, die nicht nur unsere wissenschaftlichen und philosophischen Theorien beeinflusst, sondern auch unsere alltäglichen Erfahrungen: Wie können wir überhaupt irgendetwas wissen?

Den Teil der Philosophie, der sich mit diesen Fragen auseinandersetzt, nennt man Erkenntnistheorie, und diesem Thema widmen wir uns in Buch 2, *Was können wir wissen?*. Hier beschäftigen wir uns besonders mit einer Theorie, die in jüngerer Zeit sehr populär geworden ist: dem Postmodernen Denken. Damit werden wir uns intensiv auseinandersetzen, denn wenn diese Denkrichtung wahr wäre (und wir denken, sie ist es nicht), würde dies nicht nur ernsthafte Auswirkungen auf die Ethik haben, sondern auch die Wissenschaft und die Interpretation von Literatur beeinträchtigen.

Wenn wir grundlegende ethische Prinzipien beurteilen wollen, die allgemein befolgt werden sollten, sollten wir beachten, dass wir nicht die erste Generation sind, die über diese Frage nachdenkt. Daher stellt das vorliegende Buch 3, *Was sollen wir tun?*, eine Auswahl von namhaften ethischen Theorien vor, damit wir von solchen Einsichten profitieren können, die von bleibendem Wert sind. Gleichzeitig wollen wir herausfinden, wo eventuell ihre Schwächen oder sogar Irrtümer liegen.

Aber jede ernsthafte Untersuchung des ethischen Verhaltens der Menschheit wird letztendlich ein weiteres praktisches Problem aufwerfen: Wie Aristoteles vor langer Zeit bemerkte, kann uns die Ethik zwar sagen, was wir tun sollten, aber sie gibt uns selbst nicht die Kraft, die wir brauchen, um es auch wirklich zu tun. Es ist eine unbestreitbare Tatsache, dass es uns oft nicht gelingt, die Dinge zu tun, die richtig sind, obwohl wir wissen, dass sie aus ethischer Sicht richtig sind und es unsere Pflicht wäre, sie zu tun. Andererseits tun wir oft auch Dinge, von denen wir wissen, dass sie falsch sind und wir sie eigentlich nicht tun sollten. Warum ist das so? Wenn wir auf dieses Problem keine Antwort finden, wird sich die Ethiktheorie – wie auch immer diese aussehen mag – letztlich als unwirksam erweisen, weil sie nicht praktikabel ist.

Daher empfinden wir es als unzureichend, Ethik einfach nur als Philosophie zu behandeln, die uns sagt, welche ethischen Maßstäbe wir im Leben anstreben sollten. Unser menschliches Dilemma ist, dass wir Dinge tun, obwohl wir wissen, dass sie falsch sind. Wie können wir diese universale Schwäche überwinden?

Jesus Christus, dessen Betonung der ethischen Lehre unverkennbar und in mancher Hinsicht beispiellos ist, beharrte darauf, dass ethische Unterweisung unwirksam bliebe, wenn nicht zuvor eine geistliche Neugeburt stattgefunden habe (siehe Joh 3). Aber das führt uns auf das Gebiet der Religion, welches viele Menschen als schwierig empfinden. Welches Recht hat die Religion, über Ethik zu sprechen, sagen sie, wenn Religion doch die Ursache so vieler Kriege gewesen ist und noch immer zu so viel Gewalt führt? Dasselbe trifft jedoch auch auf politische Philosophien zu – was uns ja auch nicht davon abhält, über Politik nachzudenken.

Dann wiederum gibt es viele Religionen, und sie alle behaupten, ihren Anhängern beim Erfüllen ihrer ethischen Pflichten helfen zu können. Wie können wir wissen, ob sie wahr sind und uns wirkliche Hoffnung geben können? Es hat den Anschein, dass man eine Religion erst praktizieren und persönlich erfahren muss, bevor man wissen kann, ob die von der Religion angebotene Hilfe wirklich ist oder nicht. Wir, die Autoren dieses Buches, sind Christen und würden es als anmaßend betrachten, wenn wir die Bedeutung anderer Religionen für ihre Anhänger beschreiben würden. Daher beschränken wir uns im Abschnitt *Antworten einfordern* in Buch 4 darauf, darzulegen, warum wir die Behauptungen der christlichen Botschaft für gültig halten und die Hoffnung, die sie verspricht, für wirklich.

Wenn man über Gott spricht, stößt man dabei jedoch auf ein offensichtliches und sehr schwerwiegendes Problem: Wie kann es einen Gott geben, dem Gerechtigkeit wichtig ist, wenn er anscheinend nicht versucht, der Ungerechtigkeit ein Ende zu setzen, die unsere Welt zerstört? Und wie kann man an einen allliebenden, allmächtigen und allwissenden Schöpfer glauben, wenn so viele Menschen so viel Leid ertragen müssen, das ihnen nicht nur durch die Grausamkeit des Menschen, sondern auch durch Naturkatastrophen und Krankheiten zugefügt wird? Dies sind gewiss schwerwiegende Fragen. Es ist das Ziel des Abschnitts *Den Schmerz des Lebens ertragen* in Buch 4, diese Schwierigkeiten zu diskutieren und mögliche Lösungen zu betrachten.[2]

Am Ende bleibt nun nur noch der Hinweis, dass die Teile dieses Buches durch Fragen ergänzt werden, die sowohl beim Verständnis des Themas helfen sollen als auch eine breite Diskussion und Debatte anregen wollen.

DAVID GOODING
JOHN LENNOX

2 Im Gegensatz zur englischen Ausgabe, die sechs Bände umfasst, ist die deutsche Ausgabe auf vier Bände konzipiert. Dieser Band 3 ist im Original Band 4. Die deutsche Ausgabe fasst die Bände 5, 6 und 2 der englischen Ausgabe (in dieser Reihenfolge) ungekürzt in Band 4 *Was dürfen wir hoffen?* zusammen.

KAPITELÜBERSICHT

EINFÜHRUNG IN DIE SERIE

Unsere Weltanschauung ... umfasst all unsere Ansichten – ob nun schlecht oder gut durchdacht, richtig oder falsch – über die schweren, aber faszinierenden Fragen zu unserer Existenz und dem Leben:

Wie erkläre ich mir das Universum?
Wo liegt sein Ursprung?
Wer bin ich?
Wo komme ich her?
Wie kann ich Dinge wissen?
Hat mein Leben irgendeine Bedeutung?
Habe ich irgendwelche Pflichten?

EINE WELTANSCHAUUNG ENTWICKELN FÜR EIN LEBEN VOLLER MÖGLICHKEITEN

In dieser Einleitung werden wir uns mit der Notwendigkeit jedes Menschen befassen, eine eigene Weltanschauung zu entwickeln. Wir werden diskutieren, was eine Weltanschauung ist und warum es wichtig ist, eine zu bilden, und wir werden die Frage stellen, auf welche Stimmen wir dabei hören müssen.

Wenn wir anfangen, darüber nachzudenken, wie wir die Welt sehen, werden wir auch prüfen, ob wir überhaupt die letzte Wahrheit über die Wirklichkeit wissen können. So wird uns jedes der Themen in dieser Serie zurück zu folgenden beiden zusammenhängenden Fragen führen: Was ist real? Und warum ist es von Bedeutung, ob wir wissen, was real ist? Daher werden wir am Ende dieser Einleitung fragen, was wir mit „Realität“ meinen und was das Wesen der letzten Realität ist.[3]

WARUM WIR EINE WELTANSCHAUUNG BRAUCHEN

In unserer modernen Welt gibt es die Tendenz, sich immer mehr zu spezialisieren. Die große Vermehrung des Wissens im vergangenen Jahrhundert hat zur Folge, dass wir nur dann mit der immer größer werdenden Flut von neuen Entdeckungen Schritt halten und deren Bedeutung erfassen können, wenn wir uns auf das eine oder andere Thema spezialisieren. In gewisser Hinsicht ist dies zu begrüßen, denn es ist das Ergebnis von etwas, das schon an sich eines der Wunder unserer modernen Welt ist: der fantastische Fortschritt in den Bereichen Wissenschaft und Technik.

3 Bitte beachten Sie, dass diese Einleitung in jedem Buch der Serie dieselbe ist, mit Ausnahme des letzten Abschnitts (Unser Ziel).

Dabei müssen wir uns jedoch auch daran erinnern, dass wahre Bildung ein größeres Ziel als das im Blick hat. Wenn wir beispielsweise den Fortschritt in unserer modernen Welt verstehen wollen, müssen wir ihn vor dem Hintergrund der Traditionen betrachten, die wir aus der Vergangenheit geerbt haben. Dafür brauchen wir ein gutes Geschichtsverständnis.

Manchmal vergessen wir, dass schon die antiken Philosophen sich mit den grundlegenden philosophischen Prinzipien auseinandergesetzt haben, die jeder Wissenschaft zugrunde liegen und uns Antworten geliefert haben, von denen wir noch immer profitieren können. Wenn wir dies vergessen, investieren wir vielleicht viel Zeit und Mühe darin, dieselben Probleme zu durchdenken, und doch sind vielleicht die Antworten, die wir finden, nicht so gut wie die der antiken Philosophen.

Außerdem besteht die Rolle der Bildung sicher darin zu versuchen zu verstehen, wie all die verschiedenen Wissens- und Erfahrungsbereiche im Leben zusammenpassen. Um ein großes Gemälde zu verstehen, muss man das Bild als Ganzes betrachten und den Zusammenhang all seiner Details begreifen, statt sich nur auf eines seiner Bestandteile zu konzentrieren.

Auch wenn wir zu Recht auf der Objektivität der Wissenschaft bestehen, dürfen wir nicht vergessen, dass wir es sind, die Wissenschaft betreiben. Und daher müssen wir früher oder später die Frage stellen, wie wir uns selbst in das Universum einordnen, das wir untersuchen. Dabei dürfen wir uns beim Studium nicht so sehr in die materielle Welt und ihre Technologien vertiefen, dass wir unsere Mitmenschen vernachlässigen; denn wie wir später noch sehen werden, sind sie wichtiger als der gesamte Rest des Universums.[4] Das Erforschen von uns selbst und unseren Mitmenschen erfordert natürlich mehr als naturwissenschaftliche Kenntnisse. Dazu gehören auch die Bereiche Philosophie, Soziologie, Literatur, Kunst, Musik, Geschichte und einiges mehr.

Aus pädagogischer Sicht sind daher die Wechselwirkungen und die Einheit allen Wissens wichtig und spannende Themen. Wie kann man zum Beispiel wissen, was eine Rose ist? *Was ist die Wahrheit über eine Rose?*

Um diese Frage angemessen zu beantworten, sollten wir eine ganze Reihe von Personen konsultieren. Als Erstes die Naturwissenschaftler. Wir beginnen mit den *Botanikern*, die ständig Listen mit allen bekannten Pflanzen und Blumen der Welt zusammenstellen und überarbeiten und diese dann nach Familien und Gruppen klassifizieren. Sie helfen uns, unsere Rose

4 Besonders im ersten Buch dieser Serie, *Was ist der Mensch?*

wertzuschätzen, indem sie uns sagen, zu welcher Familie sie gehört und was ihre Unterscheidungsmerkmale sind.

Als Nächstes werden wir von den *Pflanzenzüchtern* und *Gärtnern* erfahren, was die Geschichte unsere Rose ist, wie sie aus anderen Arten gezüchtet wurde und unter welchen Bedingungen ihre Sorte am besten gedeihen kann.

BILD I.1. ***Eine Rose***
In William Shakespeares Stück *Romeo und Julia* spielt die Angebetete die Bedeutung der Tatsache herunter, dass ihr Geliebter aus dem rivalisierenden Haus Montague stammt, indem sie die Schönheit einer der bekanntesten und beliebtesten Blumen der Welt beschwört: „Was ist ein Name? Was uns Rose heißt, wie es auch hieße, würde lieblich duften."[3]

© unsplash.com/Ivan Jevtic

Dann würden uns die *Chemiker, Biochemiker, Biologen* und *Genetiker* etwas von den chemischen und biochemischen Bestandteilen unserer Rose und der verblüffenden Komplexität ihrer Zellen erzählen: von diesen mikrominiaturisierten Fabriken und ihren Mechanismen, die komplizierter sind als alle, die von Menschen gebaut werden, und dabei doch so klein sind, dass wir hoch spezialisierte Ausrüstung benötigen, um sie zu sehen. Sie werden uns etwas über die riesige codierte Datenbasis genetischer Informationen erzählen, mit denen die Zellfabriken die Bausteine der Rose produzieren. Sie werden neben einer Menge anderer Dinge den Prozess beschreiben, durch den die Rose lebt: wie sie durch Photosynthese die Energie des Sonnenlichts in Zucker umwandelt und durch welche Mechanismen sie bestäubt wird und sich verbreitet.

Danach werden uns die *Physiker* und *Kosmologen* sagen, dass die chemischen Bestandteile unserer Rose aus Atomen bestehen, die sich wiederum aus verschiedenen Partikeln wie Elektronen, Protonen und Neutronen

5 http://www.zeno.org/Literatur/M/Shakespeare,+William/Tragödien/Romeo+und+Julia/Zweiter+Aufzug/Zweite+Szene

zusammensetzen. Sie werden darlegen, woher das Grundmaterial des Universums stammt und wie es gebildet wurde. Wenn wir fragen, wie solches Wissen zu unserem Verständnis von Rosen beitragen kann, würden die Kosmologen vielleicht darauf hinweisen, dass die Erde der einzige Planet in unserem Sonnensystem ist, auf dem Rosen wachsen können! Nicht nur in dieser Hinsicht ist unser Planet sehr besonders – und das ist sicherlich etwas, über das man staunen kann.

Aber wenn uns die Botaniker, Pflanzenzüchter, Gärtner, Chemiker, Biochemiker, Physiker und Kosmologen alles erzählt haben, was sie wissen – und damit könnte man viele Bände füllen –, würden viele von uns immer noch das Gefühl haben, dass sie gerade erst begonnen haben, uns die Wahrheit über Rosen zu sagen. In der Tat haben sie uns nicht erklärt, was für die meisten von uns wohl das Wichtigste an einer Rose ist: die Schönheit ihrer Form, ihrer Farbe und ihres Duftes.

Denn eines ist dabei ganz wichtig: Wissenschaftler können zwar die verblüffende Komplexität der Mechanismen erklären, die hinter unserem Seh- und Geruchssinn liegen und es uns ermöglichen, die Rosen zu sehen und ihren Geruch wahrzunehmen. Aber wir müssen keinen Wissenschaftler fragen, ob wir Rosen als schön erachten sollen oder nicht: Das können wir selbst sehen und riechen! Wir nehmen dies *intuitiv* wahr. Wir schauen die Rose einfach an und können sofort sehen, dass sie schön ist. Wir brauchen niemanden, der uns sagt, dass sie schön ist. Wenn irgendjemand so töricht wäre und behaupten würde, Schönheit existiere nicht, weil die Wissenschaft Schönheit nicht messen könne, würden wir einfach sagen: „Sei nicht albern."

Aber die Wahrnehmung von Schönheit beruht nicht allein auf unserer eigenen Intuition. Wir könnten auch die *Künstler* fragen. Mit ihrem hoch entwickelten Sinn für Farbe, Licht und Form werden sie uns helfen, in der Rose eine Tiefe und Intensität von Schönheit wahrzunehmen, die uns ansonsten entgehen würde. Sie können unsere Augen schulen.

Und es gibt die *Dichter*. Mit ihren ausgefeilten Fähigkeiten als Wortkünstler werden sie Bildsprache, Metaphern, Anspielungen, Rhythmus und Reime verwenden, um uns zu helfen, die Gefühle zu formulieren und artikulieren, die wir beim Anblick von Rosen empfinden – Gefühle, die wir sonst nur vage und schwer ausdrücken könnten.

Wenn wir der Frage nach der Schönheit der Rose noch tiefer auf den Grund gehen wollten, könnten wir schließlich auch noch die *Philosophen* fragen, insbesondere Experten in Ästhetik. Für jeden von uns ist die Wahrnehmung der Schönheit einer Rose eine sehr subjektive Erfahrung, etwas,

was wir auf einer ganz tiefen Ebene in uns drin wahrnehmen und empfinden. Dennoch erwarten wir, wenn wir anderen Menschen eine Rose zeigen, dass diese uns zustimmen, die Rose sei schön. Und gewöhnlich wird ihnen das nicht schwerfallen.

Die Wertschätzung von Schönheit scheint also eine höchst subjektive Erfahrung zu sein, und doch lässt sich Folgendes beobachten:

1. Es gibt einige objektive Kriterien für die Entscheidung, was schön ist und was nicht.

2. Jeder Mensch besitzt einen Sinn für Ästhetik und die Fähigkeit, Schönheit wahrzunehmen.

3. Wenn manche Menschen in Dingen wie zum Beispiel einer Rose keine Schönheit sehen (vielleicht nicht sehen können) oder wenn sie sogar das Hässliche dem Schönen vorziehen, muss der Grund darin liegen, dass ihre innere Fähigkeit, Schönheit zu sehen, beeinträchtigt ist. Der Grund dafür kann zum Beispiel in einer Farbenblindheit oder der mangelhaften Fähigkeit, Formen zu erfassen, liegen oder aber in irgendeiner psychischen Störung (wie zum Beispiel bei Menschen, die sich eher an Grausamkeit als an Freundlichkeit erfreuen).

Nun könnten wir denken, wir hätten bei der Suche nach der Wahrheit über Rosen alle Möglichkeiten ausgeschöpft, aber das haben wir natürlich noch nicht. Wir haben über die wissenschaftlichen Erklärungen von Rosen nachgedacht. Dann haben wir den Wert betrachtet, den wir ihnen geben, ihre Schönheit und was sie uns bedeuten. Aber gerade weil sie eine Bedeutung und einen Wert haben, ergeben sich weitere Fragen – nach der moralischen, ethischen und letztendlich geistigen Bedeutung von dem, was wir mit ihnen tun. Bedenken Sie folgende beispielhafte Situationen:

Erstes Beispiel: Eine Frau hat mit dem wenigen Geld, das sie dafür erübrigen konnte, ein paar Rosen gekauft. Sie mag Rosen sehr und möchte sie so lange wie möglich behalten. Aber eine arme Nachbarin von ihr ist krank, und sie hat das starke Gefühl, dass sie zumindest ein paar dieser Rosen ihrer kranken Nachbarin schenken sollte. Also hat sie jetzt zwei Instinkte in sich, die im Widerspruch zueinander stehen:

1. einen Instinkt des Selbstinteresses – der starke Wunsch, die Rosen selber zu behalten, und
2. ein instinktives Pflichtgefühl – sie sollte ihren Nächsten lieben wie sich selbst und daher ihre Rosen ihrer Nachbarin schenken.

Dies wirft Fragen auf. Woher kommen diese Instinkte? Und wie soll sie sich für einen von ihnen entscheiden? Manche argumentieren vielleicht, dass ihr egoistischer Wunsch, die Rosen selber zu behalten, nur der Ausdruck der blinden, aber kraftvollen grundlegenden Antriebskraft der Evolution ist: Selbsterhaltung. Aber das uneigennützige Pflichtgefühl, ihrer Nachbarin auf Kosten ihres eigenen Verlustes zu helfen – wo kommt dies her? Warum sollte sie diesem nachgeben? Und sie hat noch ein weiteres Problem: Sie muss sich für das eine oder das andere entscheiden. Sie kann nicht darauf warten, dass Wissenschaftler oder Philosophen oder irgendjemand anderes ihr hilft. Sie muss sich auf eine Handlung festlegen. Wie und auf welcher Grundlage sollte sie sich zwischen den beiden konkurrierenden Forderungen entscheiden?

Zweites Beispiel: Ein Mann mag Rosen, hat aber kein Geld, sich welche zu kaufen. Er sieht, dass er Rosen aus dem Garten eines anderen stehlen könnte, und zwar so, dass er sicher sein könnte, dass der andere es nie herausfinden würde. Wäre es falsch, sie zu stehlen? Wenn weder der Besitzer der Rosen noch die Polizei noch die Gerichte jemals herausfinden würden, dass er sie gestohlen hat, warum sollte er sie nicht stehlen? Wer hat das Recht zu sagen, dass Stehlen falsch ist?

Drittes Beispiel: Ein Mann schenkt einer Frau zum wiederholten Mal einen Strauß Rosen, während ihr eigener Mann im Ausland auf Geschäftsreise ist. Der Verdacht liegt nahe, dass er ihr die Rosen schenkt, um sie zur Untreue gegenüber ihrem Ehemann zu verführen. Das wäre Ehebruch. Ist Ehebruch falsch? Immer falsch? Wer hat das Recht, dies zu sagen?

Um nun solche Fragen sorgfältig und angemessen beantworten zu können, müssen wir die viel grundlegenderen Fragen über Rosen – und auch über alles andere – stellen und beantworten:

Wo kommen Rosen her? Wir Menschen haben sie nicht erschaffen (und sind immer noch weit davon entfernt, irgendetwas dergleichen zu erschaffen). Gibt es einen Gott, der sie entworfen und erschaffen hat? Ist er ihr eigentlicher Eigentümer, der das Recht hat, die Regeln festzulegen, nach denen wir sie verwenden sollten?

Oder sind Rosen einfach aus ewig existierender anorganischer Materie entstanden, ohne irgendeinen Plan oder Zweck, ohne einen letzten Eigentümer, der die Regeln festlegt, wie sie zu verwenden sind? Und wenn dem so ist, ist der einzelne Mensch dann frei zu tun, was er will, solange es niemand herausfindet?

Bis jetzt haben wir die einfache Frage „Was ist die Wahrheit über eine Rose?" beantwortet und gemerkt, dass wir für eine angemessene Antwort nicht nur auf *eine* Wissensquelle (wie Wissenschaft oder Literatur) zurückgreifen müssen, sondern auf viele. Schon die Betrachtung von Rosen hat uns zu tiefen und grundlegenden Fragen über die Welt geführt, die weit über die Rosen selbst hinausgehen.

Es sind unsere Antworten auf solche Fragen, die in ihrer Gesamtheit den Rahmen bilden, in den wir unser ganzes Wissen über andere Dinge einfügen. Es ist dieser Rahmen, der aus all jenen bewussten oder unbewussten Ideen besteht, die wir über die Grundgegebenheiten der Welt, uns selbst und die Gesellschaft haben, den wir als unsere Weltanschauung bezeichnen. Sie umfasst all unsere Ansichten – ob nun schlecht oder gut durchdacht, richtig oder falsch – über die schweren, aber faszinierenden Fragen zu unserer Existenz und dem Leben: Wie erkläre ich mir das Universum? Wo liegt sein Ursprung? Wer bin ich? Wo komme ich her? Wie kann ich Dinge wissen? Hat mein Leben irgendeine Bedeutung? Habe ich irgendwelche Pflichten? Unsere Weltanschauung ist das Gesamtbild, in das wir alles andere einfügen. Sie ist die Brille, durch die wir blicken, um die Welt zu verstehen.

Unsere Weltanschauung ist das Gesamtbild, in das wir alles andere einfügen. Sie ist die Brille, durch die wir blicken, um die Welt zu verstehen.

DIE GRUNDLEGENDEN FRAGEN STELLEN

„Wer Erfolg haben will, muss die richtigen Fragen stellen", soll Aristoteles gesagt haben. Das müssen auch wir tun, wenn wir eine Weltanschauung entwickeln wollen.

Tröstlich ist, dass wir nicht die Ersten sind, die solche Fragen stellen. Das haben in der Vergangenheit schon viele getan (und tun es auch weiterhin in der Gegenwart). Das heißt, dass sie schon einen Teil der Arbeit für uns erledigt haben! Um von ihrem Denken und ihrer Erfahrung zu profitieren, wird es für uns hilfreich sein, einige dieser grundlegenden Fragen zusammenzutragen, die praktisch von allen gestellt werden. Dann wollen wir darüber nachdenken, warum diese besonderen Fragen als so wichtig erachtet werden. Anschließend werden wir kurz einige der verschiedenen

BILD I.2.

Die Schule von Athen von Raffael

Wahrscheinlich malte der italienische Renaissance-Maler Raffael zwischen 1509 und 1511 das Fresko *Scuola di Atene* (Die Schule von Athen) für den Vatikan – eine Versinnbildlichung der Philosophie. Viele glauben, dass die Handgesten der zentralen Figuren, Platon und Aristoteles, und die Bücher, die jeder von ihnen in der Hand hält, *Timaios* und *Nikomachische Ethik*, zwei Herangehensweisen an die Metaphysik symbolisieren. Zudem hat Raffael eine Reihe von weiteren großen griechischen Philosophen der Antike auf seinem Bild abgebildet, darunter Sokrates (die achte Figur links neben Platon).

© commons.wikimedia.org

Antworten zusammenfassen, bevor wir dann die Aufgabe in Angriff nehmen, unsere eigenen Antworten zu formulieren. Lassen Sie uns also eine Liste von „Weltanschauungs-Fragen" zusammenstellen. Am Anfang stehen Fragen über das Universum im Allgemeinen und unseren Heimatplaneten Erde im Besonderen.

Das erste Volk in Europa, das wissenschaftliche Fragen über die Bestandteile und die Funktionsweise der Erde und des Universums stellte, waren die Griechen. Scheinbar stellten sie ihre Fragen aus rein intellektueller Neugier. Ihre Forschung war absichtslos. Sie waren nicht zuerst an einer Technologie interessiert, die sich daraus ergeben könnte. Es war reine, nicht angewandte Wissenschaft. An dieser Stelle möchten wir kurz darauf hinweisen, dass es jedem Bildungssystem immer noch guttut, wenn auf seinem Lehrplan ein Platz für die reine Wissenschaft reserviert ist und intellektuelle Neugier um ihrer selbst willen gefördert wird.

Aber wir können es uns hier nicht leisten, uns nur auf reine Wissenschaft zu beschränken (und noch weniger nur auf Technik, so großartig diese auch sein mag). Dies wurde bereits Jahrhunderte zuvor von Sokrates erkannt. Zunächst interessierte er sich nur für das Universum, kam jedoch allmählich zu dem Schluss, dass es viel wichtiger sei, herauszufinden, wie sich Menschen verhalten sollten, als zu ergründen, woraus der Mond gemacht war. So wandte er sich von der Physik ab und widmete sich der Moralphilosophie.

Zudem kamen die Leiter der großen philosophischen Schulen des antiken Griechenlands zu der Erkenntnis, dass man keine angemessenen Lehrsätze über das moralische Verhalten des Menschen bilden könne, ohne zu verstehen, in welchem Verhältnis die Menschen zum Universum stehen und zu den Kräften und Prinzipien, die es kontrollieren. Damit lagen sie sicherlich richtig, was uns zu der grundlegendsten aller Fragen führt.[6]

Die erste grundlegende Frage einer Weltanschauung

Was liegt hinter dem beobachtbaren Universum? Die Physik lehrt uns, dass die Dinge nicht immer so sind, wie sie scheinen. Ein hölzerner Tisch, der stabil erscheint, ist in Wirklichkeit eine Zusammensetzung aus Atomen, die durch starke Kräfte zusammengehalten werden, die in den ansonsten leeren Zwischenräumen wirken. Auch ist jedes Atom in Wirklichkeit ein weitgehend leerer Raum und kann in gewisser Hinsicht als ein von Elektronen umkreister Zellkern beschrieben werden. Der Zellkern nimmt nur etwa ein Milliardstel des Raumes in einem Atom in Anspruch. Spaltet man

6 Siehe Buch 3, *Was sollen wir tun?*

den Zellkern, stößt man auf Protonen und Neutronen. Diese wiederum sind aus Quarks und Gluonen zusammengesetzt. Sind das nun die Grundbausteine der Materie oder gibt es vielleicht noch geheimnisvollere Elementarbausteine? Das ist eine der spannenden Fragen der modernen Physik. Und während die Suche weitergeht, bleibt eine brennende Frage: Was steckt überhaupt hinter der Grundmaterie?

Die Antworten auf diese Fragen lassen sich grob in zwei Gruppen aufteilen: Die einen vertreten die Ansicht, dass nichts „hinter" der Grundmaterie des Universums steckt, und die anderen, dass es da auf jeden Fall etwas geben muss.

Gruppe A: Es gibt nichts außer Materie. Sie ist die oberste Realität, selbstexistent und ewig. Sie ist von nichts und niemandem abhängig. Sie ist blind und zwecklos; dennoch steckt in ihr die Kraft, sich selbst – noch immer blind und zwecklos – in all die Varianten der Materie und des Lebens zu entwickeln und zu organisieren, die wir heute im Universum sehen. Das ist die Philosophie des Materialismus.

Gruppe B: Hinter der Materie, die einen Anfang hat, steht eine nicht erschaffene, selbstexistente, kreative Intelligenz oder, wie Juden und Muslime sagen würden: „Gott", und Christen: „der Gott und Vater unseres Herrn Jesus Christus". Dieser Gott erhält das Universum und wirkt in ihm, ist aber selbst kein Teil von ihm. Er ist Geist, nicht Materie. Das Universum existiert als Ausdruck seiner Gedanken und zum Zweck der Erfüllung seines Willens. Das ist die Philosophie des Theismus.

Die zweite grundlegende Frage einer Weltanschauung

Das führt uns zu unserer zweiten grundlegenden (dreiteiligen) Frage zur Weltanschauung: *Wie ist unsere Welt entstanden, wie hat sie sich entwickelt, und wie kam es dazu, dass sie von einer so erstaunlichen Vielfalt des Lebens bevölkert wurde?*

Auch hier kann man die Antworten auf diese Fragen grundsätzlich in zwei Gruppen einteilen:

Gruppe A: Leblose Materie formte sich – ohne vorherigen Plan oder Ziel – in das Konglomerat, das zu unserer Erde wurde, und brachte dann irgendwie (was noch nicht erforscht oder erkannt wurde) als Ergebnis ihrer inhärenten Eigenschaften und Kräfte durch Spontanerzeugung Leben hervor. Die zunächst niederen Lebensformen entwickelten sich schrittweise in die gegenwärtige große Vielfalt des Lebens. Dies geschah durch natürliche Prozesse wie Mutation und natürliche Selektion – ebenfalls Mechanismen ohne Plan oder Ziel. Daher steckt weder hinter der Existenz des Universums noch hinter der Existenz der Erde oder ihrer Bewohner irgendein letzter rationaler Sinn.

Gruppe B: Das Universum, das Sonnensystem und der Planet Erde wurden erdacht und präzise konstruiert, um das Leben auf der Erde zu ermöglichen. Darauf weisen sowohl die verblüffende Komplexität der Lebenssysteme als auch die atemberaubende Perfektion ihrer Mechanismen hin.

Es ist nicht schwer zu erkennen, welche unterschiedlichen Auswirkungen diese zwei radikal unterschiedlichen Sichtweisen auf die Bedeutung und das Handeln des Menschen haben.

Die dritte grundlegende Frage einer Weltanschauung
Die dritte grundlegende Frage zur Weltanschauung besteht wieder aus mehreren zusammenhängenden Fragen. *Was ist der Mensch? Woher kommen seine Rationalität und sein Sinn für Moral? Welche Hoffnungen hat er für die Zukunft und auf ein Leben nach dem Tod (falls dieses existiert)?*

Die üblichen Antworten auf diese zentralen Fragen lassen sich erneut in zwei Gruppen einteilen:

Gruppe A: *Die menschliche Natur:* Menschen sind nichts als Materie. Sie besitzen keinen Geist, und ihr rationales Denkvermögen ist aus geistloser Materie durch nicht rationale Prozesse entstanden.

Moral: Der Sinn des Menschen für Moral und Pflicht entstammt einzig und allein der sozialen Interaktion zwischen ihm und seinen Mitmenschen.

Menschenrechte: Menschen besitzen keine angeborenen natürlichen Rechte, sondern nur die Rechte, die ihnen von der Gesellschaft oder der aktuellen Regierung gewährt werden.

Sinn im Leben: Der Mensch schafft sich seinen eigenen Sinn.

Die Zukunft: Die erträumte und ersehnte Utopie wird erreicht werden, entweder durch die unaufhaltsamen Auswirkungen der inhärenten Kräfte der Materie und/oder Geschichte oder wenn der Mensch lernt, die biologischen Prozesse der Evolution selbst zu steuern und kontrollieren.

Der Tod und das Leben danach: Der Tod bedeutet für jedes Individuum die totale Auslöschung. Nichts überlebt.

Gruppe B: *Die menschliche Natur:* Die Menschen wurden von Gott geschaffen als sein Ebenbild (zumindest laut Judentum, Christentum und Islam). Die rationale Kraft der Menschen leitet sich vom göttlichen „Logos" ab, durch den sie erschaffen wurden.

Moral: Ihr Sinn für Moral basiert auf gewissen „Gesetzen Gottes", die ihr Schöpfer in sie hineingelegt hat.

Menschenrechte: Menschen besitzen gewisse unabdingbare Rechte, die alle anderen Menschen und Regierungen respektieren müssen, einfach weil sie Geschöpfe Gottes sind, geschaffen im Bilde Gottes.

Sinn im Leben: Der Hauptsinn im Leben ist, die Gemeinschaft mit Gott zu genießen und ihm wie auch ihren Mitgeschöpfen zu dienen, um ihres Schöpfers willen.

Die Zukunft: Die ersehnte Utopie ist kein Traum, sondern eine sichere Hoffnung, die sich auf den Plan des Schöpfers gründet, die Menschheit und die Welt zu erlösen.

Der Tod und das Leben danach: Der Tod bedeutet keine Auslöschung. Der Mensch wird nach dem Tod von Gott zur Rechenschaft gezogen. Sein letzter Zustand wird entweder die völlige Gemeinschaft mit Gott im Himmel sein oder aber der Ausschluss aus seiner Gegenwart.

Dies sind grob gesagt die Fragen, die Menschen immer wieder im Laufe der Geschichte gestellt haben, und ein kurzer Überblick über einige der Antworten, die die Menschen auf diese gegeben haben und immer noch geben.

Der grundlegende Unterschied zwischen den beiden Gruppen von Antworten

Nun ist es offensichtlich, dass die zwei Gruppen von Antworten sich diametral gegenüberstehen; aber wir sollten hier kurz innehalten, um sicherzugehen, dass wir auch wirklich verstanden haben, was genau die Art und die Ursache dieser Gegensätze sind. Wenn wir darüber nicht sorgfältig genug nachdenken, könnten wir schnell zu dem Schluss kommen, dass die Antworten der Gruppe A der Wissenschaft und die Antworten der Gruppe B der Religion zuzuordnen sind. Doch damit würden wir die Situation grundsätzlich falsch einschätzen. Es stimmt zwar, dass die Mehrheit der heutigen Wissenschaftler den Antworten der Gruppe A zustimmt, aber es gibt auch eine wachsende Anzahl von Wissenschaftlern, die die Antworten der Gruppe B unterstützen. Es handelt sich daher hierbei nicht um einen Konflikt zwischen Wissenschaft und Religion. Tatsächlich geht es um einen fundamentalen Unterschied zwischen den zugrunde liegenden Philosophien, die die Interpretation der Beweise bestimmen, die von der Wissenschaft geliefert werden. Atheisten werden die Beweise auf eine Art interpretieren, Theisten (oder Pantheisten) auf eine andere.

Das ist verständlich. Kein Wissenschaftler betreibt Forschung, ohne dabei völlig frei von Vorannahmen zu sein. Der Atheist betreibt Forschung mit der Vorannahme, es gebe keinen Gott. Das ist seine Grundphilosophie, das ist seine Weltanschauung. Er behauptet, er könne alles ohne Gott erklären. Manchmal wird er sagen, dass er sich überhaupt nicht vorstellen könne, welche wissenschaftlichen Beweise es für die Existenz eines Gottes geben könnte; und es überrascht nicht, dass er keine zu finden scheint.

Der Theist wiederum beginnt mit dem Glauben an Gott und findet in seinen wissenschaftlichen Entdeckungen zahlreiche – überwältigende, wie er sagen würde – Beweise für die Handschrift Gottes in der ausgeklügelten Gestaltung des Universums und seinen Mechanismen.

Es zeigt sich einmal mehr, wie wichtig es ist zu erkennen, mit welcher Weltanschauung wir beginnen. Manche von uns, die noch nie intensiver über diese Dinge nachgedacht haben, haben vielleicht das Gefühl, dass sie gar keine Weltanschauung haben und sich daher völlig unvoreingenommen den Fragen des Lebens im Allgemeinen und den Fragen der Wissenschaft im Besonderen nähern. Aber das ist äußerst unwahrscheinlich. Wir übernehmen Vorstellungen, Überzeugungen und Einstellungen von unserer Familie und der Gesellschaft. Dies geschieht häufig nebenbei und ohne dass wir erkennen, wie diese meist unbewussten Einflüsse und Vorannahmen unsere Antworten auf die Fragen bestimmen, die uns das Leben stellt. Deshalb ist es so wichtig, unsere Weltanschauung bewusst zu durchdenken und sie gegebenenfalls anzupassen, wenn die Beweise dies erfordern.

> *Wir übernehmen Vorstellungen, Überzeugungen und Einstellungen von unserer Familie und der Gesellschaft. Dies geschieht häufig nebenbei und ohne dass wir erkennen, wie diese meist unbewussten Einflüsse und Vorannahmen unsere Antworten auf die Fragen bestimmen, die uns das Leben stellt.*

Daher sollten wir in diesem Prozess der Wissenschaft auf jeden Fall Gehör schenken und auch zulassen, dass sie unsere Vorannahmen hinterfragt und korrigiert, falls das nötig ist. Aber um eine vernünftige Weltanschauung zu entwickeln, sollten wir genauso auf viele andere Meinungen und Stimmen hören.

STIMMEN, AUF DIE WIR HÖREN SOLLTEN

Bisher haben wir einige Fragen zur Weltanschauung aufgegriffen und die Antworten untersucht, die darauf gegeben werden. Jetzt müssen wir uns selbst diese Fragen stellen und anfangen, unsere eigenen Antworten zu finden.

Wir brauchen eine eigene Weltanschauung, die wir persönlich durchdacht und aus freiem Willen für uns angenommen haben. Niemand hat das Recht, uns seine Weltanschauung aufzuzwingen. Zum Glück sind die Zeiten vorbei, in denen die Kirche Galileo zwingen konnte, das zu leugnen, was ihn die Wissenschaft klar gelehrt hatte. Ebenfalls sind die Zeiten überwiegend vorüber, in denen der Staat dem Volk unter Androhung von Gefängnis oder Todesstrafe eine atheistische Weltanschauung aufzwingen konnte.

Die Menschenrechte fordern, dass es jedem freisteht, die Weltanschauung zu haben, an die er glaubt, und diese auch durch vernünftige Argumente zu verbreiten – natürlich nur so lange, wie dies keinem anderen schadet.

Wir, die Autoren dieses Buches, haben eine theistische Weltanschauung. Aber wir werden nicht versuchen, irgendjemandem unsere Sicht aufzuzwingen. Wir kommen aus einer Tradition, deren Grundprinzip lautet: „Jeder soll mit voller Überzeugung zu seiner Auffassung stehen!"

Daher muss jeder zu seiner eigenen Überzeugung gelangen und eine eigene Weltanschauung entwickeln. Dabei gibt es eine Reihe von Stimmen, auf die wir hören müssen.

Die Stimme der Intuition

Die erste Stimme, auf die wir hören müssen, ist die Intuition. Es gibt Dinge im Leben, die wissen wir nicht durch lange philosophische Überlegungen oder genaue wissenschaftliche Experimente, sondern durch direkte, instinktive Intuition. Wir „sehen", dass eine Rose schön ist. Instinktiv „wissen" wir, dass Kindesmissbrauch falsch ist. Ein Wissenschaftler kann manchmal „sehen", was die Lösung für ein Problem sein wird, noch bevor er durch wissenschaftliche Techniken den formalen Beweis geliefert hat.

Einige Wissenschaftler und Philosophen versuchen uns immer noch davon zu überzeugen, dass die Gesetze von Ursache und Wirkung im menschlichen Gehirn völlig deterministisch sind und unsere Entscheidungen deshalb im Voraus festgelegt sind: Eine echte Wahl sei nicht möglich. Aber, was auch immer sie sagen, wir wissen doch intuitiv, dass wir in Wirklichkeit frei entscheiden können – ob wir beispielsweise ein Buch lesen oder stattdessen spazieren gehen oder ob wir die Wahrheit sagen oder lügen wollen. Wir wissen, dass wir die Freiheit haben, uns für das eine oder das andere zu entscheiden, und alle anderen wissen es auch und handeln dementsprechend. Diese Freiheit ist so sehr Teil unserer ureigenen Vorstellung von Würde und Wert eines Menschen, dass wir (meistens) darauf bestehen, als eigenverantwortliche Menschen behandelt zu werden und andere ebenso zu behandeln. Aus diesem Grund wird der Richter, wenn wir ein Verbrechen begangen haben, uns fragen a) ob wir, als wir das Verbrechen begingen, wussten, dass wir etwas Falsches taten, und b) ob wir unter Zwang handelten oder nicht. Die Antwort auf diese Fragen wird das Urteil maßgeblich mitbestimmen.

Daher müssen wir der Intuition angemessene Beachtung schenken und dürfen nicht zulassen, dass uns mit pseudointellektuellen Argumenten Dinge eingeredet (oder ausgeredet) werden, von denen wir intuitiv wissen, dass sie richtig (oder falsch) sind.

Andererseits hat die Intuition auch ihre Grenzen. Sie kann irren. Als die antiken Wissenschaftler zuerst vermuteten, die Welt sei eine Kugel, wurde diese Vorstellung sogar von ansonsten großen Denkern abgelehnt. Sie empfanden es intuitiv als absurd, dass es auf der anderen Seite der Erde

Menschen geben könnte, die „verkehrt herum" laufen und deren Füße auf unsere Füße ausgerichtet sind (daher der Begriff „antipodisch"), während ihr Kopf gefährlich im leeren Raum hängt! Aber ihre Intuition hatte sie getäuscht. Die frühen Wissenschaftler, die an die Kugelform der Erde glaubten, hatten recht; die Intuition der anderen war falsch.

Die Lektion daraus ist, dass wir sowohl unsere Intuition als auch die Wissenschaft benötigen, damit diese sich gegenseitig kontrollieren und gegebenenfalls korrigieren.

Die Stimme der Wissenschaft

Die Wissenschaft spricht in unsere moderne Welt mit einer sehr kraftvollen und einflussreichen Stimme. Sie kann stolz auf eine Reihe von fulminanten theoretischen Durchbrüchen verweisen, die eine fast endlose Palette von technischen Nebenprodukten hervorgebracht hat: von der Erfindung der Glühbirne zur virtuellen Realität, vom Rad zur Mondrakete, von der Entdeckung von Aspirin und Antibiotika zum Entdecken des genetischen Codes, vom Staubsauger zum Smartphone, vom Rechenbrett zum Parallelrechner, vom Fahrrad zum autonomen Fahrzeug. Die Vorzüge dieser wissenschaftlichen Errungenschaften sind offensichtlich, und sie wecken nicht nur unsere Bewunderung, sondern verleihen der Wissenschaft auch eine immense Glaubwürdigkeit.

Doch für viele Menschen hat die Stimme der Wissenschaft auch eine gewisse Ambivalenz, denn ihre Errungenschaften wurden nicht immer nur zum Wohle der Menschheit eingesetzt. Im vergangenen Jahrhundert hat die Wissenschaft in der Tat die schrecklichsten hocheffektiven Vernichtungswaffen hervorgebracht. Der Laser, der zur Wiederherstellung der Sehkraft eingesetzt wird, kann genauso zur Steuerung von Raketen mit tödlicher Wirkung verwendet werden. Diese Entwicklung hat in der jüngeren Vergangenheit zu einer starken antiwissenschaftlichen Reaktion geführt.

Das ist verständlich, aber wir müssen uns vor dem offensichtlichen Trugschluss hüten, der Wissenschaft die Schuld für den Missbrauch ihrer Entdeckungen zu geben. So ist beispielsweise die Schuld an der durch die Atombombe bewirkte Verwüstung nicht in erster Linie bei den Wissenschaftlern zu suchen, die die Möglichkeit der Kernspaltung entdeckt haben, sondern bei den Politikern, die darauf bestanden, diese Entdeckungen für die Herstellung von Massenvernichtungswaffen für die globale Kriegsführung zu nutzen.

Die Wissenschaft an sich ist moralisch neutral. Die Christen unter den Wissenschaftlern würden sogar sagen, sie sei eine Form der Anbetung Gottes – durch das ehrfurchtsvolle Erforschen seiner Werke – und daher auf jeden Fall begrüßenswert. Aus diesem Grund ließ James Clerk Maxwell, ein schottischer Physiker des 19. Jahrhunderts, der die berühmten Gleichungen der elektromagnetischen Wellen entdeckte, den folgenden Vers aus den hebräischen Psalmen über die Tür des Cavendish-Labors in Cambridge schreiben: „Groß sind die Taten des Herrn, zu erforschen von allen, die Lust an ihnen haben" (Ps 111,2). Der Vers ist heute noch dort zu lesen.

Natürlich müssen wir unterscheiden zwischen der Wissenschaft als methodische Forschung und einzelnen Wissenschaftlern, die diese Untersuchungen durchführen. Wir müssen auch unterscheiden zwischen den Fakten, die sie über jeden (vernünftigen) Zweifel erhaben herausfinden, und den vorläufigen Hypothesen und Theorien, die sie auf Grundlage ihrer anfänglichen Beobachtungen und Experimente formulieren und von denen sie sich bei ihren weiteren Forschungen leiten lassen.

Diese Unterscheidungen sind wichtig, denn Wissenschaftler behandeln manchmal ihre vorläufigen Theorien fälschlicherweise als bewiesene Fakten und präsentieren diese in Lehrveranstaltungen und öffentlichen Vorlesungen so, obwohl sie nie wirklich bewiesen wurden. Manchmal passiert es auch, dass Wissenschaftler eine vorläufige Theorie vorschlagen, die die Aufmerksamkeit der Medien erregt, die diese an die Öffentlichkeit weitergeben. Dabei wird ein solcher Presserummel erzeugt, dass der Eindruck entsteht, diese Theorie sei unbestritten bewiesen.

> *Wissenschaftler behandeln manchmal ihre vorläufigen Theorien fälschlicherweise als bewiesene Fakten und präsentieren diese in Lehrveranstaltungen und öffentlichen Vorlesungen so, obwohl sie nie wirklich bewiesen wurden.*

Dann muss man sich wieder die Grenzen der Wissenschaft in Erinnerung rufen. Wie wir bei unseren Überlegungen über die Schönheit von Rosen festgestellt haben, gibt es Dinge, für die man von der eigentlichen Wissenschaft keine Erklärung erwarten kann oder sollte.

Manchmal vergessen Wissenschaftler dies und schaden dem Ansehen der Wissenschaft, indem sie sich mit höchst übertriebenen Behauptungen auf sie berufen. Der berühmte Mathematiker und Philosoph Bertrand Russell zum Beispiel schrieb: „Welches Wissen auch immer erlangt werden kann, es muss durch wissenschaftliche Methoden erlangt werden; und was die Wissenschaft nicht herausfinden kann, kann die Menschheit nicht wissen."[7]

7 Russell, *Religion and Science*, 243

Der Nobelpreisträger Sir Peter Medawar hatte eine vernünftigere und realistischere Sicht auf die Wissenschaft. Er schrieb:

„Ein Wissenschaftler kann sich und seinen Beruf auf keine andere Weise schneller in Misskredit bringen, als wenn er – zumal dann, wenn keinerlei Erklärung verlangt ist – rundheraus erklärt, dass die Wissenschaft die Antworten auf alle Fragen, die der Rede wert sind, bereits besitze oder bald besitzen werde und dass jene Fragen, die keine wissenschaftliche Beantwortung zulassen, auf irgendeine Art und Weise Unfragen oder ‚Pseudofragen' seien, die nur Einfaltspinsel stellen und nur Tölpel zu beantworten sich anmaßen."[8]

An anderer Stelle sagt Medawar: „Dass die Wissenschaft Grenzen hat, wird daran deutlich, dass sie nicht in der Lage ist, grundlegende kindliche Fragen zu beantworten, die die ersten und die letzten Dinge betreffen, wie: ‚Wie hat alles angefangen?', ‚Weshalb sind wir hier?', ‚Was ist der Sinn des Lebens?'"[9] Er fügt hinzu, dass wir uns an die Dichtung und die Religion wenden müssten, um Antworten auf diese Fragen zu finden.

Wenn wir nun alles über die Grenzen der Wissenschaft gesagt haben, was gesagt werden muss, ist die Stimme der Wissenschaft dennoch eine der wichtigsten Stimmen, auf die wir hören müssen, wenn wir unsere Weltanschauung entwickeln. Natürlich können wir nicht alle wissenschaftliche Experten sein. Aber wenn die Experten ihre Ergebnisse den Studenten anderer Bereiche oder der allgemeinen Öffentlichkeit präsentieren (was sie immer häufiger tun), müssen wir ihnen zuhören – so kritisch, wie man Experten in anderen Bereichen auch zuhört. Aber zuhören müssen wir.[10]

Die Stimme der Philosophie

Die nächste Stimme, auf die wir hören sollten, ist die Stimme der Philosophie. Für manche ist allein der Gedanke an Philosophie einschüchternd, aber im Grunde genommen denkt bereits jeder philosophisch, der ernsthaft versucht, die Wahrheit einer Aussage zu ergründen. Der bedeutende Philosoph Anthony Kenny schreibt:

8 Medawar, *Ratschläge für einen jungen Wissenschaftler*, 61

9 Medawar, *Limits of Science*, 59–60

10 Die Leser, die sich gerne umfassender mit diesem Thema beschäftigen möchten, weisen wir auf den Text *Was ist Wissenschaft?* im Anhang hin (S. 283) sowie auf die dort gelisteten Bücher von John Lennox.

> Philosophie ist spannend, weil sie die umfangreichste aller Disziplinen ist, denn sie erforscht grundlegende Konzepte, die sich durch unser gesamtes Reden und Denken über jedes Thema ziehen. Zudem kann man sie anwenden, ohne besondere vorhergehende Ausbildung oder Anweisung; jeder, der bereit ist, scharf nachzudenken und einer Argumentationslinie zu folgen, kann Philosophie betreiben.[11]

Ob uns dies bewusst ist oder nicht: Unsere alltägliche Art zu denken und zu argumentieren hat sehr viel mit Philosophie zu tun – wir haben also auch hier bereits auf ihre Stimme gehört!

Von der Philosophie können wir in vieler Weise profitieren. An erster Stelle steht das leuchtende Beispiel von Männern und Frauen, die sich geweigert haben, einfach die Sicht der Mehrheit ihrer Zeit zu übernehmen.

Sokrates sagte, dass „ein Leben ohne Selbsterforschung ... gar nicht verdient, gelebt zu werden."[12] Diese Männer und Frauen waren dazu entschlossen, ihre ganze intellektuelle Kraft einzusetzen, um zu verstehen, woraus das Universum besteht und wie es funktioniert. Was ist der Platz des Menschen im Universum? Was ist das Wesen der menschlichen Natur? Warum machen wir Menschen so oft Fehler und schaden so uns selbst und der Gesellschaft? Was könnte uns helfen, falsche Handlungen zu vermeiden? Und was könnte unser höchstes Ziel im Leben – unser *Summum Bonum*[13] (lateinisch für *höchstes Gut*) – sein? Ihr Eifer, die Wahrheit zu entdecken und dann gemäß dieser Wahrheit zu leben, kann uns beschämen. Es sollte uns jedenfalls ermutigen, ihrem Beispiel zu folgen.

Zweitens entdeckten Philosophen seit Sokrates, Platon und Aristoteles in ihrer Suche nach Wahrheit, wie wichtig präzises logisches Denken war und welchen Regeln es folgen sollte. Der Nutzen für die Menschheit davon ist unschätzbar, denn dadurch haben wir gelernt, klar zu denken und Vorannahmen, die manchmal sogar unbemerkt unseren wissenschaftlichen Experimenten und Theorien zugrunde liegen, aufzudecken. Wir haben gelernt, Denkvoraussetzungen offenzulegen, die Aussagen und Meinungen zugrunde liegen, auf Trugschlüsse in Argumentationen hinzuweisen, Zirkelschlüsse aufzudecken usw.

Jedoch hat die Philosophie, genau wie die Wissenschaft, ihre Grenzen. Sie kann uns nicht sagen, welche Prinzipien oder grundlegenden Prämissen

11 Kenny, *Brief History of Western Philosophy*, xi

12 Platon, *Des Sokrates Verteidigung*, 38a7, Übers. F. Schleiermacher

13 Höchstes Gut; höchster Wert

wir wählen sollen, aber sie kann und wird uns helfen zu erkennen, ob das Glaubenssystem, das wir auf diese Grundsätze aufbauen, in sich logisch schlüssig ist.

Es gibt noch einen dritten Nutzen, den wir aus der Philosophie ziehen können. Die Geschichte der Philosophie hat gezeigt, dass keines der vielen verschiedenen philosophischen Systeme oder keine Weltanschauungen, die von stringent denkenden Philosophen nur auf Grundlage menschlicher Argumentation entwickelt wurden, alle anderen Philosophen überzeugen konnten, geschweige denn die allgemeine Öffentlichkeit. Keines dieser Systeme hatte dauerhaft Bestand, eine Tatsache, die recht frustrierend sein kann. Aber vielleicht ist diese Frustration auch gar nicht schlecht, denn sie kann uns zu der Frage führen, ob es vielleicht noch eine andere Informationsquelle gibt, ohne die unser menschlicher Verstand allein per Definition unzureichend wäre. Und wenn wir in Bezug auf die Philosophie frustriert sind, weil sie uns erst so erfolgversprechend schien, aber am Ende so wenig geliefert hat, und wir deswegen nach einer anderen Informationsquelle Ausschau halten, könnte sich unsere Frustration sogar als großer Nutzen erweisen.

Die Stimme der Geschichte

Doch gibt es noch eine weitere Stimme, auf die wir hören sollten: die der Geschichte. Wir können uns glücklich schätzen, dass wir in einer Zeit leben, in der die Menschheitsgeschichte bereits so weit fortgeschritten ist. Schon im 1. Jahrhundert v. Chr. wurde von Heron von Alexandria eine einfache Form des Düsenantriebs beschrieben. Doch beim damaligen Stand der Technik kannte man keine Mittel, um diese Entdeckung irgendwie praktisch und sinnvoll einzusetzen. Es sollten noch 1800 Jahre vergehen, bevor es Wissenschaftlern gelang, Düsentriebwerke zu entwickeln, die stark genug für Flugzeuge waren.

Als in den 1950er- und 1960er-Jahren Wissenschaftler auf Grundlage einer Entdeckung Albert Einsteins behaupteten, es sei möglich, Laserstrahlen zu erzeugen, und dies dann auch wirklich taten, sagten viele Leute spöttisch, dass Laser die Lösung für ein nicht existierendes Problem seien, denn niemand konnte sich vorstellen, welchen praktischen Nutzen sie haben könnten. Die Geschichte hat gezeigt, dass diese Kritiker falschlagen, und hat die Wissenschaftler gerechtfertigt (als ob reine Wissenschaft irgendeine Rechtfertigung bräuchte!).

In anderen Fällen hat uns die Geschichte das Gegenteil gelehrt. So gab es eine Zeit, in der die Phlogistontheorie der Verbrennung fast überall Akzeptanz fand. Doch die Geschichte hat sie schließlich als falsch erwiesen.

Fanatische religiöse Sekten haben (trotz eines ausdrücklichen Verbots in der Bibel) immer wieder einmal vorhergesagt, dass das Ende der Welt zu dieser oder jener Zeit und an diesem oder jenem Ort stattfinden werde. Die Geschichte hat ausnahmslos gezeigt, dass diese Vorhersagen falsch waren.

Im letzten Jahrhundert erlebte das philosophische System des logischen Positivismus einen kometenartigen Aufstieg. Es schien die philosophische Landschaft zu beherrschen und verdrängte alle anderen Systeme. Doch die Geschichte offenbarte den fatalen Fehler in diesem System: Es basierte auf einem Nachweisprinzip, das prinzipiell nur zwei Arten von Aussagen als bedeutsam zuließ – *analytische* Aussagen (die per Definition wahr sind, wie zum Beispiel eine Tautologie wie „eine Füchsin ist ein weiblicher Fuchs") oder *synthetische* Aussagen (die man durch ein Experiment verifizieren kann, wie „Wasser besteht aus Wasserstoff und Sauerstoff"). Dabei wurden alle metaphysischen Aussagen als bedeutungslos zurückgewiesen. Doch wie der Philosoph Karl Popper sagte, ist das Verifikationsprinzip selbst weder analytisch noch synthetisch und daher bedeutungslos. Der logische Positivismus widerlegt sich somit selbst. Professor Nicholas Fotion sagt in einem Artikel über dieses Thema in *The Oxford Companion to Philosophy:* „Ende der 1960er-Jahre wurde deutlich, dass diese Bewegung überholt war."[14]

Zuvor hatte Marx mit Berufung auf Hegel seinen dialektischen Materialismus erst auf die Materie und dann auf die Geschichte bezogen. Er behauptete, er habe in den Abläufen der sozialen und politischen Geschichte ein Gesetz entdeckt, das unweigerlich zur Errichtung einer Utopie auf Erden führen könnte; und Millionen von Menschen setzten ihr Leben dafür ein, diesen Prozess voranzutreiben. Doch es hat sich gezeigt, dass die Geschichte ein solches unaufhaltsames Gesetz nicht zu kennen scheint.

Die Geschichte hat auch ein vernichtendes Urteil über die Theorie der Nationalsozialisten gefällt, die arische Rasse sei den anderen überlegen, was – so wurde es zugesichert – zu einer neuen Weltordnung führen würde.

Die Geschichte ist daher ein sehr wertvoller, wenn auch manchmal beängstigender Richter über unsere Ideen und Gedankensysteme. Wir sollten auf jeden Fall ihren Lektionen viel Beachtung schenken und für sie dankbar sein.

Aber es gibt noch einen weiteren Grund, aus dem wir auf die Geschichte hören sollten. Geschichte bringt uns in Berührung mit den großen Männern und Frauen, die sich weltweit als Vordenker erwiesen haben und deren Einfluss heute noch lebendig ist. Zu denen gehört natürlich auch Jesus Christus.

14 Fotion, *Logical Positivism*

Wie wir wissen, wurde er von seinen Zeitgenossen abgelehnt und hingerichtet. Aber das trifft auch auf Sokrates zu. Sokrates' Einfluss besteht weiter; doch der Einfluss von Christus war und ist noch immer unendlich viel größer als der des Sokrates oder jeder anderen weltweiten Führungsperson. Es wäre sehr seltsam, wenn wir zwar auf Sokrates, Platon, Aristoteles, Hume, Kant, Marx und Einstein hören würden, aber es versäumen oder uns weigern würden, auf Christus zu hören. Die zahlreichen (und teilweise sehr frühen) Manuskripte des Neuen Testaments liefern uns einen authentischen Bericht über seine Lehre. Nur Leute mit starken Vorurteilen würden ihn einfach ablehnen, ohne sich zuerst anzuhören, was er sagt.

> *Geschichte bringt uns in Berührung mit den großen Männern und Frauen, die sich weltweit als Vordenker erwiesen haben und deren Einfluss noch heute lebendig ist. Es wäre sehr seltsam, wenn wir zwar auf Sokrates, Platon, Aristoteles, Hume, Kant, Marx und Einstein hören würden, aber es versäumen oder uns weigern würden, auf Christus zu hören.*

Die Stimme der göttlichen Selbstoffenbarung

Die letzte Stimme, die beansprucht, gehört zu werden, ist eine Stimme, die sich unentwegt durch die ganze Geschichte zieht und sich nicht zum Schweigen bringen lässt: Sie behauptet, es gebe eine andere Informationsquelle jenseits von Intuition, wissenschaftlicher Forschung und philosophischem Denken. Diese Stimme ist die Stimme der göttlichen Selbstoffenbarung. Ihr Anspruch lautet, dass der Schöpfer, dessen Existenz und Macht intuitiv durch seine geschaffenen Werke wahrgenommen werden kann, auch darüber hinaus nicht still und distanziert geblieben ist. Im Laufe der Jahrhunderte hat er durch seine Propheten und vor allem durch Jesus Christus zu unserer Welt gesprochen.

Natürlich werden Atheisten sagen, dass dieser Anspruch ins Reich der Märchen gehört. Atheistische Wissenschaftler werden einwenden, dass es keinerlei wissenschaftliche Beweise für die Existenz eines Schöpfers gebe (sie würden sogar behaupten, dass die Annahme der Existenz eines Schöpfers die Grundlage der wahren wissenschaftlichen Methodologie zerstöre – mehr dazu erfahren Sie im Anhang dieses Buches). Daher sei die Vorstellung, wir könnten direkte Informationen vom Schöpfer selbst erhalten, bereits vom Gedanken her absurd. Diese Reaktion stimmt natürlich vollkommen mit der Grundannahme des Atheismus überein.

Doch scheinbare Absurdität ist jedoch kein positiver Beweis dafür, dass etwas nicht möglich oder nicht wahr ist. Denken Sie daran, dass viele

Vordenker, als sie zuerst mit der Vermutung in Berührung kamen, die Erde sei keine Scheibe, sondern eine Kugel, diese sofort zurückwiesen, weil ihnen der Gedanke absurd erschien.

Im 2. Jahrhundert v. Chr. beschloss ein gewisser Lukian von Samosata, das zu entlarven, was er für fantasievolle Spekulationen der frühen Wissenschaftler und groteske Reiseberichte von sogenannten Entdeckern hielt. Er schrieb ein Buch, das er augenzwinkernd *Verae historiae* (Wahre Geschichten) nannte. In dem Werk erzählte er von seiner Reise durch den Weltraum zum Mond. Er habe entdeckt, dass die Mondbewohner eine besondere Art von Spiegel hätten, mit dem sie sehen könnten, was die Menschen auf der Erde tun. Sie besäßen auch so etwas wie einen Brunnenschacht, durch den sie sogar hören könnten, was die Menschen auf der Erde sagen. Seine Erzählung war so nüchtern, als hätte er tatsächliche Ereignisse aufgeschrieben. Aber er erwartete, dass seine Leser sofort erkennen würden, dass dies gedanklich völlig absurd war, was wiederum bedeutete, dass diese Dinge unmöglich existieren konnten und dass das auch für immer so bleiben würde.

Doch ohne dass er davon wusste, existierten in der Natur bereits die Kräfte und Stoffe, die es der Menschheit einmal ermöglichen würden (als sie lernte, diese Kräfte zu nutzen), Astronauten in die Umlaufbahn des Mondes zu senden, auf ihm zu landen und Bild- und Ton-Kommunikation zwischen Mond und Erde herzustellen!

Wir sollten auch daran denken, dass atomare Strahlung und Radiofrequenzemissionen aus fernen Galaxien nicht erst von Wissenschaftlern in den letzten Jahrzehnten erfunden wurden. Sie waren die ganze Zeit da, wenn auch unsichtbar und unentdeckt, und jahrhundertelang hatte niemand an sie geglaubt oder noch nicht einmal darüber nachgedacht. Doch entdeckt wurden sie erst in jüngerer Zeit, als brillante Wissenschaftler sich die Möglichkeit vorstellen konnten, dass entgegen jeder öffentlichen Erwartung solche Phänomene existieren könnten. Sie suchten nach ihnen und fanden sie.

Ist es also gedanklich wirklich so absurd zu glauben, dass unser menschlicher Intellekt und unsere Rationalität nicht aus geistloser Materie durch unpersönliche und ziellose Kräfte entstanden sind, sondern von einem höheren persönlichen Intellekt und einer höheren Vernunft stammen?

Eine alte, aber immer noch gültige Analogie wird uns an dieser Stelle helfen. Wenn wir im Hinblick auf einen bestimmten Automotor fragen: „Wo liegt der Ursprung dieses Automotors?", wäre eine Antwort: „Er hat seinen Ursprung in der Produktionsanlage dieser oder jener Fabrik und wurde von Menschen und Robotern zusammengebaut."

Eine weitere, tiefer gehende Antwort wäre: „Er hat seinen Ursprung in den Materialien, aus denen seine Bestandteile gefertigt wurden."

Aber im eigentlichen Sinn des Wortes „Ursprung" hat das Automobil, von dem dieser besondere Motor nur ein Teil ist, seinen Ursprung weder in der Fabrik noch in seinen Grundmaterialien, sondern in etwas ganz anderem: im intelligenten Geist einer Person – seinem Erfinder. Das wissen wir natürlich durch die Geschichte und aus eigener Erfahrung, aber wir wissen es auch intuitiv: Es ist offensichtlich wahr.

Millionen von Menschen haben es ebenfalls intuitiv wahrgenommen – und spüren es noch immer –, dass auch das, was Christus und seine Propheten über den „Anfang" unserer menschlichen Rationalität sagten, offensichtlich wahr ist: „Am Anfang war das Wort – der Logos –, und der Logos war bei Gott, und der Logos war Gott ... Alle Dinge sind durch ihn geschaffen ..." (Joh 1,1-2; unsere Übersetzung). Das ist auf jeden Fall eine um einiges wahrscheinlichere Geschichte als die, dass unsere menschliche Intelligenz und Rationalität ursprünglich geistloser Materie entsprungen sein sollen, durch zufällige Mutationen, selektiert durch eine nicht zielgerichtete Natur.

Der Begriff „Logos" steht sowohl für Rationalität als auch für die Ausdrucksform dieser Rationalität durch verständliche Kommunikation. Wenn diese rationale Intelligenz Gott ist und zugleich persönlich ist und wir Menschen unser Menschsein und unsere Intelligenz von ihm erhalten haben, dann ist es alles andere als absurd zu denken, dass der göttliche Logos mit uns auch kommuniziert. Denn das entspricht seinem eigenen Wesen und dem Ausdruck dieser Intelligenz, dass sie kommuniziert. Im Gegenteil, wenn man von vornherein die Möglichkeit einer göttlichen Offenbarung ausschließt und seine Ohren vor dem verschließt, was Jesus Christus zu sagen hat, ohne sich seine Lehre zuvor anzuhören, um zu sehen, ob sie nun wahr ist oder nicht, ist das keine wahre wissenschaftliche Einstellung: offen zu sein für Neues und jeden vernünftigen Weg zur Wahrheit zu erkunden.[15]

Außerdem wird die Befürchtung, die Annahme der Existenz eines Schöpfergottes würde wahre wissenschaftliche Methodologie untergraben, durch reine geschichtliche Fakten widerlegt. Sir Francis Bacon (1561–1626), der weitestgehend als Vater der modernen wissenschaftlichen Methode betrachtet wird, glaubte, dass Gott sich in zwei großen Büchern offenbart habe: dem Buch der Natur und dem Buch des Wortes Gottes, der Bibel. In

15 Diese Fragen und damit zusammenhängende Themen werden ausführlicher im vierten Buch dieser Serie im Abschnitt *Antworten einfordern* behandelt.

seinem berühmten Werk *Advancement of Learning* (1605) schrieb Bacon: „Kein Mensch ... sollte denken oder behaupten, ein Mensch könnte zu sehr im Buch des Wortes Gottes oder im Buch von Gottes Werken ... nachforschen oder bewandert sein. Vielmehr sollten die Menschen einen unaufhörlichen Fortschritt oder Sachverstand in beidem anstreben."[16] Es ist dieses Zitat, das Charles Darwin an den Anfang seines Werkes *Die Entstehung der Arten* (1859) stellte.

Wissenschaftshistoriker weisen darauf hin, dass es diese theistische Sicht der „zwei Bücher" war, die maßgeblich für den kometenhaften Aufstieg der Wissenschaft am Anfang des 16. Jahrhunderts verantwortlich war. C. S. Lewis bezieht sich auf eine Aussage eines der bedeutendsten Historiker aller Zeiten, Sir Alfred North Whitehead: „Professor Whitehead weist darauf hin, dass erst Jahrhunderte des Glaubens an einen Gott, der ‚die persönliche Energie Jahwes' mit ‚der Rationalität eines griechischen Philosophen' verbindet, jene feste Erwartung einer systematischen Ordnung bewirken konnten, die die Geburt der modernen Wissenschaft möglich machte. Die Menschen wurden zu Wissenschaftlern, weil sie erwarteten, dass es in der Natur ein Gesetz gäbe; und sie erwarteten ein Gesetz in der Natur, weil sie an einen Gesetzgeber glaubten."[17] Mit anderen Worten: Der Theismus war die Wiege der Wissenschaft. In der Tat waren die meisten führenden Wissenschaftler zu jener Zeit weit davon entfernt, die Vorstellung eines Schöpfers als gedanklich absurd abzutun, sondern glaubten an einen Schöpfer.

Johannes Kepler	1571–1630	Himmelsmechanik
Blaise Pascal	1623–1662	Hydrostatik
Robert Boyle	1627–1691	Chemie, Gasdynamik
Isaac Newton	1642–1727	Mathematik, Optik, Dynamik
Michael Faraday	1791–1867	Magnetismus
Charles Babbage	1791–1871	Computerwissenschaft
Gregor Mendel	1822–1884	Genetik
Louis Pasteur	1822–1895	Bakteriologie
Lord Kelvin	1824–1907	Thermodynamik
James Clerk Maxwell	1831–1879	Elektrodynamik, Thermodynamik

16 Bacon, *The Advancement of Learning*, 8
17 Lewis, *Wunder*, 125–6

Alle diese berühmten Männer hätten Einstein zugestimmt: „Wissenschaft ohne Religion ist lahm, Religion ohne Wissenschaft blind."[18] Die Geschichte zeigt uns also sehr deutlich, dass der Glaube an Gott für die Wissenschaft kein Hindernis ist, sondern vielmehr einen der wichtigsten Impulse für ihre Entwicklung gegeben hat.

Auch heute gibt es viele hochrangige Wissenschaftler, die an Gott glauben. Zum Beispiel ist Professor William D. Philips, der 1997 den Nobelpreis für Physik erhielt, praktizierender Christ, wie auch der weltberühmte Botaniker und ehemalige Direktor der Königlichen Botanischen Gärten in London, der *Kew Gardens*, Sir Ghillean Prance. Ebenso trifft dies auf den ehemaligen Direktor des Nationalen Gesundheitsinstituts der Vereinigten Staaten zu, den Genetiker Francis S. Collins, der durch seine Leitung des internationalen Humangenomprojekts bekannt wurde, das 2003 seinen Höhepunkt in der vollständigen Entschlüsselung der menschlichen DNA fand.[19]

Viele Menschen haben aber folgenden Einwand: Wenn man sich nicht sicher sein kann, ob Gott überhaupt existiert, ist es dann nicht unwissenschaftlich, nach Beweisen für die Existenz Gottes zu suchen? Sicher nicht. Nehmen wir als Beispiel Professor Carl Sagan und das von ihm geförderte SETI-Projekt (SETI = The Search for Extra Terrestrial Intelligence; auf Deutsch: Die Suche nach außerirdischer Intelligenz). Sagan war ein berühmter Astronom, aber als er seine Suche begann, hatte er keine verbindlichen Beweise, auf die er aufbauen konnte. Er ging einfach auf Grundlage einer Hypothese vor: Wenn sich intelligentes Leben auf der Erde entwickelt hat, ist es auch möglich – vielleicht sogar wahrscheinlich –, dass es sich auch auf anderen geeigneten Planeten im Universum entwickelt hat. Er hatte keine Garantie, dass sich diese Hypothese als wahr erweisen würde oder dass er auf Leben stoßen würde, selbst wenn es existierte. Aber trotzdem fand er und auch die NASA (die Nationale Luft- und Raumfahrtorganisation) es für sinnvoll, viel Aufwand, Zeit und erhebliche Geldsummen zu investieren, um mit Radioteleskopen entfernte Galaxien abzuhören, um herauszufinden, ob es irgendwo im Universum sonst noch intelligentes Leben geben könnte.

Warum sollte es also weniger wissenschaftlich sein, nach einem intelligenten Schöpfer zu suchen, insbesondere, wenn es Belege dafür gibt, dass

18 Einstein, *Science and Religion*

19 Diese Liste könnte weitergeführt werden, wie eine Internetsuche nach „berühmte christliche Wissenschaftler" zeigen wird.

das Universum den Stempel seines Geistes trägt? Die einzig gültige Rechtfertigung dafür, dass man nicht nach Gott sucht, wären überzeugende Beweise dafür, dass Gott nicht existiert beziehungsweise nicht existieren kann. Aber niemand hat solche Beweise.

Doch für viele Menschen scheint die göttliche Offenbarung trotzdem vollkommen unmöglich zu sein, weil sie den Eindruck haben, die Wissenschaft sei aus der Wiege herausgewachsen, in der sie geboren wurde, und habe dann irgendwie bewiesen, dass es doch keinen Gott gibt. Aus diesem Grund werden wir im Anhang dieses Buches ausführlicher darauf eingehen, was Wissenschaft eigentlich ist, was es heißt, eine wirklich wissenschaftliche Perspektive einzunehmen, was die Wissenschaft bewiesen hat und was nicht und wie die Wissenschaft oftmals allgemein missverstanden wird. Doch hier müssen wir zunächst noch weiter gehende Fragen über die Realität betrachten.

> *Die einzig gültige Rechtfertigung dafür, dass man nicht nach Gott sucht, wären überzeugende Beweise dafür, dass Gott nicht existiert beziehungsweise nicht existieren kann. Aber niemand hat solche Beweise.*

Die Bedeutung der Realität

Eine der zentralen Fragen, die wir jetzt untersuchen werden, lautet: Können wir die letzte Wahrheit über die Realität wissen? Bevor wir verschiedene Aspekte der Realität betrachten, müssen wir definieren, was wir mit „Realität“ meinen. Lassen Sie uns daher mit dem üblichen Gebrauch in unserer Alltagssprache beginnen. Danach können wir dann den Gebrauch des Begriffs auf höheren Ebenen betrachten.

In unserer Alltagssprache haben das Substantiv „Realität“ sowie das Adjektiv und das Adverb „real“ mehrere, unterschiedliche Bedeutungen, je nachdem, in welchem Kontext sie stehen. Hier ein paar Beispiele:

Zum einen ist das Gegenteil von „real“ in manchen Situationen „eingebildet“ oder „imaginär“. So könnte beispielsweise ein durstiger Reisender in der Sahara in der Ferne etwas sehen, was er für eine Oase mit Wasser und Palmen hält, obwohl da eigentlich keine Oase ist. Was er zu sehen glaubt, ist eine Luftspiegelung, eine optische Illusion. Die Oase ist nicht real, sagen wir, sie existiert nicht wirklich.[20] Oder eine Patientin, der während einer

20 Luftspiegelungen entstehen, „wenn sich große Unterschiede in der Temperatur und folglich auch in der Dichte zwischen zwei dünnen Luftschichten auf oder direkt über dem Boden entwickeln. Dadurch wird das Licht gebrochen oder abgelenkt, während es

schweren Operation starke Medikamente injiziert wurden, kann aus der Narkose aufwachen und unter Halluzinationen leiden. Sie kann glauben, sie sehe alle möglichen seltsamen Wesen durch ihr Zimmer laufen. Aber wenn wir sagen, dass diese Dinge, die sie zu sehen glaubt, nicht real sind, meinen wir damit, dass diese eigentlich nicht existieren. Wir könnten natürlich argumentieren, dass etwas im Gehirn der Patientin geschieht und sie ähnliche Eindrücke erlebt, als wären diese seltsamen Wesen real. Ihre Eindrücke sind daher in dem Sinne real, dass sie in ihrem Gehirn existieren, aber sie entsprechen nicht der äußeren Realität, von der die Patientin glaubt, sie sei der Ursprung dieser Sinneseindrücke. Die Mechanismen ihres Gehirns erzeugen ein falsches Bild: Die seltsamen Wesen existieren nicht. Sie sieht nicht *sie*. Sie sind nicht real. Auf Grundlage solcher Beispiele (der Reisende und die Patientin) haben manche Philosophen argumentiert, dass keiner von uns sich jemals sicher sein kann, ob die Sinneseindrücke, die wir von der äußeren Realität zu empfangen glauben, die äußere Welt auch wirklich darstellen und keine Illusionen sind. Ihre Argumente werden wir ausführlich in Buch 2 dieser Serie, *Was können wir wissen?*, behandeln und dabei auch auf die Erkenntnistheorie und verwandte Themen eingehen.

Zusammenfassend lässt sich Folgendes sagen: Weder der Reisende noch die Patientin nahmen die äußere Realität so wahr, wie sie wirklich war. Aber die Gründe für ihr Unvermögen waren unterschiedlich: Beim Reisenden war es eine äußere Illusion (möglicherweise verstärkt durch den Durst), die ihn dazu brachte, die Realität falsch zu interpretieren und sich vorzustellen, es gebe dort eine wirkliche Oase, obwohl diese nicht da war. Bei der Patientin gab es in ihrem Raum nichts Ungewöhnliches, was ihre Wahrnehmungsstörung verursacht hätte. Das Problem lag vollständig in ihrem Inneren. Die Medikamente hatten die Wahrnehmungsmechanismen ihres Gehirns verzerrt.

---

durch eine Schicht zur nächsten wandert. Am Tag, wenn sich eine warme Schicht direkt über dem Boden befindet, werden Objekte nahe des Horizontes oftmals auf flachen Oberflächen widergespiegelt, wie zum Beispiel Strände, Wüsten, Straßen und Wasser. Dies erzeugt die flimmernden, schwebenden Bilder, die man oft an sehr heißen Tagen beobachten kann." *Oxford Reference Encyclopaedia*, 913.

Aus diesen beiden Beispielen können wir einige praktische Lektionen lernen:

1. Es ist für uns alle wichtig, von Zeit zu Zeit die Frage zu stellen, ob das, was wir einfach so als Realität empfinden, auch wirklich der Realität entspricht.

2. In Fällen wie den gerade beschriebenen muss die externe Realität der Maßstab sein, anhand dessen wir darüber urteilen, ob unsere Sinneswahrnehmungen richtig oder falsch sind.

3. Ob man Menschen von ihren inneren subjektiven Fehlwahrnehmungen befreien kann, hängt davon ab, ob man sie irgendwie dazu bringen kann, sich der externen, objektiven Realität zu stellen und sie wahrzunehmen.

Zweitens lautet in anderen Situationen das Gegenteil von „real" in der Alltagssprache „gefälscht", „unecht", „betrügerisch". Wenn wir zum Beispiel ein Stück Metall als „reales" oder „wirkliches Gold" bezeichnen, meinen wir damit, dass es echtes Gold ist und nicht so etwas wie Messing, das nur wie Gold aussieht. Die praktische Bedeutung davon, dass man in der Lage ist, zwischen dem zu unterscheiden, was in diesem Sinne real ist und was wiederum unecht oder gefälscht, lässt sich leicht aufzeigen.

Nehmen wir als Beispiel die Münzprägung. In vergangenen Jahrhunderten, als Münzen aus echtem Gold oder Silber hergestellt wurden (oder hergestellt werden sollten), verunreinigten Betrüger oft das Material der Münzen durch die Beimischung von minderwertigem Metall. Wenn die Käufer oder Verkäufer keine Möglichkeiten hatten zu überprüfen, ob die Münzen echt waren oder den vollen Wert besaßen, konnten sie leicht betrogen werden.

In unserer modernen Welt drucken Fälscher falsche Banknoten und bringen sie heimlich in Umlauf. Wenn der Betrug schließlich aufgedeckt wird, verweigern Banken und Händler die Annahme dieser falschen Banknoten, und unschuldige Leute bleiben auf wertlosen Fetzen Papier sitzen.

Oder ein unehrlicher Juwelier zeigt einer reichen Frau eine Halskette und erzählt ihr, sie sei aus wertvollen Edelsteinen gefertigt worden; und die reiche, arglose Frau bezahlt einen hohen Preis dafür, nur um später festzustellen, dass die Edelsteine nicht echt sind: Sie waren Nachahmungen, die aus einer Art Glaspaste oder Strass hergestellt wurden.

Im umgekehrten Fall bringt eine ältere Frau ihre Halskette, die aus echten Edelsteinen besteht, zu einem Juwelier und bietet sie ihm zum Verkauf an, um etwas Geld für ihren Lebensunterhalt zu erhalten. Doch der skrupellose Juwelier behauptet, die Edelsteine seien nicht so wertvoll, wie sie gedacht hatte: Sie seien aus Glaspaste hergestellte Nachahmungen. Durch diese Täuschung kann er die zögerliche Frau überzeugen, ihm die Halskette für einen viel geringeren Preis zu verkaufen, als sie eigentlich wert ist.

Erneut wird es aufschlussreich sein, die diesen Beispielen zugrunde liegenden Prinzipien genauer zu betrachten, denn später, wenn wir dazu kommen werden, die Realität auf einer höheren Ebene zu studieren, können sie uns hilfreiche Analogien und Gedankenmodelle liefern.[21]

Beachten Sie, dass den letzten drei Beispielen Prinzipien zugrunde liegen, die sich signifikant von den Prinzipien der Beispiele unterscheiden, die wir zuvor betrachtet haben. Die Oase und die seltsamen Wesen waren nicht real, weil sie in der äußeren Welt nicht wirklich existierten. Aber die gefälschten Münzen, die betrügerischen Banknoten sowie die echten und die nachgeahmten Edelsteine existierten alle in der äußeren Welt. In diesem Sinne waren sie alle real, Teil der externen Realität, wirkliche Stücke Materie.

Was war dann das Problem mit ihnen? Es waren die Betrüger, die für die Münzen und die Banknoten einen Wert und eine Kaufkraft beanspruchten, die sie in Wirklichkeit nicht besaßen; und bei den zwei Halsketten hatten die skrupellosen Juweliere in beiden Fällen das Wesen der Materie, aus der die Edelsteine bestanden, falsch dargestellt.

Das führt uns zur Frage: Wie können Menschen vermeiden, auf solche falschen Behauptungen und Falschdarstellungen hereinzufallen? Es ist nicht schwer zu erkennen, warum solche Fragen wichtig werden, wenn wir uns mit der Materie des Universums und seinen Eigenschaften befassen.

Zur Überprüfung, ob ein Objekt aus reinem Gold besteht oder nicht, wird damals wie heute ein schwarzes, feinkörniges, kieselhaltiges Gestein eingesetzt, das als Prüfstein bezeichnet wird. Wenn man reines Gold an diesem Prüfstein reibt, hinterlässt es auf dem Stein besonders beschaffene Streifen. Wenn ein Objekt aus verunreinigtem Gold oder aus minderwertigerem Metall besteht, werden die Streifen, die es auf dem Stein hinterlässt, anders beschaffen sein.

21 Siehe dazu besonders den Abschnitt *Was ist Wirklichkeit?* in Band 4.

BILD I.3. *Ein Prüfstein*
Prüfsteine wurden zum ersten Mal von Theophrastos (um 372 bis 287 vor Chr.) in seiner Schrift *De lapidibus* (Über die Steine) erwähnt. Prüfsteine sind Tafeln aus feinkörnigem schwarzen Stein, die dazu verwendet werden, den Gold- oder Silberanteil in einer Metallprobe zu bestimmen oder abzuschätzen. Auf dem Stein sieht man Spuren von Gold.

In der Antike trugen Händler immer einen Prüfstein mit sich, doch man brauchte auch beachtliches Wissen und Erfahrung, um die Prüfung korrekt zu interpretieren. Bei Banknoten und Edelsteinen können Nachahmungen so geschickt gemacht sein, dass nur ein Experte den Unterschied zwischen echt und falsch erkennen kann. In diesem Fall müssten sich Nichtexperten wie wir auf das Urteil von Experten verlassen.

Aber was sollen wir tun, wenn die Experten sich nicht einig sind? Wie entscheiden wir, welchem Experten wir vertrauen wollen? Gibt es eine Art Prüfstein, den gewöhnliche Leute bei den Experten selbst anwenden können oder zumindest bei ihren Interpretationen?

Es gibt noch eine weitere Situation, die wir an dieser Stelle genauer betrachten sollten, bevor wir uns unserem Hauptthema widmen.

Drittens: Wenn wir mit etwas konfrontiert werden, das beansprucht, ein Bericht über ein vergangenes Ereignis und seine Ursachen zu sein, stellen wir zu Recht folgende Fragen: „Hat dieses Ereignis wirklich stattgefunden? Hat es so stattgefunden, wie der Bericht behauptet? War die vermutete Ursache auch die tatsächliche Ursache?“ Die Schwierigkeit bei Ereignissen aus der Vergangenheit ist, dass wir sie nicht einfach in die Gegenwart holen können und ihren Ablauf in unseren Laboren noch einmal beobachten können. Wir müssen deshalb nach vorhandenen Beweisen suchen, sie analysieren und dann entscheiden, welche Interpretation der Beweise das Geschehene am besten erklärt.

Das ist natürlich nichts Ungewöhnliches. Polizisten, die versuchen, einen Mord aufzuklären und den Mörder ausfindig zu machen, befinden sich konstant in dieser Situation, und auch Historiker, Archäologen und

Paläontologen machen dies ständig. Aber beim Umgang mit Beweisen und ihrer Interpretation können Fehler gemacht werden. Ein Beispiel: Im Jahr 1980 campte eine Familie im australischen Outback, als sie plötzlich von einem Dingo (einem australischen Wildhund) angegriffen wurde. Dabei kam das kleine Kind der Familie ums Leben. Als die Polizei jedoch den Fall untersuchte, glaubten sie die Geschichte der Eltern nicht. Sie unterstellten der Frau, das Kind tatsächlich selbst getötet zu haben. Das Gericht befand sie für schuldig, und sie wurde verurteilt. Doch später tauchten neue Beweise auf, die die Geschichte der Eltern bestätigten und bewiesen, dass wirklich ein Dingo für den Tod des Kindes verantwortlich gewesen war. Erst 2012 wurde das Paar vollständig von den Beschuldigungen freigesprochen.

Zeigt uns dies, dass wir uns nie wirklich sicher sein können, ob ein historisches Ereignis tatsächlich stattgefunden hat? Oder, dass wir uns nie über seine wahren Ursachen gewiss sein können? Natürlich nicht! Es steht völlig außer Zweifel, dass beispielsweise Napoleon Russland eroberte und Dschingis Khan Peking (das damals Zhongdu genannt wurde) belagerte. Wie wir bereits festgestellt haben, lautet die Frage: Was für Beweise müssen wir haben, um uns sicher zu sein, dass ein historisches Ereignis wirklich stattgefunden hat?

Doch genug von diesen Vorübungen – es ist jetzt an der Zeit, den ersten Schritt zur Beantwortung folgender Frage zu tun: Können wir die letzte Wahrheit über die Realität erfahren?

WAS IST DAS WESEN DER LETZTEN REALITÄT?

Wir haben über die Bedeutung von Realität in verschiedenen praktischen Situationen des täglichen Lebens nachgedacht. Jetzt müssen wir anfangen, die Realität auf den höheren Ebenen unserer eigenen individuellen Existenz zu betrachten sowie die unserer Mitmenschen und schließlich die des gesamten Universums.

Wir selbst als Individuen

Lassen Sie uns mit uns selbst als Individuen beginnen. Wir wissen, dass wir existieren. Wir müssen keine langen philosophischen Diskussionen führen, bevor wir wissen, dass wir existieren. Wir wissen es intuitiv. In der Tat können wir dies nicht logisch leugnen. Wenn ich behaupten sollte: „Ich existiere nicht", würde ich meine Behauptung allein dadurch widerlegen, dass ich sie mache. Eine nicht existente Person kann nun einmal nichts behaupten.

Wenn ich nicht existieren würde, könnte ich noch nicht einmal sagen: „Ich existiere nicht", da ich dazu existieren müsste, um dies zu behaupten. Daher kann ich nicht auf logische Weise meine eigene Nichtexistenz behaupten.

Es gibt noch mehr Dinge, die wir intuitiv über uns selbst wissen.

Erstens besitzen wir Selbstbewusstsein, das heißt, wir sind uns unserer selbst als einzelne Individuen bewusst. Ich weiß, dass ich nicht mein Bruder bin oder meine Schwester oder mein Nachbar. Ich bin das Kind meiner Eltern, aber ich bin nicht einfach nur eine Weiterentwicklung meines Vaters und meiner Mutter. Ich bin ein einzelnes Individuum, ein eigenständiger Mensch. Mein Wille ist keine Fortführung ihres Willens, das heißt, wenn sie etwas wollen, will ich nicht automatisch dasselbe. Mein Wille ist mein eigener Wille.

Mein Wille wurde vielleicht geprägt durch viele Erfahrungen in der Vergangenheit, von denen die meisten nun in mein Unterbewusstsein gelangt sind, und wird vielleicht von vielen inneren Wünschen oder Ängsten bedrängt und von den äußeren Umständen. Aber was immer deterministische Philosophen behaupten – tief in unserem Herzen wissen wir, dass wir uns frei entscheiden können. In diesem Sinn ist unser Wille frei. Wäre er es nicht, könnte niemand jemals für sein Fehlverhalten angeklagt werden oder für gute Taten gelobt werden.

Zweitens sind wir uns selbst auch intuitiv als Personen bewusst, die sich wesentlich von unpersönlichen Dingen unterscheiden und ihnen überlegen sind. Es ist keine Frage der Größe, sondern des Geistes und der Persönlichkeit. Ein Berg mag groß sein, aber er ist ohne Geist und unpersönlich. Er besteht aus nicht rationaler Materie; er ist sich nicht bewusst, dass wir da sind. Er ist sich auch seiner selbst nicht bewusst. Ein Berg liebt weder, noch hasst er, er erwartet weder Dinge, noch reflektiert er sie, er hat weder Hoffnungen noch Ängste. Und doch könnte er uns vernichten, wenn er zu einem Vulkan wird – obwohl wir rationale Wesen sind und er ohne Geist ist. Trotzdem sollten wir aus der Tatsache, dass unpersönliche, nicht rationale Materie größer und stärker ist als wir, nicht schlussfolgern, dass sie auch eine höhere Existenzform ist als ein persönlicher, rationaler Mensch. Doch dadurch stellt sich uns folgende Frage: Was ist nun die Stellung unserer menschlichen Existenz in dieser materiellen Welt und dem Universum?

Unsere Stellung in der Welt

Wir wissen, dass wir nicht immer existiert haben. Wir können uns daran erinnern, dass wir einmal kleine Kinder waren. Nun sind wir zu Männern und Frauen herangewachsen. Wir haben auch gesehen, dass Menschen früher oder später sterben und dass die unpersönliche und geistlose Erde zu ihrem Grab wird. Was ist also die Bedeutung eines einzelnen Menschen und seines vergleichsweise kurzen Lebens auf der Erde?

Manche denken, dass es auf die Menschheit als Ganzes ankommt: Das Individuum zählt nur wenig. So gesehen ist die Menschheit wie ein großer Apfelbaum. Jedes Jahr bringt er eine reiche Ernte an Äpfeln hervor. Jeder Apfel ist mehr oder weniger gleich. Ein einzelner Apfel hat keine besondere Bedeutung. Er ist für ein kurzes Leben bestimmt, bevor er wie der Rest der Ernte verspeist und vergessen wird und so Platz macht für die Ernte des nächsten Jahres. Der Baum selbst lebt weiter und bringt Jahr für Jahr neue Ernten hervor, in einem scheinbar endlosen Kreis von Geburt, Wachstum und Verschwinden. So gesehen ist der Baum das bedeutende und dauerhafte Phänomen; der einzelne Apfel dagegen ist fast bedeutungslos.

BILD I.4. ***Ein Apfel***

Apfelbäume brauchen vier bis fünf Jahre, bevor sie die erste Frucht bringen, und die Bildung eines Apfels erfordert die Energie von 50 Blättern. Archäologen haben Beweise entdeckt, dass die Menschen seit Beginn der aufgezeichneten Geschichte Äpfel essen.

©unsplash.com/Fumiaki Hayashi

Unser Ursprung

Aber diese Sicht des Einzelnen im Verhältnis zu seiner Art bringt uns nicht zur Wurzel unserer Frage, denn auch die Menschheit hat nicht immer existiert, sondern hatte einen Anfang, wie auch das Universum selbst. Dadurch wird die Frage nur noch eine Stufe weiter zurückgeschoben: Wem verdanken die Menschheit als Ganzes und das Universum selbst letztlich ihre Existenz? Was ist die große Realität hinter der nicht rationalen Materie des Universums und hinter uns rationalen, persönlichen, individuellen Mitgliedern der menschlichen Art?

Bevor wir beginnen, die Antworten zu untersuchen, die im Laufe der Jahrhunderte auf diese Fragen gegeben wurden, sollten wir beachten, dass uns die Wissenschaft zwar auf eine Antwort hinweisen kann, eine endgültige und vollständige Antwort kann sie uns aber nicht liefern. Das liegt nicht daran, dass mit der Wissenschaft etwas nicht stimmt, die Schwierigkeit liegt einfach in der Natur der Dinge. Die heute am weitesten verbreitete (wenn auch nicht die einzige) wissenschaftliche Theorie zur Entstehung des Universums ist die des Urknalls. Doch die Theorie sagt uns, dass wir hier auf eine Singularität stoßen, auf einen Punkt, an dem alle Gesetze der Physik in sich zusammenbrechen. Wenn das stimmt, folgt daraus, dass uns die Wissenschaft selbst keinen wissenschaftlichen Bericht darüber liefern kann, was davor gewesen ist und durch den Urknall zum Universum geführt hat und letztendlich zu uns als einzelnen Menschen.

Unsere Bestimmung

Die Tatsache, dass die Wissenschaft diese Fragen nicht beantworten kann, heißt natürlich nicht, dass es sich dabei um Pseudofragen handelt, die es nicht wert wären, gestellt zu werden. Adam Schaff, der polnische marxistische Philosoph, beobachtete vor langer Zeit:

„‚Sinn des Lebens' oder ‚Mensch und Welt', das klingt schrecklich, und man kann schwerlich behaupten, dass es möglich ist, sich in einer so nebelhaften Angelegenheit vernünftig zu äußern. Und dennoch! Wenn wir auch zehnmal sagen, es sei ein typisches Pseudoproblem, *liquidieren wir das Problem damit nicht.*"[22]

Ja, natürlich würden Probleme bestehen bleiben, und sie sind die wichtigsten Fragen des Lebens. Nehmen wir an, wir würden mithilfe der Wissenschaft alles über jedes Atom, jedes Molekül, jede Zelle, jeden elektrochemischen Strom und jeden Mechanismus unseres Körpers und Gehirns wissen. Wie viel weiter wären wir dann? Wir würden wissen, aus was wir bestehen und wie wir funktionieren. Aber wir würden noch immer nicht wissen, wozu wir gemacht wurden.

Stellen wir uns folgende Analogie vor: Eines Morgens wachen wir auf und sehen einen neuen, leeren Geländewagen vor unserem Haus parken, den irgendein anonymer Spender auf unseren Namen zugelassen und zu unserem Gebrauch bestimmt hat. Wissenschaftler könnten jedes Atom und Molekül beschreiben, aus dem das Auto besteht. Ingenieure könnten uns erklären, wie es funktioniert und dass es für den Transport von Menschen

22 Schaff, *Marx oder Sartre?*, 32 (Kursivsetzung durch uns)

entwickelt wurde. Der Jeep ist offensichtlich dazu gedacht, an andere Orte zu fahren. Aber wohin? Weder die Wissenschaft noch die Ingenieure könnten uns sagen, wohin wir mit dem Geländewagen fahren sollen. Sollten wir dann nicht herausfinden, wer der anonyme Spender ist, und klären, ob wir mit dem Geländewagen tun und lassen können, was wir wollen, ohne jemandem dafür Rechenschaft ablegen zu müssen? Oder ob der Geländewagen uns vom Hersteller und Besitzer als dauerhafte Leihgabe zur Verfügung gestellt wurde in der Erwartung, dass wir die Absichten des Spenders berücksichtigen, die Regeln im Fahrerhandbuch befolgen und uns am Ende vor dem Spender dafür verantworten, wie wir das Auto eingesetzt haben?

Das ist genau die Situation, in der wir uns als Menschen befinden. Wir sind ausgestattet mit einem großartigen Exemplar physikalischer und biologischer Ingenieurskunst – unserem Körper und unserem Gehirn. Und wir haben uns weder selbst geschaffen noch die „Maschine", für die wir verantwortlich sind. Müssen wir uns nicht fragen, wie unser Verhältnis zu dem ist, dem wir unsere Existenz verdanken? Was wäre, wenn sich letztendlich herausstellen würde, dass wir unsere Existenz nicht einem unpersönlichen Etwas verdanken, sondern einem persönlichen Jemand?

Für manche erscheint die zweite Möglichkeit intuitiv unattraktiv, wenn nicht sogar beängstigend; sie würden lieber denken, dass sie ihre Existenz unpersönlicher Materie und unpersönlichen Kräften und Prozessen verdanken. Jedoch hat auch diese Sicht bei manchen sonderbare Ängste ausgelöst. Der Wissenschaftler Jacob Bronowski (1908–1974) bekannte sich zu der tiefen, intuitiven Sehnsucht, nicht einfach nur zu existieren, sondern ein erkennbar eigenständiges Individuum zu sein – nicht nur einer von Millionen ansonsten nicht unterscheidbarer Menschen:

> *Müssen wir uns nicht fragen, wie unser Verhältnis zu dem ist, dem wir unsere Existenz verdanken? Was wäre, wenn sich letztendlich herausstellen würde, dass wir unsere Existenz nicht einem unpersönlichen Etwas verdanken, sondern einem persönlichen Jemand?*

> „Wenn ich sage, ich möchte ich selbst sein, meine ich so wie der Existenzialist damit, dass ich frei sein möchte, um ich selbst zu sein. Dies impliziert, dass ich von Zwängen befreit sein will (inneren wie äußeren), um auf überraschende Weise zu handeln. Doch damit meine ich nicht, dass ich zufällig oder unberechenbar handeln möchte. Nicht in diesem Sinne möchte ich frei sein, sondern so, dass es mir erlaubt ist, anders als andere zu sein. Ich möchte meinen eigenen Weg gehen –

> aber ich möchte, dass dieser Weg als mein eigener wahrgenommen wird und nicht als Zickzackkurs. Und ich möchte, dass andere dies bemerken: Ich möchte, dass sie sagen: „Wie ungewöhnlich!“[23]

Doch gleichzeitig bekannte er, dass ihn bestimmte Interpretationen der Wissenschaft erschrecken und ihm die Zuversicht rauben:

> „Dort liegt der Dreh- und Angelpunkt unserer Ängste: dass sich der Mensch als Spezies und wir als denkende Wesen uns als reine Maschinen von Atomen erweisen. Wir bekennen uns zum Eigenleben der Amöbe und der Käsemilbe, doch was wir verteidigen, ist der menschliche Anspruch, ein Komplex aus Willen, Gedanken und Emotionen zu sein – einen Geist zu besitzen. ...
>
> Die Krise der Zuversicht ... entspringt dem Wunsch des Menschen, ein Geist und eine Person zu sein, angesichts der nagenden Angst, nur ein Mechanismus zu sein. Die zentrale Frage, die ich stelle, lautet: Kann der Mensch sowohl eine Maschine als auch ein Selbst sein?“[24]

Unsere Suche

Und so kommen wir zu unserer ursprünglichen Frage zurück; aber nun wird deutlich, dass es sich um eine doppelte Frage handelt: Es geht nicht nur darum, was oder wem die Menschheit als Ganzes ihre Existenz verdankt, sondern auch, was der Status des einzelnen Menschen im Verhältnis zu seiner eigenen Art ist und zu den unzählbaren Myriaden von Einzelphänomenen, aus denen das Universum besteht. Oder anders gefragt: Was ist unsere Bedeutung innerhalb der Realität, in der wir uns befinden? Das ist die letzte Frage, die über jedem einzelnen Leben steht, ob wir nun nach Antworten suchen oder nicht. Die Antworten, die wir finden, werden unser Denken in allen wichtigen Lebensbereichen beeinflussen.

Es handelt sich also nicht um rein akademische Fragen, die für unser praktisches Leben ohne Bedeutung wären. Sie stehen im Zentrum des Lebens selbst, und natürlich wurden im Laufe der Jahrhunderte bemerkenswerte Antworten darauf gegeben, von denen viele auch heute noch vertreten werden.

---

23 Bronowski, *Identity of Man*, 14–15

24 Bronowski, *Identity of Man*, 7–9

Wenn wir verstehen wollen, warum viele unserer Mitmenschen so ernsthaft an ihren Sichtweisen festhalten, müssen wir versuchen, ihre Ansichten zu verstehen und die Gründe zu erkennen, warum sie diese haben. Aber an dieser Stelle müssen wir eine Warnung äußern, die wir auch im Laufe dieser Bücher mehrmals wiederholen werden: Wer anfängt, ernsthaft nach der Wahrheit zu fragen, wird herausfinden, dass er – egal, wie niedrig die Ebene ist, auf der er anfängt – aus logischen Gründen nicht widerstehen kann, auch nach der letzten Wahrheit über alles zu fragen.

Darum wollen wir im Geist der Wahrheit und Aufrichtigkeit direkt sagen, dass wir, die Autoren dieses Buches, Christen sind. Wir geben nicht vor, neutrale Führer auf dieser Reise zu sein. Wir empfehlen Ihnen die Antworten, die wir selbst gefunden haben, von ganzem Herzen. Wir werden Ihnen begründen, warum wir die Aussagen der christlichen Botschaft für gültig halten und glauben, dass sie wirkliche Hilfe bieten können. Dies schließt jedoch nicht aus, dass wir uns in diesem Geiste der Aufrichtigkeit und Fairness auch mit anderen Ansichten auseinandersetzen werden. Wir hoffen, dass jene unter Ihnen, die unsere Ansichten nicht teilen, sich mit diesen im selben Geist auseinandersetzen werden. Mehr können wir nicht verlangen, wenn wir uns gemeinsam auf die Suche machen – die Suche nach Realität und Bedeutung.

UNSER ZIEL

Unseren kleinen Beitrag zu dieser Suche finden Sie in den vier Bänden dieser Serie. In diesem, dem dritten Buch der Serie, erinnern wir uns daran, dass wir nicht die erste Generation auf der Erde sind, die entscheiden muss, welches die ethischen Grundprinzipien sind, die alle Menschen universell befolgen sollten. Mit dieser Frage haben andere schon lange vor uns gerungen. Deshalb stellen wir hier eine Auswahl von bedeutenden, aber unterschiedlichen Ethiktheorien vor, damit wir von den Erkenntnissen, die von dauerhaftem Wert sind, profitieren können und gleichzeitig erkennen, was eventuell ihre Schwächen oder sogar Irrtümer sind.

BEDEUTUNG, GRUNDLAGE UND AUTORITÄT VON ETHIK

1

FRAGEN AN ETHIKTHEORIEN

In der Vergangenheit ging es in der Ethik naturgemäß um die uralten Probleme von Sexualmoral, Krieg, Rassismus, Armut und Todesstrafe. Doch heute werfen neue technologische Entwicklungen zusätzlich gewaltige und schwierige fundamentale Fragen auf ... und das genau zu einer Zeit, in der viele Menschen selbst die letzten Reste einer religiösen Überzeugung verloren haben (wenn sie jemals eine besaßen), die ihre ethischen Werte und Entscheidungen untermauern und lenken könnten.

EINLEITUNG

Zweifellos ist die Welt für viele Menschen zu einem aus ethischer Sicht unsicheren und verwirrenden Ort geworden. Starke kommunitaristische Ideologien, bei denen Glaubenssysteme und Verhaltensweisen zentral durchgesetzt werden, sind schwächer geworden. Zurückgeblieben sind Millionen von Menschen auf der ganzen Welt, die keine feste Grundlage mehr besitzen, von der sie ethische Überzeugungen, dauerhafte Werte und Leitlinien für ihr moralisches Verhalten im privaten, sozialen, kommerziellen und politischen Leben ableiten können.

Auf der anderen Seite ist auch der westliche Liberalismus nicht ohne scharfe Kritiker. Seit den Tagen seines berühmten philosophischen Verfechters, John Stuart Mill (1806–1873), hat er gewiss zu großer individueller Freiheit und zu blühenden Volkswirtschaften geführt (auch wenn dies in verschiedenen Ländern unterschiedlich interpretiert wird). Zunächst ging man von den „negativen Rechten" von Individuen aus, soweit wie möglich frei von der Einmischung anderer (und besonders auch der Justizbehörden) sein zu dürfen. Dies betraf Fragen des Geschmacks und des Gewissens, Fragen hinsichtlich Lebensführung, Neigungen, Geschäftstätigkeit, Eigentum usw. Dann entwickelte sich immer stärker auch die Forderung nach „positiven Rechten" auf immer mehr Kulturgüter, ohne dabei im Gegenzug auch die *Pflichten* zu berücksichtigen, die gewisse *Rechte* mit sich bringen, wobei immer mehr Menschen eine generelle Abneigung gegen jegliche substanzielle moralische Werte entwickeln. Professor Brenda Almond, selbst eine Liberale, schreibt:

> Die zeitgenössische Kritik am Liberalismus, ob nun von links oder von rechts, entspringt aus einem fundamentalen Unbehagen, das durch eine allgemeine Verschlechterung der Lebensbedingungen in modernen liberalen Gesellschaften entstanden ist: die Wurzellosigkeit des privatisierten Individuums in einer Massengesellschaft,

> Verbrechen, Pornographie und der Niedergang der Familie – kurzum, das moralische und kulturelle Vakuum, zu dem manche Arten des pluralistischen Liberalismus zu führen scheinen. ... Viele der Missstände in liberalen Gesellschaften sind eine Folge des Niedergangs der Familie und des Zusammenbruchs der verbindlichen Elemente in menschlichen Beziehungen ... in einem modernen Staat ist es praktisch unmöglich zu heiraten – wenn dies für einen heißt, eine dauerhafte Verpflichtung einzugehen, die für beide Parteien bindend ist (oder auch nur eine auf einen festgelegten Zeitraum befristete!). Auch haben die Staaten durch gut gemeinte, aber schlecht durchdachte Unterstützungsmaßnahmen für schwache Familien die letztendliche Verantwortung derer für ihre Nachkommen abgeschafft.[25]

MODERNE SCHWIERIGKEITEN FÜR DIE ETHIKTHEORIE

In der Vergangenheit ging es in der Ethik naturgemäß um die uralten Probleme von Sexualmoral, Krieg, Rassismus, Armut und Todesstrafe. Doch heute werfen neue technologische Entwicklungen zusätzlich gewaltige und schwierige fundamentale Fragen auf hinsichtlich Gentechnik, Stammzellenforschung, Implantation von Embryos, Klonen von Menschen, Designerbabys usw., und das genau zu einer Zeit, in der viele Menschen selbst die letzten Reste einer religiösen Überzeugung verloren haben (wenn sie jemals eine besaßen), die ihre ethischen Werte und Entscheidungen untermauern und lenken könnten.

Dazu kommt, dass philosophische und wissenschaftliche Theorien viel Zuspruch erhalten, die vertreten, dass es in einer Person kein einheitliches, beständiges Selbst gibt, das einen dauerhaften, grundsätzlichen Standpunkt gegenüber dem Leben einnehmen könnte, sondern nur eine kaleidoskopische Abfolge von unmittelbaren Eindrücken und Reaktionen. Und aufgrund dieser Annahmen wird die Schwierigkeit, eine feste, charakterformende Überzeugung zu entwickeln, noch durch zwei weitere Schwierigkeiten verstärkt.

Die erste ist ein Nebenprodukt der erstaunlichen Fortschritte in der Informationstechnik. Ihre Vorteile müssen hier nicht aufgezählt werden, aber es gibt auch eine Kehrseite. Durch das Internet werden die Köpfe der Menschen mit Informationen aus der ganzen Welt über jedes erdenkliche

25 Brenda Almond, *Liberty or Community? Defining the Post-Marxist Agenda*, 249, 256

Thema überflutet. Die Folge ist, dass viele Leute Schwierigkeiten haben, den relativen Wert von all den Informationen, Fakten, Ansichten, Theorien, Philosophien und Religionen einzuschätzen, die ihnen vorgestellt werden. Zudem ist nicht verarbeitete Information kein wahres Wissen, und ungeprüftes Wissen ist nicht unbedingt Erkenntnis. Daher ist es nicht einfacher geworden, eine gute und rational durchdachte Moral und Weltanschauung zu entwickeln, sondern schwieriger.

Die zweite Schwierigkeit, die man hat, wenn man eine feste ethische Überzeugung entwickeln möchte, ist der Pluralismus des postmodernen Denkens, der die Menschen lehrt, dass in dieser gewaltigen Menge an Informationen nirgendwo eine objektive Wahrheit zu finden sei. Eine bestimmte Interpretation sei nicht richtiger oder falscher als irgendeine andere. Unser ganzes Verständnis sei kulturell bedingt. Daher könnten wir nicht wirklich darauf hoffen, vergangene Kulturen (noch nicht einmal heutige Kulturen, außer unserer eigenen) richtig zu interpretieren. Und da auch unsere eigene Kultur in der Zukunft möglicherweise anders denken wird als jetzt – welchen Sinn ergebe es da, irgendwelche dauerhaften ethischen Prinzipien zu entwickeln?

Nichtsdestoweniger müssen wir noch immer unser Leben leben, und das bedeutet, dass wir uns den unvermeidbaren ethischen Fragen stellen müssen, die sich uns von allen möglichen Seiten aufdrängen. Sollten wir als Schüler oder Studenten bei Prüfungen mogeln oder nicht? Ist es richtig, wenn ein Ehemann seiner Frau untreu wird oder eine Frau ihrem Mann? Ist Abtreibung Mord? Ist Selbstmord Sünde? Ist assistierte Sterbehilfe ein Verbrechen? Ist Steuerhinterziehung falsch? Ist Bestechung immer falsch? Ist das Gewinnmotiv unethisch? Was ist der Zweck von Bestrafung? Ist es Vergeltung, dient sie der Abschreckung, soll sie erreichen, dass der Täter sein Leben ändert, oder alles drei? Was ist Vergebung? Sind wir moralisch verpflichtet, jedem bedingungslos zu vergeben? Hat die Ethik irgendetwas über Gentechnik, Eugenik und die Herstellung von Designerbabys zu sagen? Wenn das Klonen von Menschen technisch möglich wird, wird es dadurch auch automatisch ethisch vertretbar? Oder hat die Gesellschaft das Recht, zu kontrollieren, was Wissenschaftler tun dürfen und was nicht? Ist es aus moralischer Sicht akzeptabel, dass öffentliche Fernsehsender Sendungen mit Pornografie, obszöner Sprache und unnötiger Gewalt ausstrahlen, die auch Kinder sehen? Oder ist die Zensur eine zu große Gefahr für die Presse- und Kunstfreiheit, als dass sie akzeptabel wäre? Und was ist die Funktion des Gesetzes? Sollte es einfach die momentanen Werte der Gesellschaft widerspiegeln und sichern (auch wenn sich diese Werte von

Generation zu Generation ändern können und es auch tun)? Oder sollte es gewisse absolute, unveränderliche Werte und Prinzipien festschreiben und durchsetzen?

> ⚖ *Was ist Vergebung? Sind wir moralisch verpflichtet, jedem bedingungslos zu vergeben? Hat die Ethik irgendetwas über Gentechnik, Eugenik und die Herstellung von Designerbabys zu sagen?*

Diese Fragen – und tausende wie diese – fordern nun Antworten, und wenn wir nicht wie der Vogel Strauß den Kopf in den Sand stecken, uns von der Gesellschaft zurückziehen und uns in unserem Privatleben isolieren wollen, müssen wir über diese ethischen Probleme nachdenken. Welche Grundprinzipien und -werte sollten die Grundlage unseres Denkens bilden? Wenn wir auf diese Fragen nur spontane, undurchdachte Lösungen finden, die auf der momentanen Stimmung oder unbewussten Vorurteilen basieren, werden wir kaum zu verantwortungsvollen, zufriedenstellenden Antworten kommen.

EINE VIERFACHE ANALYSE VON ETHIK

Es gibt vier Hauptfragen, die wir über jede Ethiktheorie stellen sollten:

1. Welche Bedeutung, welche Grundlage und welche Autorität macht sie geltend?
2. Was ist ihr höchstes Ziel?
3. Welche konkreten Regeln legt sie für das tägliche Leben fest?
4. Welche Anleitung gibt sie für die Umsetzung im täglichen Leben?

Frage 1: Welche Bedeutung, welche Grundlage und welche Autorität macht sie geltend?

Unter dieser Überschrift stellen wir Fragen wie: Was bietet uns diese Theorie an? Sind es kluge, praktische Ratschläge hinsichtlich unseres Verhaltens – Ratschläge, bei denen es weise wäre, sie zu befolgen? Oder behauptet sie noch mehr als das? Beansprucht sie Autorität, uns vorschreiben zu können, wie wir uns verhalten *sollten*? Legt sie Gebote fest, die zu befolgen unsere *Pflicht* ist? Dies wiederum wirft folgende Frage auf: Worauf gründet nach dieser Theorie die Ethik? Basiert sie auf moralischen Maßstäben, die sich der Einzelne selbst gibt? Oder auf dem gesellschaftlichen Konsens? Oder auf der Natur und der Evolution? Oder auf den Gesetzen des Staates? Oder auf dem Charakter und den Geboten Gottes? Von welcher Quelle leitet die Ethik ihre Autorität ab, uns sagen zu dürfen, was wir tun sollten?

Frage 2: Was ist ihr höchstes Ziel?
In Zusammenhang mit dieser Frage sollten wir auch fragen, welches generelle Prinzip bzw. welche generellen Prinzipien das Ethiksystem für die Erreichung seines höchsten Zieles festlegt. Einige der antiken griechischen Moralphilosophen legten als Ziel ein höchstes Gut fest, auf welches das ganze Leben ausgerichtet sein sollte. Aristoteles sagte, dies sei die Glückseligkeit. Für ihn als Intellektuellen bestand die größte Glückseligkeit im theoretischen Studieren. Um ein solches Leben führen zu können, musste man das Leben eines Edelmanns führen und brauchte Sklaven, um die täglichen Arbeiten verrichten zu lassen. Für die Stoiker war es das höchste Ziel, im Einklang mit der universellen Vernunft zu leben, die nach ihrer Auffassung das ganze Universum durchdrang. Für die Epikureer war das höchste Gut und Ziel das Vergnügen. Für Platon war es, eine Anschauung des Guten zu erlangen. Für den Marxismus war es die Verwirklichung des Paradieses eines reinen Kommunismus. Daher kann man mit Recht an jede Ethiktheorie die Frage stellen, was ihr höchstes Gut oder Ziel ist (wenn sie so etwas hat), auf das sie all unsere moralischen Bemühungen ausrichten würde, und für welche (wenn überhaupt welche) generellen Prinzipien sie zum Erreichen dieses Zieles plädiert.

Frage 3: Welche konkreten Regeln legt sie für das tägliche Leben fest?
Welche (wenn überhaupt welche) besonderen Regeln legt sie für all die verschiedenen Tätigkeitsbereiche im täglichen Leben fest? Gibt sie sich mit einem allgemeinen Prinzip zufrieden wie „Verhalte dich immer so gut, wie du kannst, in welchen Umständen du dich auch befindest"? Oder legt sie auch besondere Regeln fest, die man in den Beziehungen, in der Verlobungszeit und Ehe, im Familienleben, im Beruf, im Geschäftsleben, im Hinblick auf Eigentum, in der Wirtschaft, im Sozialwesen, im Gesundheitswesen, in der Bildung und in der Politik befolgen sollte?

Frage 4: Welche Anleitung gibt sie für die Umsetzung im täglichen Leben?
Welche Leitlinie gibt sie uns dafür, wie wir ihre generellen Prinzipien und besonderen Regeln bei unseren Entscheidungen in den konkreten und komplexen Fällen im Alltag anwenden sollen? In vielen konkreten Fällen ist die Entscheidung einfach (auch wenn die Ausführung schwierig ist!). Soll ich in meiner Prüfung mogeln? Es ist nicht schwierig, zu erkennen, welche

Antwort die Aufrichtigkeit darauf geben würde. Soll ich das Handy einer anderen Person stehlen? Ich könnte es, aber sollte ich? Die Regel „Du sollst nicht stehlen" ist eindeutig. Zum anderen glauben wir alle an Gerechtigkeit, aber wenn es darum geht, zwischen zwei gleichermaßen berechtigten, aber dennoch miteinander konkurrierenden Ansprüchen zu entscheiden, kann es schwierig sein, zu erkennen, welche Entscheidung die gerechteste wäre. Wie wird in solchen Fällen das Wissen über die Bedeutung und die Grundlage einer Ethiktheorie, ihre generellen Prinzipien und ihre besonderen Regeln uns helfen, die richtigen Entscheidungen zu treffen?

Das Beispiel der Medizinethik zur Veranschaulichung dieser vier Fragen
Um zu veranschaulichen, wie hilfreich es ist, zwischen diesen vier Ebenen der Ethiktheorie zu unterscheiden, können wir die Medizinethik anführen. In vielen Ländern mussten viele Jahrhunderte lang Ärzte nach Abschluss ihrer Ausbildung den sogenannten hippokratischen Eid ablegen, bevor es ihnen erlaubt wurde zu praktizieren.[26] Dieser Eid schrieb natürlich nicht das *eine* Medikament oder die *eine* Behandlung für jeden einzelnen Fall vor. Sein Zweck war es, einen neuen Arzt zur Loyalität auf die richtigen und angemessenen ethischen Maßstäbe des Arztberufes zu verpflichten. Einen Überblick über die Aussagen des Eides erhalten wir, wenn wir unsere vier Fragen in die folgenden vier Überschriften umwandeln.

- *Die Grundlage und die Autorität der Medizinethik*

Das Erste, was wir feststellen, ist (zumindest in der antiken Version), dass der Arzt nach Abschluss seiner Ausbildung einen Eid schwören musste, das heißt, er musste sich auf Gott (oder die Götter) als Zeuge (bzw. Zeugen) berufen und feierlich versprechen, treu die Medizinethik zu befolgen, die in diesem Eid festgelegt worden war. Gleichzeitig rief er Gott (bzw. die Götter) auf, ihn zu bestrafen, sollte er diesen ethischen Kodex übertreten. Damit wurde deutlich gemacht, dass die Grundlage und Autorität hinter der Medizinethik Gott war (bzw. die Götter).

26 Der Eid ist nach Hippokrates benannt, einem antiken Arzt (ca. 460–377 v. Chr.). Über ihn ist fast nichts Sicheres bekannt. Sein Name wurde später mit einer Reihe von antiken griechischen medizinischen Schriften in Verbindung gebracht. Es ist unwahrscheinlich, dass dieser Eid von ihm formuliert wurde, aber vielleicht beinhaltet er einige seiner Prinzipien. Teile des Eides werden noch immer an manchen medizinischen Fakultäten verwendet.

- *Das generelle Prinzip und Ziel der Medizinethik*

Dies war die Loyalität gegenüber dem Leben der Patienten mit der festen Absicht, dieses Leben zu heilen und zu bewahren.

- *Die besonderen Regeln der Medizinethik*

Dazu gehörten Dinge wie: Der Arzt darf niemals sein Wissen und seine Fähigkeiten dazu einsetzen, irgendjemandem zu schaden oder seinen Tod herbeizuführen; er darf niemals das Wissen, das er bei der Behandlung eines Patienten gewonnen hat, zu dessen Schaden einsetzen; er darf niemals das Vertrauen seiner Patienten missbrauchen oder Einzelheiten ihrer Erkrankungen Fremden gegenüber preisgeben.

- *Die Relevanz für praktische Entscheidungen in konkreten Fällen*

Hier müssten wir die Relevanz der Grundlage, des generellen Prinzips und Zieles und der besonderen Regeln für die praktischen Entscheidungen betrachten, die in konkreten Fällen getroffen werden müssen. Unter dieser Überschrift fragen wir z. B.: Wäre es im Lichte des hippokratischen Eides jemals richtig, wenn ein Arzt einen todkranken Patienten bewusst tötete, um ihn von unerträglichen Schmerzen zu erlösen, oder wenn er einem solchen Patienten bei einem ärztlich unterstützten Selbstmord hilft? Oder stellen Sie sich vor, ein Arzt entdeckt, dass einer seiner Patienten ein Gen in sich trägt, das dazu führen wird, dass er in der frühen Lebensmitte eine langwierige, unheilbare und schließlich tödliche Krankheit bekommen wird. Wenn die Lebensversicherung des Patienten davon erführe, würde sie seine Versicherungspolice kündigen, und keine weitere Versicherung würde ihn mehr aufnehmen. Wenn das Versicherungsunternehmen nun dem Arzt eine große Geldsumme böte, damit dieser ihnen die genetischen Informationen des Patienten mitteilt, welche Auswirkung hätte der hippokratische Eid auf die Entscheidung des Arztes, die Informationen weiterzugeben oder nicht?

Dieser kurze Blick auf den hippokratischen Eid und seine Relevanz für die praktische Medizinethik veranschaulicht den Punkt, dass auf jedem Lebensweg unser Ethikkonzept – erstens die Bedeutung der Ethik, ihre Grundlage und ihre Autorität; zweitens ihr Ziel (bzw. ihre Ziele) und ihr generelles Prinzip (bzw. ihre generellen Prinzipien); und drittens ihre besonderen Regeln für verschiedene Tätigkeitsbereiche – sehr große Auswirkungen auf die konkreten individuellen Fälle hat, in denen wir im Laufe unseres Alltags Entscheidungen treffen müssen. Im verbleibenden Teil dieses Buchabschnittes werden wir daher einige Zeit damit verbringen, die erste Ebene der Ethiktheorie zu betrachten: die Bedeutung, die Grundlage und die Autorität der Ethik.

2

WAS SOLLTEN WIR TUN, UND WARUM?

Wir alle bleiben in vieler Hinsicht hinter dem objektiven Maßstab zurück, und alle (vernünftigen) Menschen geben dies auch zu. Aber wenn man den objektiven Maßstab aufgibt, hat man keine Grundlage mehr für eine rationale Debatte und hat auch keine Richtlinie mehr für Reform und Fortschritt. Übrig blieben nichts als Wortgefechte – oder Schlimmeres – zwischen gegnerischen Parteien, mit all ihren willkürlichen Meinungen, Werten und Ansprüchen.

DIE BEDEUTUNG DER ETHIK

Die Moralphilosophie ist nicht einfach eine empirische Disziplin, die untersucht, wie Menschen sich verhalten, und auch keine, die untersucht, *warum* sie sich so verhalten, wie sie es tun: Sie ist eine normative Disziplin, die untersucht, wie Menschen sich verhalten *sollten*. Sie sagt, dass manches Verhalten richtig und manches Verhalten falsch ist. Das Erste, was wir also fragen sollten, ist, welche Autorität eine Moralphilosophie besitzt, uns sagen zu dürfen, wie wir uns verhalten sollten, und was genau es bedeutet, etwas als „richtig" oder „falsch" zu bezeichnen. Wie zu erwarten, gehen die Meinungen bei diesem Thema weit auseinander. Lassen Sie uns einige davon betrachten.

Die Theorie des Emotivismus

Diese Theorie besagt, dass eine moralische Sprache bloß irgendein Gefühl ausdrücke oder auslöse. Nichts, was wir mit moralischen Begriffen über etwas sagen, sei wahr oder falsch. Eine moralische Sprache drücke lediglich unsere Gefühle über etwas aus. Wenn ich z. B. versuche, einen Nagel in ein Stück Holz zu schlagen, und versehentlich statt des Nagels meinen Daumen treffe, sage ich vielleicht „Au!" (oder auch Stärkeres). Aber niemand käme auf die Idee, nun eine Diskussion darüber anzufangen, ob das, was ich mit meinem „Au!" sagen wollte, wahr oder falsch ist. Es war nur eine reflexartige, emotionale Reaktion auf meinen Schmerz.

Ebenso sagt ein Zuschauer eines Fußballspiels, der jubelt, wenn seine Mannschaft ein Tor erzielt, und die andere Mannschaft ausbuht, wenn diese ein Tor erzielt, damit nicht, dass es nach objektiven Maßstäben falsch ist, dass die Gegenseite ein Tor erzielt. Er sagt damit bloß, dass es ihm nicht gefällt.

Die Theorie des Emotivismus behauptet, dass ebenso alle unsere moralischen Aussagen nichts anderes als ein Ausdruck unserer Vorlieben und Abneigungen sind. Wenn ich also sage: „Boxen ist schlecht", sage ich laut dieser Theorie nichts anderes als: „Boxen? Oh nein! Das mag ich nicht." Nun, es könnte sicherlich so sein, dass ich das damit sagen will; es könnte aber auch sein, dass ich damit weit mehr sagen will. Es könnte sein, dass ich Neurochirurg bin und dass ich behaupte, es sei eine objektive Tatsache, dass ständige Schläge gegen den Kopf eine frühzeitige Schädigung des Gehirns verursachen könnten, und es daher moralisch falsch sei, den Boxern große Geldsummen zu zahlen, um zuschauen zu können, wie diese sich gegenseitig die Gehirne beschädigten. Eine solche Aussage meinerseits würde den Anspruch erheben, objektiv wahr zu sein, und könnte dann zu einer ernsthaften Diskussion darüber führen, ob sie tatsächlich wahr oder falsch ist.

Ebenso drücken Menschen, die auf den Straßen gegen Atomwaffen oder globalisierten Handel protestieren, damit sicherlich ihre emotionalen Gefühle aus – manchmal leider auch mit illegaler Gewalt. Aber die Theorie des Emotivismus übertreibt, wenn sie behauptet, dies sei alles, was sie damit ausdrückten. Zumindest einige dieser Demonstranten würden behaupten, dass der Einsatz von Atomwaffen – die das Potenzial haben, der Zivilbevölkerung weitreichenden, großen Schaden zuzufügen – in einem grotesken Missverhältnis zu den richtigen oder falschen Aspekten der Sache stehen, die damit verteidigt werden soll, und damit moralisch nicht zu rechtfertigen ist. Das ist ein Wahrheitsanspruch, über den man diskutieren kann, ob er nun wahr oder falsch ist.

Kultureller Relativismus

Diese Theorie kann zwei Formen annehmen: Kulturrelativismus und Ethnozentrismus.

- *Kulturrelativismus*

Diese Form der Theorie sagt, dass die ethischen Ansichten einer Person von der Kultur abhängen, in der sie aufgewachsen ist. Die entsprechende Person habe diese Ansichten nicht übernommen, weil sie nach einer objektiven Wahrheit gesucht und diese schließlich gefunden habe. Ihre ethischen Ansichten seien in ihr durch die sie umgebende Kultur geprägt worden. Von daher könne sie gar nicht anders, als diese Ansichten zu vertreten und mag sie auch für wahr halten. Aber das alleine sagt uns noch nichts darüber, ob die Ansichten *wirklich* wahr sind oder nicht. Und das, so die Theorie, ist der Status der ethischen Ansichten aller Menschen.

Aber wenn diese Theorie richtig ist, würde dies bedeuten, dass die Theorie „Die ethischen Ansichten aller Menschen hängen von ihrer Kultur ab und werden von dieser Kultur bestimmt und sind daher nicht objektiv wahr" selbst von der Kultur der Person abhängt, die diese Theorie vertritt, und daher ebenfalls nicht objektiv wahr wäre. Warum sollten wir diese Theorie dann überhaupt glauben?

Sie ist aber auf jeden Fall offenkundig falsch. Sokrates' Ansichten waren sicherlich nicht kulturell bestimmt, denn seine Kultur richtete ihn für seine Ansichten schließlich hin! Und so ist es mit Reformern und Propheten in allen Jahrhunderten gewesen, einschließlich Jesus Christus. Sie haben die Ansichten ihrer Zeitgenossen als falsch kritisiert und stattdessen etwas verkündigt, von dessen Wahrheit sie überzeugt waren. Und wenn zwei Parteien mit demselben kulturellen Hintergrund unterschiedlicher Meinung darüber sind, was die Wahrheit ist, ist die einzige Möglichkeit, diese Streitfrage zu klären, sich auf irgendetwas außerhalb der Kultur zu berufen.

- *Ethnozentrismus*

Dieser etwas hochtrabende Name bezeichnet die Sichtweise, die sagt: „Die moralischen Ansichten meiner eigenen Nation sind objektiv wahr, und wenn die Ansichten irgendeiner anderen Nation sich von den Ansichten meiner Nation unterscheiden, sind sie falsch." Ethnozentrismus wird folglich von kulturellen Relativisten als arrogant und intolerant abgelehnt, was es ja auch wäre, wenn jemand sagte, die moralischen Ansichten seiner Nation seien wahr, nur weil sie die Ansichten seiner Nation sind.

Aber was wäre, wenn jemand behauptete, es gebe so etwas wie eine objektive moralische Wahrheit, der sich alle Nationen unterordnen sollten, und dass sich seine Nation dieser unterordne und deshalb recht habe, und jede Nation, die sich ihr nicht unterordne, liege falsch? Was würde der Kulturrelativismus dazu sagen? Er würde noch immer sagen, dass diese Ansicht arrogant und intolerant ist. Der kulturelle Relativismus behauptet, dass es so etwas wie eine objektive moralische Wahrheit nicht gibt. Alle moralischen Ansichten seien kulturell bedingt, und es gebe keinen objektiven Maßstab, nach dem eine Kultur behaupten könnte, dass ihre moralischen Überzeugungen wahrer seien als die moralischen Ansichten einer anderen Kultur. Wenn daher eine Kultur behauptete, ihre moralischen Maßstäbe seien objektiv wahr, wäre dies äußerst intolerant, und in diesem Kontext sei

Intoleranz eine unverzeihliche Sünde. Man müsse gegenüber den moralischen Ansichten einer anderen Kultur immer tolerant sein.

Aber hier trifft der kulturelle Relativismus auf eine Schwierigkeit. Wir selbst leben in einer Kultur, die alle Menschen respektiert, auch die Intellektuellen. Aber Pol Pots Regime in Kambodscha war gegenüber Intellektuellen äußerst intolerant: Tausende von ihnen wurden abgeschlachtet, nur weil sie Intellektuelle waren. Wenn der kulturelle Relativismus korrekt wäre, wäre es auf unverzeihliche Weise intolerant, wenn unsere Kultur sagen würde, Pol Pots moralische Ansichten seien falsch gewesen. Gemäß dem kulturellen Relativismus dürften wir also nicht sagen, dass Pol Pots Intoleranz falsch war! Was wird dann aus der Behauptung des kulturellen Relativismus, dass Intoleranz falsch *ist*? Der kulturelle Relativismus ist eindeutig in sich widersprüchlich.

> ⚖ *Wenn daher eine Kultur behauptete, ihre moralischen Maßstäbe seien objektiv wahr, wäre dies äußerst intolerant, und in diesem Kontext sei Intoleranz eine unverzeihliche Sünde.*

Es gibt also einen offensichtlichen unvereinbaren Gegensatz zwischen der moralischen Ansicht unserer Kultur, dass Intellektuelle respektiert werden sollten, und Pol Pots moralischen Ansichten, dass alle Intellektuellen hingerichtet werden sollten. Wenn wir also nicht sagen wollen, dass keine moralische Ansicht wahrer ist als die andere und dass Pol Pots Massaker an den Intellektuellen genauso akzeptabel ist wie unser Respekt für sie, müssen wir entscheiden, welche der beiden wahr ist und welche falsch. Aber auf welcher Grundlage sollten wir dies entscheiden? Wir können nicht sagen, dass der Respekt unserer Kultur für die Intellektuellen richtig ist, weil dies die Sicht unserer Kultur ist. Wir müssen ein objektives Kriterium haben, das unabhängig von beiden Kulturen ist.

Daher müssen wir uns der fundamentalen Frage stellen: Gibt es irgendein wirkliches Richtig oder Falsch, sodass eine ethische Überzeugung oder eine Tat unabhängig von uns und unserer Kultur richtig oder falsch ist? Mit anderen Worten: Gibt es irgendeinen objektiven moralischen Maßstab, dem wir uns alle unterordnen sollten, egal, aus welcher Kultur wir stammen? Oder ist Moral am Ende immer nur eine Frage der subjektiven Meinung jedes Einzelnen oder jeder Kultur?

DIE UNZULÄNGLICHKEIT DES SUBJEKTIVISMUS

Es wäre sicherlich falsch, zu behaupten, dass wir alle völlig frei von Subjektivismus sind, wenn es darum geht, moralische Urteile zu fällen. Wir werden alle beeinflusst von unserem kulturellen Hintergrund, unserer individuellen Persönlichkeit und vergangenen Erfahrungen – vielleicht mehr als uns bewusst ist. Andererseits sind sich alle aufmerksamen Leute dieser Tatsache bewusst und versuchen, dies zu berücksichtigen. Wir versuchen, wie wir dann sagen, „den Standpunkt der anderen Person zu verstehen".

Ein Flugzeugpilot ist darauf trainiert, den objektiven Informationen zu vertrauen, die ihm von seinen Instrumenten geliefert werden, anstatt sich auf seine subjektiven Gefühle zu verlassen. Nur so kann er die Orientierung des Flugzeugs bestimmen, während es durch dichte Wolken fliegt.

Bei einem Rechtsstreit kann es sein, dass jede Partei gleichermaßen das Gefühl hat, sie sei im Recht und die andere Seite im Unrecht. Aber beide wären sich wohl einig, dass es unfair und unklug wäre, eine Partei allein den Streitpunkt auf Grundlage ihres eigenen subjektiven Urteils entscheiden zu lassen. Beide erklären sich einverstanden, den Fall dem objektiven Urteil eines unabhängigen, unparteiischen Richters zu übertragen.

Einem Fußballer mag es nicht gefallen, wenn er dafür bestraft wird, dass er den Ball im eigenen Torraum mit der Hand berührt hat, aber wie alle anderen Spieler muss auch er sich den objektiven Regeln des Spiels unterwerfen, ungeachtet dessen, ob er sie mag oder nicht. Wenn die Spieler im Laufe des Spiels die Freiheit hätten, die Regeln nach ihren persönlichen Vorlieben und Abneigungen zu ändern, wäre ein Spiel unspielbar.

Warum niemand wirklich glaubt, dass Moral subjektiv ist

- *Eine subjektive Moral würde alle moralischen Urteile auf eine Frage des Geschmacks reduzieren*

Bei Fragen des Geschmacks geht es nicht um Richtig oder Falsch. Wenn Sascha Käse mag und Jerome den Geschmack von Käse widerlich findet, kann man nicht sagen, dass Sascha recht hat und Jerome unrecht, ebenso wenig wie umgekehrt. Wenn Jerome Käse nicht mag, ist das eine simple Tatsache. Niemand kann sagen, er habe die moralische Verpflichtung, Käse zu mögen, und habe unrecht, wenn er ihn nicht mag. Er mag ihn einfach nicht, und damit ist die Sache erledigt. Auch können wir nicht sagen, dass

Jeromes Geschmack dem Geschmack von Sascha widerspricht. Dies ist keine Frage von Wahrheit oder Unwahrheit. Ihre unterschiedlichen Geschmäcker stehen genauso wenig im Widerspruch zueinander wie Kartoffeln und Rote Beete.

Aber sehen Sie, was es bedeuten würde, wenn die Moral einfach nur eine Frage des Geschmacks wäre: Wir könnten nicht länger irgendeine Tat oder eine Handlung als richtig oder falsch bezeichnen. Wir könnten z. B. nicht sagen, dass es moralisch falsch ist, Frauen Bildung zu verweigern. Es wäre einfach eine Frage des Geschmacks, ob eine Gesellschaft Frauen Bildung verweigert oder eine andere es ihnen erlaubt. Wir würden vielleicht Folter und sexuellen Missbrauch von Kindern nicht gutheißen, hätten aber keine Grundlage, auf der wir jene verurteilen könnten, die diese Dinge tun. Es wäre einfach so, dass ihre Geschmäcker, Meinungen und Werturteile sich von den unseren unterscheiden.

Als führende NS-Funktionäre Nazideutschlands in den Nürnberger Prozessen vor Gericht gestellt und wegen der Vergasung von sechs Millionen Juden angeklagt wurden, versuchten sie, sich so zu verteidigen, dass in ihrer Kultur eine solche Tat völlig akzeptabel gewesen sei und andere Kulturen nicht das Recht hätten, zu sagen, die nationalsozialistische Kultur sei falsch. Die Richter waren anderer Meinung. Sie waren der Ansicht, dass es universelle objektive Maßstäbe für Richtig und Falsch gibt, die unabhängig davon sind, was irgendeine bestimmte Kultur (oder Gruppe von Kulturen) vielleicht denkt. Völkermord ist nicht einfach eine Frage des Geschmacks.

- *Der Subjektivismus schafft die Idee eines moralischen Fortschritts ab*

Außerdem, wenn es wahr wäre, dass jede Moral subjektiv ist, müssten wir uns von der Idee des moralischen Fortschritts (oder Rückschritts) nicht nur in der Geschichte der Nationen, sondern auch im Leben eines jeden Einzelnen verabschieden. Allein schon der Begriff des moralischen Fortschritts impliziert einen äußeren moralischen Maßstab, anhand dessen man nicht nur messen kann, dass sich ein gegenwärtiger moralischer Zustand von einem früheren unterscheidet, sondern auch erklären kann, er sei „besser" als der frühere Zustand. Wie könnten wir ohne einen solchen Maßstab sagen, dass der moralische Zustand einer Kultur, in der Kannibalismus als abscheuliches Verbrechen betrachtet wird, in irgendeiner Weise „besser" ist als der einer Gesellschaft, in der dies ein akzeptabler Bestandteil der Esskultur ist?

- *Der Subjektivismus neigt dazu, sich selbst zu widerlegen*

Relativisten neigen zu der Ansicht, dass niemand versuchen sollte, anderen Leuten seine moralischen Ansichten aufzudrängen, da es ihrer Meinung nach keine moralischen Absolutheiten gibt, keine Dinge, die objektiv richtig oder falsch sind. Aber indem sie so argumentieren, widerlegen sie ihre eigene Theorie. Das Wort „sollte" impliziert doch eine moralische Verpflichtung. Sie sagen also praktisch, dass es – weil es keine universellen objektiven Prinzipien gibt – trotzdem ein einziges universelles moralisches Prinzip gibt, das auch für alle Objektivisten und jeden anderen verbindlich ist: nämlich dass niemand seine moralischen Ansichten anderen Menschen aufdrängen sollte. Mit dieser Aussage widerlegt der Relativismus sein eigenes Grundprinzip.

- *Für Subjektivisten ist es schwer, im Alltag im Einklang mit ihrer eigenen Theorie zu handeln*

In seinem Buch *Can We Be Good Without God?*[27] (Können wir gut sein ohne Gott?) erzählt uns Paul Chamberlain eine amüsante Geschichte, die diesen Punkt veranschaulicht. Ein sehr begabter Philosophiestudent schrieb einen kompetenten, gut recherchierten und gut präsentierten Aufsatz, in dem er entschieden argumentierte, dass es objektive moralische Prinzipien oder Maßstäbe wie Fairness oder Gerechtigkeit nicht gibt. Er steckte den fertigen Aufsatz in eine schöne blaue Mappe und überreichte sie seinem Dozenten. Der Dozent benotete ihn mit „ungenügend" und schrieb darauf den folgenden Kommentar: „Ich mag keine blauen Mappen." Der Student wurde wütend, stürmte in das Büro des Dozenten und protestierte: „Das können Sie mit mir nicht machen. Mein Aufsatz verdient eine weitaus bessere Note. Sie können ihn nicht mit ‚ungenügend' benoten, nur weil Sie die Farbe der Mappe nicht mögen. Das ist nicht fair!"

Der Dozent antwortete: „Sind Sie der Student, der den Aufsatz geschrieben hat, in dem behauptet wird, es gebe keine objektiven moralischen Maßstäbe für Fairness und Gerechtigkeit?"

„Das bin ich", sagte der Student.

„Dann wiederhole ich einfach", sagte der Dozent, „dass der Grund, weshalb ich Ihren Aufsatz ablehne, nichts mit Fairness oder Gerechtigkeit zu

27 S. 50–51

tun hat. Sie glauben ja ohnehin nicht an diese Dinge; und ich mag keine blauen Mappen."

Der Student erkannte, was der Dozent ihm damit sagen wollte – und dann gab dieser dem Aufsatz natürlich die gute Note, die er verdiente, weil er gut ausgearbeitet war. Aber dieser Vorfall veranschaulicht die Tatsache, dass, egal wie sehr Menschen die Theorie des moralischen Subjektivismus auf intellektueller Ebene vertreten, es dennoch schwierig für sie ist, selbst keine objektiven Werte und Urteile vorauszusetzen, auch nicht, wenn sie gerade ihren Subjektivismus konstatieren. J. D. Mabbott kommentiert dies wie folgt:

> Bei den Philosophen, die alle absoluten Werte leugnen und sagen, Werte würden durch individuelle Entscheidungen entstehen, stellt man fest, dass sie sich selbst zu bestimmten Werten bekennen. Der Existenzialist lehnt alle Regeln und abstrakte Aussagen über Pflicht und Gutsein ab. Jeder Mensch schafft seine eigenen Werte, wenn er seine Entscheidungen trifft. Und doch finden wir die ständige Betonung des essentiellen Wertes von „Verpflichtung" (*Commitment*, Kierkegaard) oder „Engagement" (Sartre). Und die Existenzialisten wiederholen eine sehr verbreitete „subjektivistische" Sicht, die man oft bei einfachen Menschen hört. „Wir sind bei allem unterschiedlicher Meinung, aber ich respektiere seine *Integrität.*" (Wir sind also *nicht* bei *allem* unterschiedlicher Meinung.) Dieser universelle und absolute Wert ist für die Existenzialisten die gemeinsame Grundlage. „Authentizität" (Kierkegaard und Heidegger), „Glaubwürdigkeit" (Marcel), „Aufrichtigkeit" (Sartre) sind nur andere Namen dafür. Und die Folge von vielen individuellen Maßstäben ist „Toleranz", aber das ist selbst kein individueller, sondern ein absoluter Maßstab.[28]

Und wenn es um die praktischen Dinge des täglichen Lebens geht, wird ein subjektivistischer Philosoph vehement widersprechen, wenn diese Theorie zu seinem Nachteil angewendet wird. Wenn sein Bankberater die Vorstellung vertritt, dass es so etwas wie objektive Fairness nicht gibt, und versucht, den Philosophen um zweitausend Pfund zu betrügen, wird der Philosoph das subjektivistische und „kulturell bedingte" Gefühl für Fairness des Bankberaters sicherlich nicht tolerieren.

28 *Introduction to Ethics*, 101

ARGUMENTE GEGEN OBJEKTIVISMUS

Da es keine dritte Position zwischen Subjektivismus auf der einen und Objektivismus auf der anderen Seite zu geben scheint, wird es ein langer Weg sein, bis man aufzeigen kann, dass moralischer Subjektivismus unhaltbar ist und moralischer Objektivismus richtig sein muss. Doch beweisen kann man es genau genommen nicht; und er wird immer infrage gestellt werden. Lassen Sie uns also die Fragen stellen, die hier offensichtlich aufkommen werden.

Wenn es solche objektiven moralischen Werte gibt, wie können wir sie erkennen?

Dies scheint zunächst einmal eine akademische Frage zu sein, und zum Teil ist sie dies auch. Aber auf einer einfachen Ebene ist es eine Tatsache, dass Menschen sich dieser objektiven Maßstäbe bewusst sind, fast ohne über sie nachzudenken. Wenn ein älteres Kind seinem jüngeren Bruder das Spielzeug wegschnappt und es ihm nicht zurückgeben will, ruft das jüngere Kind schon bald: „Das ist nicht fair!" Kinder haben oft einen ausgeprägten Sinn für Gerechtigkeit und Fairness. Aber auch Erwachsene: „Ich habe alles getan, um dir zu helfen, als du in einer Notlage warst; aber jetzt bin ich in Schwierigkeiten, und du rührst keinen Finger, um mir zu helfen. Das ist nicht fair!"

Wir müssen daher keinen Kurs in philosophischer Ethik belegen, bevor wir uns der moralischen Qualität von Fairness bewusst werden; und wir erwarten auch von anderen Leuten, dass sie sofort erkennen, was wir mit Fairness meinen. Sie mögen vielleicht anderer Meinung sein, welche praktische Entscheidung oder Handlung Fairness in einer bestimmten Situation erfordert, aber normalerweise haben Menschen mit dem Konzept von Fairness an sich kein Problem. Wenn Sie sich gegenüber Ihrer Freundin beschwerten, sie habe sich unfair verhalten, und sie dann antwortete: „Fairness? Was ist das? Ich weiß nicht, was du meinst", würden Sie wohl kaum annehmen, dass sie dies ernst meint.

- *Zwei Randthemen*

Aber lassen Sie uns hier unseren Blick auch auf zwei Themen am Rande lenken, die teils zur theoretischen Ethik, teils zur angewandten Ethik gehören. Beide erwecken Widerspruch. Was nützt es, über abstrakte objektive Gerechtigkeit (oder irgendeine andere moralische Qualität) zu sprechen, wenn sich bei der praktischen Anwendung in einem Konfliktfall die betroffenen Parteien oft nicht darauf einigen können (und wollen), was der Begriff *Gerechtigkeit* hier bedeutet und welche konkreten Auswirkungen dies hat?

Erster Punkt: wie wir den Begriff „Gerechtigkeit" verwenden

Oft wird zu Recht gesagt, dass Platons *Republik* nicht nur eine praktische politische Blaupause, sondern vielmehr ein Versuch ist, die Bedeutung des Begriffs *Gerechtigkeit* herauszuarbeiten. Er war der Überzeugung, dass die Bedeutung von *Gerechtigkeit* deutlicher würde, wenn das Prinzip auf dem Hintergrund politischer Führung eines ganzen Volkes herausgearbeitet würde statt im Leben des Einzelnen. Seine Grundthese lautete, dass *Gerechtigkeit* nicht heißt, jeden Bürger exakt gleich zu behandeln, sondern unterschiedlich, entsprechend den besonderen Bedürfnissen des Einzelnen und seines besonderen Platzes in der Gesellschaft. Man könnte seine These mit einer einfachen Analogie veranschaulichen: Auch heute würde man in keinem Haushalt meinen, dass es die *Gerechtigkeit* verlangt, einem vierjährigen Kind die gleiche Menge an Essen zu geben wie einem hart arbeitenden Vater.

Nun geht es uns hier nicht darum, Platons politische Theorien zu diskutieren. Uns geht es vielmehr darum, festzustellen, wie der Begriff *Gerechtigkeit* verwendet wird, und zu vermeiden, daraus falsche Schlüsse zu ziehen. Wenn man nicht genau nachdenkt, könnte man leicht einwenden: „Was nützt es, über objektive moralische Qualitäten wie Gerechtigkeit nachzudenken, wenn in der Praxis Gerechtigkeit für verschiedene Leute verschiedene Bedeutungen hat?"

Aber das wäre ein recht oberflächliches Denken. Wir müssen uns immer das objektive moralische Prinzip der Gerechtigkeit vor Augen halten. Wenn es um die Praxis geht, können unterschiedliche Menschen, politische Parteien, Regierungen und Länder zu ganz unterschiedlichen Ergebnissen kommen, welche konkreten Handlungen die Gerechtigkeit nun von ihnen verlangt. Aber diese Unterschiede bedeuten nicht, dass das Konzept und der Maßstab der objektiven Gerechtigkeit sinnlos wäre und abgeschafft werden könnte. Wir alle bleiben in vieler Hinsicht hinter dem objektiven Maßstab zurück, und alle (vernünftigen) Menschen geben dies auch zu. Aber wenn man den objektiven Maßstab aufgibt, hat man keine Grundlage mehr für eine rationale Debatte und hat auch keine Richtlinie mehr für Reform und Fortschritt. Übrig blieben nichts als Wortgefechte – oder Schlimmeres – zwischen gegnerischen Parteien mit all ihren willkürlichen Meinungen, Werten und Ansprüchen.

Zweiter Punkt: die Bedeutung von Gerechtigkeit
Der zweite Punkt ähnelt dem ersten, es geht hier aber stärker um die Bedeutung von Begriffen wie *Gerechtigkeit.* Die subjektivistische Theorie behauptet, dass Gerechtigkeit, Fairness und ähnliche Wörter keine innewohnende Bedeutung haben. Sie tragen die Bedeutung, die ihnen verliehen wird – wenn auch nicht von jedem Einzelnen, so doch von den einzelnen Gesellschaften oder der Kultur, die natürlich auch kleiner sein kann als die Stadt, in der ein Mensch wohnt, oder dessen Bundesstaat oder Land, ganz zu schweigen von der gesamten Menschheit. Es wird behauptet, dass eine Bedeutung nicht in jedem Fall zwingend völlig subjektiv ist, weil sie ja nicht die Privatidee eines Einzelnen ist. Sie sei objektiv in dem Sinne, dass sie ja eine Bedeutung ist, die alle in der Gemeinschaft des Einzelnen anerkennen und teilen. Aber sie sei nicht in dem Sinne objektiv (und könne es auch nicht sein), dass sie universell sei, denn in der ganzen Welt werden dem Begriff *Gerechtigkeit* so viele unterschiedliche Bedeutungen zugeordnet, wie es Staaten und Nationen gibt.

Nebenbei könnte man hier anmerken, dass vor zweieinhalbtausend Jahren griechische Philosophen wie Platon ein Konzept von Gerechtigkeit hatten, das unabhängig von der Gesellschaft existierte und universelle Gültigkeit hatte. Die späteren Stoiker und der römische Jurist Cicero hatten im 1. Jahrhundert v. Chr. die Vorstellung von einem Naturgesetz, das für die gesamte Menschheit ohne Unterschied gelten sollte. Die Psalmisten und Propheten des Alten Testaments sahen einer Zeit entgegen, in der Gott die ganze Welt in Gerechtigkeit richten und regieren würde (z. B. Ps 96,9–13), und sie warnten davor, dass Gott Israel dann aufgrund der besonderen Gnade und Vorrechte, die das Volk erfahren hatte (Amos 3,2), genauso streng wie die anderen Nationen behandeln würde (wenn nicht noch strenger). Es mag daher seltsam erscheinen, wenn moderne Zivilisationen im 21. Jahrhundert sich so sehr an die Bedeutungen gebunden fühlen, die ihre eigene Kultur Begriffen wie *Gerechtigkeit* verleiht, dass sie sich eine universelle Gerechtigkeit, die einmal von allen akzeptiert wird, überhaupt nicht vorstellen können. Man könnte meinen, dass der bisherige Fortschritt der Menschheit – erst die Gerechtigkeit in der Familie, dann in der erweiterten Familie, in der Volksgruppe, in der Nation und dann auf dem Kontinent – die Menschen zumindest dazu ermutigen könnte, über eine universelle Gerechtigkeit überall auf der Welt nachzudenken, wie sie z. B. in der

> ⚖ *In der ganzen Welt werden dem Begriff* Gerechtigkeit *so viele unterschiedliche Bedeutungen zugeordnet, wie es Staaten und Nationen gibt.*

Allgemeinen Erklärung der Menschenrechte beschrieben wird. Aber lassen wir dies beiseite.

Der postmoderne Denker Stanley Fish beobachtet in seinem Buch *There's No Such Thing as Free Speech, and It's a Good Thing Too* (So etwas wie freie Rede gibt es nicht, und das ist auch gut so), dass Leute im Allgemeinen die falsche Vorstellung haben, dass Begriffe wie *Gerechtigkeit, Fairness* oder *Verdienst* für jeden absolut klar und offensichtlich sind – so klar, dass man nur davon reden müsse, in einer Situation Gerechtigkeit walten zu lassen, und sich dann alle schon einig seien, was der Begriff *Gerechtigkeit* bedeute. Das ist aber nicht so, sagt Fish. Solche Begriffe „haben unterschiedliche Bedeutungen im Zusammenhang mit unterschiedlichen Prämissen und Rahmenbedingungen“[29]. Und da dies so ist – so scheint Fish anzudeuten –, könne es keine wahrhaft objektive Gerechtigkeit geben. Da jede Kultur oder jeder Einzelne unter Gerechtigkeit etwas anderes verstehe, könne man sich hier niemals einig werden. In der Zwischenzeit ließen die Mächtigen ihre Muskeln spielen, um sicherzustellen, dass sich ihre Sicht von Gerechtigkeit innerhalb und auch außerhalb der Gerichte durchsetze.[30]

Das Bild, das Fish zeichnet, ist sehr zutreffend für viele Länder und auch für viele Rechtssysteme. Aber gerade weil die Menschen eine tiefe Überzeugung von objektiver, absoluter Gerechtigkeit haben, können sie sehen, was in diesen Ländern und Gerichten falsch läuft, und sie haben einen Grund, auf etwas Besseres hinzuarbeiten, denn sie haben einen Maßstab, anhand dessen sie den Fortschritt messen können. Wenn es so etwas wie absolute Gerechtigkeit nicht gäbe, wenn das Streben nach Gerechtigkeit nie darauf hoffen könnte, jemals mehr zu sein als ein Konflikt zwischen mehreren Parteien – von denen jede ihr eigenes Konzept von Gerechtigkeit hat und nicht fähig ist, sich irgendeine höhere Gerechtigkeit als die eigene vorzustellen, und die sich ständig gegenseitig bekämpfen, ohne Hoffnung darauf, dass sie sich jemals einigen werden –, dann wäre alles, was wir erwarten könnten, endlose und irrationale Wortgefechte, denen nur willkürliche Gewalt ein Ende setzen könnte.

Fish zitiert ein Beispiel (aus einem Film), um seinen Punkt zu veranschaulichen: Zwei Männer werden eingeteilt, in der Poststelle einer großen Firma zu arbeiten. Der eine ist der Neffe des Chefs. Eine Führungskraft wird bestimmt, die entscheiden soll, welcher von beiden der Leiter der Poststelle werden soll, und diese Führungskraft verkündet, dass sie angewiesen wurde,

29 *There's No Such Thing*, 4
30 *There's No Such Thing*, viii

ihre Wahl allein auf Grundlage der Leistungen der Männer zu treffen. Worauf der Neffe des Chefs sich beschwert: „Das ist nicht fair!"[31]

Nun könnten wir denken, dass diese Methode, die Wahl auf Grundlage der Leistungen der Männer zu treffen, überaus fair ist, gewiss fairer als Vetternwirtschaft. Fishs Punkt ist jedoch, dass die Vorstellung des Neffen von Gerechtigkeit nun einmal so war, wie sie war: Er empfand eine Auswahl allein auf Grundlage der Leistungen als unfair. Um gerecht zu sein, hätte bei der Auswahl auch sein Verwandtschaftsverhältnis zum Chef berücksichtigt werden müssen.[32] Und es ist eine Tatsache in vielen Ländern – sogar oft innerhalb desselben kulturellen Umfelds –, dass in staatlichen oder öffentlichen Betrieben, im staatlichen Dienst und in der Verwaltung Vetternwirtschaft nicht nur praktiziert wird: Es würde als Verrat an der Familie gesehen werden, wenn dies nicht der Fall wäre.

Müssen wir also jeden Glauben an eine objektive Gerechtigkeit, die unabhängig von jeder Kultur existiert, aufgeben? Müssen wir dem postmodernen Denken zustimmen, dass es die Menschen sind, die die Idee der Gerechtigkeit konstruieren, und dass es niemals so etwas wie eine wahrhaft objektive Gerechtigkeit geben kann, weil Menschen nun mal viele verschiedene und gegensätzliche Ideen von Gerechtigkeit entwickeln? Würden wir dem zustimmen, wären wir wieder beim moralischen Relativismus. Und auf welcher Grundlage könnten wir dann Hitler und seinen „Ariern" widersprechen, die es als völlig gerecht empfanden, sechs Millionen Juden zu vergasen, und es als Verrat gegenüber dem „arischen Staat" betrachteten, Juden zu beschützen – gemäß ihrer eigenen Definition von Gerechtigkeit? Schließlich war Hitlers Gerechtigkeit laut Fishs Definition objektiv in dem Sinne, dass sie nicht die Gerechtigkeit eines Einzelnen, sondern die Gerechtigkeit seiner ganzen Kultur war. Gibt es tatsächlich keine von der Kultur unabhängige Gerechtigkeit?

Kehren wir nun aber zu den offensichtlichen Fragen zurück, die sich bei unserem Thema stellen.

Warum wird Moral in der Welt so unterschiedlich praktiziert?

Wenn es objektive moralische Werte gibt, ein objektives Richtig oder Falsch, warum wird Moral dann in der Welt so unterschiedlich praktiziert? Hier müssen wir sorgfältig hinschauen, was genau die Frage ist. Wir fragen z. B.

31 *There's No Such Thing*, 3

32 In einem privaten Familienunternehmen hätte der Inhaber natürlich die absolute Freiheit, seinem eigenen Verwandten die Stelle zu geben, wenn er dies wollte.

nicht, warum so viele Menschen Lügen erzählen, wenn doch die Wahrheit zu sagen als universeller moralischer Wert gilt. Tatsache ist, dass auch in Kulturen, in denen Wahrheit ein universeller moralischer Wert ist, viele Menschen dennoch lügen – und das oftmals bewusst. Aber es ist auch eine Tatsache, dass in Gesellschaften, in denen Wahrheit als hoher moralischer Wert gilt, die Leute, wenn sie andere täuschen, dies zu verstecken versuchen (sowohl Privatpersonen als auch Unternehmen). Und wenn sie dabei erwischt werden, kommen sie mit Ausreden daher und versuchen, sich selbst zu verteidigen. Das zeigt natürlich, dass ihr Gewissen die Existenz und Autorität des hohen Wertes Wahrheit zugibt und dass alle aufgefordert sind, ihm Folge zu leisten. Andererseits würden sie nicht versuchen, nach Ausreden zu suchen.[33]

Die Frage ist also nicht, warum so viele Menschen lügen. Die Frage muss vielmehr sein: Wenn die Wahrheit zu sagen ein so universeller, objektiver moralischer Wert sein soll und dieser Wert für alle verbindlich sein soll, warum gibt es dann so viele Kulturen, in denen Lügen, Betrügen, Täuschen und Hintergehen von Freunden, Nachbarn, Mitbürgern und Landsmännern von jedem als richtig, normal und völlig akzeptabel angesehen wird, und zwar so sehr, dass niemand jemals daran denken würde, sich darüber zu beschweren, wenn man so mit ihm umgeht? Die Antwort lautet: Tatsächlich gibt es solche Kulturen nirgendwo auf der Welt oder wenn es sie gibt, dann sind es nur erstaunlich wenige.

Dasselbe gilt für viele andere moralische Werte: Die Geschichte beweist bis in unsere Zeit, dass man sich der grundlegenden moralischen Gesetze fortwährend allgemein bewusst gewesen ist. In seinem Buch *Die Abschaffung des Menschen*[34] stellte C. S. Lewis eine Liste von moralischen Prinzipien zusammen, die allen großen Zivilisationen der Welt gemein sind. Er bezeichnete sie als „Texte zum Naturrecht" und ordnete sie acht Überschriften zu:

1. „Wohltun überhaupt"
2. „Wohltun im Einzelnen"
3. „Pflichten den Eltern, älteren Menschen und Vorfahren gegenüber"
4. „Pflichten den Kindern und der Nachkommenschaft gegenüber"
5. „Gerechtigkeit"

---

33 Siehe auch die längere Diskussion dieses Themas in Kap. 3 („Das Wesen und die Grundlage der Moral") in Buch 1: *Was ist der Mensch?*

34 S. 91–103

6. „Zuverlässigkeit und Wahrhaftigkeit"
7. „Erbarmen"
8. „Großmut"

Unter Punkt 1 zählt er Dinge auf wie: nicht töten, kein Elend verursachen, nicht habgierig sein, andere nicht unterdrücken, nicht grausam oder verleumderisch sein, kein falsches Zeugnis gegen andere ablegen, nie anderen das zufügen, was man selbst nicht will, und die positiven Gegenstücke dazu. Punkt 2 beschäftigt sich mit der Liebe zur eigenen Frau, Familie, Verwandtschaft und zum Vaterland. Punkt 5 umfasst Geschlechtergerechtigkeit, Ehrlichkeit und Gerechtigkeit im Gerichtswesen. Punkt 8 umfasst Dinge wie Mut, die Bereitschaft, zum Schutz anderer Menschen zu leiden, eher bereit zu sein zu sterben, als ein schändliches Leben zu führen, nichts Unanständiges, Unzüchtiges oder Zügelloses zu tun oder zu denken. Die Überschriften zu den Punkten 3, 4, 6 und 7 sind selbsterklärend.

Oder nehmen wir ein besonderes Beispiel aus der Antike. Hier ist eine Liste von geforderten Tugenden, die von John A. Wilson[35] aus dem ägyptischen *Totenbuch* zusammengestellt wurde. Das *Totenbuch* war eine Art Dokument, das mit dem Leichnam bestattet wurde. Die Vorstellung war, dass sich die Person nach dem Tod einem finalen Gericht stellen müsse, wo – so glaubte man – entschieden würde, ob die Person zum ewigen Leben zugelassen würde oder nicht. Zu diesem Zweck enthielt dieses Dokument sozusagen die „Verteidigungserklärung" der Person, in der sie behauptete, kein Unrecht getan und die Moralgesetze nicht gebrochen zu haben. Hier sind nun einige der Punkte von den Aufstellungen der Verstorbenen:

Ich habe nichts Böses getan.
Ich habe nicht gestohlen.
Ich war nicht habsüchtig.
Ich habe niemanden beraubt.
Ich habe keinen Menschen getötet.
Ich habe das Getreidemaß nicht verfälscht.
Ich habe niemanden zu verwerflichem Handeln verführt.
Ich habe keine Lügen erzählt.
Ich bin nicht streitsüchtig gewesen.
Ich habe keinen Wucher betrieben.
Ich habe keinen Ehebruch begangen.

35 Pritchard, *ANET, 35*

Uns geht es hier nicht darum, Vermutungen anzustellen, wie gut oder schlecht dieser antike Ägypter die Behauptungen erfüllte, die hier gemacht wurden. Vielmehr sollten wir als Erstes feststellen, wie sehr sich die Kultur, in der er lebte, von der unseren unterscheidet, und zweitens, wie viele seiner moralischen Werte genau dieselben waren wie unsere heute. Es ist ein kraftvoller, positiver Beweis für die Objektivität und Universalität von moralischen Werten.

- *Eine Ausnahme? Bestattungsbräuche bei den antiken Griechen und Kallatiern*

Ein Beispiel, das oft von Relativisten als Argument für die Sichtweise angeführt wird, dass moralische Werte nicht bei allen Völkern im Laufe der Geschichte dieselben waren, ist eine Geschichte, die Herodot erzählte.[36] Darius brachte die Griechen, deren Brauch es war, die Körper ihrer toten Eltern zu verbrennen, mit dem indischen Stamm der Kallatier zusammen, deren Brauch es war, ihre Eltern zu verspeisen. Als Darius die Griechen fragte, mit wie viel Geld man sie davon überzeugen könnte, ihre toten Eltern zu verspeisen und nicht zu verbrennen, waren sie außer sich: Nichts würde sie dazu bringen, dies zu tun. Die Kallatier waren ähnlich erbost, als sie gefragt wurden, was sie dazu bringen könnte, ihre Eltern zu verbrennen, anstatt sie zu verspeisen.

Aber was kann man nun aus diesem Beispiel schließen? Relativisten argumentieren, es zeige, dass moralische Werte, Ethik und Bräuche von Kultur zu Kultur variierten. Es seien die Kultur und das Brauchtum, die ihnen ihre Kraft verliehen, und diese Kraft sei so mächtig, dass es jede Generation als undenkbar erachte, das Brauchtum zu ändern. Für sie sei es ein absoluter objektiver moralischer Wert. Doch die vergleichende Anthropologie zeige, so die Behauptung des Relativismus, dass es keinen absoluten universellen moralischen Wert gebe. Alles sei relativ zum jeweiligen Stamm.

Diese Interpretation ist jedoch in zweierlei Hinsicht fehlerhaft. Relativisten sind so sehr darauf bedacht, die Unterschiede bei den Bestattungsbräuchen dieser beiden Gruppen festzustellen, dass sie die viel wichtigere Sache übersehen, die beide gemeinsam hatten: Beide waren sich zutiefst bewusst, dass sie die verbindliche Pflicht hatten, ihre toten Eltern zu ehren. Zugegeben, sie unterschieden sich in der Art und Weise, *wie* sie ehrten; aber beide

36 III.38.3–4

waren gleichermaßen entschlossen, nichts zu erlauben, was sie entehren würde. Das ist eine nahezu universelle Haltung.[37]

Der zweite Fehler in dieser relativistischen Interpretation ist die Verwechslung von moralischen Grundwerten oder -prinzipien mit der Art und Weise, wie diese Grundprinzipien ausgedrückt werden. Wenn in Herodots Geschichte eine Gruppe ihre toten Eltern geehrt hätte, während die andere sie einfach mit dem Müll entsorgt hätte, würde dies auf einen Unterschied in den Grundwerten und Grundprinzipien hindeuten. Doch tatsächlich waren ihre unterschiedlichen Praktiken nur Unterschiede in der Anwendung desselben Grundprinzips.

Dies ist für uns noch immer von großer ethischer Bedeutung. In einem früheren Beispiel haben wir gesehen, dass aufrichtige Menschen, die fest an das Grundprinzip von sozialer Gerechtigkeit glauben, sich immer noch darüber uneins sein können, wie dieses Prinzip genau in praktischen Situationen interpretiert werden sollte. Aber aufgrund dieser Uneinigkeiten zu leugnen, dass es irgendein grundlegendes objektives moralisches Prinzip der Gerechtigkeit gibt, würde bedeuten, jeglichen Maßstab zu zerstören, anhand dessen man überhaupt irgendwelche Defizite kritisieren könnte. Man hat dann auch nichts mehr, was als Orientierung für zukünftigen Fortschritt dienen könnte, und kein Mittel mehr, mit dem man Differenzen auf andere Art und Weise beilegen könnte als durch Egoismus und Gewalt.

Dies soll natürlich nicht heißen, dass es keine Praktiken in verschiedenen Gesellschaften gab oder gibt, die ethische Grundprinzipien missachtet haben. Kannibalismus, Kinderopfer, das Töten und Bestatten von Sklaven zusammen mit ihren toten Herren, Abtreibung und Kindstötung – all das verstößt gegen das Grundprinzip der Unantastbarkeit und Heiligkeit des menschlichen Lebens. Dass manche dieser Praktiken aus falschen und abergläubischen Vorstellungen über Götter, Geister und Dämonen heraus entstanden sind, erinnert uns daran, dass nicht alle Religionen gleich und richtig sind: Manche religiösen Praktiken sind schädlich und sogar böse. Aber andererseits steht auch außer Frage, dass der Niedergang wahrer Religion in den letzten Jahrzehnten zu einem enormen Verfall an Ehrfurcht vor der Unantastbarkeit und Heiligkeit des Lebens geführt hat, insbesondere des ungeborenen Lebens. Aber dazu später mehr.

37 Man denkt an Antigone in Sophokles' berühmten gleichnamigen Stück. Sie war der Überzeugung, die „ungeschriebenen Gesetze" des Himmels forderten, dass ihr Bruder beerdigt werden müsste, obwohl der Staat es verboten hatte mit der Begründung, dass er ein Verräter sei.

Wie können moralische Werte Ergebnis von Erziehung und gleichzeitig objektiv sein?

Die dritte naheliegende Frage, die wir uns stellen, hat etwas mit der Quelle unserer Moralvorstellungen zu tun. Lernen nicht die meisten Menschen ihre moralischen Werte von ihren Eltern oder ihren Lehrern? Wie kann man dann sagen, dass diese Werte aus irgendwelchen objektiven, unabhängig existierenden moralischen Prinzipien stammen?

Wir können sofort einräumen, dass jeder von uns viele – wenn nicht alle – seiner moralischen Werte von seinen Eltern gelernt hat oder von seinen Lehrern. Aber wir lernen von ihnen verschiedene Dinge. Manches davon ist bloße Konvention. So bringt man in manchen Ländern Jugendlichen bei, dass Fahrzeuge auf der rechten Straßenseite gefahren werden müssen. Das ist das Gesetz des Landes, und wer auf der linken Seite fährt, macht sich strafbar. Aber dies ist eine willkürliche Konvention und kein universelles Prinzip. In anderen Ländern verlangt das Gesetz, dass Fahrzeuge auf der linken Seite fahren; und die Lehrer in diesen Ländern bringen dies den Kindern entsprechend bei.

Andererseits sind die Gesetze der Arithmetik universell. Vielleicht entdeckt ein Kind erst, dass 2 + 2 = 4 ist, wenn es dies von seinem Lehrer lernt. Aber der Lehrer hat das Kind nur auf etwas hingewiesen, was universell und objektiv wahr ist, unabhängig von den Gesetzen einer bestimmten Kultur oder eines bestimmten Landes. So ist es auch mit den universellen objektiv wahren Moralgesetzen. Die Tatsache, dass Kinder diese Gesetze von ihren Eltern oder Lehrern vermittelt bekommen, bedeutet nicht, dass sie deswegen weniger absolut wären.

Aber die Frage nach der Quelle von objektiven Moralgesetzen verdient eine eingehendere Diskussion, und dieser werden wir uns in unseren nächsten zwei Kapiteln zuwenden.

3

DIE QUELLE OBJEKTIVER MORALISCHER WERTE

Diejenigen, die extreme Formen
des atheistischen Materialismus vertreten,
stehen natürlich vor dem großen Problem, zu erklären,
woher das Bewusstsein des Menschen
für Ethik und Moral stammt.
Auf den ersten Blick ist es schwierig, zu verstehen,
wie geistlose Materie ohne jegliches Bewusstsein
ein moralisches Bewusstsein entstehen lassen kann.

WORAUF GRÜNDEN SICH OBJEKTIVE MORALISCHE WERTE?

Es gibt drei theoretische Möglichkeiten:

1. *Universelle, objektive moralische Werte haben ihre Grundlage in der Materie des Universums.*
   Laut dieser Theorie haben sie sich einfach entwickelt, so wie alle anderen materiellen Bestandteile und Prozesse des Universums.

2. *Universelle, objektive moralische Werte sind Schöpfungen des Menschen.*
   Laut dieser Theorie sind sie Verhaltensprinzipien, die im Zuge der Entwicklung des gesellschaftlichen Lebens und gesellschaftlicher Institutionen entstanden sind.

3. *Universelle, objektive moralische Werte gründen sich auf den Charakter und Willen Gottes.*
   Sie werden sowohl in der Natur als auch durch Gottes Wort offenbart.

Lassen Sie uns jede dieser Möglichkeiten nacheinander betrachten, und lassen Sie uns nicht vergessen, dass es uns dabei um die Objektivität und Universalität von moralischen Werten geht. Es wird nicht reichen, wenn wir nur die Tatsache feststellen, dass verschiedene Leute oder Nationen verschiedene Werte haben. Wir werden erklären müssen, warum gewisse Werte offenbar universell existieren, unabhängig von einzelnen Menschen, unterschiedlichen Gesellschaftsformen, Nationen und Generationen.

UNIVERSELLE, OBJEKTIVE MORALISCHE WERTE HABEN IHRE GRUNDLAGE IN DER MATERIE DES UNIVERSUMS

Nun müssen wir sechs theoretische Positionen betrachten, die mit der Theorie zusammenhängen, dass die Natur und die Evolution die Grundlage für Ethik sind.

Extremer, nicht moralischer Materialismus

Diejenigen, die extreme Formen des atheistischen Materialismus vertreten, stehen natürlich vor dem großen Problem, zu erklären, woher das Bewusstsein des Menschen für Ethik und Moral stammt. Auf den ersten Blick ist es schwierig, zu verstehen, wie geistlose *Materie* ohne jegliches Bewusstsein ein *moralisches* Bewusstsein entstehen lassen kann. Daher lösen manche Materialisten das Problem, indem sie einfach die Existenz irgendeines moralischen oder ethischen Gesetzes leugnen.

William B. Provine, ein Wissenschaftshistoriker der Cornell-Universität, erklärt:

> Es gibt weder angeborene Moral oder ethische Gesetze noch absolute Leitlinien für die menschliche Gesellschaft. Dem Universum sind wir egal, es gibt keinen letzten Sinn im Leben.[38]

Aus dem populärwissenschaftlichen Bereich versichert Alasdair Palmer, Wissenschaftskorrespondent des *Sunday Telegraph,* ebenfalls:

> Aber es ist nicht nur die religiöse Erklärung der Welt, der durch wissenschaftliche Erklärungen für unseren Ursprung widersprochen wird. Dies gilt auch für die meisten unserer ethischen Werte, da die meisten von ihnen durch unser religiöses Erbe geprägt wurden. In einem wissenschaftlichen Bericht über die Menschheit ist genauso wenig Platz für den freien Willen oder die Fähigkeit des Individuums, gut und gerecht zu handeln, wie für die Seele.[39]

Sozialdarwinismus

Darwin und einige andere Evolutionisten meinten, dass sie mit den zwei Prinzipien vom „Kampf ums Überleben" und vom „Überleben des

38 *Scientists, Face It!,* 10
39 *Must Knowledge Gained Mean Paradise Lost?*

Stärkeren“ nicht nur den Ursprung der Arten erklären, sondern auch die zukünftige Entwicklung der verschiedenen Völker der Menschheit vorhersagen könnten:

> In einer künftigen Zeit, die, nach Jahrhunderten gemessen, nicht einmal sehr entfernt ist, werden die zivilisierten Rassen der Menschheit wohl sicher die wilden Rassen auf der ganzen Erde ausgerottet und ersetzt haben.[40]

> Die zivilisierteren sogenannten kaukasischen Rassen haben die Türken im Kampf ums Dasein geschlagen. Wenn man einen Blick auf die Welt in nicht weit entfernter Zukunft wirft, wird eine endlose Zahl von niederen Rassen durch die höher zivilisierten Rassen auf der ganzen Welt beseitigt worden sein.[41]

Man kann sich vorstellen, dass es schon in Darwins Zeit schwierig gewesen wäre, die „Türken“, die „niederen“ und die „wilden“ Rassen (wie Darwin sie nannte) davon zu überzeugen, dass seine Evolutionsprinzipien eine feste Grundlage für universelle, objektive moralische Werte bildeten. Als in der Folge die als Sozialdarwinismus bekannte Theorie, entwickelt von Herbert Spencer (1820–1903), von Hitler übernommen und benutzt wurde, um die Ermordung von sechs Millionen Juden zu rechtfertigen, wurden alle diese Theorien vernichtend diskreditiert.

Soziobiologie

Diese Theorie ist ausgefeilter als der Sozialdarwinismus, aber sie ist eine ebenso extreme Form des Materialismus. Sie wird mit Namen wie Francis Crick, Jacques Monod, Edward O. Wilson und Richard Dawkins in Verbindung gebracht und behauptet, der Mensch sei nichts weiter als seine Gene. Daher basiere Moral auf den Genen, wobei der Hauptzweck – sogar der einzige Zweck – der Gene sei, sich selbst zu reproduzieren, nicht einmal weitere Menschen hervorzubringen. Generationen von Menschen seien bloß Mechanismen oder Vehikel für die Reproduktion dessen, was Dawkins „egoistische Gene“ nennt. In welchem Sinne kann sich Moral also auf Gene gründen? Michael Ruse und Edward O. Wilson erklären dies wie folgt:

---

40 *Die Abstammung des Menschen*, 203

41 Brief an W. Graham, 3. Juli 1881, *Life and Letters*, Band 1, 316

> Die Moral, oder streng genommen unser Glaube an die Moral, ist lediglich eine Anpassung an unsere reproduktiven Ziele. Die Grundlage der Ethik liegt also nicht in irgendeinem Willen Gottes ... In einem wesentlichen Sinn ist Ethik, so wie wir sie verstehen, eine Illusion, mit der uns unsere Gene abspeisen, damit wir kooperieren.[42]

Hier zeigt sich eine offensichtliche Schwierigkeit. Wenn der Mensch nichts als seine Gene ist und seine Gene sein moralisches Verhalten kontrollieren, wie kann ein Mensch dann jemals beschuldigt werden, wenn er etwas Falsches tut, oder gelobt werden, wenn er etwas Richtiges tut? Und welche außergewöhnlichen Träger der Moral müssen Gene dann sein, wenn nach dieser Theorie die kombinierten Gene von Europa, Asien, Australien, Afrika und Amerika den Zweiten Weltkrieg ausgelöst haben! In seinem berühmten Buch *Das egoistische Gen* stellte Dawkins fest, dass der Mensch zwar nichts als seine Gene ist, er aber irgendwie gegen seine Gene rebellieren kann, wenn diese ihn in die Irre führen:

> Wir sind als Genmaschinen gebaut ..., aber wir haben die Macht, uns unseren Schöpfern entgegenzustellen. Wir allein – einzig und allein auf der Erde – können uns gegen die Tyrannei der egoistischen Replikatoren auflehnen.[43]

Aber wie soll das geschehen? Wenn wir selbst nichts als unsere Gene sind, wenn es in uns kein nichtgenetisches Element, keine nichtmaterielle Kraft gibt, was in uns könnte dann überhaupt gegen unsere Gene rebellieren und sich moralisch verhalten? Und woher könnten wir jemals irgendwelche objektiven moralischen Prinzipien ableiten, die uns in unserer Rebellion gegen unsere Gene leiten?

Diese Art von genetischem Determinismus, für den Dawkins eintritt und der einen direkten Kausalzusammenhang zwischen Genen und Verhalten behauptet, ist von vielen Wissenschaftlern heftig kritisiert worden. Hier ein Beispiel: Der Neurobiologe Steven Rose, der bezüglich der Evolution an sich kein Problem mit Dawkins hat, spricht sich vehement gegen den Reduktionismus aus, der im Zentrum des neurogenetischen Determinismus liegt, und kommt zu dem Schluss, dass ein solcher Determinismus schlichtweg falsch ist: „Mich erschüttert die Arroganz, mit der manche Biologen für

42 *Evolution of Ethics*, 51–52
43 *Das egoistische Gen*, 237

ihre – unsere – Disziplin eine erklärende und interventionistische Macht in Anspruch nehmen, die dieser mit Sicherheit nicht zukommt, und wie sie lässig jeglichen Gegenbeweis ignorieren."[44] Im Folgenden sagt Rose: „Die Phänomene des Lebens sind immer und unabdingbar zu gleichen Teilen dem Angeborenen *und* dem Erworbenen verpflichtet, die Phänomene menschlicher Existenz gleichzeitig biologisch *und* sozial bedingt. Angemessene Erklärungen müssen beides beinhalten."[45]

Die Behauptung, dass „der Kampf ums Überleben" zu uneigennützigem moralischem Verhalten führen kann

Für das evolutionäre Modell ist es schon immer schwierig gewesen, uneigennütziges Verhalten zu erklären, da ein solch altruistisches Verhalten es seiner Art naturgemäß schwerer – nicht einfacher – macht zu überleben. Um des Arguments willen könnten wir annehmen, dass die evolutionäre Kraft, die ständig darauf hinarbeitet, das Überleben der jeweiligen Spezies zu fördern, auch irgendwie Menschen dazu bringen könnte, den Handlungen und Praktiken, die das Überleben der eigenen Art fördern, eine moralische Bedeutung zuzuordnen. Aber ebenso müsste dieselbe evolutionäre Kraft auch eine moralische Abneigung gegenüber Taten und Handlungen hervorgebracht haben, die das Überleben schwieriger oder unwahrscheinlicher macht.

Wie kann die Evolution dann die tief sitzende moralische Überzeugung erklären, dass wir die *Pflicht* haben, die Schwachen, Behinderten, Kranken und Alten zu unterstützen, nicht nur die in unserem Freundes- und Verwandtenkreis, sondern im Allgemeinen, auch wenn dies unsere Ressourcen stark beansprucht und das Überleben der eigenen Art schwieriger und unwahrscheinlicher macht? Das Argument, der instinktive Überlebensdrang bringe die Gesunden dazu, die Schwachen und Kranken zu unterstützen, in der Hoffnung, dass dann, wenn die Gesunden selbst schwach und krank werden, andere sie auch unterstützen werden, ist nicht überzeugend. So ein gegenseitiges Mitgefühl ist höchst lobenswert, aber für das Überleben der Art ist es definitiv nicht notwendig. Wenn dieses Überleben das *einzige* Ziel der Evolution wäre, dann würde die Evolution doch niemals ein Gefühl für die moralische Verpflichtung entstehen lassen, Ressourcen für die Behinderten, Schwachen, Kranken und Alten einzusetzen.

44 *Darwins gefährliche Erben,* 293
45 *Darwins gefährliche Erben,* 296

Ethischer Naturalismus

In einem Aufsatz mit dem Titel *Naturalism* (Naturalismus) ließ James Rachels die Theorie des Ethischen Naturalismus wiederaufleben. Er beschreibt die Theorie wie folgt:

> Der Ethische Naturalismus ist die Vorstellung, dass Ethik in naturwissenschaftlichen Begriffen verstanden werden kann. Um dies zu präzisieren, kann man auch sagen, dass moralische Eigenschaften (wie Güte oder Gerechtigkeit) mit „natürlichen" Eigenschaften identisch sind, das heißt mit Eigenschaften, die in wissenschaftlichen Beschreibungen oder Erklärungen von Dingen vorkommen.[46]

In dieser Theorie liegt sicherlich einiges an Wahrheit. Die Bibel selbst würde zum Teil zustimmen. In Römer 1,31 und ebenso in 2. Timotheus 3,3 wird im Neuen Testament das griechische Adjektiv *astorgos* verwendet, das eine Person beschreibt, der es nicht nur allgemein an Liebe mangelt, sondern an einer bestimmten Liebe, die naturgemäß zwischen Eltern und Kindern und Mitgliedern derselben Familie besteht. Normalerweise muss einer Mutter nicht beigebracht werden, ihre Kinder zu lieben. Mutterliebe entsteht durch physikalische Prozesse im Körper einer Mutter im Zusammenhang mit einer Schwangerschaft.[47] Ebenso haben Mitglieder einer Familie eine natürliche Zuneigung zueinander, sodass es widernatürlich ist, wenn anstelle dieser Zuneigung herzlose Gleichgültigkeit oder sogar Grausamkeit herrscht.

Wir können daher bis zu einem gewissen Grad ethische Verhaltensprinzipien von der Art und Weise ableiten, wie die Natur funktioniert, und die physikalischen Naturgesetze können auf Prinzipien hinweisen, die auf höheren (ethischen) Ebenen eine Rolle spielen. Auf mehr als einer Ebene trifft es zu, dass „wir ernten, was wir säen".

Aber das bedeutet, dass der Naturalismus selbst auf ein Problem stößt.

---

46 In LaFollette (Hg.), *The Blackwell Guide to Ethical Theory*, 75

47 Und wenn diese physikalischen Prozesse gestört werden, z. B. durch eine postnatale Depression, kann die natürliche Mutterliebe unterdrückt werden.

- *Das „ist"/„sollte"-Problem*

David Hume war der Erste, der dieses Problem beschrieb.[48] Um zu verstehen, was das Problem ist, müssen wir zuerst feststellen, dass das Verb „sollte" in verschiedenen Bedeutungen verwendet wird. Die Bedeutung, an der wir hier interessiert sind, ist, wenn „Du solltest dieses oder jenes tun" heißt „Du hast die Pflicht, dieses oder jenes zu tun".

„Sollte" wird jedoch auch anders verwendet, und wir müssen vorsichtig sein, hier nichts miteinander zu verwechseln.

1. Es kann verwendet werden, um eine bestimmte Handlung zu empfehlen. „Du solltest dir diesen Film ansehen. Er ist hervorragend" heißt nicht: „Du bist verpflichtet, ihn zu sehen." Es heißt einfach: „Ich empfehle dir, dir diesen Film anzusehen."

2. Es kann darauf hinweisen, was man tun oder vermeiden muss, um ein bestimmtes Resultat zu erzielen: „Du solltest einen Zug mit deiner Dame machen, sonst wird sie geschlagen." Guter Rat! Aber es bedeutet nicht: „Du bist verpflichtet, einen Schachzug mit deiner Dame zu machen."

3. Es kann darauf hinweisen, was passieren wird, wenn alles nach Plan läuft: „Dieser Zug sollte in 30 Minuten in St. Petersburg sein." Das heißt, es ist jetzt halb fünf, und der Zug sollte planmäßig um fünf ankommen, und wenn er seinen Zeitplan einhält, wird dies auch geschehen.

Aber in ethischen Zusammenhängen heißt „etwas tun sollen": „die Pflicht haben, etwas zu tun". Wenn wir also sagen, dass jemand etwas tun sollte – die Pflicht hat, etwas zu tun –, äußern wir damit ein wertendes Urteil. Was Hume also hier aufzeigte, war, dass man ein wertendes Urteil nicht auf einer bloßen faktischen Aussage gründen kann.

Betrachten wir ein Beispiel: Wenn niemand Harold eine Niere spendet, wird Harold an Nierenversagen sterben. Das ist zunächst einmal eine Tatsache der Natur. Jemand teilt diese Tatsache seinem Neffen Thomas mit und sagt Thomas daraufhin, dass er Harold eine seiner Nieren spenden sollte. Dass ist jedoch ein Werturteil. Die Frage ist: Warum ist eine bloße Tatsache

48 *Traktat über die menschliche Natur,* 3.1.1.27

ein gültiger Grund für ein Werturteil? Das ist doch offensichtlich, sagt jemand: Wenn Thomas die Niere nicht spendet, wird sein Onkel sterben. Ist das kein ausreichend gültiger Grund?

Nicht unbedingt. Er geht davon aus, dass es besser wäre, wenn der Onkel weiterlebt, statt zu sterben. Aber Harolds Leber ist bereits durch lebenslangen Alkoholmissbrauch ruiniert. Zudem ist er der Kopf einer Mafiagang, die für die Ermordung vieler Menschen verantwortlich ist. Thomas hingegen hat eine Frau und vier Kinder, die einen starken und gesunden Vater brauchen, der sie versorgt. Warum legt dann die bloße Tatsache der Natur, dass Harold sterben wird, wenn Thomas ihm keine Niere spendet, Thomas die *Pflicht* auf, eine Niere zu spenden? Um diese Pflicht festzustellen, müsste man einen adäquaten Grund nennen, warum Thomas die Pflicht hätte, Harold vorm Sterben zu bewahren. Um das Argument bis hierhin zusammenzufassen und zu veranschaulichen, könnten wir sagen, dass die bloße Tatsache der Natur, dass der Mount Everest existiert, mich nicht dazu verpflichtet, ihn zu besteigen.

• *Die Schwäche des Naturalismus*

Nun ist sich Rachels als Verfechter des Naturalismus bewusst, dass es schwierig sein kann, von „ist“ auf „sollte“ [im Englischen: *ought*] zu schließen, und er bietet eine Lösung an:

> Die plausibelste Form des ethischen Naturalismus beginnt damit, Gutsein mit der Erfüllung unserer Interessen zu identifizieren, während „Interessen“ wiederum als Objekte von Präferenzen erklärt werden. Z. B. liegt es in unserem Interesse, unser Sehvermögen zu schützen, denn wir haben Bedürfnisse, die beeinträchtigt wären, wenn wir nicht sehen könnten; und aus diesem Grund ist ein unbeeinträchtigtes Sehvermögen eine gute Sache. Auch der Schutz von Kindern ist eine gute Sache, weil uns Kinder wichtig sind und wir nicht wollen, dass sie verletzt werden. ... Darüber nachzudenken, was man tun sollte, ist daher im Grunde genommen ein Nachdenken darüber, wie wir unsere Interessen wahren können.[49]

49 *Naturalism*, 75

Aber das lässt sofort folgende Frage aufkommen: Was sollen wir dann über die Milizen in manchen Ländern sagen, die versuchen, ihre Interessen zu wahren, indem sie Kinder mit Macheten und Gewehren ausstatten und ihnen beibringen, durchs Land zu ziehen und andere Kinder und Erwachsene zu erschießen oder ihnen Körperteile abzuhacken? Man wird zweifellos sagen, dass die Rebellen sich hinsichtlich ihrer wahren Interessen geirrt haben. Aber auch wir können uns manchmal irren. Stimmen unsere ethischen Pflichten immer mit dem überein, was wir jeweils gerade für das halten, was unseren Interessen dient? Napoleon dachte, dass es seinen Interessen dient, Russland zu erobern. War es auch seine ethische Pflicht, dies zu tun?

Aber Rachels meint, es sei möglich, von „ist" auf „sollte" zu schließen, und eines seiner Beispiele lautet wie folgt:

> Jedes Urteil darüber, was getan werden sollte, erfordert Begründungen, die es stützen. Wenn ich sage, Sie sollten [im Englischen: *should*] den Raum verlassen, würden Sie wohl fragen, warum. Wenn es keinen Grund dafür gibt, dann ist es nicht zutreffend, dass Sie gehen sollten *[should]* – mein Vorschlag wäre nur etwas seltsam. Stellen Sie sich jedoch vor, ich sage Ihnen, dass der Raum brennt. Das liefert Ihnen einen Grund; und wenn Sie mir glauben, werden Sie den Raum zweifellos sofort verlassen. Aber ob dies ein Grund für Sie *ist*, hängt von Ihrer Einstellung ab. Wenn Sie vermeiden wollen zu verbrennen, ist die Tatsache, dass der Raum brennt, ein Grund für Sie, diesen zu verlassen. Im unwahrscheinlichen Fall, dass es Ihnen egal wäre, ob Sie verbrennen, hätte diese Tatsache für Sie keine Bedeutung. Sie wäre für Sie kein Grund, den Raum zu verlassen.[50]

Es besteht kein Anlass, den Punkt zu leugnen, auf den Rachels Veranschaulichung hinweist: dass Selbsterhaltung ein starkes Motiv und in vielen Fällen ein gültiger und gerechtfertigter Grund zum Handeln ist. Aber trotzdem, wenn es um moralische Pflichten geht, kann physische Selbsterhaltung nicht der höchste Schiedsmann darüber sein, welchen Kurs man einschlagen sollte. Sokrates war überzeugt, dass es Verrat an seiner Pflicht ist, sein Leben auf Kosten der Wahrheit zu bewahren. Tausende von christlichen Märtyrern haben freiwillig ihre Pflicht akzeptiert, lieber ihr Leben zu opfern, als Christus zu verleugnen. Es gibt Werte, die wichtiger sind als das physische Leben.

50 *Naturalism,* 78

Aber mit dieser Veranschaulichung möchte Rachels in der Hauptsache Folgendes beweisen: „Hume lag falsch damit, ... zu sagen, dass wir niemals von ‚ist' auf ‚sollte' schließen können."[51] Er möchte damit aufzeigen, dass es sehr wohl möglich ist, eine Ethik der Pflicht aus den bloßen Tatsachen der natürlichen Prozesse abzuleiten. Aber stützt Rachels Beispiel seine Behauptung? Die Antwort ist, dass es sie gar nicht stützt, weil es in dem Beispiel hier gar nicht um Pflicht geht. Beachten Sie, wie er das Wort „sollten" verwendet:

> Wenn ich sage, Sie sollten den Raum verlassen ... Stellen Sie sich jedoch vor, ich sage Ihnen, dass der Raum brennt. Das liefert Ihnen einen Grund.[52]

Aber „sollte" heißt hier nicht: „Sie haben die Pflicht, den Raum zu verlassen." Es sagt nur, was Sie tun müssen, wenn Sie nicht verbrennen wollen, und fügt hinzu, dass Sie, wenn es Ihnen egal ist, ob Sie verbrennen oder nicht, keinen Grund haben, rauszugehen. Mit anderen Worten: Sie haben nicht die Pflicht, rauszugehen. Es handelt sich hier also nur um einen Rat: Es wird keine Pflicht festgestellt und nicht versucht, jemandem eine Pflicht aufzuerlegen. Rachels, so scheint es, hat sich von der Mehrdeutigkeit der Wörter *should* und *ought* in die Irre führen lassen.

Aber sein Beweis funktioniert auch aus einem anderen Grund nicht. Um von einer reinen Tatsachenaussage auf ein verpflichtendes „Sollte" schließen zu können, müsste man einen angemessenen Grund nennen, warum diese Tatsache eine Pflicht nach sich zieht. Wieder erkennt Rachels diese Notwendigkeit und schlägt vor, was für ihn im Allgemeinen ein angemessener Grund sein könnte; und dieser ist nicht etwa unsere Selbstlosigkeit, sondern es sind unsere eigenen persönlichen Interessen. Aber das ist wohl kaum die Grundlage für eine adäquate Ethik.

Instinkt

Manche Menschen denken, dass moralische Werte objektiv und universell sind, weil sie im Instinkt verankert sind, der der ganzen Menschheit gemein ist. Sicherlich ist der Instinkt eine wertvolle Sache. Das Schreien eines Babys wird seine Eltern aus tiefstem Schlaf aufwecken. Eine Mutterhenne wird ihre Küken instinktiv unter ihren Flügeln vor der Bedrohung durch einen Falken schützen. Aber für sich allein genommen ist Instinkt als Grundlage

51 *Naturalism*, 79
52 *Naturalism*, 78

für objektive moralische Werte ebenso wenig geeignet wie der Naturalismus. Wir haben viele Instinkte, und das Problem ist, dass diese manchmal im Konflikt miteinander stehen.

Stellen Sie sich vor, Sie sitzen eines Tages zu Hause, als Sie von draußen gequälte, durchdringende Hilfeschreie hören. Sofort verspüren Sie den instinktiven Drang, demjenigen zu helfen, der in einer Notlage zu sein scheint. Aber dann drängt Sie der entgegengesetzte Instinkt der Selbsterhaltung dazu, sich nicht in irgendetwas einzumischen, was sich als sehr gefährlich erweisen könnte. Wie sollen Sie entscheiden, was Ihre Pflicht ist? Wenn Instinkte miteinander in Konflikt stehen, brauchen Sie mehr als nur Instinkt, um eine Entscheidung zu treffen.

Zusammenfassung bis hierhin

Die physikalische Evolution, der Sozialdarwinismus, die Soziobiologie, der Ethische Naturalismus und der Instinkt haben sich alle als unzureichende Grundlage für eine universelle, objektive Ethik erwiesen.[53] Wir brauchen etwas, was darüber hinausgeht. Dieses Etwas – so würden Juden, Christen und Muslime sagen – ist der Charakter und Wille Gottes, des Schöpfers. Doch natürlich glauben viele Menschen nicht an Gott. Aber gleichzeitig sehen sie die Unzulänglichkeit von Evolutionstheorie und Naturalismus, die Grundlage für eine zufriedenstellende Ethik zu bilden, und schlagen hierfür anderes vor. Und diese Vorschläge müssen wir uns nun einmal genauer ansehen.

UNIVERSELLE, OBJEKTIVE MORALISCHE WERTE SIND EINE SCHÖPFUNG VON MENSCHEN

Obwohl sie überzeugte atheistische Evolutionisten sind, lehnen viele Philosophen dennoch alle Versuche als implausibel ab, Ethik auf physikalische Elemente, Kräfte und Prozesse der Natur zu gründen. Sie vertreten stattdessen die Ansicht, dass ethische Konzepte, Maßstäbe, Prinzipien und Verhaltenskodizes auf natürliche Weise aus den praktischen Anforderungen einer immer komplizierter werdenden gesellschaftlichen Entwicklung entstanden seien: Mischehen, Handel, Grenzkonflikte, Kriege, Friedensverträge, Staatsverfassungen, Gesetze usw. In dieser frühen Phase sei Ethik hauptsächlich

53 Eine ausführlichere Diskussion des Themas der Natur und der Evolution als Grundlage der Ethik finden Sie in Kap. 4 („Moralvorstellungen im Vergleich“) in Buch 1: *Was ist der Mensch?*.

eine Frage der praktischen Vernunft gewesen, und erst in zweiter Linie habe eine Reflexion über ähnliche Situationen zu einer theoretischen Ethik geführt. Dennoch habe nie die Absicht bestanden, dass die daraus resultierenden ethischen Prinzipien wie gottgegebene Gebote in Stein gemeißelt sein sollten, weshalb sie im Lichte des immer größer werdenden wissenschaftlichen, psychologischen und technischen Verständnisses der Menschheit modifiziert, aufgegeben oder ersetzt werden könnten.[54]

Dieses Verständnis der Entwicklung des Moral- und Ethikgefühls der Menschheit vorausgesetzt, bleibt dennoch eine praktische Frage: Woher kommt das Gefühl des Menschen, dass er verpflichtet ist, das Moralgesetz einzuhalten? Stellen Sie sich z. B. vor, dass eine Nation – aus praktischen Gründen und in ihrem eigenen Interesse – ein feierliches Abkommen mit einer anderen Nation geschlossen hat. Stellen Sie sich vor, dass sich die Umstände ändern und es nun den Interessen der ersten Nation entsprechen würde, das Abkommen zu brechen. Vielleicht fürchtet sie Vergeltung, wenn sie dies täte. Aber stellen Sie sich vor, die zweite Nation würde so schwach werden, dass sie nicht mehr mit Vergeltung drohen könnte. Hätte die erste Nation dann immer noch die Pflicht, sich an ihre vertraglichen Verpflichtungen und Versprechen zu halten? Oder hätte sie die moralische Freiheit, jetzt, da die Angst vor Vergeltung nicht mehr besteht, ihre Vertragsdokumente einseitig zu zerreißen? Mit anderen Worten: Hat das Moralgesetz die Autorität, jemandem, der etwas verspricht, die Pflicht aufzuerlegen, sein Versprechen zu halten? Oder ist Ethik letztendlich einfach eine Frage des Pragmatismus, sodass niemand eine Pflicht hat, ein Versprechen zu halten, wenn man es ungestraft brechen könnte?

> ⚖ *Hat das Moralgesetz die Autorität, jemandem, der etwas verspricht, die Pflicht aufzuerlegen, sein Versprechen zu halten? Oder ist die Ethik letztendlich einfach eine Frage des Pragmatismus, sodass niemand eine Pflicht hat, ein Versprechen zu halten, wenn man es ungestraft brechen könnte?*

In dem Bewusstsein, wie leicht Menschen in Versuchung geraten können, ihre Versprechen und Abkommen zu brechen, wurde in der Antike von beiden Parteien eines Abkommens verlangt, sich auf Gott oder die Götter als Zeugen zu berufen, sodass es göttliche Sanktionen nach sich ziehen würde, falls sie diese brechen. Und auch heute noch wird in den Gerichten in vielen Ländern oder bei Zeugenaussagen

54 Ein führender Vertreter dieser Sicht war Theodosius Dobzhansky, einer der führenden Autoritäten im Bereich der modernen biologischen Evolutionstheorie im letzten Jahrhundert. Siehe sein Aufsatz *Chance and Creativity in Evolution.*

im Rahmen einer Senatsanhörung von den Leuten verlangt, einen Eid abzulegen und damit zu versichern, dass sie die Wahrheit sagen werden, die ganze Wahrheit und nichts als die Wahrheit. Ein Meineid wird nicht nur als Verbrechen, sondern auch als Sünde gegen Gott verstanden.

In Fällen jedoch, in denen die Leute nicht an Gott glauben und ethische Gesetze bloß als menschengemachte Konventionen betrachtet werden, kommt zwangsweise folgende Frage auf: Auf was basiert letzten Endes die Pflicht einer Person, die Wahrheit zu sagen, gerecht zu handeln, Versprechen zu halten und ihren Nächsten zu lieben?

Lassen Sie uns nun eine moderne Antwort auf diese Frage betrachten.

Kontraktualismus

Der Kontraktualismus, auch Vertragstheorie genannt, hat eine lange Geschichte. In Europa geht er auf die antiken Griechen zurück. Ihre politische Theorie besagte, dass die Menschheit ursprünglich mit einzelnen Familien „in der Wildnis" lebte, in völliger Freiheit wie wilde Tiere. In diesem Zustand war das Leben roh, brutal und gewaltsam. Dann lernten die Menschen, in Städten zu leben. Das bedeutete natürlich, ein bestimmtes Maß an Freiheit aufzugeben und sich den Gesetzen, Institutionen und Bräuchen der Stadt unterzuordnen. Aber die meisten Menschen waren bereit, unter diesen Gesetzen zu leben, denn das Stadtleben bot ihnen viele Vorteile im Vergleich zu den Gefahren und Unannehmlichkeiten des Lebens in der Wildnis.

Ein gutes Beispiel für den Kontraktualismus ist Sokrates. Als er zum Tode verurteilt wurde, hätte er sein Leben retten können, indem er aus der Stadt geflohen wäre. Stattdessen entschied er sich zu bleiben. Er argumentierte, dass er sich viele Jahre lang einverstanden erklärt habe, als Bürger in Athen zu leben und die Vorzüge des Schutzes durch seine Gesetze zu genießen. Für ihn war dies wie ein Vertrag, den er jetzt nicht brechen wollte. Die Gesetze der Stadt verurteilten ihn nun zum Tode. Er war mit ihrem Urteil nicht einverstanden. Aber er meinte, er müsste seinen lebenslangen „Vertrag" erfüllen und sich den Gesetzen unterwerfen.

Im 17. und 18. Jahrhundert war der Kontraktualismus noch immer eine starke politische Theorie und wurde verwendet, um die Leute an ihre Verpflichtung zu erinnern, sich der aktuellen Regierung unterzuordnen (die im Allgemeinen eine Monarchie war). Das Leben unter einer Regierung mit den Vorzügen, die eine geordnete Gesellschaft biete, sei besser als „nach der Natur" zu leben, so das Argument. Die Leute seien außerdem moralisch verpflichtet, sich der Regierung unterzuordnen, weil sie sich mit ihrer Autorität „einverstanden erklärt" hätten, oder zumindest hätten sie einen guten

Grund, sich ihr unterzuordnen, da sie so die Härte des Lebens in einem „Naturzustand" vermeiden könnten.

Das war bestenfalls ein zweifelhaftes Argument, denn die Menschen hatten bis zum 17. und 18. Jahrhundert ja nicht jahrhundertelang in einem „Naturzustand" gelebt. Und in welchem Maße man sagen konnte, die Menschen hätten sich mit den jeweiligen Regierungsformen, unter denen sie lebten, „einverstanden erklärt", war fraglich, da die Massen kein Stimmrecht besaßen.

> ⚖ *Rousseau plädierte für eine Version der Souveränität aller Bürger über sich selbst. Ihre Gesetze würden dann durch den allgemeinen Willen des Volkes verabschiedet werden und, so die Theorie, für alle gleichermaßen gelten.*

Es war außerdem ein zweischneidiges Schwert, das in völlig unterschiedliche Richtungen eingesetzt werden konnte. Jean-Jaques Rousseau (1712–1778) verwendete in seinem Werk *Der Gesellschaftsvertrag* (1762) diese Theorie, um damit praktisch alle existierenden Regierungen zu verurteilen und eine Revolution anzufachen. Er behauptete, die Leute hätten keinen Grund, sich mit der Autorität der gegenwärtigen Regierung einverstanden zu erklären, weil die zu erwartende Lebensqualität ohne diese besser sei als mit ihr. „Der Mensch ist frei geboren und liegt überall in Ketten" war Rousseaus Wahlspruch. Er plädierte für eine Version der Souveränität aller Bürger über sich selbst. Ihre Gesetze würden dann durch den allgemeinen Willen des Volkes verabschiedet werden und, so die Theorie, für alle gleichermaßen gelten. Dies würde Freiheit, Brüderlichkeit und Gleichheit fördern. Der Mensch, der von Natur aus überwiegend gut sei, würde nicht länger durch die Missstände der Gesellschaft korrumpiert und verdorben.

Thomas Hobbes (1588–1679) wiederum, der ebenfalls von vielen als ein Theoretiker des Gesellschaftsvertrags betrachtet wird, nutzte seine Theorie, um mit ihr für genau das Gegenteil zu argumentieren (später stimmte Rousseau ihm zu). Laut Hobbes' Theorie lebten die Menschen im Naturzustand in ständiger Angst vor denen, die die Macht hätten, sie zu töten. Daher träten sie ihr natürliches Recht freiwillig an einen Souverän ab, der dann die Verantwortung habe, sie zu schützen. Als Gegenleistung müssten sie sich ihm und seinen Gesetzen unterordnen und hätten niemals die moralische Freiheit, ihr Geschenk zurückzunehmen und gegen ihn zu rebellieren.

Moralischer Kontraktualismus

Die ursprüngliche, höchst politische Version des Kontraktualismus kam schließlich aus der Mode. Sie musste das reale Einverständnis von realen

Leuten in tatsächlichen Umständen voraussetzen, obwohl diese Theorie eigentlich auf dem hypothetischen Einverständnis von idealisierten Leuten in idealisierten Umständen basierte. Sie wurde daher durch Theorien ersetzt, die besser zu den Realitäten des Lebens passten.

Aber in jüngerer Zeit wurde der Kontraktualismus wiederbelebt, nicht als politische Theorie, sondern als ernst zu nehmender Beitrag zur Moraltheorie, der sich mit den Fragen nach dem Status von Ethik und der Autorität des Moralgesetzes befasst und damit auch mit der Frage, die wir zuvor diskutiert haben: Worauf gründet sich unser Pflichtgefühl, das Moralgesetz einzuhalten? Und er schlägt hierauf eine Antwort vor, die dieses Pflichtgefühl ernst nimmt und dennoch auch diejenigen zufriedenstellt, die nicht an Gott glauben, und insbesondere diejenigen, die die Vorstellung ablehnen, hinter dem Moralgesetz stehe ein Gott, der das Recht habe, uns dieses Gesetz aufzuerlegen.

Einer der Vertreter dieser Theorie ist Geoffrey Sayre-McCord. Er stellt ihre Vorzüge folgendermaßen heraus:

> So wie der politische Kontraktualismus als Antwort auf die Feststellung entstand, dass politische Legitimität und Pflichten nicht auf Gott oder die Natur zurückgeführt werden können, ist auch die Attraktivität des moralischen Kontraktualismus substanziell gewachsen, zusammen mit dem Gefühl, dass moralische Verpflichtungen irgendwie eine Reflexion des menschlichen Verstands oder gesellschaftlicher Konventionen sein müssen und nicht auf Gott oder die (nichtmenschliche) Natur zurückgehen. Der Kontraktualismus bietet die faszinierende Aussicht auf eine Theorie, die den Status der Moral entmystifiziert und zeigt, dass sie ein zwingender Ausdruck der menschlichen Natur ist. Denn wenn Moral ihre Quelle und Autorität in unserer eigenen Fähigkeit findet, ihre Forderungen anzuerkennen, dann erfordert ein Verständnis von Moral letztendlich etwas, was wir auf jeden Fall brauchen würden, um unsere eigenen Fähigkeiten und Praktiken zu erklären. Das muss nichts Okkultes, Mysteriöses oder Übernatürliches beinhalten.[55]

Hier stellen wir nebenbei fest, dass philosophische Theorien nicht einfach deswegen empfohlen und akzeptiert werden, weil sie richtig sind, sondern weil sie attraktiv sind; und viele Menschen werden eine Theorie erst dann

55 *Contractarianism*, 1. Ausg. 254, 2. Ausg. 339–340

wirklich attraktiv finden, wenn sie Gott als Autorität hinter dem Moralgesetz ausschließt. Wenn letztendlich das Moralgesetz seinen Ursprung in uns selbst und unseren moralischen Fähigkeiten hat, gilt Folgendes: 1.) Es ist wahrscheinlicher, dass wir es einhalten können. 2.) Wenn wir scheitern, sind wir nur uns selbst und unseren Mitmenschen gegenüber verantwortlich und nicht einem allmächtigen Gott. Aber wenn das Moralgesetz von Gott kommt, werden seine Forderungen dann nicht zu groß für uns sein? Und wird uns unser Versagen dann nicht mit Furcht erfüllen? Wenn das Moralgesetz etwas ist, dem wir alle als Mitglieder einer Gemeinschaft zustimmen, behalten wir außerdem unser Gefühl der Freiheit. Aber wenn uns das Moralgesetz von einem allmächtigen Gott auferlegt wird, werden wir dadurch nicht auf eine Art von Sklaven reduziert?

Eine Bewertung des moralischen Kontraktualismus

Auf der Ebene der praktischen Ethik steht außer Zweifel, dass eine größtmögliche freiwillige Zustimmung möglichst vieler Menschen zu einer Vereinbarung ein idealer Weg ist, Harmonie und Gemeinwohl in der Gesellschaft zu maximieren. Und wenn jede Partei der Vereinbarung durch die Absicht motiviert wäre, unparteiisch das Wohl aller zu suchen, wäre das Ergebnis ideal. Eine grundlegende Schwierigkeit wäre natürlich: Wie bringt man die Menschen von Anfang an dazu, mit diesen Motiven und in dieser Geisteshaltung in die Verhandlungen zu gehen?

Aber wenn es um die tatsächliche Umsetzung der Theorie des moralischen Kontraktualismus geht, gibt es noch mehr grundlegende Schwierigkeiten. Denn wir haben es hier nicht bloß mit alltäglichen praktischen Fragen zu tun, sondern mit dem ultimativen Status der Moral und mit der ultimativen Frage: Wenn Sie sich vorstellen, dass irgendeine Form des moralischen Kontraktualismus in der Lage wäre, einen allgemeinen Konsens über die Forderungen der Moral zu erreichen, welche ultimative Pflicht, welchen Grund hätten wir, uns diesem moralischen Konsens unterzuordnen? Lassen Sie Sayre-McCord selbst das Problem in seiner Moraltheorie beschreiben:

> Die zweite Sorge ... konzentriert sich auf die Frage: Welchen Grund gibt es, diese moralischen Belange zu berücksichtigen? Selbst diejenigen, die darauf bedacht sind, so zu handeln, wie es die Moral von ihnen fordert, könnten sich beim Nachdenken darüber fragen, ob sie überhaupt gute Gründe haben, aufgrund dieser Bedenken etwas zu tun oder nicht zu tun, insbesondere in Situationen, in denen die

> Moral recht deutlich Opfer verlangt. Warum sollte man diese Bedenken nicht als eine bloße Folge der Sozialisation sehen, ohne die es einem besser gehen würde? Wenn der Kontraktualismus nur als Artikulation angesehen wird, dass die Moral uns ein Anliegen ist, das wir vermutlich gemeinsam teilen, wird damit in Wirklichkeit das eigentliche Thema ignoriert. Aber viele halten dies für ein Thema, das man nicht leichtfertig beiseitelegen sollte, nicht zuletzt, weil die wirklichen Anliegen der Menschen so oft Ignoranz, Aberglauben und Vorurteile reflektieren. Die Moral präsentiert sich natürlich als etwas, was mit Recht Unterordnung und Opfer verlangt. Aber haben wir wirklich Gründe, uns ihr unterzuordnen und die Opfer zu bringen, wenn wir dazu aufgefordert werden?[56]

Wie Sayre-McCord aufzeigt[57], hätte Hobbes eine Antwort auf dieses Problem, nämlich, dass wir übergeordnete nicht moralische Gründe haben, uns unterzuordnen und diese Opfer zu bringen. Wir haben das Bedürfnis, uns selbst vor Ungerechtigkeit, Grausamkeit, Unterdrückung und Gewalt zu schützen. Solange nun jeder andere in der Gemeinschaft damit einverstanden ist, gemäß der vereinbarten kontraktualistischen Moral zu leben, haben wir einen starken, praktischen, wenn auch nicht moralischen Grund, uns der einvernehmlichen Moral unterzuordnen, trotz der damit verbundenen Opfer.

Noch einmal: Als praktischer Ratschlag könnte dies hilfreich sein, mit gewissen Einschränkungen. Doch die Einschränkungen sind schwerwiegend. In Nationalstaaten, in denen die Demokratie dafür sorgt, dass die Forderungen der Moral größtenteils durch kontraktualistische Zustimmung mitbestimmt werden, gibt es noch immer unzählige Fälle von individueller Unaufrichtigkeit und Betrug, persönlichem Fehlverhalten, kommerzieller Korruption, Steuerbetrug, Mafiagewalt, Kindesmissbrauch und ähnlichen Dingen. Da jene, die solche Straftaten begehen, dies oft ungestraft tun können, besitzt die kontraktualistische Moral keine Macht, ihnen Gehorsam zu befehlen. Denn sie erkennen die Forderungen der Pflicht einfach nicht an.

Und was sollen wir sagen, wenn der kontraktualistische moralische Konsens der Mehrheit einer Nation selbst der Verfolgung einer Minderheit zustimmt, so wie die Hutu-Mehrheit in Ruanda den Völkermord am Minderheitenstamm der Tutsis durchführte oder als Albanien den Glauben an Gott zum Kapitalverbrechen erklärte?

56 *Contractarianism,* 1. Ausg. 259

57 *Contractarianism,* 1. Ausg. 206, 2. Ausg. 344–345

Wenn hinter den Moralgesetzen kein Gott steht und kein letztes Gericht, dann hat die Moral keine letzte Autorität, und eine kontraktualistische Moral, die auf der Annahme aufbaut, dass es keinen Gott gibt und Moral aus den eigenen moralischen Fähigkeiten des Menschen stammt und sich darauf verlässt, muss sich – trotz all ihrer guten Ideale – am Ende als Illusion erweisen.

UNIVERSELLE, OBJEKTIVE MORALISCHE WERTE SIND IM CHARAKTER UND WILLEN GOTTES BEGRÜNDET

Diese Sicht besagt, dass uns diese Werte sowohl in der Natur als auch in Gottes Wort offenbart werden. In der Fachsprache wird diese Sicht als „Theorie des göttlichen Moralgebots" bezeichnet. Nach dieser Theorie basiert unsere Pflicht, das Moralgesetz einzuhalten, auf der Tatsache, dass Gott unser Schöpfer ist. Die Logik ist einfach: Wir hätten weder ein Leben noch eine Welt, in der wir leben könnten, wenn er nicht diese und auch uns geschaffen hätte. Auch wenn man die Idee von einem Gott ablehnt, bleibt es noch immer wahr, dass wir uns nicht selbst geschaffen haben, geschweige denn das Universum. Aber in diesem Fall blieben uns nur unpersönliche Materie und Kräfte als unsere Schöpfer, und folglich fällt uns kein überzeugender Grund ein, warum wir als Personen – die der unpersönlichen Materie und den unpersönlichen Kräften überlegen sind – irgendeine letzte Pflicht haben sollten, ihnen oder irgendeinem gesellschaftlichen System, das unsere Mitmenschen geschaffen haben, gehorchen sollten.

Die unvermeidliche Konsequenz der Theorie des göttlichen Gebots lautet: Wenn wir in Missachtung unseres Schöpfers und seiner Gesetze leben, leben wir damit grundsätzlich an der Realität vorbei, mit desaströsen Konsequenzen. Es ist daher verständlich, warum diese Theorie schon oft attackiert wurde und es noch immer wird. Sehr häufig ist der Grund dafür persönlich und emotional. Die Theorie beschwört die Vorstellung eines allmächtigen Tyrannen herauf, der die Menschen unterdrückt und ihre Freiheit ernsthaft einschränkt. Andere Menschen lehnen die Theorie aus moralischen Gründen ab: Wenn man Gutes nur aus Angst vor Gott tut oder weil man hofft, von Gott dafür belohnt zu werden, so sagen sie, zerstört dies jede selbstlose Motivation, die für wahre Moral notwendig ist.[58] Aber die grundlegendste

58 Dieser Punkt wird auch in Kap. 4 – „Moralvorstellungen im Vergleich" (S. 185–197) – in Buch 1, *Was ist der Mensch?*, diskutiert.

und am häufigsten zitierte philosophische Schwierigkeit ist das sogenannten Euthyphron-Dilemma.

Das Euthyphron-Dilemma

Das Problem trägt diesen Namen, weil es (soweit wir wissen) in der europäischen Literatur zum ersten Mal in Platons Dialog *Euthyphron* aufgeworfen wurde. Euthyphron diskutiert mit Sokrates die Natur der Heiligkeit, und an einer Stelle beschreibt er Heiligkeit als „was den Göttern lieb ist". Sokrates fragt nach: „Lieben die Götter Heiligkeit, weil sie Heiligkeit ist? Oder ist Heiligkeit Heiligkeit, weil die Götter sie lieben?"

Dieselbe Frage stellen Menschen auch heute noch, wenn Gott als Autorität hinter der Moral genannt wird. Sie fragen: Gebietet Gott etwas, weil es moralisch gut ist? Oder wird etwas moralisch gut, weil Gott es gebietet?

Wenn Gott es gebietet, weil es gut ist – so das Argument –, dann muss es unabhängig von Gottes Gebot gut sein. Und das würde bedeuten, dass das Gute ein Maßstab ist, dem selbst Gott unterworfen ist. Und das wiederum würde bedeuten, dass es etwas über Gott gibt und dass Gott nicht die höchste Autorität ist.

Andererseits, wenn eine Sache zu etwas moralisch Gutem wird, nur weil Gott es gebietet, hieße das, dass Gott alles gebieten könnte, egal wie schlecht oder schrecklich es wäre, und es würde allein durch Gottes willkürliches Gebot zu etwas Gutem werden. Und das würde bedeuten, Gott wäre nicht besser als der schlimmste Diktator.

Manche kommen deshalb zu dem Schluss, dass Gott, selbst wenn er existiert, nicht die letzte Autorität hinter der Moral sein kann: Moral müsse vollständig autonom sein.

Doch das Argument ist ein Trugschluss. Es hat seinen Ursprung in der Missachtung der Tatsache, dass wir es hier einerseits mit Gottes Willen und Geboten und andererseits mit Gottes Charakter zu tun haben, der zu seinem Wesen gehört. Nehmen wir eines von Gottes grundlegenden Geboten: „Seid heilig, denn ich bin heilig" (3Mo 11,44-45; vgl. 19,2; 20,7; 1Pet 1,16). Das Gebot, heilig zu sein, ist nicht der willkürliche Befehl eines skrupellosen Tyrannen, sondern es basiert auf dem wesentlichen Charakterzug Gottes: „Ich bin heilig." Gleichzeitig basiert es nicht auf irgendeinem Maßstab, der außerhalb von Gott liegt und eine höhere Autorität hat als er selbst. Gott ist in seinem eigenen Wesen die Gesamtsumme und Vollkommenheit der Heiligkeit. Und aus diesem Grund kann er nicht lügen oder untreu sein, weil er sich selbst nicht verleugnen kann (Tit 1,2; 2Tim 2,13). Gott kann nicht gegen seinen Charakter handeln oder irgendetwas gebieten, was mit seinem Charakter unvereinbar wäre. Dies heißt also, dass uns die Pflicht, das Moralgesetz einzuhalten, weder von den Kräften der Natur noch letztendlich von unseren Mitmenschen noch von einer Reihe unpersönlicher Prinzipien auferlegt wird, sondern von einem persönlichen Gott, der heilig, liebend, barmherzig und gnädig ist.

Eine Schwierigkeit bleibt

Aber die Beantwortung des Euthyphron-Dilemmas lässt in den Köpfen vieler Menschen die große Schwierigkeit zurück, die wir bereits erwähnt haben. Es ist die Schwierigkeit, von der uns der moralische Kontraktualismus neben anderen Theorien befreien wollte (was, wie es sich gezeigt hat, nicht funktioniert hat) – nämlich die Bedrohung unserer Freiheit durch einen allmächtigen Gott, der uns sein Moralgesetz aufzwingt, und zum anderen die Befürchtung, unsere Fähigkeiten und unser Wille könnten nicht stark genug sein, um seine Gesetze einzuhalten, während unser Scheitern die Furcht vor den Konsequenzen nach sich ziehen würde.

Aber es wäre in diesem Kontext hier nur fair, zwei Merkmale von Gottes Gesetzgebung festzustellen, wie die Bibel sie berichtet.

- *Die Zehn Gebote und der alte Bund (2Mo 19,1-8; 20,1-24; 24,1-11)*

Als Gott den Menschen die Zehn Gebote gab, zwang er ihnen nicht einfach so seine Gesetze auf. Zuerst befreite er sie aus der politischen, wirtschaftlichen und gesellschaftlichen Sklaverei und erwarb so ihre Dankbarkeit. Dann bot er ihnen die Möglichkeit an, aus freiem Willen und Dank einen Bund mit ihm einzugehen, sein Volk zu sein und seine Gesetze einzuhalten. Und er sicherte ihnen in großem Maße Vergebung zu, wenn sie schwach werden und diese Gesetze brechen würden.

- *Der neue Bund und das Schreiben von Gottes Gesetzen ins menschliche Herz (Lk 22,20; Hebr 8,6-12; 10,14-18; 2Kor 3,2-18)*

Der neue Bund, den Christus der Menschheit anbietet und den sie aus freiem Willen annehmen kann, basiert auf seinem Tod für die Sünden der Welt, wodurch die menschlichen Vorbehalte gegenüber Gott und auch die Angst vor ihm überwunden und die Menschen mit Gott versöhnt werden können. Er bietet uns nicht nur vollständige Vergebung an, sondern auch, dass der

Heilige Geist im menschlichen Herzen wirkt und jene, die den Bund aus freien Stücken annehmen, dazu befähigt werden, seine Gesetze zu verstehen, zu lieben und zu befolgen.

Dies zeigt deutlich, dass die Ablehnung Gottes als tyrannische Autorität hinter dem Moralgesetz ungerechtfertigt und völlig unangemessen ist.

BEDEUTENDE ZEITGENÖSSISCHE ETHIKSYSTEME

4

CHRISTLICHE ETHIK

Das Moralgesetz besteht nicht aus einer Reihe von unpersönlichen Regeln und Vorschriften: Es ist der erklärte Wille des dreieinigen Schöpfers. Der Gehorsam der Menschheit ist daher immer letzten Endes nicht bloß eine Frage des Befolgens eines Gesetzes, sondern des Gehorsams gegenüber einer Person.

EINLEITUNG

In diesem Abschnitt des Buches werden wir nun sechs große Ethiksysteme betrachten. Lassen Sie uns damit beginnen, kurz die vier Fragegruppen zu wiederholen, die – wie wir in unserem letzten Abschnitt vorgeschlagen haben – an jedes Ethiksystem gestellt werden sollten.

1. Welche Bedeutung, welche Grundlage und welche Autorität macht es geltend?

2. Was ist sein höchstes Ziel? Und welches generelle Prinzip (bzw. welche generellen Prinzipien) legt es zur Erreichung dieses Zieles fest?

3. Welche konkreten Regeln legt es für die verschiedenen Tätigkeitsbereiche des täglichen Lebens fest?

4. Welche Anleitung gibt es uns für die Umsetzung seiner generellen Prinzipien und konkreten Regeln, wenn wir in den tatsächlichen, komplizierten Fällen des täglichen Lebens Entscheidungen treffen müssen?

Wir sollten natürlich nicht darauf bestehen, dass jede Ethiktheorie alle vier dieser Fragengruppen unbedingt beantwortet, unabhängig davon, ob sie nun zu der entsprechenden Theorie passen oder nicht. Manche Theorien haben kein bestimmtes höchstes Ziel (Nr. 2), außer dem allgemeinen Wunsch nach ethischem Verhalten. Bei manchen gibt es keine genaue Unterscheidung zwischen generellen Prinzipien (Nr. 2) und konkreten Regeln (Nr. 3), und manche machen keinen Unterschied zwischen konkreten Regeln (Nr. 3) und einer Anleitung für bestimmte Fälle (Nr. 4). Aber wenn wir diese vier unterschiedlichen Denkebenen der Ethiktheorie im Hinterkopf behalten, wird uns dies helfen, die unterschiedlichen Ethiksysteme fair zu beurteilen. Wir können zumindest versuchen, sicherzustellen, dass wir, wenn wir ein System mit einem anderen vergleichen und beide einander gegenüberstellen, dieselbe Denkebene in einem System mit der entsprechenden Denkebene in einem anderen System vergleichen und nicht unfairerweise die unterschiedlichen Ebenen vermischen.

Wir werden mit der biblischen Ethik beginnen, denn diese war einige Jahrhunderte lang das größte, wenn nicht sogar das einzige Ethiksystem in Europa.

CHRISTLICHE ETHIK: IHRE BEDEUTUNG, IHRE GRUNDLAGE UND IHRE AUTORITÄT

In unserem letzten Kapitel haben wir gesehen, dass die biblische Ethik letztendlich im Charakter und im Willen Gottes begründet ist, und darin liegt auch ihre Autorität. Außerdem besteht das Moralgesetz nicht aus einer Reihe von unpersönlichen Regeln und Vorschriften: Es ist der erklärte Wille des dreieinigen Schöpfers. Der Gehorsam der Menschheit ist daher immer letzten Endes nicht bloß eine Frage des Befolgens eines Gesetzes, sondern des Gehorsams gegenüber einer Person.

Die Natur für ihren Teil kann uns in vielerlei Hinsicht den Weg zu unseren moralischen Pflichten weisen, aber die *Autorität* hinter dem Appell der Natur, in Harmonie mit ihren Gesetzen zu leben, ist nicht die Natur selbst, sondern der Schöpfer der Natur. Die Schöpfung (im Originalzustand, nicht so, wie sie durch den Sündenfall des Menschen und seine Entfremdung von Gott entstellt wurde) entspricht den Gedanken und dem Entwurf Gottes, zum Ausdruck gebracht und verwirklicht durch den göttlichen Logos, der zweiten Person des dreieinigen Gottes. Und die Gedanken und der Charakter Gottes wurden weiter zum Ausdruck gebracht durch die göttlich inspirierte Heilige Schrift, vor allem aber durch den inkarnierten Logos Jesus Christus – durch Menschwerdung, Leben, Lehre, Tod, Grablegung, Auferstehung und Himmelfahrt.

> ⚖ *Am Ende wird bei der letzten entscheidenden Bewertung des ethischen Verhaltens von Menschen der höchste Richter nicht Gott der Vater sein, sondern eben dieses vollkommene Vorbild von Gottes Gesetz: Jesus Christus – der Mensch, der Gott ist.*

Zudem bedeutet die biblische Aussage, dass Menschen nach dem Bilde Gottes geschaffen wurden, dass auch wir Personen sind, das heißt Wesen, die in persönliche Beziehungen treten können, nicht nur miteinander, sondern auch mit unserem persönlichen Schöpfer, und zwar innerhalb der Rahmenbedingungen, die er uns selbst in seinen Geboten gesetzt hat.

Außerdem ist Gottes Gesetz nicht nur in propositionaler Form verkündigt worden: Durch die Inkarnation des Gott-Menschen – Jesus, der Sohn Gottes – wurde es durch ein Menschenleben in der Praxis vorgelebt. Und die Autorität dieser Veranschaulichung wurde dadurch bestärkt, dass Gott Christus von den Toten auferweckte.

Am Ende wird bei der letzten entscheidenden Bewertung des ethischen Verhaltens von Menschen der höchste Richter nicht Gott der Vater sein, sondern eben dieses vollkommene Vorbild von Gottes Gesetz: Jesus Christus – der Mensch, der Gott ist (Joh 5,22-23).

IHR HAUPTZIEL UND IHRE GENERELLEN PRINZIPIEN

Ihr Hauptziel

Die Herrlichkeit Gottes
„Tut alles zur Ehre Gottes!" (1Kor 10,31). „Denn aus ihm und durch ihn und zu ihm hin sind alle Dinge! Ihm sei die Herrlichkeit in Ewigkeit!" (Röm 11,36). Oder wie es in einem christlichen Katechismus steht: „Das höchste Ziel des Menschen ist, Gott zu verherrlichen und sich für immer an ihm zu erfreuen."[59]

Die Verherrlichung Christi
Er „wurde gehorsam bis zum Tod, ja, zum Tod am Kreuz. Darum hat Gott ihn auch hoch erhoben und ihm den Namen verliehen, der über jeden Namen ist, damit in dem Namen Jesu jedes Knie sich beuge ... und jede Zunge bekenne, dass Jesus Christus Herr ist, zur Ehre Gottes, des Vaters" (Phil 2,8-11).

Die moralische Vervollkommnung von gläubigen Christen
„Liebt eure Feinde, und betet für die, die euch verfolgen, damit ihr Söhne eures Vaters seid, der in den Himmeln ist! ... Ihr nun sollt vollkommen sein,

59 *Der kürzere Westminster Katechismus von 1647,* Frage 1

wie euer himmlischer Vater vollkommen ist“ (Mt 5,44-45.48). „Er [züchtigt uns] aber zum Nutzen, damit wir seiner Heiligkeit teilhaftig werden“ (Hebr 12,10).

Die endgültige Verherrlichung von denen, die an Christus glauben
„Denn die er vorher erkannt hat, die hat er auch vorherbestimmt, dem Bilde seines Sohnes gleichförmig zu sein, damit er der Erstgeborene sei unter vielen Brüdern. ... diese hat er auch gerechtfertigt; die er aber gerechtfertigt hat, diese hat er auch verherrlicht“ (Röm 8,29-30). „Jetzt sind wir Kinder Gottes, und es ist noch nicht offenbar geworden, was wir sein werden; wir wissen, dass wir, wenn es offenbar werden wird, ihm gleich sein werden, denn wir werden ihn sehen, wie er ist. Und jeder, der diese Hoffnung auf ihn hat, reinigt sich selbst, wie auch jener rein ist“ (1Jo 3,2-3).

Aus diesen und vielen ähnlichen Stellen im Neuen Testament wird deutlich, dass es bei der christlichen Ethik um viel mehr geht als nur um das Aufstellen von Regeln, die uns sagen, wie wir uns anständig untereinander verhalten sollen – auch wenn dies natürlich dazugehört. Neben vielen theologischen Begriffen wie Rettung, Erlösung, Rechtfertigung usw. gibt es im Neuen Testament den Begriff der Heiligung; und Ethik ist ein Teil davon. Sie ist ein wesentlicher Bestandteil vom eigentlichen Sinn und Zweck der Schöpfung, Erlösung und letztendlichen Verherrlichung der Natur und des Menschen in ihr.

Ihre generellen Prinzipien

1. *Gott zu lieben:* „‚Du sollst den Herrn, deinen Gott, lieben mit deinem ganzen Herzen und mit deiner ganzen Seele und mit deinem ganzen Verstand.‘ [Hier wird 5Mo 6,5 zitiert.] Dies ist das größte und erste Gebot“ (Mt 22,37).

2. *Den Nächsten zu lieben:* „Das zweite aber ist ihm gleich: ‚Du sollst deinen Nächsten lieben wie dich selbst.‘ [Hier wird 3Mo 19,18 zitiert.] An diesen zwei Geboten hängt das ganze Gesetz und die Propheten“ (Mt 22,39-40). „Die Liebe tut dem Nächsten nichts Böses. Die Erfüllung des Gesetzes ist also die Liebe“ (Röm 13,10).

Mit anderen Worten: Diese zwei Gebote – Gott und seinen Nächsten zu lieben – sind zwei generelle ethische Prinzipien, die die Grundlage für das

Verhalten in den verschiedenen Handlungsbereichen des Lebens bilden und diese motivieren und anleiten sollen (Frage Nr. 3). Ebenso gilt dies für praktische Entscheidungen im Leben (Frage Nr. 4).

Oder nehmen wir eine andere Zusammenfassung der generellen Prinzipien, die die biblische Ethik aufstellt:

3. *Liebe und Gerechtigkeit im Angesicht Gottes:* „Man hat dir mitgeteilt, Mensch, was gut ist. Und was fordert der HERR von dir, als Recht zu üben und Güte zu lieben und bescheiden zu gehen mit deinem Gott?" (Mi 6,8).

In allen Situationen und Umständen sind sowohl Gerechtigkeit als auch Liebe unerlässlich wie auch das Bewusstsein, dass man vor Gottes Angesicht lebt und handelt. Ohne Liebe kann Gerechtigkeit herzlos, unpersönlich und gesetzlich werden. Ohne Gerechtigkeit kann aus Liebe sentimentale Schwärmerei werden. Ohne das Bewusstsein für Gott verlieren wir das Hauptziel der Ethik aus den Augen, welches ist, Gott zu gefallen und ihn zu verherrlichen. Außerdem würde uns bei Versuchungen zum Bösen eine gesunde Zurückhaltung fehlen. Denken Sie z. B. daran, wie Josef sich gegen die Verführung durch die Frau des Potifar wehrte: „Wie sollte ich dieses große Unrecht tun und gegen Gott sündigen?" (1Mo 39,9).

Zu all dem fügt das Neue Testament ein weiteres allgemeines Prinzip hinzu, das charakteristisch für das Christentum ist: ein rational begründetes Pflichtgefühl, für Christus zu leben, aus Dankbarkeit für die persönliche Errettung, die Christus durch sein Opfer bewirkt hat:

4. *Dankbarkeit, die sich in den Entscheidungen im Leben ausdrückt:* „Denn die Liebe Christi drängt uns, da wir zu diesem Urteil gekommen sind, dass einer für alle gestorben ist und somit alle gestorben sind. Und für alle ist er gestorben, damit die, welche leben, nicht mehr sich selbst leben, sondern dem, der für sie gestorben und auferweckt worden ist" (2Kor 5,14-15).

Das ist das, was mit dem alten christlichen Sprichwort ausgedrückt wird: „Im Christentum ist Errettung Gnade, und Ethik ist Dankbarkeit."

SEINE BESONDEREN REGELN FÜR VERSCHIEDENE HANDLUNGSBEREICHE

Im Alten Testament

Die Zehn Gebote, die Gott Israel am Sinai gab (2Mo 20,1-17), decken die folgenden Handlungsbereiche ab:

- *Die Menschheit im Verhältnis zu Gott*

1. Das Verbot, andere Götter anzubeten (und wir sollten nicht vergessen, dass Götzen nicht unbedingt aus Holz, Stein oder Metall bestehen müssen; sie können auch in unseren Köpfen existieren. Auch Ideen und Gedankenkonzepte können zu Götzen werden).

2. Das Verbot, Bilder und Bildnisse anzubeten oder zu verehren.

3. Das Verbot, den Namen Gottes zu entweihen, insbesondere im Hinblick auf das leichtfertige Schwören von Eiden und das Brechen von Versprechen, die unter Eid gegeben wurden.

- *Die Menschheit im Verhältnis zur täglichen Arbeit*

4. Das Gesetz, den Sabbat an einem von sieben Tagen zu halten, damit der Mensch sich körperlich, emotional und geistig erholen kann und Zeit hat, über seinen Schöpfer nachzudenken.

- *Die Menschheit im Verhältnis zu den Eltern und dem Ursprung des Lebens*

5. Das Gebot, die Eltern zu ehren, nicht nur durch Respekt, sondern auch durch Unterstützung im Alter, und damit die Heiligkeit des Prozesses der Weitergabe des Lebens von einer Generation an eine andere zu bewahren.

- *Die Menschheit im Verhältnis zur Gesellschaft*

  6. Die Heiligkeit des Lebens und das Verbot von Mord.
  7. Die Heiligkeit der Ehe und das Verbot von Ehebruch.
  8. Der Schutz von Eigentum und das Verbot von Diebstahl.
  9. Die Heiligkeit der Wahrheit und das Verbot eines falschen Zeugnisses.

- *Die Menschheit im Verhältnis zu inneren Gedanken, Wünschen, Begierden und schlechten Absichten*

  10. Das Verbot, anderen ihre Güter und ihren Besitz zu nehmen oder sie auch nur zu begehren (das heißt, innere Wünsche zuzulassen, die dazu führen, andere zu berauben).

Nun ist offensichtlich, dass diese Zehn Gebote besondere Regeln sind, aber es ist ebenso deutlich, dass sie nicht allumfassend sind und jede mögliche Situation detailliert abdecken. Tatsächlich folgen in den nächsten drei Kapiteln (2Mo 21–23) und vielen weiteren im Alten Testament detaillierte Vorschriften und Gesetze für bestimmte Fälle, die zeigen, wie die recht allgemein gehaltenen Regeln der Zehn Gebote in verschiedenen Situationen anzuwenden sind. Z. B. folgen auf das sechste Gebot, das unrechtmäßiges Töten verbietet, später detaillierte Anweisungen, wie dieses Gesetz in besonderen Fällen wie Todesstrafe, unbeabsichtigtes Töten oder Töten als Selbstverteidigung anzuwenden ist. Zudem haben wir im Buch der Sprüche viele Aussagen, die eigentlich keine Gesetze, sondern eher „Faustregeln" oder „praktische Weisheiten" sind, die je nach Bedarf anzuwenden sind.

Die Zehn Gebote sind also nicht als allumfassende, detaillierte Vorschriften gedacht. Ihre Bedeutung liegt in Folgendem: Sie beschreiben und schreiben vor, was die Grundwerte des Lebens sind und was im Leben heilig ist. Und das nicht ohne Grund: Diese Werte müssen unbedingt in den verschiedenen Handlungsbereichen und Beziehungen des Lebens aufrechterhalten werden. Wie leicht passiert es doch in der Hektik des Alltags, dass wir dem Pragmatismus nachgeben und manche Grundwerte missachten, besonders dann, wenn wir mit komplizierten Situationen umgehen müssen und unter starkem Druck stehen. Wenn man z. B. versucht, im Verdrängungswettbewerb der Wirtschaft zu überleben, kann es leicht geschehen, dass die Wahrheit aufgegeben wird und Konten gefälscht werden. Im modernen Klima eines lockeren Sexualverhaltens geschieht es leicht, dass die Weitergabe des Lebens von einer Generation an eine andere ihre Heiligkeit verliert. Wenn das Leben hart ist – und oftmals auch, wenn man Erfolg und Wohlstand genießt –, geschieht es leicht, dass die tägliche Arbeit den höchsten Wert des Lebens verdrängt: die geistliche Gemeinschaft von Menschen mit ihrem Schöpfer. Es ist daher verständlich, dass sich die biblische Ethik so stark auf das konzentriert, was man als „Flächenregeln" bezeichnen könnte, die den Zweck haben, die umfassenden Werte und Heiligkeit der verschiedenen Tätigkeitsbereiche des Lebens zu bewahren.

Im Neuen Testament

Aussagen zu christlicher Ethik sind überall im Neuen Testament zu finden, denn es ist ein Merkmal des Neuen Testaments, dass es nicht wie ein Werk der systematischen Theologie geschrieben ist, in dem sich ganze Bücher oder Abschnitte ausschließlich mit bestimmten Themen beschäftigen, wie z. B. mit Gott, Christus, der Gemeinde oder eben auch der Ethik. Im Neuen Testament sind Theologie, Christologie, Soteriologie, Ethik, Geschichtsberichte und Gleichnisse alle miteinander verwoben, wie es auch in unserem Leben und Denken sein sollte. Theorie und Praxis müssen immer Hand in Hand gehen. Davon abgesehen, gibt es hier und da besondere Zusammenstellungen von ethischen Lehren, wie z. B. in der Bergpredigt (Mt 5–7). Und Listen ethischer Gebote für das Leben in der Familie, im Beruf und in der Welt findet man häufig am Ende der neutestamentlichen Briefe.

- *Merkmale christlicher Ethik*

Bestimmte Merkmale christlicher Ethik sollten hier erwähnt werden:

1. *Das Ziel der christlichen Ethik ist die Erfüllung von Gottes Gesetz:* Auch wenn das Neue Testament ausdrücklich sagt, dass man sich die Errettung durch das Einhalten von Gottes Gesetz nicht verdienen kann und dass die Menschen ihre Errettung nur als Geschenk durch Gottes Gnade erhalten können, sagt es ebenso ausdrücklich, dass der Zweck der Errettung die Bevollmächtigung jedes Christen durch Gottes Geist ist, „damit die Rechtsforderung des Gesetzes erfüllt wird in uns, die wir nicht nach dem Fleisch, sondern nach dem Geist wandeln" (Röm 8,3-4; vgl. Gal 5,16-25).

2. *Die ethischen Forderungen Christi sind anspruchsvoller als bloße Gerechtigkeit:* „Ihr habt gehört, dass gesagt ist: Du sollst deinen Nächsten lieben und deinen Feind hassen. Ich aber sage euch: Liebt eure Feinde, und betet für die, die euch verfolgen, damit ihr Söhne eures Vaters seid, der in den Himmeln ist! Denn er lässt seine Sonne aufgehen über Böse und Gute und lässt regnen über Gerechte und Ungerechte“ (Mt 5,43-45). Das Christentum verbietet also grundsätzlich religiöse Gewalt.

3. *Christi ethische Forderungen setzen die persönliche Erfahrung der Errettung und die Zugehörigkeit zum Leib Christi - seiner Gemeinde - und die daraus resultierende neue Motivation voraus:* „Deshalb legt die Lüge ab und redet Wahrheit, ein jeder mit seinem Nächsten! Denn wir sind untereinander Glieder“ (Eph 4,25). „Zieht nun an ... herzliches Erbarmen, Güte, Demut, Milde, Langmut! Ertragt einander und vergebt euch gegenseitig, wenn einer Klage gegen den anderen hat; wie auch der Herr euch vergeben hat, so auch ihr!“ (Kol 3,12-13).

IHRE LEITLINIEN, WENN WIR IN TATSÄCHLICHEN, KOMPLIZIERTEN FÄLLEN IM ALLTAG ENTSCHEIDUNGEN TREFFEN MÜSSEN

Dieses Thema werden wir im Detail im nächsten Abschnitt dieses Buches diskutieren.[60] Daher werden wir hier nur versuchen, eine Frage zu beantworten: Was sollen Christen tun, wenn sie vor einer schwierigen Entscheidung stehen und die Grundlage ihrer christlichen Ethik, ihr höchstes Ziel und ihre generellen Prinzipien, ihre besonderen Regeln, Gebote und Verbote, so wie sie in der Bibel stehen, keine klaren und ausdrücklichen Hinweise geben, für was sie sich entscheiden sollten? Woher sollen Christen dann ihre ethische Leitlinie erhalten, und wie sollen sie sich verhalten? In solchen Fällen kann man Orientierung durch folgende Quellen erhalten:

1. Durch die Natur, die von Gott gestaltet wurde. „Lehrt euch nicht selbst die Natur ...?“, sagt Paulus (1Kor 11,14). Die Bibel ist weit davon entfernt, zu sagen, dass nur Menschen, die die Bibel

60 Siehe Abschnitt 3: „Was nützt Ethik?“

kennen und ihr glauben, ernsthaft an einer ethischen Lebensweise interessiert sind. Tatsächlich bestätigt sie, dass Menschen oft von Natur aus das tun, was der Schöpfer von ihnen möchte, weil der Schöpfer das Gesetz in ihr Herz gelegt hat (Röm 2,14-15), und dass ihr Gewissen auf dieser Grundlage arbeitet. Aus diesem Grund können sich Christen auch mit Anhängern anderer Religionen und mit nichtreligiösen Menschen in bestimmten Bereichen engagieren, z. B. wenn es um Umwelt und Umweltschutz, Gesundheit, Medizin, Landwirtschaft, Bildung, Bekämpfung von Hunger, Armut, globale Erwärmung usw. geht und sich gemeinsam gegen alle Methoden und Maßnahmen wenden, die nicht naturkonform und schädlich sind.

2. Durch die heimische Kultur, wenn es sich um eine gesunde Kultur handelt (1Kor 10,32-33).

3. Durch das Gewissen der christlichen Gemeinschaft, wenn dieses Gewissen gesund und wahrhaft christlich ist (1Kor 10,32-33).

4. Durch die persönliche Führung des Heiligen Geistes (Röm 8,14-15), der im Herzen wohnt.

5. Durch Gebet (Apg 13,1-3).

6. Durch die Gesamterfahrung des Volkes Gottes (Hebr 11).

Aber die christliche Ethik lehrt ein weiteres Prinzip, das uns hilft zu verstehen, warum die Bibel keine endlosen, detaillierten Gesetzesvorschriften enthält, die jede Entwicklung im täglichen Leben abdecken. Gott möchte nicht, dass Menschen moralisch Unmündige bleiben. Wo die Bibel keine genaue Anleitung liefert, möchte Gott, dass die Christen lernen, Verantwortung zu übernehmen und Entscheidungen selbst zu treffen, jedoch mit diesem Verständnis: dass jeder von ihnen eines Tages vor Christus stehen und ihm für seine Entscheidungen Rechenschaft ablegen muss. Und dann sollten sie sagen können: „Ob meine Entscheidung nun richtig oder falsch war, ich habe mich zu diesem Verhalten entschieden, weil ich ernsthaft dachte, dass es dir am besten gefallen würde." Durch Übung zu lernen, freie Entscheidungen zu treffen aus dem Motiv heraus, dem Herrn zu gefallen, ist das Geheimnis, wie man einen wahren christlichen Charakter entwickelt, und steht im Zentrum der Ethik.

Hier diskutiert die Bibel selbst einige Fragen, über die sich Christen einmal uneinig waren:

> Der eine hält einen Tag vor dem anderen, der andere aber hält jeden Tag gleich. Jeder aber sei in seinem eigenen Sinn völlig überzeugt! Wer den Tag beachtet, beachtet ihn dem Herrn. Und wer isst, isst dem Herrn, denn er sagt Gott Dank; und wer nicht isst, isst dem Herrn nicht und sagt Gott Dank. Denn keiner von uns lebt sich selbst, und keiner stirbt sich selbst. Denn sei es auch, dass wir leben, wir leben dem Herrn; und sei es, dass wir sterben, wir sterben dem Herrn. Und sei es nun, dass wir leben, sei es auch, dass wir sterben, wir sind des Herrn. Denn hierzu ist Christus gestorben und wieder lebendig geworden, dass er herrsche sowohl über Tote als auch über Lebende. Du aber, was richtest du deinen Bruder? Oder auch du, was verachtest du deinen Bruder? Denn wir werden alle vor den Richterstuhl Gottes gestellt werden. Denn es steht geschrieben:
>
> „So wahr ich lebe, spricht der Herr, mir wird sich jedes Knie beugen, und jede Zunge wird Gott bekennen."
>
> Also wird nun jeder von uns für sich selbst Gott Rechenschaft geben. (Röm 14,5-12)

EINWÄNDE GEGEN DIE CHRISTLICHE ETHIK

Es gibt viele Einwände gegen die christliche Ethik. Hier nur einige Beispiele:

1. Sie setzt die Existenz Gottes voraus, beweist diese aber nicht zuerst durch die Vernunft. Für diejenigen, die nicht an Gott glauben, ist ihre Grundlage und Autorität willkürlich und nicht überzeugend.

2. Wenn Menschen einen Moralkodex befolgten, der ihnen von irgendeinem göttlichen Wesen auferlegt worden ist, macht sie dies zu Sklaven, und ein Gehorsam aus Angst heraus zerstört die moralische Qualität ihres Verhaltens.

3. Auf Grundlage des sogenannten Euthyphron-Dilemmas (eine Darstellung dieses Problems finden Sie am Ende von Kapitel 3) wird argumentiert, dass es logisch unmöglich sei, dass Gott der

> Urheber des Moralgesetzes ist. Das Moralgefühl des Menschen müsse autonom sein.

Viele ernsthafte moderne Philosophen behaupten daher, es sei möglich, eine befriedigende Ethiktheorie ohne Gottesbezug aufzubauen. Wir werden uns nun einige ihrer wichtigsten Theorien im Detail anschauen.

5

HANDLUNGSUTILITARISMUS

Das Ziel ist das Glück. Mit anderen Worten:
Glück und Leid sind nicht nur unsere Zuchtmeister,
die uns auf unsere Pflicht hinweisen und uns antreiben,
diese zu erfüllen, Glück ist auch unser oberstes Ziel.
Das erklärt das generelle Prinzip, das dem Utilitarismus
zugrunde liegt: Habe immer das Ziel, für die größtmögliche
Anzahl von Menschen einen maximalen Überschuss
an Glück gegenüber dem Leid zu erreichen.

DAMALS UND HEUTE

Utilitarismus tritt in verschiedenen Formen auf. Seine ursprüngliche Form, die von Jeremy Bentham (1748–1832) entwickelt wurde, hat bis heute Bestand. Sie ist als Handlungsutilitarismus bekannt, um sie von einer stark modifizierten Version, dem Regelutilitarismus, zu unterscheiden. Alle Formen sind Arten des Konsequenzialismus, der den moralischen Wert einer Handlung aufgrund ihrer Konsequenzen beurteilt. Wir werden uns später noch mit dem Inhalt dieser Modifikationen befassen, aber um deren Bedeutung zu begreifen, müssen wir uns zunächst auf die Originalform konzentrieren.

Das Werk, in dem Bentham zuerst seine Theorie darlegte, hatte den Titel *An Introduction to the Principles of Morals and Legislation* (1789; auf Deutsch: Eine Einführung in die Prinzipien der Moral und der Gesetzgebung). Wie im Titel angedeutet, befasste sich seine Theorie ursprünglich sowohl mit der Ethik von politischen, gesellschaftlichen, wirtschaftlichen und rechtlichen Systemen als auch mit persönlicher und privater Ethik. Dies sollten wir ständig im Hinterkopf behalten, denn die Ethik der besonderen Fürsorge einer Privatperson für ihre Familie und ihre engen Verwandten kann sich zu Recht (zumindest sehen dies viele so) von dem unparteiischen Interesse einer Regierung an all ihren Bürgern unterscheiden. Diese Unterscheidung führt dazu, dass eine Kritik von Benthams Theorie im Hinblick auf die praktische Umsetzung recht kompliziert ist.

Auch heute noch trifft der Utilitarismus auf großes Interesse, und einige seiner Merkmale durchdringen sogar ethische Theorien, die selbst nicht utilitaristisch sind. Das kleine Buch *Utilitarianism: For and Against* (Utilitarismus: Für und Wider), in dem J. J. C. Smart Argumente für die Theorie vorstellt und Bernard Williams Argumente dagegen, wurde seit seiner Erstveröffentlichung 1973 siebenundzwanzigmal neu aufgelegt (zuletzt im Jahr 2008). Diese Popularität ist zweifellos zu einem gewissen Teil auf die Tatsache zurückzuführen, dass viele Ökonomen versucht haben, Benthams

Prinzipien in der Wirtschaft in Theorie und Praxis anzuwenden. Eine neuere Bewertung des Utilitarismus, insbesondere im Hinblick auf seinen wirtschaftlichen Aspekt, findet man im Symposium *Utilitarianism and Beyond* (Utilitarismus und darüber hinaus), herausgegeben vom Nobelpreisträger Amartya Sen und von Bernard Williams. Dieses Symposium nimmt insgesamt eine kritische Haltung gegenüber dem Utilitarismus ein.

EINE ÜBERSICHT ÜBER DIE ETHIK DES HANDLUNGSUTILITARISMUS

1. Ihre Bedeutung, ihre Grundlage und Autorität: Die Natur und die psychologische Veranlagung des Menschen.

2. a) Ihr Ziel: Glück oder Genuss.
   b) Ihr generelles Prinzip: Habe immer das Ziel, für die größtmögliche Anzahl von Menschen zu erreichen, dass das Glück das Leid größtmöglich überwiegt.

3. Ihre besondere Regel: Eine Handlung ist moralisch richtig, wenn sie ein Höchstmaß an Glück erzeugt, und moralisch falsch, wenn sie mehr Leid als Glück erzeugt.

4. Sie bietet Anleitung in praktischen Fällen,
   a) indem sie das durch eine Handlung erzeugte Glück quantifiziert und aufteilt; jeder Empfänger zählt dabei als eine Einheit, und keiner mehr als eine.
   b) indem sie die Menge an Glück berechnet, die durch eine Handlung erzeugt werden kann; dabei muss jeder Handelnde neutral und völlig unparteiisch sein.

EINE DETAILLIERTERE STUDIE DES HANDLUNGSUTILITARISMUS

Die Grundlage des Utilitarismus

Michael Slote beschreibt die Grundlage des Utilitarismus wie folgt:

> Bentham und die meisten der nachfolgenden Utilitaristen verwerfen religiöse Traditionen und gesellschaftliche Konventionen und betrachten stattdessen das menschliche Wohlergehen oder Glück als Prüfstein für alle moralische Bewertung.[61]

Bentham selbst sagt uns, dass sich seine Theorie auf etwas gründet, was er als grundlegende und unvermeidliche psychologische Veranlagung und Motivation jedes Menschen betrachtet, nämlich das Verlangen, Genuss (bzw. Lust) oder Glück zu erlangen und Leid zu vermeiden. Er schreibt:

> Die Natur hat die Menschheit der Gewalt zweier souveräner Gebieter unterstellt: *Leid* und *Freude*. Ihnen allein bleibt es vorbehalten, uns aufzuzeigen, was wir tun sollten.[62]

Mit anderen Worten: Genuss (bzw. Lust) und Leid sind nicht einfach Tatsachen menschlicher Erfahrung, die wir – neben anderen Dingen – berücksichtigen müssen, wenn wir versuchen, unsere allgemeinen Pflichten gegenüber unseren Mitmenschen zu erfüllen (wie z. B.: uns gerecht zu verhalten, die Wahrheit zu sagen, zu lieben). Glück und Leid sind vielmehr die *moralischen Führer der Menschheit*, sogar unsere *einzigen* moralischen Führer. Sie bestimmen, was wir tun sollen, das heißt, sie drängen uns, motivieren uns, zwingen uns, solche Vorgehensweisen zu wählen, die Glück erzeugen und Leid vermeiden. Aber nicht nur das. Sie schreiben vor, was unsere Pflicht ist: Wir *sollten* nach Glück streben und Leid vermeiden, wir *haben die moralische Pflicht*. Und wir erkennen den Grund dafür, wenn wir das Ziel des Utilitarismus betrachten.

61 Slote, *Utilitarianism*

62 Bentham, *Eine Einführung in die Prinzipien der Moral und der Gesetzgebung*, Kap. 1.1, in: Schroth (Hg.), *Texte zum Utilitarismus*, 32

Das Ziel und generelle Prinzip des Utilitarismus: maximales Glück
Das Ziel ist das Glück. Mit anderen Worten: Glück und Leid sind nicht nur unsere Zuchtmeister, die uns auf unsere Pflicht hinweisen und uns antreiben, diese zu erfüllen, Glück ist auch unser oberstes Ziel. Das erklärt das generelle Prinzip, das dem Utilitarismus zugrunde liegt: Habe immer das Ziel, für die größtmögliche Anzahl von Menschen einen maximalen Überschuss an Glück gegenüber dem Leid zu erreichen.

- *Die Natur des Glücks in Benthams Theorie*

Weil Bentham Genuss bzw. Glück als höchstes Gut und Ziel der Menschheit postuliert, wird er als Hedonist bezeichnet (vom Griechischen *hēdonē* = Vergnügen, Freude, Lust). Doch wie die antiken griechischen epikureischen Philosophen, die Genuss ebenfalls als höchstes Gut betrachteten, meinte Bentham damit nicht rohe Zügellosigkeit und Ausschweifung, sondern eher so etwas wie Zufriedenheit oder Wohlergehen.

Nun passiert es im wirklichen Leben nicht immer, dass eine Handlung bei allen Beteiligten nichts als Glück hervorruft. Oftmals führt eine Handlung zu einer Mischung aus Glück und Schmerz oder Glück für manche und Leid für andere. Wenn nun laut Utilitarismus das generelle Prinzip lautet, so zu handeln, dass man nicht einfach nur Glück erzielt, sondern die größtmögliche *Menge* an Glück und die kleinstmögliche *Menge* an Schmerz, braucht man ein Schema, mit dem man die jeweilige Menge von Glück und Leid, die durch verschiedene Handlungen entstehen, messen und vergleichen kann. Ein solches Schema lieferte Bentham mit seinem „hedonistischen Kalkül".[63]

- *Benthams „hedonistisches Kalkül"*

1. Intensität
2. Dauer
3. Wahrscheinlichkeit des Eintretens
4. Zeitliche Nähe oder Ferne

63 Bentham, *Eine Einführung in die Prinzipien*, Kap. 4.2

5. Ergiebigkeit, das heißt die Wahrscheinlichkeit, dass auf etwas Empfindungen derselben Art folgen: Glück auf Glück, Leid auf Leid

6. Reinheit oder die Wahrscheinlichkeit, dass auf etwas nicht Empfindungen der gegensätzlichen Art folgen: auf Glück kein Leid, auf Leid kein Glück

7. Ausmaß, das heißt die Anzahl der Personen, auf die sich etwas erstreckt (das heißt, die davon betroffen sind)

Die so kalkulierte Menge an Leid, die sich aus einer Handlung ergibt, wird dann gegen die Menge an Glück aufgewogen, die sich aus derselben Handlung ergibt. Und dann wird entschieden, ob das Ergebnis einen Überschuss an Glück erzeugt oder nicht.

Nun, es ist offensichtlich, dass wir Benthams Vorschlag schnell lächerlich erscheinen lassen können, wenn wir sein Kalkül zu wörtlich nehmen und uns vorstellen, man könnte die Menge an Glück und Leid genau messen wie das Gewicht von Kartoffeln auf einer Waage. Aber zweifellos hat er dies so auch nicht gemeint. Er meinte es so, dass ein Mann z. B. in seinen Gedanken abwiegen könnte, ob das Glück, das ihm und seiner Familie ein Ferienhaus bringen würde, das ganze Leid und den ganzen Aufwand wert wäre, die es mit sich brächte, wenn er selbst so ein Haus baute, oder dass eine Mutter darüber nachdenken könnte, ob die Freude über ein Baby größer wäre als die Schmerzen der Geburt. So wägen wir alle von Zeit zu Zeit Dinge in unseren Gedanken ab.

Zumindest in Benthams Augen konnte dieses hedonistische Kalkül auch sehr gut auf die Praxis übertragen werden, was man daran sehen kann, wie er es auf die öffentliche Ordnung bezüglich der staatlichen Bestrafung von Kriminellen in England übertrug.

- *Das Grundprinzip der Bestrafung nach Bentham*

Ein Krimineller, so Benthams Argument, betrachte sein Verbrechen als Weg, sein Glück zu maximieren und sein Leid zu minimieren. Wenn die Gesellschaft darauf so reagiere, dass sie ihm genug Leid auferlege, das sein Glück übersteige, könnte der Kriminelle davon abgehalten werden, erneut

Verbrechen zu begehen. Andererseits war Bentham der Ansicht, dass die Gesellschaft den Menschen nicht mehr Leid auferlegen dürfe, als notwendig sei, um dieses gute Ergebnis zu erzielen. Im England seiner Zeit konnte ein Mann für den Diebstahl eines Schafes gehängt werden. Für Bentham war eine solche Bestrafung völlig unverhältnismäßig; und auf der Grundlage seiner Utilitarismus-Theorie setzte er sich entschieden für eine Gefängnisreform ein.

Die besondere Regel des Utilitarismus

Das Richtig- oder Falschsein, das heißt die Moralität, einer Handlung wird nicht anhand irgendeiner moralischen Qualität bewertet, die in der Handlung selbst liegt, sondern allein anhand ihrer Konsequenzen, das heißt danach, ob sie Schmerz oder Genuss erzeugt.

Das ist die spezifische Regel, die in jedem Handlungsbereich angewendet werden muss, um zu entscheiden, ob eine vorgeschlagene Handlung aus moralischer Sicht richtig oder falsch ist. Bentham selbst nennt dies das Nutzen- bzw. Nützlichkeitsprinzip (*principle of utility* – das Wort *utility* stammt vom lateinischen *utilitas* = „Nutzen"; deswegen drückt der Name der Theorie „Utilitarismus" diese äußerst wichtige spezifische Regel aus, die im Mittelpunkt der Theorie steht).

- *Benthams Nutzenprinzip*

> Mit dem Nutzenprinzip ist dasjenige Prinzip gemeint, das jede Art von Handlung billigt oder missbilligt entsprechend ihrer augenscheinlichen Tendenz, das Glück der Partei, deren Interesse infrage steht, zu erhöhen oder zu verringern; oder, was dasselbe mit anderen Worten ist: dieses Glück zu fördern oder sich ihm entgegenzustellen. Ich sage: Jede Art von Handlung, und daher nicht nur jede Handlung einer Privatperson, sondern auch jede Maßnahme der Regierung.[64]

Es ist dieses Merkmal des Utilitarismus, das von seinen Kritikern am meisten attackiert wird, denn es impliziert, dass eine Handlung als moralisch gut betrachtet werden muss, wenn diese Handlung für die größtmögliche

64 Bentham, *Eine Einführung in die Prinzipien der Moral und der Gesetzgebung*, Kap. 1.2, in: Schroth (Hg.), *Texte zum Utilitarismus*, 33–34

Anzahl von Leuten Zufriedenheit erzeugt – selbst wenn sie von vielen Menschen als moralisch schlecht oder sogar abscheulich betrachtet wird. Mit anderen Worten: Wenn das erzielte Resultat gut ist, ist es egal, ob die Mittel moralisch bedenklich zu sein scheinen, die eingesetzt wurden, um das Resultat zu erzielen. Das Ziel rechtfertigt die Mittel, und die Mittel – oder solche Handlungen – sollten dann nicht als moralisch schlecht, sondern gut betrachtet werden. Das ist der Grund, weshalb diese Form des Utilitarismus als *Handlungsutilitarismus* bezeichnet wird.

Die Anleitung des Utilitarismus in tatsächlichen Fällen

1. *Wenn man die Menge an Genuss bzw. Glück abschätzt, die mit einer Handlung beabsichtigt wird, soll jeder Empfänger als eine Einheit gerechnet werden, niemand soll mehr als eins zählen.*

Diese Regel trifft z. B. besonders auf Gesetze zu. Es wäre nicht richtig, wenn ein Gesetz darauf abzielen würde, mehr Glück oder Wohlfahrt für eine Gruppe in der Gesellschaft zu schaffen als für eine andere.

2. *Eine handelnde Person muss bei jeder Handlung, wenn sie entscheidet, was zu tun ist, völlig neutral und unparteiisch sein und darf ihre eigenen Interessen nicht den Interessen anderer oder der Gesellschaft im Allgemeinen überordnen.*

Stellen Sie sich zwei unterschiedliche Situationen vor, um zu sehen, was diese Regel bedeuten würde:

Situation A: Stellen Sie sich zwei Männer vor, die durch ihren gefährlichen Fahrstil jeweils einen schweren Unfall verursachen. Jeder dieser Fälle wird dem Polizeichef vorgelegt. Was soll dieser nun tun? Sicherlich erwarten wir von ihm, dass er sich hier völlig unparteiisch verhält und nicht den einen Fahrer strafrechtlich verfolgt und den anderen, weil er sein Bruder ist, laufen lässt. Nur absolute Unparteilichkeit kann zu Respekt für das Gesetz und damit zur größtmöglichen Zufriedenheit der Gesellschaft im Allgemeinen führen. In diesem Fall würden die meisten Leute Benthams Prinzip entschieden zustimmen.

Situation B: Stellen Sie sich vor, ich bin Elektriker und arbeite in einem Krankenhaus, in dem auch meine Frau als Krankenschwester arbeitet. In einem Büro im Krankenhaus bricht Feuer aus, und ich bin zufällig in der Nähe. In dem Raum sind zwei Personen: Die eine ist ein weltberühmter

Chirurg, die andere meine Frau. Ich habe die Chance, eine der beiden Personen zu retten, aber nur *eine,* bevor die Flammen zu stark werden. Für wen soll ich mich entscheiden?

Benthams Theorie sagt, dass es unmoralisch vor mir wäre, wenn ich mich für die Rettung meiner Frau entscheiden würde. Warum? Weil ich bei meiner Entscheidung absolut neutral und unparteiisch sein und allein das Ziel verfolgen soll, das maximale Glück und Wohlergehen für die größtmögliche Anzahl von Menschen zu erreichen, ungeachtet meiner eigenen Interessen. Wenn der Chirurg gerettet werden würde, könnte er mit seinen Fähigkeiten im Laufe seines Lebens noch weitaus mehr Leben retten als meine Frau. Meine Pflicht wäre es also, mich als neutrale, selbstlose Partei zu verhalten, den Chirurgen zu retten und meine Frau sterben zu lassen.

In diesem Fall würden die meisten Menschen Benthams Theorie als äußerst unmenschlich betrachten.

EINE BEWERTUNG DES UTILITARISMUS: SEINE PRAKTISCHEN SCHWIERIGKEITEN

Der Utilitarismus hat einige offensichtlich attraktive Merkmale. Nicht zuletzt ist es die direkte, unkomplizierte Einfachheit seines allgemeinen Prinzips: Habe immer das Ziel, für die größtmögliche Anzahl von Menschen das Glück zu maximieren und das Leid zu minimieren. Alle würden sicherlich zustimmen, dass der Versuch, die Konsequenzen des eigenen Handelns so im Voraus zu bedenken, dass diese Glück maximieren und Leid minimieren, etwas ist, was alle Erwachsenen ohnehin immer tun. Außerdem ist es im Hinblick auf die Gesellschaft äußerst empfehlenswert, nicht nur das Ziel zu haben, das eigene Glück, sondern auch das Glück der größtmöglichen Anzahl von Mitmenschen zu maximieren. Dies könnte sogar heldenhafte Selbstverleugnung sein. Denn wenn es der einzige Weg ist, das Glück der größtmöglichen Anzahl meiner Mitmenschen zu maximieren, indem ich auf mein eigenes Glück verzichte und selbst Verlust oder Leid ertrage, dann bin ich nach dem Prinzip des Utilitarismus dazu verpflichtet. Und schließlich macht uns die Gewohnheit, die Folgen unserer Handlungen sorgfältig im Voraus zu bedenken, zu verantwortungsbewussten, umsichtigen, vorausschauenden Menschen.

Dennoch hat der Utilitarismus auch einige recht schwierige Aspekte, weshalb er von einigen Philosophen völlig abgelehnt wird, während ihn eine Reihe von Utilitaristen, die nur mit einigen seiner Schlussfolgerungen unzufrieden waren, fortlaufend modifiziert haben, sodass die daraus resultierenden Theorien kaum noch utilitaristisch waren.

Wir beginnen zunächst mit den Schwierigkeiten, die entstehen, wenn man die Theorie des Utilitarismus in die Praxis umsetzt.

Uneinigkeit über die Art des zu maximierenden Glücks

Als Erstes ist hier die Kritik von J. S. Mill (1806–1873) zu nennen. Obwohl er selbst ein überzeugter Utilitarist war, behauptete er, es sei nicht die *Quantität* des Glücks, die zu maximieren wir versuchen sollten (wie Bentham sagte), sondern die *Qualität* des Glücks. Intellektueller, ästhetischer oder geistlicher Genuss, argumentierte er, sei dem körperlichen Vergnügen weitaus überlegen und viel befriedigender. „Es ist besser, ein unzufriedener Mensch zu sein als ein zufriedenes Schwein", sagte er, „besser ein unzufriedener Sokrates als ein zufriedener Narr."[65] Wenn man nun vor der Wahl stehe zwischen einem körperlichen Vergnügen und einem geistigen Vergnügen, sei Letzteres zu bevorzugen. Benthams vereinfachende Vorstellung von der Quantität des Glücks als unser Ziel wird somit modifiziert.

Die Messung des Vergleichswertes von nicht vergleichbaren Dingen

Wenn wir mit zwei möglichen Handlungen konfrontiert sind, sollen wir die wählen, die den größtmöglichen Genuss bzw. das größtmögliche Glück bewirkt. Stellen Sie sich nun vor, dass die eine Handlung fünf nominelle Einheiten von körperlichem Vergnügen und fünf von intellektuellem Vergnügen erzeugt und die andere Handlung sieben nominelle Einheiten von intellektuellem Vergnügen und drei von körperlichem Vergnügen. Ist die Gesamtsumme des Vergnügens bei beiden Handlungen dieselbe? Oder zählt laut Mills Theorie eine Einheit von intellektuellem Vergnügen mehr als eine Einheit von körperlichem Vergnügen? Die Antwort wird zweifellos davon abhängen, wer die Berechnung vornimmt, denn die Präferenzen von Menschen unterscheiden sich hier deutlich. Wenn jeder Einzelne frei entscheiden könnte, was zu seinem persönlichen Glück dient, ohne dabei an andere zu denken, wäre die Antwort einfach. Aber wenn wir die Pflicht haben, das Glück der größtmöglichen Anzahl von Menschen zu maximieren, führt dies zu einem weiteren praktischen Problem.

65 Mill, *Der Utilitarismus*, Kap. 2, in: Schroth (Hg.), *Texte zum Utilitarismus*, 57

Die Entscheidung, welche Art von Glück bzw. Genuss angestrebt werden sollte

Wer soll beurteilen, welche Art von Glück bzw. Genuss angestrebt werden sollte? Derjenige, der handelt, oder diejenigen, für die dies Folgen hat? Laut Benthams Theorie ist eine Handlung als moralisch richtig zu beurteilen, wenn sie Glück erzeugt, und falsch, wenn sie Leid erzeugt. Stellen Sie sich nun vor, dass die Handlung einer Person Konsequenzen hat, die sie selbst als überaus angenehm einschätzt, die jedoch diejenigen, die von dieser Handlung betroffen sind, als langweilig oder gar schmerzlich und somit als unakzeptabel betrachten. Ist diese Handlung aus moralischer Sicht dann richtig oder falsch? Wer entscheidet dies?

Und wenn es um die Entscheidung geht, was als wahres, akzeptables Vergnügen betrachtet werden kann, stellt sich auch die Frage nach der Unantastbarkeit des Rechtes des Einzelnen oder einer Minderheit, dies selbst zu entscheiden. Benthams Maxime, dass alle sich so verhalten müssen, dass dadurch die höchstmögliche Menge an Glück entsteht, das für die größtmögliche Anzahl von Menschen akzeptabel ist, wäre auch erfüllt, wenn der Staat ein Gesetz verabschiedete, das der 80-prozentigen Mehrheit im Staat Glück bescheren würde, aber die 20-prozentige Minderheit nur minimal zufriedenstellen oder sogar in Not bringen würde. Unvergessen sind die skrupellosen Taktiken Hitlers, mit denen er die Unterstützung der Mehrheit seiner Nation gewann: zuerst mit der Erniedrigung, dann mit der Ermordung von Juden, Sinti und Roma, die Minderheiten waren.

Es ist natürlich vernünftig, wenn Eltern und der Staat darauf bestehen, dass alle Kinder zur Schule gehen und Bildung erhalten, auch wenn viele Kinder diesen Prozess als mühsam empfinden. Eltern und Staat sind der Ansicht, dass sie wissen, was das Beste für Kinder ist, und indem sie das durchsetzen, was für manche in dem Moment mühsam zu sein scheint, verfolgen sie damit das Ziel, ihnen den größtmöglichen Genuss und das größtmögliche Glück in ihrem Erwachsenenleben zu ermöglichen.

Was jedoch die Erwachsenen angeht: Inwieweit haben einzelne Personen oder Minderheiten das Recht, sich für ihre eigenen Konzepte von Genuss und Glück zu entscheiden, anstatt sich die Konzepte und Geschmäcker der Mehrheit anzueignen, die ihnen mit Autorität im Namen des größtmöglichen Glücks für die größtmögliche Anzahl von Menschen aufgezwungen werden?

Nebenbei bemerkt: Egal, wie Sie Benthams Theorie interpretieren, die Frage, welche Konsequenzen gut sind, wird immer auf einer nicht konsequenzialistischen Ebene beantwortet.

- *J. S. Mills Antwort*

J. S. Mill, dessen Präferenz der Qualität vor der Quantität des Vergnügens uns den Anlass zu dieser Diskussion gegeben hat, war – wie wir gleich sehen werden – ein berühmter Fürsprecher für die Rechte des Einzelnen und von Minderheiten. Aber in wichtigen Punkten blieb er Zeit seines Lebens ein Utilitarist im Sinne Benthams. Z. B. behauptete er, die Menschenrechte des Einzelnen basierten nicht auf der Tatsache, dass er ein Geschöpf Gottes sei, geschaffen nach dem Bilde Gottes: Menschenrechte würden vom Staat verliehen. Eine Person habe ein Anrecht auf eine Sache, lehrte Mill, wenn die Gesellschaft dazu verpflichtet sei, ihn als Besitzer dieser Sache zu beschützen. Aber dann stellt sich für uns natürlich die Frage, worauf diese Verpflichtung der Gesellschaft basiert. Wer oder was erlegt der Gesellschaft diese Pflicht auf?

Mills Antwort darauf ist ganz im Sinne Benthams: Die Verpflichtung müsse sich auf den allgemeinen „Nutzen" gründen. Das soll heißen, die Gesellschaft gewährt und schützt die Menschenrechte des Einzelnen nur deshalb und nur so lange, wie dies dazu „nützlich" ist, das Glück der Gesellschaft zu maximieren, wie Bentham sagen würde. Man kann sich leicht vorstellen, wie ein totalitärer Staat dies wohl interpretieren würde.

Andererseits besteht Mill innerhalb dieser von Bentham gesetzten Grenzen darauf, dass der Einzelne die Freiheit haben müsse, seine eigenen Ziele in seinem privaten Bereich zu verfolgen. Er vertrat die Ansicht, dass der einzige Zweck, zu dem Macht rechtmäßig über irgendein Mitglied einer zivilisierten Gemeinschaft gegen seinen Willen ausgeübt werden könne, der sei, Schaden von den anderen abzuwenden. Das eigene Wohl, ob nun das körperliche oder moralische, sei kein ausreichender Rechtfertigungsgrund.

John Skorupski kommentiert dies wie folgt:

> Mill verteidigt dieses Prinzip der Freiheit großartig mit zwei Begründungen: Es ermögliche Individuen, ihr individuelles Potenzial auf eigene Weise zu verwirklichen, und indem es Talente, Kreativität und Dynamik freisetze, schaffe es die wesentlichen Voraussetzungen für moralischen und intellektuellen Fortschritt. Doch die Grenzen seines benthamschen Erbes schränken ihn letztendlich doch ein, trotz der großen Erweiterungen, die er vorgenommen hat. Seine Verteidigung des Prinzips wäre noch stärker gewesen, wenn er dessen Grundlage geschwächt (oder liberalisiert) hätte – indem er die nicht reduzierbare

Vielfalt menschlicher Ziele anerkannt und den Gesamtnutzen durch das allgemeine Konzept des Gemeinwohls ersetzt hätte.[66]

Die Zukunft vorhersehen

Benthams Theorie behauptet, dass die moralische Richtigkeit oder Falschheit einer Handlung davon abhängt, ob ihre Folgen Glück oder Leid erzeugen. Aber natürlich zeigt sich oft, dass die Folgen einer Handlung doch anders sind als vom Handelnden beabsichtigt. Neben den beabsichtigten guten Ergebnissen kann es auch unerfreuliche Nebenerscheinungen geben. Manchmal haben zunächst gute Ergebnisse später desaströse Konsequenzen. Sollten wir dann die moralische Qualität einer Handlung anhand ihrer beabsichtigten, unmittelbaren und vorhersehbaren Konsequenzen beurteilen? Oder müssen wir, bevor wir entscheiden, ob eine Handlung aus moralischer Sicht gut ist oder nicht, erst abwarten und sehen, was die unbeabsichtigten kurz- und langfristigen Konsequenzen sind?

Diejenigen, die in den 1950er-Jahren eine Reihe von Atomreaktoren bauten, hatten wirklich das Gefühl, sie würden uns dadurch großen Nutzen bringen. Und teilweise haben sie dies auch getan. Sie konnten jedoch nicht vorhersehen, dass diese Anlagen 50 Jahre später zur potenziell tödlichen Gefahr werden würden und die Verarbeitung des Atommülls zu einem fast unlösbaren Problem.

> *Müssen wir, bevor wir entscheiden, ob eine Handlung aus moralischer Sicht gut ist oder nicht, erst abwarten und sehen, was die unbeabsichtigten kurz- und langfristigen Konsequenzen sind?*

War die ursprüngliche Handlung also laut der Theorie des Utilitarismus moralisch gut oder schlecht? Man kann argumentieren, dass die Absicht hinter der Handlung gut war, ungeachtet der schlechten Folgen, die sie am Ende hatte. Und das stimmt; aber es unterminiert ernsthaft den Handlungsutilitarismus und macht ihn zu etwas, was man als Regelutilitarismus bezeichnet. Denn sobald man zugibt, dass die moralische Qualität der Absicht hinter einer Handlung berücksichtigt werden muss, ganz gleich, wie die tatsächlichen Ergebnisse aussehen, hat man damit die Grundregel des Handlungsutilitarismus unterminiert: dass über die moralische Richtigkeit oder Falschheit einer Handlung nicht anhand irgendeiner moralischen Qualität der Handlung selbst oder der Motive des Handelnden entschieden werden darf, sondern allein anhand der Qualität der Ergebnisse.

66 „Mill, John Stuart", in *The Oxford Companion to Philosophy*, 602

Außerdem wissen wir alle, dass schlechte Handlungen mit unmittelbaren schlechten Ergebnissen manchmal viel später auch zu unbeabsichtigten guten Ergebnissen führen können. Kann man solche Handlungen dann als gut betrachten? In der berühmten Geschichte von Josef und seinen Brüdern (1Mo 37–50) verkauften die Brüder Josef mit bösen Absichten in die Sklaverei. Am Ende erwies sich dies unerwarteterweise – und zu ihrer großen Überraschung – als Glück für Ägypten, die umliegenden Nationen, Josefs Vater und Familie und die Brüder selbst. „Ihr hattet Böses gegen mich beabsichtigt", sagte Josef, „Gott aber hatte beabsichtigt, es zum Guten zu wenden, damit er tue, wie es an diesem Tag ist, ein großes Volk am Leben zu erhalten" (1Mo 50,20). Sicherlich war die Langzeitfolge ihrer Handlung am Ende die Maximierung von Glück. Sollten wir daher sagen, dass die Handlung der Brüder deswegen selbst moralisch gut war?

- *Eine christliche Perspektive*

Ein Christ könnte an dieser Stelle anmerken, dass der atheistische Utilitarismus, wenn er die Moralität einer Handlung allein von ihren Folgen abhängig macht, den Menschen damit eine Bürde auferlegt, die sie nie hätten tragen sollen. Wir alle müssen für unsere Handlungen die Verantwortung tragen und haben die Pflicht, mit angemessener Voraussicht, Sorgfalt und Vorsicht zu handeln. Aber wir können die Zukunft nicht mit Gewissheit vorhersehen. Das kann nur Gott.

Ein Mann kann vielleicht mit besten Absichten beschließen, mit seiner Frau und seiner Familie zum Spaß einen Ausflug mit dem Auto zu machen. Er fährt sehr vorsichtig. Doch plötzlich läuft ihm ein Kind vors Auto. Der Fahrer reißt das Lenkrad herum, um dem Kind auszuweichen. Der Wagen gerät ins Schleudern, knallt gegen einen Telefonmast, und seine Frau auf dem Beifahrersitz kommt dabei ums Leben. Wenn die Moralität der Entscheidung, mit seiner Familie mit dem Auto einen Ausflug zu machen, anhand der Ergebnisse beurteilt werden müsste, hätte der Mann aus moralischer Sicht falsch gehandelt und würde sich sein Leben lang bittere Vorwürfe machen. Vernünftige Menschen werden hier protestieren: Die Absichten des Mannes seien gut gewesen, er habe den Unfall ja nicht vorhersehen können, und es sei nicht sein Fehler gewesen. Er habe sogar gute Absichten gehabt, als er das Lenkrad herumgerissen habe, um dem Kind auszuweichen. Wenn man sagt, dass schon seine erste Handlung – mit dem Auto einen Ausflug zu machen – moralisch falsch gewesen sei, nur weil dies letztendlich großes

Leid zur Folge hatte, wäre dies absolut unfair. Ebenso kann es passieren, dass ein Chirurg, der mit höchster Sorgfalt eine Operation durchführt und nichts als Gutes für seinen Patienten im Sinn hat, versehentlich abrutscht, was für den Patienten verheerende Folgen hat. Sollten wir deshalb sagen, dass die Operation in moralischer Hinsicht schlecht war?

Tatsache ist: Wir leben in einer unsicheren Welt. Niemand von uns kann die negativen Folgen vorhersehen, die unsere gut gemeinten Handlungen haben können. Wenn die Moralität unserer Handlungen nur daran gemessen würde, ob sie Glück oder Leid erzeugen, würde unser Handeln deutlich eingeengt und die Verantwortung unerträglich werden. Christen haben den Mut, unverzagt zu leben, weil sie die Gewissheit haben, dass – was auch immer kommen mag – „denen, die Gott lieben, alle Dinge zum Guten mitwirken" (Röm 8,28), das heißt zu ihrem letztendlichen und ewigen Wohl.

Anzumerken ist, dass viele moderne Utilitaristen Benthams Theorie an dieser Stelle modifizieren. Sie sagen, dass man bei der Beurteilung der Moralität einer Handlung auch die Motivation und Absicht des Handelnden (und viele weitere Dinge) und nicht nur die Folgen einer Handlung berücksichtigen müsse. Das ist viel fairer, aber wie wir bereits festgestellt haben, unterminiert dies das Grundprinzip, auf dem Benthams Handlungsutilitarismus aufbaut.

Weitere Modifizierungen des Utilitarismus

Die praktischen Schwierigkeiten, die wir diskutiert haben, haben moderne Utilitaristen dazu bewegt, die Grundtheorie noch weiter zu modifizieren.

Manche lehnen Benthams Vorstellung ab, dass eine Handlung, um moralisch richtig zu sein, die *größtmögliche* Menge an Glück für die *größtmögliche* Anzahl von Leuten zum Ziel haben muss. Stattdessen vertreten sie eine Theorie, die man als *Ergebnis-Utilitarismus* bezeichnen kann. Diese Form der Theorie behauptet, dass die Frage, wie gut eine Situation ist, allein davon abhängt, wie gut es den Leuten oder auch empfindungsfähigen Tieren durchschnittlich in dieser Situation geht. Dies ist die Sicht, die viele Ökonomen vertreten.

Andere lockern Mills hohe Qualitätsanforderungen an das anzustrebende Glück. Sie geben sich damit zufrieden, das als menschliches oder persönliches Wohl zu betrachten, was die Wünsche oder Vorlieben der Menschen erfüllt oder sie zufrieden macht.

Andere wiederum senken die Ansprüche an die Quantität des Wohls bzw. des Glücks, die ein Handelnder sich zum Ziel setzen muss. Wenn jemand, um als moralisch gut zu gelten, danach streben muss, das Wohl der größtmöglichen Anzahl von Leuten zu maximieren, würde es ihn verpflichten, seinen letzten Krümel Nahrung und sein letztes Geld wegzugeben, um die größtmögliche Anzahl von Menschen zu retten, die gerade in der Welt am Verhungern sind. Doch in den Augen vieler Utilitaristen (und auch vieler anderer!) ist dies unvernünftig und kann von niemandem verlangt werden.

Daher setzen sie an die Stelle etwas, was *Satifizierungs-Utilitarismus*[67] genannt wird. Dieser lässt zu, dass eine Handlung als moralisch gut gilt, wenn sie eine alles in allem ausreichende Menge an Glück/Wohl erzeugt, auch wenn der Handelnde insgesamt mehr Glück/Wohl hätte erzeugen können, wenn er gewollt hätte. Dieses minimale, aber obligatorische Wohl stellt die Leute bereits zufrieden, lässt dem Enthusiasten aber die Möglichkeit offen, mehr zu tun, als was die Pflicht verlangt – indem er mehr leistet oder besonders verdienstvolle Dinge tut.

EINE BEWERTUNG DES UTILITARISMUS: SEINE MORALISCHEN PROBLEME

Die Grundlage des Utilitarismus

Hier noch einmal Benthams eigene Formulierung:

> Die Natur hat die Menschheit der Gewalt zweier souveräner Gebieter unterstellt: *Leid* und *Freude*. Ihnen allein bleibt es vorbehalten, uns aufzuzeigen, was wir tun sollten.[68]

Wir müssen als Erstes sicherstellen, dass wir die Bedeutung dieser Aussage richtig interpretieren, und dann müssen wir fragen: „Stimmt sie?"

67 A. d. V.: *Satisficing utilitarianism: Satisficing* ist eine Wortschöpfung aus den englischen Wörtern *satisfying* (= befriedigend) und *to suffice* (= genügen).

68 Bentham, *Eine Einführung in die Prinzipien der Moral und der Gesetzgebung,* Kap. 1.1, in: Schroth (Hg.), *Texte zum Utilitarismus,* 32

- *Was bedeutet sie?*

Vorhin haben wir festgestellt: „Bentham und die meisten nachfolgenden Utilitaristen verwerfen religiöse Traditionen und gesellschaftliche Konventionen.“[69] Aber wir stellen fest, dass ihre Theorie, die Gott als Grundlage für die Ethik ablehnt, die Menschen nicht zu frei handelnden Akteuren erklärt, die ihre Pflichten selbst auswählen und sich selbst auferlegen. Nun sind sie zwei „souveränen Herren“ unterworfen (die zudem geistlose Herren sind), die ihnen von der Natur vorgesetzt wurden, um ihnen zu diktieren, was ihre Pflicht sein soll, und um diese durchzusetzen, indem sie Gehorsam mit Glück belohnen und Ungehorsam mit Leid bestrafen. Da stellt man sich doch die Frage, wie diese unpersönlichen, *amoralischen* Dinge – die Natur, das Glück und das Leid – uns ohne einen persönlichen Schöpfer, der dahintersteht, eine *moralische* Pflicht auferlegen können.

Aber vielleicht wäre das Bentham gegenüber unfair. Vielleicht will er damit nur Folgendes ausdrücken: Da Glück und Leid die Umstände sind, mit denen wir nun mal leben müssen, wird uns schon bald klar, was unsere Pflichten gegenüber unseren Mitmenschen angesichts dieser Umstände sind. Lassen Sie uns eine Analogie verwenden. Stellen Sie sich vor, ich bin gerade mit mehreren Personen in meinem Auto unterwegs, als ich plötzlich auf eine spiegelglatte, vereiste Stelle treffe. Der Zustand der Straße macht mir nun bewusst, dass ich gegenüber meinen Mitfahrern verpflichtet bin, besonders vorsichtig zu fahren. Tue ich dies nicht, gehe ich das Risiko ein, dass es zu einem Unfall kommt, der Verletzungen oder gar den Tod für sie zur Folge haben könnte. Der Zustand der vereisten Fahrbahn wäre dann die Grundlage meiner Ethik, weil – wie Bentham es ausdrückte – dieser Zustand allein mir aufzeigt, was ich tun sollte und was meine Pflicht ist. Er macht mir bewusst, dass ich, wenn ich nicht vorsichtig fahre, mir und meinen Mitfahrern Leid und Verletzungen zufügen könnte, dass jedoch alles gut sein wird, wenn ich vorsichtig fahre. Das ist laut Bentham die Art und Weise, wie die Natur uns steuert: Sie zeigt uns, was unsere Pflicht ist, und wenn wir uns weigern oder es uns nicht gelingt, unsere Pflicht zu erfüllen, verhängt sie schwere Sanktionen über uns. Doch natürlich sind wir in diesen Umständen nicht gegenüber der Natur, sondern unseren Mitmenschen und uns selbst verpflichtet.

> ⚖ *Wenn Bentham sagt, dass allein Glück und Leid uns aufzeigen, was wir tun sollen, was meint er dann mit „sollen“?*

69 Slote, *Utilitarianism*

Gleichzeitig ist es die geistlose, amoralische Natur, nicht Gott, die uns bewusst macht, was das höchste Gut des Menschen ist, das oberste Ziel, das wir aus moralischer Pflicht anstreben sollten – nämlich das Glück.

Was meint Bentham mit „sollen"?
Aber um Bentham gegenüber fair zu bleiben, müssen wir sicherstellen, dass wir ihn trotzdem nicht falsch verstanden haben. Wenn er sagt, dass allein Glück und Leid uns aufzeigen, was wir tun sollen, was meint er dann mit „sollen"? In Kapitel 2, als wir den ethischen Naturalismus und das „ist/sollte-Problem" diskutiert haben, haben wir gesehen, dass das Wort „sollte" in mehreren unterschiedlichen Sinnen verwendet werden kann. Meint Bentham, dass Glück und Leid uns zeigen, was wir tun sollten, in dem schwächeren Sinn, dass wir, wenn wir Leid vermeiden und Glück genießen wollen, *so klug sein sollten, uns so oder so zu verhalten*? Oder meint er „sollte" in dem stärkeren Sinn: Glück und Leid zeigen auf, dass *wir die moralische und ethische Pflicht haben, uns so oder so zu verhalten*?

Die Antwort scheint außer Zweifel zu stehen. Zunächst fügte Bentham im Juli 1822 der ersten Seite seiner *Einführung in die Prinzipien der Moral und Gesetzgebung* eine Anmerkung hinzu, die seine Sicht bestätigte,

> dass das größte Glück all jener, deren Interesse betroffen ist, der richtige und angemessene und allein richtige und angemessene und universell wünschenswerte Zweck menschlichen Handelns ist.[70]

In Kapitel 1.10 schreibt er dann:

> Wenn sie auf diese Weise interpretiert werden, haben die Wörter *sollte, richtig* und *falsch* und andere dieses Schlags eine Bedeutung; wenn auf andere Weise, haben sie keine.[71]

Aber auch in Kapitel 1.14, wo Bentham über die Möglichkeit nachdenkt, dass eine Person das Prinzip des Utilitarismus zugunsten der eigenen Gefühle ablehnen könnte, beschreibt er eindeutig, was er unter „sollte" versteht:

70 Bentham, *Eine Einführung in die Prinzipien der Moral und der Gesetzgebung*, Anmerkung 1, Kap. 1.1, in: Schroth (Hg.), *Texte zum Utilitarismus*, 32

71 Bentham, *Eine Einführung in die Prinzipien der Moral und der Gesetzgebung*, Kap. 1.10, in: Schroth (Hg.), *Texte zum Utilitarismus*, 36

> Im ersten Fall soll er sich fragen, ob sein Prinzip nicht despotisch ist und der gesamten übrigen Menschheit feindlich gegenübersteht. Im zweiten Fall, ob es nicht anarchisch ist und ob es unter diesen Umständen nicht genauso viele verschiedene Maßstäbe für Richtig und Falsch gibt, wie es Menschen gibt.[72]

Es scheint also klar zu sein, dass Bentham „sollte" im stärksten Sinn verwendet: als moralische und ethische Pflicht; und so ist er auch im Allgemeinen von seinen Anhängern verstanden worden. Das „Sollte", das die Natur Menschen durch Glück und Leid aufzeigt, ist nicht das „Sollte" eines guten Ratschlags: „Es wäre ratsam, dass du dich gegenüber der Gesellschaft auf diese Weise verhältst", sondern das „Sollte" der moralischen Pflicht: „Es wäre unmoralisch, anarchisch und despotisch, wenn du dich gegenüber der Gesellschaft nicht so verhalten würdest."

- *Stimmt das?*

Stimmt es, dass die moralische Pflicht des Menschen, das größtmögliche Glück für die Gesellschaft zu bewirken, ihm von der Natur, dem Glück und dem Leid nicht nur aufgezeigt, sondern auch auferlegt wird?

Christen werden sicherlich nicht bestreiten, dass sie die Pflicht haben, „allen gegenüber das Gute [zu] wirken" (Gal 6,10), „sich den übergeordneten staatlichen Mächten" zu unterwerfen (Röm 13,1), „allen [zu geben], was ihr ihnen schuldig seid: die Steuer, dem die Steuer; den Zoll, dem der Zoll; die Furcht, dem die Furcht; die Ehre, dem die Ehre gebührt" (Röm 13,7), und „dass Flehen, Gebete, Fürbitten, Danksagungen getan werden für alle Menschen" (1Tim 2,1-2), mit anderen Worten: Sie sollen ihre Nächsten lieben wie sich selbst (Röm 13,9). Aber Christen werden auch sagen, dass ihre Pflicht, das Wohl der Gesellschaft zu suchen, nicht in der Natur selbst begründet ist, auch nicht in Glück oder Leid, sondern in Gott. Indem der Utilitarismus die Natur zur Grundlage der ethischen und moralischen Pflichten des Menschen gegenüber der Gesellschaft macht, hat er dieselbe fatale Schwäche wie das System des Kontraktualismus: Die Natur existiert einfach. Sie ist ein „Ist", und man kann kein „Sollte" aus einem „Ist" ableiten.[73]

---

72 Bentham, *Eine Einführung in die Prinzipien der Moral und der Gesetzgebung*, Kap. 1.14, in: Schroth (Hg.), *Texte zum Utilitarismus*, 38

73 Siehe die lange Diskussion des Themas in Kap. 3

Das höchste Gut und Ziel des Utilitarismus

Als höchstes Gut und Ziel sowohl des Einzelnen als auch der Gesellschaft nannte Bentham „Glück". Später schlug er selbst „Zufriedenheit" vor, und noch später haben Utilitaristen es als „Wohlergehen" oder „Befriedigung von Bedürfnissen" bezeichnet.

Nun ist es so, dass normale Leute Glück oder Zufriedenheit mögen und Leid nicht mögen. Christen bilden da keine Ausnahme. Sie genießen die Freuden dieses Lebens. Und über Gottes Gegenwart wird schließlich gesagt: „Wo du bist, hört die Freude nie auf. Aus deiner Hand kommt ewiges Glück" (Ps 16,11; NeÜ). Doch Freude und Vergnügen sind bekanntlich eine verzwickte Angelegenheit, nicht nur, weil es unterschiedliche Formen davon gibt – es gibt körperliches, emotionales, ästhetisches, intellektuelles oder geistliches Vergnügen – und weil das, was einer Person Freude bereitet, für eine andere quälend langweilig sein kann, sondern auch, weil das Vergnügen selbst als Erfahrung sehr flüchtig sein kann.

Glück ist nichts, was man nur an sich haben kann, sozusagen *im luftleeren Raum*. Kluge Köpfe haben schon lange entdeckt und darauf hingewiesen, dass Glück etwas ist, was man findet, wenn man eigentlich nach etwas anderem sucht. Es ist so ähnlich wie bei einer damit verwandten Erfahrung, dem Genuss. Man kann nicht genießen, wenn man nichts zum Genießen hat. Man kann Fußball genießen oder Schwimmen oder Bergsteigen oder Malen oder Schach oder Studieren oder hunderte andere Dinge. Aber man kann nicht einfach an sich genießen, ohne dass da eine Sache, Person, Aktivität oder etwas anderes ist, was einem diesen Genuss bietet. So ist dies auch mit Glück.

- *Einige Konsequenzen*

1. Nicht jede Art von Vergnügen ist auch gut

Es hängt ganz davon ab, woher unser Glück kommt. Manchen Menschen bereitet es Vergnügen, anderen Schmerzen zuzufügen – das nennen wir Sadismus; manche empfinden Lust bei sexuellem Missbrauch von Kindern – das nennen wir Pädophilie, und dieses Verbrechen nimmt immer schlimmere Ausmaße an. Kriminelle sind oft stolz auf ihre Verbrechen und freuen sich über sie, wie auch Bentham feststellte. Wenn es um unsere persönlichen Ziele geht, ist nicht jede Art von Glück bzw. Vergnügen gut. Es reicht nicht, uns selbst Glück als höchstes Ziel und Gut und höchsten Wert zu setzen. Es muss moralisch qualifiziert werden. Anhand welchen Prinzips sollen wir dann entscheiden, welche Art von Glück oder Vergnügen gut ist?

2. Vergnügen allein als Ziel zu haben, ist moralisch irreführend
Es ist z. B. richtig, wenn ein Mann und eine Frau in ihrer Ehe nach Vergnügen streben. Aber stellen Sie sich vor, ein Partner wird krank und ist für den anderen Partner mehr eine Last als eine Freude. Wenn dann das Hauptziel des anderen Partners nur das Vergnügen wäre, könnte dieser Partner vielleicht das Gefühl haben, er hätte das Recht, seinen Ehepartner zu verlassen und sich einen neuen Partner zu suchen. Aber wahre Liebe wird eine solche bloße Suche nach Vergnügen verurteilen und verachten, weil sie nichts mit wahrer Liebe zu tun hat.

3. Manchmal kann es moralisch falsch sein, wenn man versucht, anderen Menschen Freude zu bereiten
Lassen Sie uns ein paar historische Beispiele nehmen. Sokrates hätte dem Volk von Athen große Freude bereitet, wenn er sich damit einverstanden erklärt hätte, seine Suche nach der Wahrheit aufzugeben. Er weigerte sich. Er hatte das Gefühl, es sei seine Pflicht, sie dazu zu drängen, sich ihm bei seiner Wahrheitssuche anzuschließen. Dafür richteten sie ihn hin.

Christus hätte die Menge begeistern können, wenn er einen bewaffneten Aufstand gegen die Römer angeführt hätte. Er lehnte dies ab, und die Menschen forderten lautstark seine Kreuzigung.

4. Sogar wenn man ein positives Vergnügen zum höchsten Gut und Ziel im Leben erklärt, ist dies eine Form von Götzendienst
Die Bibel verurteilt es nicht, wenn man sich Glück zum Ziel setzt; aber sie widerspricht dem Utilitarismus, der das Glück zum höchsten Gut und Ziel des Menschen macht. Sie verurteilt ausdrücklich jene, die „mehr das Vergnügen lieben als Gott“ (2Tim 3,4). Adam und Eva, so die Geschichte, waren in einem Garten voll von Köstlichkeiten und Genüssen, die die Liebe und der Einfallsreichtum Gottes ihnen boten. Sie erlagen der ältesten Versuchung der Geschichte: dass körperliches, ästhetisches und intellektuelles Vergnügen das höchste Ziel im Leben ist und am allermeisten erlebt werden kann, wenn man den Schöpfer, seinen Willen und sein Wort ignoriert.

Zusammenfassend bis hierhin kann man sagen: Wenn es um unser persönliches Streben geht, ist die christliche Sicht (im Unterschied zur utilitaristischen Sicht), dass es sicherlich nicht falsch ist, nach Glück zu streben, aber dass es falsch ist, Glück zum Hauptziel zu erklären. In all unserem Streben muss die Liebe zu Gott und zu unserem Nächsten und die sich daraus ergebende Pflicht und Moral Vorrang vor dem Streben nach Glück um seiner selbst willen haben. Und was unsere Pflicht gegenüber der Gesellschaft betrifft, sagen auch viele Philosophen, dass gewisse Dinge Vorrang vor Benthams Nutzenprinzip haben müssen, wie wir gleich sehen werden.

Das generelle Prinzip des Utilitarismus

Es ist einfach, es als generelles Prinzip festzulegen, dass wir uns immer für ein Handeln entscheiden müssen, das das maximale Glück für die größtmögliche Anzahl von Leuten zur Folge hat, wenn wir die Wahl dazu haben. Aber in der Praxis kann die tatsächliche Wahl alles andere als einfach sein.

Zunächst einmal wäre es eine unglaublich schwere Aufgabe, wenn wir vor jeder Handlung, die wir täglich tun, innehalten und von neuem abwägen müssten, ob die jeweilige Handlung für alle Betroffenen das Höchstmaß an Glück bringen würde oder nicht. Und was die großen Entscheidungen angeht, die von der Gesellschaft getroffen werden müssen, für die viel Expertenwissen erforderlich ist, ist offensichtlich, dass die Mehrzahl der Privatpersonen die Entscheidung in jedem Fall den Experten überlassen müsste. Aber auch für die Experten ist es nicht immer einfach, genau zu wissen, welche Maßnahmen auf jeden Fall die maximale Zufriedenheit für die größtmögliche Anzahl von Leuten bringen würden. Hier ein paar Beispiele:

1. Die Abholzung der Regenwälder in verschiedenen Teilen der Erde und die Entnahme von Harthölzern ohne Nachforstung maximiert sicherlich die Profite der Holzunternehmen, ihrer Angestellten und der Regierungsbeamten, die im Fall von illegalem Vorgehen hier ein Auge zudrücken; und sicherlich ermöglicht dies die Herstellung schöner Hartholzmöbel für das Zuhause der Menschen, die sich das leisten können. Andererseits können die Langzeitfolgen für die Umwelt und das Wohl der örtlichen Bevölkerung desaströs sein. Wenn unser einziges Ziel das größtmögliche Glück für die größtmögliche Anzahl von Leuten ist, wie sollen wir uns hier verhalten?

2. Stellen Sie sich Folgendes vor: Ein paar Buchhalter, die für ein großes Industrieunternehmen arbeiten, entdecken, dass die Firmenchefs die Berichte gefälscht und der Öffentlichkeit weit höhere Gewinne genannt haben, als sie wirklich erzielt haben. Sie haben dies getan, um den Preis der Aktie in die Höhe zu treiben und ihre Aktionäre glücklich zu machen. Was sollten die Buchhalter tun? Sollten sie kooperativ sein, den Betrug verschweigen

und öffentlich ihren Segen dazu geben, damit sie ihre Jobs behalten? Oder sollten sie die Wahrheit an die Öffentlichkeit bringen und damit den Aktienkurs des Unternehmens einbrechen lassen, was große Verluste für die Pensionsfonds und den Verlust vieler Arbeitsplätze zur Folge hätte? Was sollten wir tun, wenn unser Motiv nicht Gerechtigkeit, sondern allein die Maximierung der Zufriedenheit der größtmöglichen Anzahl von Menschen ist?

3. Der weitverbreitete vor- und außereheliche Sex, die Weigerung, sich durch eine Ehe aneinander zu binden, schnelle Scheidung, Ehebruch und Abtreibung ungewollter Kinder – all das wird im Namen der Verminderung von Leid und der Maximierung von Glück verteidigt und praktiziert. Maximiert dies wirklich das Glück aller Betroffenen? Und wird dies langfristig das Wohlergehen, die Gesundheit und die Zufriedenheit einer Nation oder Gesellschaft als Ganzes maximieren?

Angesichts solcher (und Hunderter weiterer) Entscheidungen scheint offensichtlich zu sein, dass wir mehr als eine allgemeine Regel brauchen – mehr als nur: „Handle so, dass du damit das maximale Glück für die größtmögliche Anzahl von Menschen bewirkst." Wir brauchen ein paar spezifische Regeln für die verschiedenen Handlungsbereiche des Lebens, die uns Anleitung dafür geben, welche Entscheidungen und welches Verhalten wahrscheinlich zu maximalem Glück führen würden. Und ebenso ist es aufgrund der Natur der Probleme, vor denen wir stehen, offensichtlich, dass die Anleitung, die wir brauchen, auf jeden Fall auch moralische Anleitung beinhalten muss.

> *Es scheint offensichtlich zu sein, dass wir mehr als eine allgemeine Regel brauchen – mehr als nur: „Handle so, dass du damit das größtmögliche Glück für die größtmögliche Anzahl von Menschen bewirkst." Wir brauchen ein paar spezifische Regeln für die verschiedenen Handlungsbereiche des Lebens, die uns Anleitung dafür geben, welche Entscheidungen und welches Verhalten wahrscheinlich zu maximalem Glück führen würden.*

Aus diesem Grund wird uns in der biblischen Ethik nicht nur ein generelles Ziel genannt – „Du sollst den Herrn, deinen Gott, lieben aus deinem ganzen Herzen und aus deiner ganzen Seele und aus deinem ganzen Verstand und aus deiner ganzen Kraft! ... Du sollst deinen Nächsten lieben wie dich selbst!" (Mk 12,30-31) –, sondern auch spezifische Regeln für verschiedene Tätigkeitsbereiche, z. B.: „Du sollst nicht töten. Du sollst nicht ehebrechen. Du sollst nicht stehlen" (2Mo 20,13-15); „Und habt nichts gemein mit den unfruchtbaren Werken der Finsternis, sondern stellt sie vielmehr bloß!" (Eph 5,11).

Auch der Utilitarist J. S. Mill erkannte dies und stimmte zu, dass wir nicht immer die Konsequenzen unserer Handlungen vorhersehen können und daher Regeln und Normen brauchen. Natürlich kamen für ihn diese Regeln und Normen nicht von Gott, sondern sie waren das Ergebnis jahrhundertealter menschlicher Erfahrungen. In seinem Werk *Der Utilitarismus*, das ursprünglich 1863 veröffentlicht wurde, schrieb er: „Diese ganze Zeit hindurch haben die Menschen Erfahrungen über die Auswirkungen ihres Handelns gesammelt", und daher „muss die Menschheit im Laufe der Zeit feste Überzeugungen darüber gewonnen haben, wie sich verschiedene Handlungsweisen auf ihr Glück auswirken, und in den auf diese Weise überlieferten Überzeugungen findet sowohl die Masse der Menschen als auch der Philosoph die Gebote der Moral – der Letztere zumindest so lange, bis es ihm gelingt, bessere zu finden." Aber er fügt hinzu, dass „der geltende Sittenkodex keineswegs gottgegeben und unantastbar ist"[74].

Er war nämlich der Ansicht, dass Regeln und Normen noch unbegrenzt verbessert werden könnten, doch in der Praxis sollten sie in ihrer Gesamtheit nicht leichtfertig außer Acht gelassen werden, unter dem Vorwand, jede einzelne Handlung anhand von Benthams Nutzenprinzip zu entscheiden.

> Aber die Regeln der Moral für verbesserungswürdig zu halten heißt nicht, sich über die mittleren allgemeinen Prinzipien hinwegzusetzen [er meint die Regeln und Normen, die durch die Verallgemeinerung der Dinge entstanden sind, die die Menschheit durch lange Erfahrung gelernt hat] und jede einzelne Handlung unmittelbar am obersten Prinzip prüfen zu wollen [er meint Benthams „Nutzenprinzip"].[75]

Die Normen und Regeln sollten also nicht verantwortungslos missachtet werden – insbesondere, so scheint es, von den einfachen Leuten: Es sollte offenbar den Philosophen überlassen werden, die allgemeine Moral zu verbessern. Dennoch war Mill als überzeugter Utilitarist der Ansicht, dass keine der Regeln und Normen absolut war. Für ihn gab es nur *ein* grundlegendes Prinzip der Moral, und das war das utilitaristische Prinzip: „Erzeugt

74 Mill, *Der Utilitarismus,* Kap. 2, in: Schroth (Hg.), *Texte zum Utilitarismus,* 77–78
75 Mill, *Der Utilitarismus,* Kap. 2, in: Schroth (Hg.), *Texte zum Utilitarismus,* 79

die geplante Aktion ein Höchstmaß an Glück?" Wenn also irgendeine der Normen und Regeln (insbesondere in den Augen der Philosophen) eine Verbesserung erforderte, und insbesondere dann, wenn irgendeine von ihnen im Konflikt zu einer anderen zu stehen schien, musste das alleinige Entscheidungskriterium das Glück sein.

Auch in dieser Version des Utilitarismus stoßen wir auf eine gewisse offenbare (und ansprechende) Einfachheit. Sie ist tatsächlich eine Form des *Regel-Konsequenzialismus* im Unterschied zum *direkten Konsequenzialismus*. Letzterer behauptet, dass die Richtigkeit oder Falschheit einer Handlung *nicht* anhand der moralischen Qualität der Handlung selbst, sondern allein anhand der Qualität ihrer Konsequenzen beurteilt werden muss – und das ist die reine und ursprüngliche Form der benthamschen Theorie. Der Regel-Konsequenzialismus wiederum behauptet, dass man bei der Entscheidung über die Richtigkeit oder Falschheit einer Tat in den meisten Fällen die Handlung anhand der Regeln und Normen der traditionellen Moral beurteilen müsse und nicht einfach anhand der beabsichtigten und zu erwartenden Ergebnisse einer Handlung.

Die meisten modernen Utilitaristen halten jedoch an Benthams direktem Konsequenzialismus fest und lehnen den Regel-Konsequenzialismus ab. Welche theoretische Rechtfertigung habe man für die Forderung – so ihr Argument –, dass *Regeln* nur anhand ihrer Konsequenzen bewertet werden sollten (das heißt: Führt das Befolgen dieser Regeln zum Glück?), die *Handlungen* an sich jedoch nicht einfach anhand ihrer Konsequenzen bewertet werden sollten (das heißt: Führen diese Handlungen zum Glück?)?[76]

Aber es gibt noch einen weitaus ernsteren praktischen Einwand gegen Mills Theorie. Die Kraft dieses Einwands kann man anhand der jüngeren Geschichte seit der Zeit Mills sehen. Weder dem marxistischen Kommunismus noch Hitlers Nationalsozialismus mangelte es an starken und einflussreichen Philosophen, die der Welt versicherten, es gebe keine göttliche Autorität hinter der traditionellen Regel „Du sollst keine unschuldigen Menschen töten". Sie behaupteten daher, es sei moralisch richtig, diese Regel zu brechen. Ihre Rechtfertigung für ihr Handeln, bei dem sie diese Regel brachen, lautete, dass es dazu beitragen würde, das maximale Glück für die größtmögliche Anzahl von Menschen in jener Utopie zu schaffen, deren Verwirklichung sie garantierten. Also wurde diese Regel von ihnen millionenfach gebrochen. Welche Art von Glück dies in der Folge bewirkte, wissen wir alle nur zu gut.

76 Siehe Slote, *Utilitarianism*

Die eine spezifische Regel des Utilitarismus

Hier geben wir Ihnen noch einmal – im Einklang mit Benthams Nutzenprinzip – eine Zusammenfassung der einen spezifischen Regel: Die Richtigkeit oder Falschheit, das heißt die Moralität einer Tat, ist nicht anhand irgendeiner moralischen Qualität zu beurteilen, die in der Tat selbst liegt, sondern allein anhand ihrer Konsequenzen, das heißt, ob sie Glück oder Leid erzeugt. Wenn sie einen Überschuss an Glück erzeugt, ist sie moralisch richtig, wenn einen Überschuss an Leid, ist sie moralisch falsch.

- *Das erste moralische Problem: die Frage nach unserer Pflicht gegenüber der Vergangenheit*

Indem er uns dazu auffordert, die Moralität einer Handlung allein anhand ihrer zukünftigen Konsequenzen zu beurteilen, übersieht der Handlungsutilitarismus unsere Pflicht gegenüber der Vergangenheit. Stellen Sie sich vor, ich bin Geschäftsmann. Ein älterer Freund, ebenfalls Geschäftsmann, hat mir in der Vergangenheit oft beim Aufbau meiner eigenen Firma geholfen, als ich noch ein junger Mann war. Dafür schuldete ich ihm großen Dank. Als er starb, appellierte er an meine Dankbarkeit ihm gegenüber und nahm mir das Versprechen ab, seinem unerfahrenen Sohn zu helfen, der dann die Leitung der Firma seines Vaters übernehmen musste. Doch statt dem jungen Mann zu helfen, denke ich mir nach dem Tod des Vaters eine Strategie aus, wie ich – mit legalen Mitteln – seine Firma übernehmen und ihn entlassen könnte. Ich entscheide mich dazu, genau dies zu tun. Damit breche ich mein damaliges Versprechen gegenüber seinem Vater und scheitere kläglich, meine Pflicht der Dankbarkeit ihm gegenüber zu erfüllen. Aber ich werde eine große Summe Geld verdienen, und mit diesem Geld könnte ich als öffentlicher Wohltäter in Zukunft einer großen Anzahl von Menschen sehr viel Freude bereiten. Ich werde einen Überschuss an Zufriedenheit gegenüber dem Leid erzeugt haben. Laut Bentham muss das, was ich tat, als moralisch richtig betrachtet werden. Aber ist es das?

- ***Das zweite moralische Problem: die Frage nach der Verteilungsgerechtigkeit***

Das Ziel von Benthams Nutzenprinzip lautet, sich so zu verhalten, dass man damit einen Überschuss an Glück gegenüber dem Leid erreicht. Wenn wir nun eine Nation als Ganzes nehmen, die Gesamtmenge des Leids und die Gesamtmenge des Glücks aller Bürger kalkulieren und dabei herausfinden, dass die Gesamtmenge des Glücks die Gesamtmenge des Leids übersteigt, würde dies scheinbar Benthams Nutzenprinzip erfüllen. Aber genügt dies, um auch die Verteilungsgerechtigkeit zu erfüllen? Könnte es nicht noch immer eine deutliche Ungleichheit bei der Menge an Gutem geben, das den sehr Reichen bzw. den sehr Armen zuteilwird? Wäre das gerecht?

Auch wenn J. S. Mill ein Anhänger Benthams war, war er auch der Ansicht, dass die Rechte der Gerechtigkeit *Vorrang* vor dem direkten Streben nach dem allgemeinen Nutzen *haben müssen*. J. M. Skorupski fasst Mills Einstellung zu diesem Aspekt so zusammen:

> Die Rechte der Gerechtigkeit spiegeln eine Klasse von besonders strengen Verpflichtungen der Gesellschaft wider. Es sind Verpflichtungen, jeder Person „die wesentlichen Voraussetzungen für menschliches Wohlbefinden" zu bieten. Die Forderung der Gerechtigkeit ist die „Forderung, die wir an unsere Mitgeschöpfe stellen, gemeinsam mit uns die Grundlagen unserer Existenz für uns zu sichern". Weil Gerechtigkeitsrechte jene Werte schützen, die diese Grundlagen betreffen, *haben sie Priorität vor dem direkten Streben nach dem allgemeinen Nutzen* wie auch vor dem privaten Streben nach persönlichen Zielen.[77]

John Rawls (1921–2002) führt in seinem einflussreichen Buch *Eine Theorie der Gerechtigkeit* noch stärkere Argumente gegen Benthams Nutzenprinzip an. Dazu äußert sich der Philosoph Thomas Nagel wie folgt:

> Rawls stellt sich gegen den Utilitarismus und behauptet, das größtmögliche Gesamtwohl sollte nicht mit Mitteln angestrebt werden, die unfaire Nachteile für Minderheiten zur Folge hätten, einschließlich ungelernter Arbeiter.[78]

77 Skorupski, *Mill, John Stuart* (Kursivsetzung durch uns)
78 Nagel, *Rawls, John*

- *Das dritte moralische Problem: die Frage nach der Moral des gesunden Menschenverstands*

Eine weitere Schwierigkeit ergibt sich, wenn man den Unterschied zwischen den moralischen Ansichten des Handlungsutilitarismus und der Moral des gesunden Menschenverstands rechtfertigen will. Der Handlungsutilitarismus behauptet, dass das Ziel die Mittel rechtfertigt. Die Falschheit oder Richtigkeit einer Handlung hängt für ihn nicht von der moralischen Qualität der Handlung selbst ab, sondern von ihren Folgen – ob sie nun das größtmögliche Wohl für die größtmögliche Anzahl von Menschen erzeugt. Gegnern des Utilitarismus fallen schnell Extrembeispiele ein, die zeigen, dass das Grundprinzip des Utilitarismus hier aus moralischer Sicht inakzeptabel ist.

> ⚖ *Eine weitere Schwierigkeit ergibt sich, wenn man den Unterschied zwischen den moralischen Ansichten des Handlungsutilitarismus und der Moral des gesunden Menschenverstands rechtfertigen will.*

Stellen Sie sich vier Männer vor, allesamt todkrank: einer mit Herz-/Lungenversagen, zwei mit Nierenversagen und einer mit Leberversagen. Stellen Sie sich vor, ein paar Chirurgen greifen sich einen gesunden jungen Mann ohne sein Einverständnis und töten ihn, transplantieren sein Herz und seine Lunge in den ersten Mann, jeweils eine seiner Nieren in den zweiten und dritten Mann und seine Leber in den vierten Mann. Wäre dies aus moralischer Sicht richtig? Nach dem Utilitarismus wäre dies vollkommen richtig, denn das Endergebnis wäre *ein* toter Mann, aber *vier* lebendige Männer anstelle *eines* lebendigen Mannes und *vier* toter Männer. Der sich ergebende Überschuss an Wohl würde die Ermordung des jungen Mannes rechtfertigen.

Für die Moral des gesunden Menschenverstands ist der Utilitarismus an dieser Stelle moralisch anstößig. Auch wenn man davon ausgeht, dass die Motive der Chirurgen so wohlwollend waren wie nur möglich – wer gab ihnen das Recht, einem jungen Mann das Leben zu nehmen? Und was für eine Gesellschaft wäre dies, wenn man irgendwelche Leben willkürlich für das größere Glück anderer opfern könnte? Und wer hat die Autorität, zu entscheiden, dass ein menschliches Leben bestenfalls nur einen begrenzten Wert hat, sodass vier Leben per Definition wertvoller sind als eines? Vorausgesetzt, dass ein menschliches Leben unendlich wertvoll ist!

Es ist daher leicht verständlich, wenn Michael Slote sagt, dass die meisten heutigen Utilitaristen, „auf die eine oder andere Art versuchen, die Bedeutung der Unterschiede zwischen den moralischen Ansichten des

Utilitarismus und dem moralischen Denken des gesunden Menschenverstands zu mindern oder herunterzuspielen"[79]. Natürlich nicht alle. In *Utilitaranism: For and Against* (Utilitarismus: Für und Wider) von J. J. C. Smart und Bernard Williams schreibt Smart: „Zugegeben, der Utilitarismus hat Konsequenzen, die mit dem allgemeinen moralischen Bewusstsein unvereinbar sind, aber ich neigte zu der Ansicht: ‚umso schlimmer für das allgemeine moralische Bewusstsein.'"[80] Und an späterer Stelle: „Es ist nicht schwer zu zeigen, dass der Utilitarismus unter bestimmten außergewöhnlichen Umständen ein paar ziemlich schreckliche Konsequenzen haben kann."[81] Als er den hypothetischen Fall anführt, in dem der Sherriff einer Kleinstadt schlimme Unruhen verhindern kann (bei denen Hunderte von Leuten ums Leben kommen würden), indem er einen Unschuldigen in die Mangel nimmt und (als Sündenbock) hinrichtet[82], bekennt Smart, dass er äußerst unglücklich mit dieser utilitaristischen Lösung für das Problem wäre, auch wenn er hinzufügt, dass er auch mit einer anti-utilitaristischen Lösung unglücklich wäre, die zulassen würde, dass Hunderte von Menschen Unglück und Tod erleiden müssen, statt dass *ein* Unschuldiger hingerichtet würde.[83]

Bernard Williams beendet dieses Buch jedoch mit folgender Bemerkung:

> Aber die Forderungen der politischen Realität und die Komplexität des politischen Denkens bleiben hartnäckig das, was sie sind, und angesichts dessen disqualifiziert die Einfältigkeit des Utilitarismus ihn völlig. Die wichtigen Fragen, die der Utilitarismus aufwirft, sollten in Kontexten diskutiert werden, die lohnender sind als der des Utilitarismus selbst. Der Tag kann nicht mehr allzu fern sein, an dem wir nichts mehr über ihn hören.[84]

79 *Utilitarismus*
80 S. 68
81 S. 69
82 Auf Grundlage dieses Prinzips ließ Kaiphas Christus hinrichten (Joh 11,50).
83 S. 69–73
84 S. 69–73

Die Anleitung des Utilitarismus für tatsächliche Fälle

Hier liegt das moralische Problem darin, dass der Utilitarismus darauf beharrt, dass jeder unter allen Umständen seine besondere Pflicht gegenüber der Familie zugunsten des Strebens nach dem größtmöglichen Wohl für alle anderen verleugnen muss. Würde man dies strikt anwenden, würde dies die Familie als Basiseinheit der Gesellschaft vernichten. Von Zeit zu Zeit haben verschiedene Philosophen wie Platon und totalitäre Politiker gefordert, die natürliche familiäre Bindung zu zerstören, als ob diese dem Wohlergehen des Staates schadete. Zum Glück hat sich die Natur als stärker als diese Idealisten erwiesen. Die Bibel lehrt uns, dass es unsere vorrangige (wenn auch nicht ausschließliche) Pflicht ist, uns um unsere eigene Familie zu kümmern (siehe 1Tim 5,4.8).

Damit werden wir unsere konkreten Überlegungen zum Handlungsutilitarismus beenden. In den folgenden Kapiteln werden wir untersuchen, in welcher Hinsicht er anderen Ethiktheorien ähnelt und wie er sich von diesen unterscheidet.

6

INTUITIONISMUS

Der Intuitionismus … besteht auf Pflichten der Treue, die sich aus Versprechen ergeben, die ich gegeben habe, oder Schuld, die ich in der Vergangenheit auf mich geladen habe; auf Pflichten der Wiedergutmachung, das heißt, dass ich für Fehler, die ich in der Vergangenheit begangen habe, Wiedergutmachung leiste; auf Pflichten der Dankbarkeit, die ich Leuten schulde, die mir in der Vergangenheit geholfen haben; und auf Pflichten der Gerechtigkeit, das heißt, dass Ungerechtigkeiten zu beseitigen sind, die anderen in der Vergangenheit zugefügt wurden.

DAS „ZIEL“ UND DAS „SOLLTE“

In unserem vorherigen Kapitel haben wir viel Zeit mit der genauen Betrachtung verschiedener Versionen von Utilitarismus verbracht, weil ihre zentralen Ideen noch immer das Denken vieler Menschen prägen, auch wenn diese die utilitaristische Idee nicht unbedingt in vollem Umfang vertreten oder sich selbst formal als Utilitarist (gleich welcher Art) betrachten würden. Zudem dient der Utilitarismus auch gut als Vergleichsgrundlage, mit der wir die besonderen Merkmale anderer Theorien, die wir uns nun im Folgenden anschauen werden, besser begreifen zu können. In diesem Zusammenhang wird es jetzt hilfreich sein, wenn wir uns zunächst mit zwei Fachbegriffen vertraut machen.

1. Teleologische Theorien. Das griechische Wort *telos* bedeutet „ein Ziel“, nicht bloß im Sinne des Punktes, an dem etwas endet oder aufhört, sondern im Sinne des Zieles oder der Konsequenzen, auf die man seine Handlungen ausrichtet. Ethiktheorien werden als „teleologisch“ klassifiziert, wenn sie meinen, dass die Richtigkeit oder Falschheit unserer Handlungen allein anhand ihrer Ergebnisse oder Konsequenzen bewertet werden sollte und nicht anhand irgendeiner moralischen Qualität der Handlungen selbst. Der Pragmatismus und alle Formen von Konsequenzialismus sind eindeutig teleologische Theorien, wie auch der Handlungsutilitarismus, mit dem wir uns gerade auseinandergesetzt haben.

2. Deontologische Theorien. *Deonto* ist Teil eines griechischen Wortes, das „die Dinge, die getan werden sollten“ bedeutet, mit anderen Worten: Es geht um „unsere Pflicht“. Ethiktheorien werden als deontologisch klassifiziert, wenn sie behaupten, dass wir alle die Pflicht haben, uns auf gewisse Weise zu verhalten, und dass deshalb unsere Handlungen nicht als moralisch richtig anhand ihrer Ergebnisse beurteilt werden sollten, sondern anhand der Frage, ob wir uns so verhalten haben, wie es unsere Pflicht war. Ausschlaggebend ist die moralische Qualität einer Handlung. Von moralisch richtigen Handlungen ist normalerweise zu erwarten, dass sie zu guten

Ergebnissen führen. Aber es sind nicht die guten Ergebnisse, die die Handlungen moralisch richtig machen. Ob eine Handlung moralisch richtig ist, hängt davon ab, ob die Handlung mit gewissen moralischen Pflichten und Maßstäben übereinstimmt.

Wir werden uns nun in diesem und dem nächsten Kapitel mit zwei Ethiktheorien befassen, die im Unterschied zum Utilitarismus beide als deontologisch klassifiziert werden. In diesem Kapitel werden wir den Intuitionismus betrachten; im nächsten dann die kantsche Ethik.[85]

INTUITIONISMUS: FAKTEN UND ERKLÄRUNGEN

Die Fakten

1. Es handelt sich um eine deontologische Theorie.

2. Diese besagt, dass es eine Reihe von Prinzipien oder Pflichten gibt, die Auswirkungen auf die Richtigkeit oder Falschheit einer Handlung haben.

3. Diese Prinzipien oder Pflichten sind grundlegend; sie sind nicht von etwas anderem abgeleitet.

4. Diese Prinzipien oder Pflichten kennt man intuitiv.

5. Von diesen nicht abgeleiteten, grundlegenden Prinzipien oder Pflichten leiten wir weitere Prinzipien oder Pflichten ab, die wir in verschiedenen Handlungsbereichen oder bestimmten Situationen anwenden müssen.

85 Diese Klassifizierungen sind nicht zwingend und eindeutig. Da der Utilitarismus festlegt, dass eine handelnde Person immer das Ziel haben muss, das größtmögliche Glück zu erzeugen, kann man sagen, dass er damit der handelnden Person eine Pflicht auferlegt und daher in dieser Hinsicht deontologisch ist. Auch über die kantsche Ethik, die unsere moralische Pflicht betont, alle anderen Menschen als Zweck an sich und nicht nur als Mittel zu einem Zweck zu betrachten, kann man sagen, dass sie die Ergebnisse von Handlungen im Blick hat. In dieser Hinsicht kann man sie als teleologisch bezeichnen.

Einige Erklärungen zum Intuitionismus

- *Seine Vertreter*

In modernen Zeiten wird er mit den Namen G. E. Moore (1873–1958), H. A. Prichard (1871–1947), W. D. Ross (1877–1971) und A. C. Ewing (1899–1973) in Verbindung gebracht, von denen Ross sich als der Einflussreichste erwiesen hat. Nach viel ablehnender Kritik und Nichtbeachtung ist er in jüngerer Zeit wieder aufgegriffen worden, insbesondere durch David McNaughton.

- *Was mit ethischem Intuitionismus gemeint ist*

In der Logik und der Wissenschaft wird „Intuition" in einem speziellen Sinn verwendet. In der Philosophie, und insbesondere in der Erkenntnistheorie, wurde er von den sogenannten Intuitivisten N. O. Losskij (1870–1965) und S. L. Frank (1877–1950) verwendet, um damit das System eines integralen Intuitivismus zu bezeichnen, der von Losskij als „die Lehre, dass jede Art von Wissen eine unmittelbare Wahrnehmung der Wirklichkeit durch das wissende Subjekt ist"[86] erklärt wird.

Was den modernen ethischen Intuitionismus betrifft, ist es einfacher, zunächst zu sagen, was damit nicht gemeint ist. Er bezeichnet weder einen plötzlichen Geistesblitz noch eine Vorahnung noch eine plötzliche Idee, dass dieses oder jenes der Fall sein könnte. Das Wort „Intuition" kommt von einem lateinischen Wort, das ursprünglich „anschauen" im physischen Sinn meinte. Dann erhielt es die Bedeutung von „etwas im Geiste sehen", z. B. „sieht" man, dass das Ganze größer ist als ein Teil oder dass 3 + 5 = 8 ist, und man sieht dies, ohne es sich zuvor durch argumentatives Denken erarbeitet zu haben, und man sieht, dass es offensichtlich wahr ist, ohne dass man weitere Argumente oder Belege braucht. Wir erkennen es, sagt man, durch direkte Intuition, und was man durch direkte Intuition erkennt, ist selbstevident.

David McNaughton erklärt, was es bedeutet, die grundlegenden moralischen Prinzipien durch Intuition zu wissen:

86 Lossky, *History of Russian Philosophy*, 296

> Schon der Name „Intuitionismus" war ein Manko, da er das verbreitete Missverständnis förderte, dass die Theorie sich auf die Existenz einer geheimnisvollen Fähigkeit der moralischen Intuition festlege, die der Wissenschaft unbekannt sei und mit der wir moralische Qualitäten entdeckten. ...
>
> Die grundlegenden Prima-facie-Prinzipien können wir, wie erwähnt, mit Gewissheit kennen. Ross behauptet nicht, dass sich moralisch Handelnde dieser seit dem Moment bewusst sind, in dem sie zum ersten Mal eine moralische Beurteilung treffen. Wir können sie durch einen Prozess der *intuitiven Induktion* kennenlernen. Bestimmte moralische Wahrheiten stehen am Anfang einer Beurteilung. Wir erachten eine Handlung als richtig, weil sie z. B. eine Handlung ist, bei der ein Versprechen gehalten wird. Nachdem wir über eine Reihe von Handlungen nachgedacht haben, bei denen ebenfalls Versprechen gehalten wurden, kommen wir zu dem Schluss, dass das Halten von Versprechen ein Merkmal ist, das eine Handlung richtig macht. Wenn dies einfach nur eine induktive Schlussfolgerung wäre, würde ihre Aussagekraft von der Anzahl und Auswahl der Fälle, die ich betrachtet habe, abhängen. Aber, so Ross, wenn wir das Prinzip gebildet haben, können wir einen direkten Einblick in dessen Wahrheit bekommen ... Es ist eine notwendige Wahrheit, die wir a priori wissen können, weil sie selbstevident ist und somit keines Beweises bedarf. Eine Wahrheit ist selbstevident, wenn es ausreicht, sie zu kennen, um sie zu Recht glauben zu können. Man kennt die Aussage und glaubt sie aufgrund der Tatsache, dass man sie versteht.

Dann erklärt McNaughton, dass solche selbstevidenten Prinzipien nicht unbedingt für jeden sofort offensichtlich sind. Eventuell müsse man eine Vielzahl von einzelnen Fällen durchdenken, bevor man sehen könne, dass es dabei um ein universell gültiges Prinzip gehe. Aber er fügt hinzu:

> ... das ist der wichtige Punkt, wenn man den Intuitionismus gegen seine Kritiker verteidigen will – Ross behauptet nicht, dass man moralische Prinzipien mit irgendeiner besonderen und geheimnisvollen Fähigkeit erkennen kann ... Ross stellt sich hier selbst direkt in die Hauptlinie jener philosophischen Tradition, die behauptet, es gebe grundlegende Behauptungen, einschließlich ethischer Natur,

deren Wahrheit wir durch direkte rationelle Wahrnehmung erkennen könnten.[87]

- *Die grundlegenden Prima-facie-Pflichten laut dem Intuitionismus*

In seinem Buch *The Right and the Good*[88] (Das Richtige und das Gute) nennt Ross die grundlegenden, nicht abgeleiteten offensichtlichen Prima-facie-Pflichten. Sie werden von McNaughton wie folgt zusammengefasst:

1. Pflichten, die auf einer vorherigen Handlung meiner selbst beruhen. Diese wiederum werden in zwei Hauptkategorien aufgeteilt:
   a. Pflichten der *Treue*; diese resultieren daraus, dass ich jemandem ein Versprechen oder irgendetwas Ähnliches wie ein Versprechen gegeben habe.
   b. Pflichten der *Wiedergutmachung*; diese ergeben sich daraus, dass ich etwas falsch gemacht habe, sodass ich nun dafür Wiedergutmachung leisten muss.

2. Pflichten, die auf vorherigen Handlungen anderer beruhen; dies sind Pflichten der *Dankbarkeit*, die ich jenen schulde, die mir geholfen haben.

3. Pflichten, die eine Verteilung von Vorteilen und Benachteiligungen verhindern (oder aufheben), die nicht im Einklang mit dem steht, was die entsprechenden Personen auch verdient haben; dies sind Pflichten der *Gerechtigkeit*.

4. Pflichten, die auf der Tatsache beruhen, dass es andere Menschen in der Welt gibt, deren Umstände wir verbessern könnten; dies sind Pflichten der *Wohltätigkeit*.

5. Pflichten, die auf der Tatsache beruhen, dass ich mich selbst bessern kann; dies sind Pflichten der *Selbstvervollkommnung*.

87 *Intuitionism*, 282; 301 (in der 2. Aufl.)
88 S. 21

6. Pflichten, anderen keinen Schaden zuzufügen; dies sind Pflichten der *Schadensvermeidung.*[89]

- ***Grundlegende und abgeleitete Pflichten***

Indem Ross diese Pflichten als grundlegend bezeichnete, wollte er z. B. ausdrücken, dass man intuitiv sehen kann, dass Gerechtigkeit eine grundlegende Pflicht ist. Diese Einsicht bedarf keiner weiteren Rechtfertigung, und dafür müssen bzw. brauchen auch keine Gründe genannt werden. Wenn ich hingegen frage, warum es meine Pflicht sei, die Gesetze meines Landes zu befolgen, können mir mehrere Gründe genannt werden, warum ich dies tun sollte. Aber wenn ich frage, warum Gerechtigkeit immer das Richtige sei, kann mir darauf keine Antwort gegeben werden außer: Gerechtigkeit ist richtig, weil sie richtig ist, weil sie richtig ist. Sie ist selbstevident richtig.

Zusätzlich zu diesen grundlegenden Pflichten behauptete Ross, dass es gewisse andere Pflichten gibt, die sich von diesen ableiten. Der Bereich, den die abgeleiteten Pflichten abdecken, ist nicht allgemein genug, um diese als grundsätzliche Prinzipien betrachten zu können; sie sind bloß besondere Anwendungsfälle eines oder mehrerer der Grundprinzipien.

> ⚖ *Der Bereich, den die abgeleiteten Pflichten abdecken, ist nicht allgemein genug, um diese als grundsätzliche Prinzipien betrachten zu können; sie sind bloß besondere Anwendungsfälle eines oder mehrerer der Grundprinzipien.*

Z. B. meinte Ross, dass sich die Pflicht, die Gesetze seines Landes zu befolgen, aus drei grundlegenden Pflichten ableitet: Dankbarkeit, Treue und Wohltätigkeit (Nr. 2, 1a und 4). Normalerweise sind wir unserem Land zur Dankbarkeit für die Leistungen und den Schutz verpflichtet, die wir von ihm erhalten (Nr. 2). Indem wir in dem Land leben, haben wir – so sah es auch Sokrates – damit stillschweigend das Versprechen abgegeben, seine Gesetze zu befolgen (Nr. 1a); und wir haben die Pflicht, seine Gesetze zu befolgen, weil das Befolgen der Gesetze des Landes für unsere Mitmenschen insgesamt bewirkt, dass die Dinge besser laufen (Nr. 4). Ebenso kann die Pflicht, nicht zu lügen, von zwei Grundprinzipien abgeleitet werden: Schadensvermeidung (Nr. 6) und Treue (Nr. 1a).

89 *Intuitionism*, 275

- ***Was es bedeutet, wenn man die grundlegenden Pflichten als „prima facie" bezeichnet***

Der Grund, aus dem Ross diese grundlegenden Pflichten „prima facie" nannte, war nicht, dass er sie in irgendeiner Form als provisorisch betrachtet hätte, sodass sich am Ende beispielsweise herausstellen könnte, dass Treue, die eine grundlegende Pflicht zu sein scheint, gar keine Pflicht ist. Er nannte diese so, weil ihm kein besseres Wort einfiel, um sie zu beschreiben.

Er betrachtete all diese grundlegenden „Pflichten" eher als feste und an sich unveränderliche Prinzipien, die man immer in Betracht ziehen muss, wenn man zu einer moralischen Entscheidung kommen will. Andererseits könnten in einer bestimmten Situation zwei der Grundprinzipien auch in verschiedene Richtungen weisen, sodass es für eine Person unmöglich wäre, beide zu befolgen. In diesem Fall könnte man dann nicht sagen, dass die entsprechende Person die Pflicht habe, beide zu befolgen (zumindest nicht gleichzeitig), sondern sie müsste dann eins der zwei Grundprinzipien wählen, nach dem sie handeln muss.

Nehmen wir z. B. die Pflicht, nicht zu lügen. Wie wir gerade gesehen haben, betrachtete Ross diese als eine Pflicht, die sich von den zwei Grundprinzipien der Treue und der Schadensvermeidung ableitet. Stellen Sie sich vor, ein Arzt behandelt eine Patientin mit einer ernsten, möglicherweise tödlichen Krebserkrankung, und die Patientin sagt: „Sagen Sie mir, Herr Doktor, habe ich Krebs?" Was sollte der Doktor sagen? Indem er die Behandlung der Patientin übernommen hat, hat der Arzt ihr damit stillschweigend versprochen, sie nicht in irgendeiner Weise zu täuschen. Das Grundprinzip Nr. 1a, Treue, würde von ihm verlangen, dass er das Vertrauen der Patientin nicht enttäuscht, indem er ihr die Wahrheit vorenthält. Aber wenn er dieser Pflicht nachkommt und ihr die Wahrheit sagt, wird er genau die Hoffnung und den Mut zunichtemachen, die sie braucht, um gegen die Krankheit anzukämpfen, und damit jede Hoffnung auf Genesung. Aber das würde ihr ernsthaften Schaden zufügen, was das Grundprinzip Nr. 6, die Pflicht der Schadensvermeidung, verbietet. Daher kann man nicht sagen, er habe die Pflicht, das Unmögliche zu tun und beide Prinzipien zu befolgen. Er könnte vielleicht beschließen, Nr. 6 zu befolgen und der Patientin weniger zu sagen als die ganze Wahrheit.

Ross hätte dem zugestimmt; aber das heißt nicht, dass er dachte, das Grundprinzip der Treue sei nur scheinbar eine grundlegende Pflicht, und nun habe sich gezeigt, dass sie es nicht sei. Sie bleibe eine echte, grundlegende Pflicht, die man bei allen moralischen Entscheidungen berücksichtigen müsse. Nur dann, wenn zwei grundlegende „Pflichten“ im Widerspruch zueinander ständen, müsse eine Person entscheiden, welche von ihnen in diesem Fall das größere Gewicht haben sollte.

EINE BEWERTUNG DES INTUITIONISMUS: SEINE STÄRKEN UND SCHWÄCHEN

Utilitarismus und Konsequenzialismus gehören zu den lautesten Kritikern des Intuitionismus, aber im Vergleich zu diesen besitzt der Intuitionismus einige Merkmale, die ihn deutlich überlegen machen.

Stärken des Intuitionismus

- *Seine Ablehnung der Lehre, dass der Zweck die Mittel heiligt*

Neben diesem Merkmal sollten wir auch erwähnen, dass er darauf besteht, dass eine Handlung, um als moralisch richtig zu gelten, selbst mit bestimmten moralischen Prinzipien übereinstimmen muss, ungeachtet der guten Ergebnisse, die mit ihr erzielt werden.

- *Seine Betonung der Pflichten, die sich aus der Vergangenheit ergeben*

Im Handlungsutilitarismus und im Handlungskonsequenzialismus geht es allein darum, das Glück in Gegenwart und Zukunft zu maximieren. Eine Handlung ist moralisch richtig, wenn man damit das maximale Glück für die größtmögliche Anzahl von Leuten erreicht, ungeachtet der Frage, ob man dabei Verpflichtungen aus der Vergangenheit verleugnet. Der Intuitionismus hingegen besteht auf Pflichten der *Treue*, die sich aus Versprechen ergeben, die ich gegeben habe, oder Schuld, die ich in der Vergangenheit auf mich geladen habe; auf Pflichten der *Wiedergutmachung*, das heißt, dass ich für Fehler, die ich in der Vergangenheit begangen habe, Wiedergutmachung leiste; auf Pflichten der *Dankbarkeit*, die ich Leuten schulde, die mir in der Vergangenheit geholfen haben; und auf Pflichten der *Gerechtigkeit*, das heißt, dass Ungerechtigkeiten zu beseitigen sind, die anderen in der Vergangenheit zugefügt wurden.

- *Seine Betonung der persönlichen Pflichten gegenüber geliebten Menschen*

Im Rahmen der grundlegenden Pflicht der Dankbarkeit gegenüber jenen, die uns in der Vergangenheit geholfen haben, würde der Intuitionismus auch sagen, dass unser besonderes Pflichtgefühl gegenüber unseren Eltern und geliebten Menschen nicht nur zulässig, sondern aus moralischer Sicht unabdingbar ist. Darin unterscheidet er sich erneut vom Utilitarismus (denken Sie an den Fall vom Feuer im Krankenhaus).

- *Seine Betonung, dass Gerechtigkeit dem entsprechen muss, was jemand verdient hat*

Im Bereich der Gesetzgebung würde eine Gerechtigkeit, die dem entsprechen muss, was jemand verdient hat, die Hinrichtung eines Unschuldigen verbieten. Sie würde auch verbieten, einer Person Schaden zuzufügen um des Gemeinwohls einer Gesellschaft willen. Wir erinnern uns daran, dass der Utilitarismus und der Konsequenzialismus hier eine große Schwäche haben. Da das einzige von ihnen anerkannte Absolute das maximale Glück oder Wohl der größtmöglichen Anzahl von Menschen ist, gibt es bei ihnen kein absolutes Verbot, eine unschuldige Person zu schädigen, zu foltern oder sogar hinzurichten, wenn dies als notwendig für das Wohl der Gesellschaft als Ganzes betrachtet wird. Anthony Kenny protestiert gegen dieses Merkmal des Konsequenzialismus und schreibt:

> Konsequenzialisten wie Bentham beurteilen Handlungen anhand ihrer Konsequenzen, und es gibt keine Art von Handlung, die von vornherein ausgeschlossen wird. Wenn jemandem, der an das Naturgesetz glaubt, gesagt wird, dass irgendein Herodes oder Nero 5000 unschuldige Menschen getötet hat, kann er direkt sagen: „Das war eine böse Tat." Der Konsequenzialist muss, bevor er ein solches Urteil fällen kann, sagen: „Erzähle mir mehr." Was waren die Konsequenzen des Massakers? Was wäre passiert, wenn der Herrscher den Fünftausend erlaubt hätte, weiterzuleben?
>
> Der Konsequenzialismus, dessen Ursprünge auf Bentham zurückgeführt werden können, ist heutzutage unter Berufsphilosophen weitverbreitet. Ein gründlicher Konsequenzialismus ist wahrscheinlich in der Theorie populärer als in der Praxis: Außerhalb von

> Philosophietagungen glauben wohl die meisten Menschen, dass manche Handlungen so ungeheuerlich sind, dass sie von vornherein moralisch ausgeschlossen werden sollten. Sie lehnen die Vorstellung ab, dass sich jemand buchstäblich von nichts aufhalten lassen sollte, wenn er versucht, mit einer Handlung wünschenswerte Resultate herbeizuführen. Doch in aktuellen Diskussionen wie z. B. bei Themen der Medizinethik sind es die Konsequenzialisten, die in der Gestaltung der Politik das größere Sagen haben, zumindest in englischsprachigen Ländern. Dies ist so, weil sie Begriffe von Kosten und Nutzen verwenden, die Technologen und Politiker instinktiv verstehen. Und auch in der allgemeinen Öffentlichkeit gibt es viele Leute, die Benthams Misstrauen gegenüber der Vorstellung teilen, dass bestimmte Arten von Handlungen absolut verboten sind.[90]

Verglichen mit dem Utilitarismus und dem Konsequenzialismus ist der Intuitionismus, der darauf besteht, dass Gerechtigkeit dem entsprechen muss, was jemand verdient hat, diesen also ausgesprochen überlegen. Doch durch die Behauptung (wie Kenny in der Folge aufzeigt), dass etwas absolut verboten ist, wird folgende Frage aufgeworfen: Wenn es kein absolutes Verbot einer Sache geben kann ohne jemanden, der diese verbietet, wer ist dann derjenige, der diese absoluten Verbote festlegt? Kenny hat darauf eine eigene Antwort, die wir später noch sehen werden. Aber zunächst müssen wir uns der Frage zuwenden, ob der Intuitionismus eine zufriedenstellende Antwort auf diese Frage hat.

90 *An Illustrated Brief History of Western Philosophy*, 312

Schwächen des Intuitionismus

- *Ross' Versuch, die grundlegenden und abgeleiteten Pflichten zu systematisieren*

Ross selbst war nicht zufrieden mit seiner Liste der grundlegenden Pflichten. Er betrachtete sie als ersten Versuch, der später noch nachgebessert werden könnte. Noch nicht einmal alle Intuitionisten stimmen allen Punkten auf der Liste zu. Manche halten z. B. das Sagen der Wahrheit nicht für eine *abgeleitete* Pflicht, die sich aus der grundlegenden Pflicht ergibt, ein gegebenes Versprechen zu halten. Es sei genau anders herum: Das Sagen der Wahrheit sei eine *grundlegende* Pflicht, und aus ihr ergebe sich die abgeleitete Pflicht, Versprechen zu halten.

Andere sind der Ansicht, dass einige der Punkte, die Ross als separate grundlegende Pflichten auflistet (wie Gerechtigkeit, Wohltätigkeit und Schadensvermeidung – Nr. 3, 4 und 6), auch einfach zu *einer* Pflicht zusammengefasst werden können – der Pflicht, nach dem Glück und der Zufriedenheit der Menschen zu streben (so wie es auch die Utilitaristen tun).

- *Ross' Doppelbehauptung, die grundlegenden Pflichten seien selbstevident und würden intuitiv wahrgenommen*

Wenn sogar Intuitionisten untereinander uneinig sind, was die grundlegenden Pflichten sind, ist es verständlich, wenn ihre Kritiker argumentieren, dass diese Pflichten nicht selbstevident sein können. Christen würden vorschlagen, dass die Intuitionisten besser so wie das Neue Testament sagen sollten, dass wir gewisse grundlegende moralische Prinzipien kennen, weil sie uns durch unseren Schöpfer in unsere Natur geschrieben wurden (Röm 2,14-15).

- *Kein oberstes Ziel oder allumfassendes Prinzip als endgültige Richtschnur für praktische moralische Entscheidungen*

Das oberste Ziel des Christentums ist die Herrlichkeit Gottes, und sein allumfassendes Prinzip ist es, Gott zu lieben mit Herz, Geist, Seele und aus ganzer Kraft und seinen Nächsten wie sich selbst. Das Hauptziel des

Utilitarismus ist das Glück, und sein allumfassendes Prinzip ist die Maximierung des Glücks für die größtmögliche Anzahl von Leuten.

Der Intuitionismus hingegen scheint kein Hauptziel zu haben – außer vielleicht ein gutes Benehmen und das Allgemeinwohl der Menschheit; er kennt kein allumfassendes Prinzip, das uns in einem moralischen Dilemma Orientierungshilfe geben könnte.

- *Keine Grundlage und damit keine letzte Autorität*

Die christliche Ethik gründet sich auf den Charakter und den Willen Gottes, die utilitaristische Ethik auf die Natur und die psychologische Veranlagung des Menschen. Die intuitionistische Ethik scheint sich jedoch auf gar nichts zu gründen. Sie behauptet zwar, dass die grundlegenden Pflichten intuitiv wahrgenommen werden. Aber auf die Frage, wie diese Pflichten entstanden sind, sodass die Intuition sie wahrnehmen kann, hat sie anscheinend keine Antwort. Sie hat daher auch keine adäquate Antwort auf eine noch tiefere Frage: Angenommen, diese grundlegenden Pflichten können intuitiv wahrgenommen werden, warum sollte sie überhaupt irgendjemand ernst nehmen? Welche Autorität besitzen sie? Gibt es kein absolutes Grundprinzip, keine Pflicht, die uns gebietet, all die untergeordneten Grundprinzipien zu erfüllen? Warum sollten diese dann überhaupt jemandem wichtig sein?

Das ist das gleiche Problem, das auch beim Kontraktualismus auftritt. McNaughton meint, dass er eine adäquate Antwort hat. Er schreibt:

> Ich wende mich nun dem vierten Einwand zu, der gegen Intuitionismus vorgebracht wird ... Er behauptet, dass wir gewisse moralische Tatsachen kennen, aber ... Warum könnte dann nicht jemand diese moralischen Tatsachen einfach zur Kenntnis nehmen und einfach weitermachen, ohne sie zu beachten?
>
> Dieser uralte Einwand gegen den Intuitionismus ist eine absolute Nullnummer. Tatsachen können uns im richtigen Zusammenhang Gründe dafür liefern, etwas zu glauben oder etwas zu tun. Dieser große Lkw, der auf einen zurast, ist ein Grund, aus dem Weg zu gehen. Dass sie eine ehrliche und verlässliche Person ist, ist ein Grund, ihrer Aussage zu glauben. Wir können natürlich feststellen, dass eine Tatsache zutrifft, ohne dabei auch festzustellen, dass sie uns einen Grund zum Handeln gibt. ... Aber oft erkennen wir nicht, dass eine

> Tatsache nicht nur zutrifft, sondern uns auch einen Grund zum Handeln gibt. ... Der Intuitionist behauptet, wir könnten erkennen, dass gewisse Arten von Tatsachen – z. B., dass ich jemandem ein Versprechen gegeben habe oder dass diese Person Hilfe braucht – uns einen Grund zum Handeln liefern.[91]

Aber dieses Argument unterscheidet nicht zwischen einem *Grund*, etwas zu tun, und der *Pflicht, es zu tun.*[92] Wenn ich eine Packung Süßigkeiten kaufen will, liefert mir die Tatsache, dass der Süßigkeitenladen in zehn Minuten schließt, einen Grund, mich zu beeilen. Aber diese Tatsache legt mir keine moralische Pflicht auf, mich zu beeilen. Und schließlich behauptet Ross, dass das, was wir intuitiv wahrnehmen, keine Reihe von *Tatsachen* sind, sondern eine Reihe von grundlegenden Prima-facie-*Pflichten*. Er behauptet, dass diese nicht logisch von anderen Überlegungen hergeleitet werden. Also sind sie in diesem Sinne nicht abgeleitet. Sie müssen aber auf etwas basieren, wenn sie die Autorität haben wollen, uns Pflichten auferlegen zu können. Dünne Luft hat noch nie jemandem irgendeine Pflicht auferlegt.

Kennys Kommentar zu der Vorstellung, dass manche Arten von Handlungen absolut verboten sind, trifft den Nagel auf den Kopf:

> Wo, fragen die Leute, kommen dieses absoluten Verbote her? Religiöse Menschen betrachten sie zweifellos als etwas, was von Gott kommt; aber wie können sie Ungläubige davon überzeugen? Kann es ein Verbot geben ohne jemanden, der verbietet?[93]

Das stimmt. Viele ernsthafte ethische Denker glauben nicht an Gott; aber sie müssen noch immer eine Antwort auf die Frage finden: Wer oder was hat die Autorität, diese Verbote festzulegen, zu deren Befolgung wir absolut verpflichtet sind? Kennys Antwort lautet wie folgt:

> Die Antwort liegt in der Natur der Moral selbst. Es gibt drei Elemente, die für die Moral wesentlich sind: eine moralische Gemeinschaft, eine Reihe von moralischen Werten und ein moralischer Kodex. ... das moralische Leben der Gemeinschaft besteht aus dem gemeinsamen

91 *Intuitionismus,* 283

92 Siehe dieselbe Schwäche in Rachels Argument für den ethischen Naturalismus in Kap. 2.

93 *An Illustrated Brief History of Western Philosophy*, 312

> Streben nach nicht materiellen Werten wie Fairness, Wahrheit, Mitmenschlichkeit, Freiheit.[94]

Auch das stimmt. Aber woher erhält eine Gemeinschaft diese Reihe von moralischen Werten, die ihre Mitglieder dann teilen? Entwickelt die Gemeinschaft diese in ihrem eigenen „kollektiven" Geist? Hierzu wieder Kenny:

> Die Antwort auf die Frage „Wer ist derjenige, der etwas verbietet?" lautet, dass es die Mitglieder der moralischen Gemeinschaft sind: Zur Mitgliedschaft in einer gemeinsamen moralischen Gesellschaft gehört die Zustimmung zu einem gemeinsamen Kodex.[95]

Aber das ist genau das, was Geoffrey Sayre-McCord als Argument für den modernen Kontraktualismus anführt (in Kap. 3), und wir haben gesehen, dass er die Unzulänglichkeit der Antwort eingesteht. Und wir könnten hinzufügen: Wenn die Gemeinschaft der Ursprung des moralischen Kodex ist, auf den sich alle seine Mitglieder verpflichten, und wenn es die Gemeinschaft ist, die Dinge gebietet oder verbietet – was passiert, wenn die Gemeinschaft, um die es geht, Hitlerdeutschland ist?

Es ist eine Tatsache, dass viele ernsthafte Denker Schwierigkeiten haben, Gott als Autorität hinter der Moral zu akzeptieren; aber es ist auch eine Tatsache, dass sie Schwierigkeiten haben, einen adäquaten Ersatz dafür zu finden, wer nun die Dinge gebietet oder verbietet.

94 *An Illustrated Brief History of Western Philosophy*, 312
95 *An Illustrated Brief History of Western Philosophy*, 312

7

KANTSCHE ETHIK

Handle so, dass du die Menschheit,
sowohl in deiner Person,
als in der Person eines jeden anderen,
jederzeit zugleich als Zweck,
niemals bloß als Mittel brauchest.

Kant, Metaphysik der Sitten

DIE GRUNDPRINZIPIEN DER KANTSCHEN ETHIK

In einem vorherigen Buch dieser Serie haben wir uns eingehend mit Immanuel Kants Erkenntnistheorie befasst[96]; hier betrachten wir nun seine Ethiktheorie. In den letzten zwei Jahrhunderten hat sie sich neben dem Utilitarismus als eine der einflussreichsten Ethiktheorien erwiesen. Einige ihrer Prinzipien sind zu einem festen Bestandteil des Denkens vieler Menschen geworden, ohne dass diese sich selbst unbedingt als überzeugte Kantianer gesehen hätten oder sich auch immer bewusst waren, dass sie Kants Prinzipien folgen. Die Hauptquelle von Kants Ethik ist seine *Grundlegung zur Metaphysik der Sitten*, die zuerst im Jahr 1785 veröffentlicht wurde.[97]

Kant war der bedeutendste der Philosophen der Aufklärung. Sein Ethikansatz war eher der des Rationalismus als des Empirismus. Die Vernunft erkennt nach Kant, was moralisch richtig und falsch ist. Außerdem war er der Überzeugung, dass die Vernunft universell sei; daher würde jeder, der sich allein durch die Vernunft leiten ließe, zur selben Sicht von Moral kommen wie er selbst.

Die Unentbehrlichkeit des guten Willens

Im Gegensatz zum Utilitarismus ist Kants Ethiksystem äußerst deontologisch. Für Kant ist die höchste Form des Guten der *gute Wille.* Er schreibt: „Es ist überall nichts in der Welt, ja überhaupt auch außer derselben zu denken möglich, was ohne Einschränkung für gut könnte gehalten werden, als allein ein *guter Wille.*“[98] Und einen guten Willen zu haben, bedeutet, seine Pflicht zu tun, das heißt, die moralisch guten Dinge zu tun, die die Pflicht

96 Siehe Kap. 3 – „Die Erkenntnistheorie von Immanuel Kant“ in Band 2: *Was können wir wissen?*

97 Die Zitate stammen aus: Kant, *Grundlegung zur Metaphysik der Sitten*, Suhrkamp Studienbibliothek: Frankfurt a. M., 2007

98 *Metaphysik,* 1. Abs., 18

von einem fordert, und sie aus keinem anderen Grund und zu keinem anderen Zweck zu tun, als um seine Pflicht zu erfüllen.

Für Kant war es z. B. keine moralisch gute Handlung, einem armen Menschen aus Mitleid eine Gabe zu geben. Denn wenn wir etwas aus Mitleid geben, impliziert dies, dass wir es nicht tun würden, wenn wir kein Mitleid gefühlt hätten - während es doch unsere Pflicht war, ihr die Gabe zu geben, ob wir nun Mitleid empfinden oder nicht. Wir hätten der armen Person einfach nur deswegen helfen sollen, weil es unsere Pflicht war.

Etwas nur deswegen zu tun, weil man sich die guten Folgen der Handlung wünscht, war für Kant ebenfalls keine moralisch gute Handlung. Denn dann handelt man einfach nur aus Eigeninteresse. Wir sollen etwas einfach deswegen tun, weil es unsere Pflicht ist, ungeachtet dessen, ob es gute Folgen hat oder nicht. (Wir stellen fest, dass dies genau das Gegenteil von dem ist, was Utilitarismus und Konsequenzialismus sagen.) Kant selbst verwendet das folgende Beispiel:

> Z. B. es ist allerdings pflichtmäßig, dass der Krämer seinen unerfahrenen Käufer nicht überteuere, und wo viel Verkehr ist, tut dieses auch der kluge Kaufmann nicht, sondern hält einen festgesetzten allgemeinen Preis für jedermann, sodass ein Kind ebenso gut bei ihm kauft als jeder anderer. Man wird also *ehrlich* bedient; allein das ist lange nicht genug, um deswegen zu glauben, der Kaufmann habe aus Pflicht und Grundsätzen der Ehrlichkeit so verfahren; sein Vorteil erforderte es; dass er aber überdem noch eine unmittelbare Neigung zu den Käufern haben sollte, um gleichsam aus Liebe keinem vor dem andern im Preise den Vorzug zu geben, lässt sich hier nicht annehmen. Also war die Handlung weder aus Pflicht noch aus unmittelbarer Neigung, sondern bloß in eigennütziger Absicht geschehen.[99]

Außerdem soll eine Handlung, die mit bösen Absichten geschehen ist, aber dennoch gute Ergebnisse gehabt hat, daher nicht als moralisch gute Handlung betrachtet werden. Auch wenn die Ergebnisse gut waren - der Wille des Täters bzw. der Täterin war nicht gut, sondern böse; und es sind nicht die guten Ergebnisse einer Handlung, die diese moralisch gut machten. Die Handlung muss an sich moralisch gut sein und aus dem alleinigen Motiv erfolgen, die eigene Pflicht zu erfüllen.

---

99 *Metaphysik*, 1. Abs., 23

Das Gebot, das uns aufträgt, unsere Pflicht zu tun, ist ein kategorischer Imperativ

Um zu verstehen, was dies bedeutet, müssen wir uns den Unterschied zwischen kategorischen Imperativen und hypothetischen Imperativen vor Augen halten. Letztere haben die Form: „Möchtest du X, tue Y." „Möchtest du bei den Olympischen Spielen eine Goldmedaille gewinnen, trainiere jeden Tag ohne Ausnahme sechs Stunden." „Willst du abnehmen, iss weniger." Diese Art von Imperativ bezeichnet man als hypothetisch, weil er uns sagt, was wir tun müssen, wenn wir etwas erhalten oder tun wollen, z. B. bei den Olympischen Spielen eine Goldmedaille gewinnen oder abnehmen. Aber natürlich kann es auch sein, dass man gar keine olympische Goldmedaille gewinnen oder abnehmen will, und in diesem Fall muss man den Rat auch nicht befolgen. Schließlich war es nur ein Rat, und er hing davon ab, dass man dies auch wollte. Ihnen wurde nicht gesagt, dass es Ihre *Pflicht* ist, sechs Stunden am Tag zu trainieren, um abzunehmen, ob Sie dies nun wollen oder nicht.

Ein weiteres Beispiel für einen hypothetischen Imperativ ist: „Wenn du respektiert werden möchtest, sage immer die Wahrheit." Das ist ein sehr vernünftiger Ratschlag, aber wieder ist er abhängig von einer Voraussetzung, nämlich dass Sie respektiert werden möchten. Ein kategorischer Imperativ hingegen gebietet etwas unabhängig von irgendeiner Voraussetzung. Er sagt Ihnen, dass es Ihre absolute Pflicht ist, etwas zu tun, ob Sie dies nun wollen oder nicht, ob Sie damit ein gutes Ergebnis erzielen wollen oder nicht, ob es Ihnen sehr oder gar nicht gefällt. „Sage immer die Wahrheit." „Ermorde niemals einen Menschen." „Zahle deine Schulden zurück." „Halte deine Versprechen."

Laut Kant ist das Grundprinzip, das allen rechten Handlungen zugrunde liegt und diese motiviert, der kategorische Imperativ: Tue immer deine Pflicht, und tue sie mit gutem Willen, das heißt mit der Absicht, sie allein deswegen zu tun, weil es deine Pflicht ist.

Dies wirft jedoch folgende Frage auf: Wie kann ich in den unzähligen Situationen im Leben wissen, was meine Pflicht ist? Anhand welches allgemeinen Kriteriums oder welcher allgemeinen Kriterien soll ich dies entscheiden? Mit anderen Worten: Was wir hier brauchen, ist keine Liste von konkreten Geboten für verschiedene Handlungsfelder, sondern ein generelles Prinzip, das unser Grunddenken leitet. Um eine Antwort darauf zu geben, gliedert sich Kants kategorischer Imperativ in drei Formulierungen.

DIE DREI FORMULIERUNGEN DES KATEGORISCHEN IMPERATIVS

Die erste Formulierung

Der kategorische Imperativ besagt:

> Der kategorische Imperativ ist also nur ein einziger, und zwar dieser: *Handle nur nach derjenigen Maxime, durch die du zugleich wollen kannst, dass sie ein allgemeines Gesetz werde.*[100]

Mit anderen Worten: Man soll sich so verhalten, als ob man damit ein Gesetz für alle festlegt. Kant gibt mehrere Beispiele, um zu veranschaulichen, was er meint. Hier eines davon:

> Stellen Sie sich vor, ich habe kein Geld mehr. Ich beschließe, mir Geld zu leihen, und verspreche, es zurückzuzahlen, obwohl ich weiß, dass ich es niemals zurückzahlen werden kann. Dann würde ich mich gemäß der Maxime verhalten: „Immer, wenn ich glaube, nicht genug Geld zu haben, werde ich mir Geld leihen und versprechen, es zurückzuzahlen, obwohl ich weiß, dass dies niemals geschehen wird." Ich kann nicht wollen, dass sich jeder gemäß dieser Maxime verhält, denn wenn dies jeder täte, würde die ganze Institution des Versprechens zusammenbrechen.[101]

Hier verbietet der kategorische Imperativ 1.) *Parteilichkeit:* Ich darf nicht so handeln, als gäbe es ein bestimmtes Gesetz für mich und für alle anderen ein anderes; und 2.) *logische Inkonsistenz:* Wenn sich jeder so verhielte wie ich und Versprechen bräche, würde niemand jemals wieder Geld verleihen, weder an mich noch an irgendjemand anderen, denn niemand würde jemals wieder irgendwelche Versprechen glauben. Mit anderen Worten: Meine Handlungen könnten nicht für allgemeingültig erklärt werden, denn würden sie es, würde dies logische und praktische Widersprüche mit sich bringen, die Kant *Widersprüche im Naturgesetz* nennt.

Doch Kant nennt noch ein weiteres Beispiel, und darin beschreibt er ein etwas anderes Prinzip:

100 *Metaphysik,* 2. Abs., 52
101 Vgl. *Metaphysik,* 2. Abs., 54

> Noch denkt ein *Vierter*, dem es wohl geht, indessen er sieht, dass andere mit großen Mühseligkeiten zu kämpfen haben (denen er auch wohl helfen könnte): Was geht's mich an? Mag doch ein jeder so glücklich sein, als es der Himmel will oder er sich selbst machen kann, ich werde ihm nichts entziehen, ja nicht einmal beneiden; nur zu seinem Wohlbefinden oder seinem Beistande in der Not habe ich nicht Lust etwas beizutragen! Nun könnte allerdings, wenn eine solche Denkungsart ein allgemeines Naturgesetz würde, das menschliche Geschlecht gar wohl bestehen, und ohne Zweifel noch besser, als wenn jedermann von Teilnehmung und Wohlwollen schwatzt, auch sich beeifert, gelegentlich dergleichen auszuüben, dagegen aber auch, wo er nur kann, betrügt, das Recht der Menschen verkauft oder ihm sonst Abbruch tut. Aber obgleich es möglich ist, dass nach jener Maxime ein allgemeines Naturgesetz wohl bestehen könnte: So ist es doch unmöglich, zu *wollen*, dass ein solches Prinzip als Naturgesetz allenthalben gelte. Denn ein Wille, der dieses beschlösse, würde sich selbst widerstreiten, indem der Fälle sich doch manche ereignen können, wo er anderer Liebe und Teilnehmung bedarf und wo er, durch ein solches aus seinem eigenen Willen entsprungenes Naturgesetz, sich selbst alle Hoffnung des Beistandes, den er sich wünscht, rauben würde.[102]

Im Gegensatz zum ersten Beispiel könnte hier die Maxime „Hilf anderen nicht, die in Not sind" ohne logische oder praktische innere Widersprüche für allgemeingültig erklärt werden. Die Gesellschaft würde trotzdem überleben. Aber Kant will hier Folgendes sagen: Der Mensch selbst, der nach dieser Maxime handelt, kann nicht wollen, dass sie für alle gilt. Denn wenn dies so wäre, würde die Maxime, sobald sie verallgemeinert ist, ihn von eben jener Hilfe abschneiden, die er eines Tages vielleicht benötigen wird. Dies nennt Kant nicht einen Widerspruch in der Natur, sondern einen *Widerspruch im Willen.*

102 *Metaphysik,* 2. Abs., 55–56

- *Punkte zum Nachdenken*

Wird er so angewandt wie im ersten Beispiel, ist Kants kategorischer Imperativ zweifellos ein exzellenter Leitsatz, da er die hässliche Parteilichkeit ausschließt, die z. B. sagt: „Ein Gesetz für die Reichen, ein anderes für die Armen", oder die zwar das Gesetz für andere Leute festlegt, hinter den Kulissen jedoch selbst das Gesetz bricht.

Ebenso setzt der kategorische Imperativ einen exzellenten moralischen Standard, wie im zweiten Beispiel deutlich wird. Zunächst einmal scheint er dasselbe zu sagen wie die sogenannte „goldene Regel": „Alles nun, was ihr wollt, dass euch die Menschen tun sollen, das tut ihr ihnen auch! Denn darin besteht das Gesetz und die Propheten" (Mt 7,12). Sie warnt uns vor einer Selbstbezogenheit, die von anderen Hilfe erwartet, obwohl wir selbst nicht dazu bereit sind, anderen zu helfen.

Manche Kritiker haben jedoch behauptet, dass Kant hier unbeabsichtigt sein Prinzip „Tue deine Pflicht um der Pflicht willen, ungeachtet der Konsequenzen und ohne den eigenen Nutzen zu suchen" aufgegeben hat und unbewusst in den Utilitarismus geraten ist: „Hilf immer anderen, die in Not sind, denn wenn du dies nicht tust, werden die Konsequenzen deiner Untätigkeit schmerzlich für dich sein, denn niemand wird dir helfen, wenn du in Not gerätst."

Aber eigentlich ist diese Kritik nicht fair. Kant sagt nicht: „Du solltest aus Eigeninteresse handeln und anderen immer helfen, sodass sie dann wiederum dir helfen." Auch gibt er uns keinen hypothetischen Imperativ: „Wenn du willst, dass andere dir helfen, hilf ihnen zuerst." Er veranschaulicht die erste Formulierung seines kategorischen Imperativs: „Wenn du etwas tun willst (oder nicht tun willst), solltest du im Umkehrschluss auch gleichzeitig wollen, dass alle anderen in der Welt auch das Gleiche tun (oder nicht tun) wollen. Wenn du dich also weigerst, anderen in Not zu helfen, willst du damit im Umkehrschluss, dass niemand in der großen weiten Welt jemals irgendjemandem in Not hilft, nicht einmal dir selbst." Kant sagt uns also nicht, dass wir anderen helfen sollen, *damit* sie wiederum uns helfen. Er sagt, dass, wenn wir uns prinzipiell weigerten, anderen zu helfen, unser eigenes Prinzip, würde es für alle gelten, allen anderen in der Welt ausdrücklich verbieten würde, jemals jemand anderem zu helfen – und das ist absurd.

Zweite Formulierung
Der kategorische Imperativ sagt:

> Handle so, dass du die Menschheit, sowohl in deiner Person als in der Person eines jeden anderen, jederzeit zugleich als Zweck, niemals bloß als Mittel brauchest.[103]

- *Die Unterscheidung zwischen Mittel und Zweck*

Die Unterscheidung zwischen *Mittel* und *Zweck* im philosophischen Denken geht auf Aristoteles zurück. Er meinte, dass jedes lebende Ding in der Natur seinen Zweck bzw. sein Ziel hat in dem Sinne, dass es beispielsweise das Ziel einer Eichel ist, einmal zu einer Eiche zu werden. Dann übertrug er die Idee auf die Menschen im Sinne des Zieles oder des höchsten Gutes, das sie im Leben anstreben bzw. anstreben sollten. Und weiter definierte er „Zweck" in diesem Sinne als etwas, was man um seiner selbst willen anstrebt und nicht als Mittel zu einem größeren Ziel.

Nun kann eine Person im praktischen Leben viele kleinere Ziele haben, die wieder zu größeren Zielen werden. So ist die Arbeit für einen Mann das Mittel, um Geld zu verdienen. Aber das Geld ist kein Ziel an sich. Er braucht es als Mittel, um Nahrungsmittel für sich und seine Familie zu kaufen, damit sie leben können. Aber vielleicht spielt er auch Geige, nicht als Mittel zum Geldverdienen, nicht als Mittel zur Förderung seiner Kariere, sondern einfach zum Selbstzweck – aus reiner Freude am Musizieren.

- *Was Kant mit den Begriffen „Mittel" und „Zweck" beabsichtigt*

Niemals, so der kategorische Imperativ, dürfen wir andere Menschen nur als Mittel benutzen, als Werkzeuge zu unserem eigenen Zweck, um unsere eigenen Ziele zu erreichen. Beachten Sie den Ausdruck „*bloß* als Mittel". Es ist nicht verkehrt, Menschen als Mittel zu benutzen. Das tun wir alle, wenn wir z. B. einen Friseur unsere Haare schneiden lassen, einen Taxifahrer uns irgendwohin fahren lassen oder einen Bäcker unser Brot backen lassen. Ebenso benutzt der Staat Lehrer als Mittel, Schülern Bildung zu vermitteln, und Ärzte, um Krankheiten zu heilen.

103 *Metaphysik*, 2. Abs., 62

Aber der Punkt ist, dass wir andere niemals *bloß* als Mittel benutzen sollten. Wie viele seiner Zeitgenossen ließ Aristoteles einige Menschen als Sklaven für sich arbeiten. Er bezeichnete sie als „lebende Werkzeuge" und behandelte sie nur als Mittel zur Erreichung seiner eigenen Ziele. Wenn wir hingegen einen Bauunternehmer damit beauftragen, ein Haus für uns zu bauen, sind wir uns bewusst, dass er nicht nur ein Werkzeug ist, mit dem wir unsere eigenen Absichten umsetzen. Er ist ein Mensch mit eigenen Wünschen und Absichten im Leben, und er muss die Freiheit haben, seine eigenen Ziele wählen und verfolgen zu können. Wenn wir ihn also beauftragen, ein Haus für uns zu bauen, treffen wir eine Vereinbarung mit ihm, und er sagt uns aus freien Stücken zu, eine Dienstleistung für uns zu erbringen, weil sie seinem eigenen unmittelbaren Ziel dient, Geld zu verdienen und seinen Lebensunterhalt zu sichern, und vielleicht auch, weil er Freude daran hat, seine Fähigkeiten einzusetzen.

> ⚖ *Handle so, dass du die Menschheit, sowohl in deiner Person als in der Person eines jeden andern, jederzeit zugleich als Zweck, niemals bloß als Mittel brauchest.*
> *Kant, Metaphysik*

Die zweite Formulierung des kategorischen Imperativs fordert uns also auf, immer die Unabhängigkeit, den Wert, die Bedeutung, die Integrität und die Würde jedes Menschen zu achten. Kein Mensch wurde auf diese Erde gesetzt, um nur ein Mittel für andere Menschen zur Erfüllung ihrer Zwecke zu sein. Jeder Mensch ist ein Zweck in sich selbst und braucht keinen anderen Grund für seine Existenz außer der Tatsache, dass er existiert.

Menschen als Zweck zu behandeln heißt also, dass man sich bewusst ist, dass sie als Zwecke an sich existieren, und dass man ihnen nicht nur erlaubt, ihre eigenen Entscheidungen und Wünsche so weit wie möglich umzusetzen und so zu Selbsterfüllung zu kommen, sondern ihnen auch, soweit es uns möglich ist, bei der Erfüllung ihrer eigenen Zwecke zu helfen.

• *Punkte zum Nachdenken*

Auch dieses Prinzip, das Kant hier formuliert, ist äußerst wichtig. Es hat Auswirkungen auf unser Privatleben. Normalerweise verachten wir Leute, die andere einfach für ihre eigenen Zwecke einspannen und sie dann fallen lassen, wenn sie bekommen haben, was sie wollten. Es hat auch Konsequenzen für die Wirtschaftswelt. Viel zu oft benutzten während der industriellen Revolution Fabrikbesitzer ihre Arbeiter so, als wären sie nur Zahnräder in einer Maschine. Und wenn die Zahnräder abgenutzt waren oder nicht mehr gebraucht wurden, wurden sie einfach hinausgeworfen. Sogar kleine Kinder wurden gezwungen zu arbeiten, wobei das wahre Ziel eines Kindes, nämlich sich körperlich und geistig zu einem gesunden und gebildeten Erwachsenen zu entwickeln, völlig missachtet wurde.

Was wir zuvor gesagt haben – „Kein Mensch wurde auf diese Erde gesetzt, um nur ein Mittel für andere Menschen zur Erfüllung ihrer Zwecke zu sein" –, ist absolut wahr. Aber die weitere Aussage „Jeder Mensch ist ein Zweck in sich selbst und braucht keinen anderen Grund für seine Existenz außer der Tatsache, dass er existiert" ist auch wahr in dem Sinne, dass die Gesellschaft jedes einzelne Individuum so behandeln sollte. Aber um der ganzen Wahrheit nach biblischer Sicht vom Menschen zu entsprechen, müsste die Aussage erweitert werden. Danach ist der Hauptzweck des Menschen, wie wir zuvor festgestellt haben, „Gott zu verherrlichen und sich für immer an ihm zu erfreuen". Und nach dem Neuen Testament ist das Ziel, das Gott für jeden Menschen im Blick hat (wenn er dies für sich annimmt), die Verbindung zu Christus und seine eigene endgültige Verherrlichung: dass wir dem Bild des Sohnes Gottes ähnlich werden an Leib, Seele und Geist durch Gottes Gnade und das Wirken des Heiligen Geistes. Bei unserem Umgang mit unseren Mitmenschen sollten wir immer dieses Ziel im Blick haben; alles, was die Erreichung dieses Zieles behindert oder verhindert, ist per Definition von Übel.

> ⚖ *Jeder Mensch ist ein Zweck in sich selbst und braucht keinen anderen Grund für seine Existenz außer der Tatsache, dass er existiert.*

Dritte Formulierung

Der kategorische Imperativ sagt:

> Handle so, als ob du *durch deine Maxime ein gesetzgebendes Glied eines Reichs der Zwecke wärst.*[104]

Die dritte Formulierung ist der Ausgleich zwischen der ersten und der zweiten. Die erste und zweite betonen die Auswirkungen, die meine Handlungsmaximen auf andere Menschen haben: Ich muss gemäß der Leitsätze handeln, von denen ich es mir logisch wünschen könnte, dass sie zum allgemeinen Gesetz für alle werden; und ich muss andere Leute als Zweck in sich

104 Vgl. *Metaphysik,* 2. Abs., 74

selbst behandeln. Diese dritte Formulierung erinnert mich daran, dass ich nicht das einzige Mitglied des Landes bin, zu dem ich gehöre. Ich bin nicht der Einzige, der das Recht und die Pflicht hat, Verhaltensleitsätze zu befolgen, die meiner Überzeugung nach zum universellen Gesetz für alle werden sollten. Jeder andere im Staat hat das Recht und die Pflicht, sich ebenso zu verhalten; und ich muss sein Recht respektieren. Klar ist: Wenn sich jeder so verhielte, würde niemand jemals andere auf unfaire Weise ausnutzen. Aber was passiert, wenn gleichermaßen vernünftige Menschen unterschiedlicher Meinung darüber sind, welche Leitsätze für alle gelten sollten? Vielleicht ist die beste politische Antwort darauf, die bis heute gefunden wurde, eine echte Demokratie, in der die Menschen weitestgehend die Freiheit haben, ihre eigenen Entscheidungen im Hinblick auf ihre eigenen Zwecke zu treffen, und doch bereit sind, die notwendigen Kompromisse einzugehen aus Respekt gegenüber den Zwecken anderer Menschen.

EINE KRITISCHE BEWERTUNG DER KANTSCHEN ETHIK

Bis jetzt haben wir die starken und wertvollen Elemente in der kantschen Ethik untersucht. Jetzt müssen wir die Kritikpunkte betrachten, die gegen sie vorgebracht wurden. Die größte Kritik betrifft ihren Rang, ihre Grundlage und ihre letzte Autorität.

Eine unbeantwortete Frage

Kant war Rationalist, und für ihn war Moral in der Vernunft begründet. Es waren die selbstevidenten Prinzipien, entdeckt von der menschlichen Vernunft, die die Grundlage seiner Ethik bildeten. Empiristen sind da natürlich anderer Meinung. D. D. Raphael kommentiert Kants Regel, dass wir andere Menschen als Zwecke an sich selbst behandeln sollen, wie folgt:

> Wie erreichen wir das Prinzip der Zwecke? Sollte es etwa selbstevident sein? Kant selbst war Rationalist. Er behauptete, man erkenne durch Vernunftgebrauch, dass der kategorische Imperativ wahr sei. Wir müssen diese Sicht nicht teilen. Wenn wir aus allgemeinen philosophischen Gründen meinen, dass man besser dem Empirismus folgt, das heißt Ideen und Überzeugungen aus Sinneserfahrungen erklärt, dann können wir unser fundamentales Ethikprinzip auf dieselbe Weise erklären, wie es ein empiristischer Utilitarist mit seinem

> Prinzip tut. Die Fähigkeit zur Empathie ist das, was uns befähigt, als moralische Wesen zu urteilen und zu handeln. Wir können uns in die Lage anderer versetzen; wir können uns vorstellen, was wir uns in ihrer Situation wünschen und wie wir uns entscheiden würden. Mitgefühl ist das, was uns dazu bringt, so zu handeln, dass wir den Zwecken anderer Menschen dienen, dass wir ihre Ziele so nachempfinden, wie wir für unsere eigenen empfinden.[105]

Zweifellos ist richtig, was Raphael über den Wert von Empathie und ihre Auswirkungen sagt, und viele Menschen werden diese warmherzige Erklärung der eher kühlen Erklärung Kants vorziehen. Sicherlich sollten wir alle lernen, dies zu praktizieren. Aber es bleibt eine Frage offen, die mit der Empathie nicht erklärt werden kann, wie Raphael nun einräumt:

> Die empiristische Herangehensweise an das Prinzip der Zwecke liefert keine vollständige Antwort auf die Frage, wie wir wissen können, ob unser grundlegendes Prinzip auch wahr ist. Genauso wenig wie die empiristische Form des Utilitarismus zeigt auch diese uns nicht, wie wir von einer positiven psychologischen Erklärung zu einem normativen Urteil kommen können. Es heißt, dass Empathie ein Urteil und ein Motiv einer selbstlosen Verpflichtung erzeugt, welches zum ureigenen Motiv des Eigeninteresses hinzukommt. Aber es wird nicht erklärt, warum die Forderungen der Empathie höher als die des Eigeninteresses betrachtet werden sollten. ... Die empiristische Version liefert uns eine positive psychologische Erklärung für das Pflichtgefühl anderen gegenüber, schafft es jedoch nicht, uns einen guten Grund für ein normatives Urteil über selbstlose Verpflichtungen im Verhältnis zum natürlichen Selbstinteresse zu liefern.[106]

So stellen wir, wie zuvor auch beim Atheismus, Naturalismus, Kontraktualismus, Utilitarismus und Intuitionismus, auch bei der kantschen Ethik fest – ob sie nun von rationalistischen oder empiristischen Denkern interpretiert wird –, dass sie wie auch die anderen nicht in der Lage ist, die absolute Grundlage der Moral zu erklären. Mit anderen Worten: Woher genau kommt – in Anbetracht unserer psychologischen Veranlagung, unserer empirischen Gefühle der Empathie und unserer rationalen Einsichten – nicht

105 *Moral Philosophy,* 59
106 *Moral Philosophy,* 59–60

nur die Neigung, sondern die unbedingte Verpflichtung, uns moralisch zu verhalten? Wie Hume es ausdrücken würde: Wie machen wir das „Ist" der Fakten und Gefühle zum „Sollte" einer unbedingten Verpflichtung?

Christen würden natürlich behaupten, dass unsere moralische Verpflichtung ihre Grundlage in Gott dem Schöpfer hat, in seinem Charakter und seinem Willen und dass sein Wille nicht nur in der Natur ausgedrückt wird, sondern auch in Gottes schriftlicher Selbstoffenbarung in der Schrift und in der Person Christi. Hier – so würden Christen bestätigen – liegt die Kluft zwischen einer Ethik, die sich auf dem Glauben an Gott gründet, und einer Ethik, die Gott von Anfang an ausschließt und versucht, sich selbst und ihre letzte Autorität auf eine säkulare Basis zu gründen. Aber an diesem Punkt wird die kantsche Ethik ziemlich ambivalent.

Kants ambivalenter Standpunkt

Kant glaubte an Gott, und dies aus moralischen Gründen.[107] Er stellte fest, dass ein Leben, das streng nach den moralischen Verpflichtungen des kategorischen Imperativs gelebt wird, in diesem Leben oft nicht belohnt wird, genauso wenig, wie ein unmoralisches Leben immer in diesem Leben die Bestrafung erhält, die es verdient hätte. Daher argumentierte er, dass es eine andere Welt und ein Endgericht geben muss, wo Gott die Gerechten entsprechend anerkennt und belohnt und die Bösen bestraft.

Trotzdem leugnete Kant praktisch jegliche Selbstoffenbarung Gottes in der Schrift und sogar in Christus selbst. Kant argumentierte, dass die gesetzmäßigen Prozesse, die wir in der Natur wahrnehmen, von einem göttlichen Herrscher eingerichtet wurden. Aber er leugnete ausdrücklich, dass wir irgendwelche direkten Gebote von Gott erhalten haben, die über die moralischen Regeln hinausgehen, die unsere Vernunft von der Natur der Dinge ableitet.

> ... daher können wir sie [die Naturgesetze] nicht ... vom bloßen Willen abgeleitet ansehen, insonderheit von einem solchen Willen, von dem wir gar keinen Begriff haben würden, wenn wir ihn nicht jenen Gesetzen gemäß gebildet hätten. Wir werden ... Handlungen nicht darum für verbindlich halten, weil sie Gebote Gottes sind ... Wir werden die Freiheit, unter der zweckmäßigen Einheit nach Prinzipien

107 Wir haben dies zu Beginn und noch einmal am Ende unserer Studie von Kants Erkenntnistheorie in Kap. 3 „Die Erkenntnistheorie von Immanuel Kant" in Band 2 (*Was können wir wissen?)* betrachtet.

> der Vernunft, studieren, und nur so fern glauben dem göttlichen Willen gemäß zu sein, als wir das Sittengesetz, welches uns die Vernunft aus der Natur der Handlungen selbst lehrt, heilig halten, ihm dadurch allein zu dienen glauben, dass wir das Weltbeste an uns und an andern befördern. Die Moraltheologie ist also nur von immanentem Gebrauche.[108]

Hier spricht ein typischer Denker der Aufklärung. Er bekennt, an Gott zu glauben, fordert aber, dass der Wille des Menschen völlig autonom bleiben soll.[109] Er meint damit nicht bloß, dass Gott dem Menschen einen freien Willen gegeben hat, damit jeder selbst entscheiden kann, ob er Gott gehorchen will oder nicht. Er meint, dass die Vernunft des Menschen der höchste Richter darüber sein muss, welche Gebote er befolgen will. Er betrachtet Handlungen nicht deshalb als verpflichtend, weil sie von Gott geboten sind; er studiert die Natur der Dinge, und wenn seine Vernunft entscheidet, dass etwas moralisch verpflichtend ist, schließt er daraus, dass eine Art göttlicher Verpflichtung damit verbunden sei, und so befolgt er einfach und nur das, wofür sich seine eigene Vernunft entscheidet. Der Mensch ist der zentrale Richter in der ethischen Welt.

Von dort war es nur ein kurzer logischer Weg bis zum Existenzialismus Sartres, der Gott und jede äußere moralische Autorität völlig ablehnte und das Ziel hatte, sich zu einem authentischen Menschen zu machen, der sich selbst entwirft, indem er willkürlich seine eigenen moralischen Entscheidungen trifft.

108 *Kritik der reinen Vernunft,* A818/B846–A819/B847
109 Siehe *Metaphysik,* Abs. 3

8

TUGENDETHIK

Manche Tugendethiker berufen sich auf Aristoteles' Sicht, dass die Person, welche die Tugenden entwickelt hat, selbst wahrnimmt, was die „Mitte" ist, die sie anstreben sollte, und was in irgendeiner Situation das Richtige oder das Falsche wäre. Die richtige Entscheidung kann nicht durch Regeln vorgeschrieben werden: Sie ist abhängig von der Wahrnehmung; und diese Fähigkeit kann man sich nur durch Erfahrung und die Entwicklung eines tugendhaften Charakters aneignen.

EIN ANDERER SCHWERPUNKT

Sobald wir beginnen, uns mit der Tugendethik zu befassen, erkennen wir sofort, dass ihr Schwerpunkt sich deutlich von dem der meisten Ethiksysteme unterscheidet, die wir bis jetzt untersucht haben. Bei ihnen ging es hauptsächlich um die Richtigkeit oder Falschheit unserer Handlungen. Die Tugendethik hingegen beschäftigt sich nicht so sehr mit der Art von Handlungen, die wir tun, als vielmehr mit der Art von Person, die wir sind, mit unserer inneren Haltung und unserem Charakter.

Es sollte sofort offensichtlich sein, dass die Art von Mensch, die wir innerlich sind, großen Einfluss auf die Handlungen hat, die wir nach außen hin tun, wie wir uns gegenüber anderen verhalten, unsere Arbeitseinstellung und unser generelles Verhalten. Z. B. kann ein Student zwar intellektuell brillant sein, aber auch faul und ohne starken Willen. Er kann nicht die nötige Disziplin aufbringen, mit harter Arbeit sein Studienfach erfolgreich abzuschließen, und zu oft gibt er der Versuchung nach Vergnügen nach. Er verlässt sich bei Prüfungen auf spontane Improvisation, aber später kann er keinen verantwortungsvollen Posten halten, weil man sich einfach nicht darauf verlassen kann, dass er seine Zusagen auch einhält. Eine Studentin wiederum ist vielleicht technisch nicht ganz so brillant, aber sie besitzt Entschlossenheit und Durchhaltevermögen, arbeitet gründlich und ist verlässlich. Wo der andere Student scheitert, ist sie erfolgreich.

Zudem können innere Motive und Absichten die moralische Bedeutung einer Handlung ändern. Stellen Sie sich vor, dass bei einer öffentlichen Veranstaltung darum gebeten wird, für eine unterstützenswerte Wohltätigkeitsorganisation zu spenden. Eine Person spendet Geld, möchte es aber eigentlich gar nicht. Sie gibt nur etwas, weil es einen schlechten Eindruck hinterlassen würde, wenn sie es nicht täte. Eine andere Person macht eine großzügige Spende, weil sie im Vergleich zu allen anderen besser dastehen möchte. Und eine weitere gibt mehr, als sie sich eigentlich leisten kann, weil sie wirkliches Mitgefühl empfindet. Alle, die das Geld erhalten, profitieren davon, ungeachtet der Motive, aus denen gespendet wurde. Aber wie würden Sie den moralischen Wert der drei Spenden einschätzen?

Die Bibel sagt dazu Folgendes:

> Und wenn ich alle meine Habe zur Speisung der Armen austeile und wenn ich meinen Leib hingebe[110], damit ich Ruhm gewinne, aber keine Liebe habe, so nützt es mir nichts. Die Liebe ist langmütig, die Liebe ist gütig, sie neidet nicht, die Liebe tut nicht groß, sie bläht sich nicht auf, sie benimmt sich nicht unanständig, sie sucht nicht das Ihre, sie lässt sich nicht erbittern, sie rechnet Böses nicht zu, sie freut sich nicht über die Ungerechtigkeit; sondern sie freut sich mit der Wahrheit, sie erträgt alles, sie glaubt alles, sie hofft alles, sie erduldet alles. (1Kor 13,3-7)

Liebe ist eine innere Tugend, ebenso Geduld und Güte. Neid, Prahlerei, Stolz und Selbstsucht sind Laster. Nun billigt das Neue Testament keinen Quietismus, der sich allein mit der Entwicklung der inneren Einstellungen zufriedengibt. Es besteht darauf, dass auch praktisches Handeln und gute Werke notwendig sind. „Lasst uns nicht lieben", heißt es dort, „mit Worten noch mit der Zunge, sondern in Tat und Wahrheit!" (1Jo 3,18). Doch gleichzeitig besteht es ebenso auf der Entwicklung von inneren Charaktertugenden: „Die Frucht des Geistes aber ist: Liebe, Freude, Friede, Langmut, Freundlichkeit, Güte, Treue, Sanftmut, Enthaltsamkeit" (Gal 5,22-23). Alle diese sind Tugenden. Richtig zu leben ist also nicht nur eine Frage des äußerlichen Befolgens einer Reihe von Regeln, sondern auch der Entwicklung des inneren Charakters.

Wenn wir über unsere innere Verfassung nachdenken, müssen wir allerdings unterscheiden zwischen Motiven und Absichten, die uns zu bestimmten Handlungen treiben einerseits, und einer festen Grundeinstellung und einem festen Charakter andererseits. Arthur E. Holmes drückt es so aus:

> Was ist eine Tugend? Ich habe gerade auf die Motive, Intentionen und zugrundeliegenden Dispositionen verwiesen. Diese drei Elemente stimmen darin überein, dass es sich bei ihnen erstens um *innere* Zustände und nicht um äußeres Verhalten handelt und dass sie zweitens *affektive* und keine rein kognitiven Zustände sind. Eine Tugend ist eine richtige innere Disposition, und eine Disposition ist

110 Dies bezieht sich wahrscheinlich auf das Märtyrertum.

> eine Neigung, auf bestimmte Art und Weise zu handeln. Dispositionen sind grundlegender, dauerhafter und universeller als das einzelne Motiv oder die eine Intention hinter einer bestimmten Handlung. Sie unterscheiden sich darin von einem plötzlichen Impuls, dass sie eine gefestigte Geistesverfassung darstellen, eine verinnerlichte und oft durchdachte Eigenschaft. Tugenden sind allgemeine Charaktereigenschaften, die unseren einzelnen Motiven und Intentionen und unserem äußeren Verhalten innere Zustimmung geben.[111]

Nach einigen Jahrhunderten, in denen man sich fast ausschließlich auf die theoretische Seite der Ethik konzentriert hatte, wurde das Interesse an der Tugendethik als gültige akademische Disziplin im Westen von Philosophen wie Elizabeth Anscombe, Philippa Foot, Rosalind Hursthouse, John McDowell, Alasdair MacIntyre, Martha Nussbaum, Amélie Rorty, Michael Stocker und Michael Slote wiederbelebt. Aber in Europa geht die Betonung der Tugend auf die alten griechischen Philosophen zurück, insbesondere auf Aristoteles.

ARISTOTELES UND DIE TUGENDETHIK

Aristoteles' Ethik

- *Die drei Teile des menschlichen Wesens nach Aristoteles*

1. *Der ernährende Teil* (Nährseele, *anima vegetativa*) hat etwas mit körperlicher Ernährung, Essen, Trinken, Wachstum usw. zu tun. Diesen Teil haben wir mit den Tieren gemein; er betrifft keine moralischen, sondern körperliche Prozesse, und sie sind nicht rational und fallen größtenteils nicht in den Bereich der moralischen Verantwortung.

2. *Der leidenschaftliche Teil* (Sinnenseele, *anima sensitiva*) deckt die Gefühle Angst, Hass, Stolz, Liebe, Mitleid, Neid, Eifersucht, Begierde, Ehrgeiz usw. ab. Dies ist der Kontext, in dem die

111 *Wege zum ethischen Urteil,* 116

moralischen Tugenden ausgeübt und entwickelt werden müssen, um unser Verhalten zu kontrollieren.

3. *Der intellektuelle Teil* (Geist- oder Vernunftseele, *anima rationalis*) betrifft zum einen die philosophische Weisheit und das philosophische Verständnis und zum anderen die praktische Weisheit.

Dementsprechend unterschied Aristoteles zwei Arten von Tugenden: sittliche (moralische) Tugenden, deren Aufgabe die angemessene Kontrolle der Leidenschaften ist, und Verstandestugenden, deren Aufgabe der angemessene Einsatz der philosophischen Weisheit und Erkenntnis sowie der praktischen Weisheit ist.[112]

• *Aristoteles' Tugendkonzept*

Für Aristoteles waren Tugenden keine Leidenschaften wie z. B. Wut oder Angst, die plötzlich in uns hochkommen und uns überwältigen, wenn wir nicht aufpassen. Auch waren sie keine Fähigkeiten wie z. B. Sprache, Geruchsinn oder Hörvermögen, die wie Mechanismen Bestandteil des Körpers sind. Tugenden sind das, was er als „Charakterzustände" bezeichnet.

Das griechische Wort für Tugend, *aretē*, bezeichnete ursprünglich die Eigenschaft, die bewirkt, dass etwas oder jemand eine Sache gut macht. So wäre die *aretē* eines Messers seine Schärfe, die es zu einem guten Messer macht – es ist dann gut darin, Dinge zu schneiden. Wenn man dies auf Menschen bezieht, war die *aretē* eines Soldaten jener Charakterzug, der ihn zu einem guten Kämpfer machte; die *aretē* eines Politikers war das, was ihn die Nation gut führen ließ. Auf moralischer Ebene war also die *aretē* eines Menschen die Charaktereigenschaft, die ihn zu einem guten Menschen an sich machte – gut darin, angemessen und gut zu leben, sodass er das größte, höchste Gut des Lebens bestmöglich erreichen konnte.

> ⚖ *Glückseligkeit war nach Aristoteles eine Aktivität der Seele im Einklang mit der Tugend.*

Nun war für Aristoteles das höchste Gut das, was die Griechen als *eudaimonia* bezeichneten – ein Wort, das schwer

112 *Nikomachische Ethik*, I.13.19; 1103A LL. 3–10 (Übersetzung: E. Rolfes, 1911)

zu übersetzen ist. Wenn es als „Glückseligkeit“ wiedergegeben wird, muss man es sorgfältig von reinem Vergnügen oder Amüsement unterscheiden und ganz sicher von Zügellosigkeit. Vielleicht könnte man es als „das Beste aus dem Leben herausholen und genießen“ beschreiben. Diese Glückseligkeit war jedoch keine passive Erfahrung von angenehmen Gefühlen. Es war oder beinhaltete auf jeden Fall Aktivität. Glückseligkeit war nach Aristoteles eine Aktivität der Seele im Einklang mit der Tugend. Das wiederum hatte, was moralische Tugenden betrifft, zur Folge, dass Tugend für ihn darin bestand, einen *mittleren* Zustand oder Weg zwischen zwei Extremen zu wählen, wie wir uns nun anschauen werden.

• *Aristoteles' Lehre von der Mitte*

Aristoteles' Lehre von der Mitte ist berühmt. Oft wurde sie missverstanden und falsch dargestellt. Wir müssen daher sorgfältig versuchen, sie zu verstehen und dabei nicht über das hinauszugehen, was Aristoteles mit ihr sagen wollte. Lassen Sie uns deshalb mit tatsächlichen, praktischen Beispielen beginnen, als Erstes mit einer Analogie aus dem Bereich Nahrung.

Eine Analogie: Nahrung, nicht zu viel, nicht zu wenig
Wir erinnern uns, dass Nahrung und Ernährung in Aristoteles' Schema zu der ernährenden bzw. vegetativen Ebene der menschlichen Veranlagung gehört. Anhand unserer eigenen Ernährung können wir das Bedürfnis, immer die Mitte zwischen dem Übermaß auf der einen und dem Mangel auf der anderen Seite anzustreben, leicht veranschaulichen: Essen Sie zu viel, schaden Sie Ihrer Gesundheit. Ebenso, wenn Sie zu wenig essen, so wie diejenigen, die unter Magersucht leiden. Beide Extreme sind schlecht. Was man hier anstreben sollte, ist die gesunde Mitte: nicht zu wenig, nicht zu viel.

Aristoteles war es sehr wichtig, darauf hinzuweisen, dass man den Menschen, wenn man ihnen rät, sie sollten beim Essen die Mitte anstreben, damit nicht die genaue Menge an Nahrung vorschreibt, die sie zu sich nehmen sollten. Diese Menge wird bei jeder Person anders sein: Ein Gewichtheber wird eine größere Menge benötigen als eine zierliche junge Dame, ein Erwachsener mehr als ein fünfjähriges Kind. Aber in jedem Fall wird die richtige Menge die Mitte zwischen den zwei Extremen von zu viel und zu wenig sein.

Nun kommen wir zu den moralischen Tugenden, die etwas mit der Kontrolle unserer Leidenschaften und Begierden zu tun haben. Lassen Sie uns mit einem praktischen Beispiel beginnen.

Ein praktisches Beispiel: Mut

Mut ist die moralische Tugend, die etwas mit der Kontrolle unserer Reaktion auf Angst zu tun hat. Nun ist Angst etwas, was in jedem Menschen ebenso angelegt ist wie in Tieren und Vögeln. Sie ist ein sehr gesunder Mechanismus, der dazu gedacht ist, uns zu schützen, wenn wir einer Gefahr gegenüberstehen, wenn plötzlich Adrenalin in unseren Körper gepumpt wird, um uns entweder zu befähigen, uns der Gefahr zu stellen (was auch immer sie sein mag) oder zu fliehen.

> ⚖ *Die richtige Reaktion auf Angst ist nach Aristoteles Mut. Aber was ist Mut?*

Angst ist jedoch kein Gefühl, das man genießt: Es ist mehr wie ein Schmerz als ein Vergnügen und somit auch ein Charaktertest. In zwischenmenschlichen Beziehungen kann sie uns aggressiver oder defensiver machen als nötig, und wenn wir im Unrecht sind, kann sie uns auch davon abhalten, unsere Fehler zuzugeben. Oder sie kann uns dazu bringen, dass wir vor unserer Pflicht davonlaufen oder es unterlassen, uns für eine gerechte Sache oder für die Wahrheit einzusetzen.

Die richtige Reaktion auf Angst ist nach Aristoteles Mut. Aber was ist Mut? Es ist nicht der Versuch, jegliche Angst abzutöten oder Gefahren zu ignorieren. Ein Fallschirmspringer darf niemals seine Angst vor dem Springen völlig verlieren: Geschieht dies, steht er in der Gefahr, nachlässig zu werden, was ihn das Leben kosten könnte. Ein Mann, der sich so verhält, als gäbe es keine Gefahren, vor denen man Angst haben müsste, obwohl doch reale Gefahren überall existieren, ist nicht wirklich mutig, sondern töricht und unbesonnen. Andererseits ist eine Person, die Gefahr übermäßig fürchtet und vor ihrer Pflicht davonläuft, ein Feigling.

- ***Eine Kostprobe aus Aristoteles' Analyse der Tugenden und Fragen, die sich dazu stellen***

Um Aristoteles' Analyse der Tugenden hier wirklich gerecht zu werden, müssten wir seine lange Diskussion der vielen Beispiele und ihrer Gegensätze, die er anführt, wiedergeben; und dafür fehlt uns hier der Platz. Interessierte Studenten und Schüler sollten sich eine Übersetzung seiner *Nikomachischen Ethik* besorgen und die entsprechenden Abschnitte selbst lesen. Einige wenige Beispiele werden wir hier jedoch wiedergeben, um zu veranschaulichen, wie umfassend er auf das menschliche Verhalten eingeht.

Vergnügen

Wir haben gerade erfahren, dass im Hinblick auf unsere Ängste die relevante Tugend der Mut ist. Nun betrachten wir die Tugenden, die im Hinblick auf unser Vergnügen relevant sind.

1. Der Mangel. Dies ist die Ablehnung jeglicher Art von Vergnügen, als wäre es etwas grundsätzlich Schlechtes. Manche religiösen Menschen haben diese Einstellung, weil in ihrer Vorstellung der Genuss von Vergnügungen etwas Böses an sich ist. Und so mancher Geizhals wie Scrooge in Dickens *Weihnachtsgeschichte* betrachtet es als unverantwortlich, sich Vergnügungen hinzugeben. Das ist falsch. Gott selbst hat uns zahlreiche Freuden gegeben, die wir genießen dürfen. Nehmen wir das Essen: Gott hätte die Ernährung unseres Körpers auch so gestalten können, dass sie uns genauso wenig Genuss bereitet wie einem Auto die Tankbefüllung. Aber ein guter Appetit, die Vorfreude auf das Essen und die tatsächliche Befriedigung dieses Verlangens ist ein gottgegebenes Vergnügen, das zu unserem Genuss gedacht ist. Manches Vergnügen – wie das plötzliche und unerwartete Riechen des Duftes einer Blume – zielt nicht darauf ab, ein bewusst wahrgenommenes Bedürfnis zu erfüllen. Normalerweise spüren wir nicht das Bedürfnis, einen Duft zu riechen, bevor wir tatsächlich einen wahrnehmen. Gott hat keine Mühen gescheut, um uns auch mit unerwartetem Vergnügen zu überraschen. Wenn eine Person dies leugnet, ignoriert oder als etwas Schlechtes betrachtet, ist dies falsch und zeigt sowohl ihre Insensibilität als auch ihre Undankbarkeit.

2. Die Maßlosigkeit. Dies ist der übermäßige Genuss aller Dinge, die einem Appetit oder Vergnügen bereiten, das Streben nach Vergnügen um des Vergnügens willen, bis dass in extremen Fällen wie Völlerei und Trunkenheit genau jenes Vergnügen zerstört wird, das man ursprünglich gesucht hat, und zu Überdruss und Ekel, schlechter Gesundheit und vorzeitigem Tod führt.

3. Die Mitte. Die ist die Mäßigung, Zurückhaltung und Selbstkontrolle.

Das Beschaffen und Ausgeben von Geld

1. *Der Mangel:* geizig/knauserig sein

2. *Die Maßlosigkeit:* Verschwendungssucht, leichtfertiges und unverantwortliches Vergeuden
3. *Die Mitte:* verantwortungsvolle Freigebigkeit, Großzügigkeit

Selbsteinschätzung

1. *Der Mangel:* selbstironisch oder unaufrichtig sein, sich selbst herabsetzen
2. *Die Maßlosigkeit:* Überheblichkeit
3. *Die Mitte:* Aufrichtigkeit, Realismus, Wahrhaftigkeit

Lebensziele

1. *Der Mangel:* kein Ehrgeiz, sich ziellos durchs Leben treiben lassen
2. *Die Maßlosigkeit:* übertriebener Ehrgeiz, Rücksichtslosigkeit, Ignoranz der Interessen und Gefühle anderer Menschen, Fairness gegenüber anderen spielt keine Rolle
3. *Die Mitte:* ein richtiges Maß an Ehrgeiz – sich realistische Ziele setzen, die einen zur Entwicklung des eigenen Potenzials herausfordern, aber mit angemessener Rücksicht auf andere

Einstellung gegenüber anderen Menschen

1. *Der Mangel:* Griesgrämigkeit
2. *Die Maßlosigkeit:* Unterwürfigkeit
3. *Die Mitte:* Freundlichkeit, Höflichkeit

• *Fragen, die sich dazu stellen*

1. Wenn wir immer die Mitte zwischen zwei Extremen anstreben sollen, *wie entscheiden wir, was genau die Mitte ist?* Aristoteles' Antwort lautet: „Durch Wahrnehmung." Das heißt, man kann hierfür keine genauen Regeln festlegen. Menschen und Situationen sind unterschiedlich. Man lernt durch Erfahrung. Eine Person, die Autofahren lernt, wird häufig zunächst das Lenkrad zu stark in eine Richtung drehen und das dann korrigieren, indem sie zu stark in die andere Richtung lenkt. Mit der Erfahrung wird der Fahrer dann lernen, wie er der Geschwindigkeit entsprechend lenken muss, um das Auto auf dem gewünschten Kurs zu halten. Dafür kann man keine Regeln festlegen.

2. *Wie wird man tugendhaft?* Das geschieht nicht nur, indem man die Theorie lernt bzw. gelehrt wird, sondern durch tatsächliche Praxis. Manche Leute sehen hier eine Schwierigkeit. Wenn Mut eine Tugend ist – so ihr

Argument –, wie kann man sich dann mutig verhalten, wenn man nicht zuerst die Tugend des Mutes besitzt? Wenn man also, um diese Tugend zu erlangen, zunächst mutig handeln muss, scheint man sich in einer unmöglichen Situation zu befinden. Aber es ist nur eine scheinbare Unmöglichkeit, keine reale. Es ist wie Fahrradfahren lernen. Um Fahrrad zu fahren, muss man lernen, das Gleichgewicht zu halten. Aber man kann nicht lernen, das Gleichgewicht zu halten, wenn man nicht auf ein Fahrrad steigt und versucht, damit zu fahren. Und die meisten Leute, die es versuchen, lernen es bald (auch wenn sie vielleicht hin und wieder mal stürzen).

So ist es auch mit dem Mut. Ein Kind lernt, sich einer Sache zu stellen, die ihm beängstigend erscheint, auch wenn ein Erwachsener dies nicht als Gefahr empfinden würde. Das Kind überwindet schrittweise seine Ängste und ist dann – weil es immer mutiger wird – in der Lage, sich anderen, realen Gefahren zu stellen, seine Angst zu bekämpfen und zu überwinden. So vergrößert es seinen Mut, sodass Mut schließlich zum festen Charakterzug der erwachsenen Person wird.

Das Neue Testament sagt etwas Ähnliches. Wir werden nicht dadurch tugendhaft, dass wir in der Bibel lesen, dass wir tugendhaft leben sollen. Tugend muss eingeübt werden, so wie ein Athlet trainiert, um gut laufen zu können. „Übe dich aber zur Gottseligkeit", sagte Paulus, „... strebe aber nach Gerechtigkeit, Gottseligkeit, Glauben, Liebe, Ausharren, Sanftmut!" (1Tim 4,7; 6,11). Petrus fügt hinzu: „Und eben darum sollt ihr euch eifrig bemühen, in eurem Glauben Tugend zu zeigen, in der Tugend aber die Erkenntnis, in der Erkenntnis aber die Enthaltsamkeit, in der Enthaltsamkeit aber das Ausharren, in dem Ausharren aber die Gottseligkeit, in der Gottseligkeit aber die Bruderliebe, in der Bruderliebe aber die Liebe!" (2Petr 1,5-7; ZÜ). Allerdings hat Petrus (als Christ und nicht nur als Philosoph) seine Leser daran erinnert, dass Gott ihnen am Anfang bereits alle Dinge gegeben hat, die zum Leben und zur Gottseligkeit dazugehören (das heißt, all die Ressourcen, damit sie ihre Tugenden entwickeln können).

Unfaire Kritik an Aristoteles

- *Die Behauptung, sein System sei unangemessen*

Kritiker behaupten, es sei insgesamt unangemessen und kleinkariert, das Konzept von großen und edlen Tugenden wie Mut und Liebe auf eine gut kalkulierte Mitte zwischen zu viel und zu wenig zu reduzieren. Mut und Liebe, so argumentieren sie, sollten in großherzigem Überfluss praktiziert werden, nicht mit den kleinkarierten Berechnungen eines Händlers, der Teepackungen abwiegt.

Diese Kritik ist an sich berechtigt, aber sie basiert auf einem falschen Verständnis von dem, was Aristoteles sagen will. Er selbst weist darauf hin, dass er, wenn er z. B. Mut als Mittel bezeichnet, damit lediglich definieren möchte, *was Mut ist:* eine Tugend, die im Gegensatz und Widerspruch zu zwei Lastern steht. Diese beiden Laster seien jeweils die entgegengesetzten Extreme zum Mut und auch jeweils der extreme Gegensatz zum anderen Laster. Das ist laut Aristoteles das, was Mut *ist*. Aber was seinen *Wert* und sein *Ausmaß* betrifft, ist er in sich selbst ein Äußerstes und sollte auch so praktiziert werden. Echten Mut kann man nicht genug haben. Aristoteles sagt über jede Tugend:

> Deshalb ist die Tugend nach ihrer Substanz und ihrem Wesensbegriff Mitte; insofern sie aber das Beste ist und alles gut ausführt, ist sie Äußerstes und Ende.[113]

- *Die angebliche Unzulänglichkeit seines Systems*

Viele haben beanstandet, es sei weder hilfreich noch wirklich möglich, alle Laster und Tugenden in Aristoteles' Schema einer Mitte mit zwei Extremen zu zwängen. Mord z. B. sei weder eine Maßlosigkeit noch ein Mangel an irgendeiner Eigenschaft, die, würde sie als Mitte praktiziert, zu einer Tugend würde. Doch Aristoteles sagt genau das Gleiche:

> Doch kennt nicht jede Handlung oder jeder Affekt eine Mitte, da sowohl manche Affekte, wie Schadenfreude, Schamlosigkeit und

113 *Nikomachische Ethik,* II.6.17; 1107A, LL. 6–8

> Neid, als auch manche Handlungen, wie Ehebruch, Diebstahl und Mord, schon ihrem Namen nach die Schlechtigkeit in sich schließen. Denn alles dieses und Ähnliches wird darum getadelt, weil es selbst schlecht ist, nicht sein Zuviel und Zuwenig. Demnach gibt es hier nie ein richtiges Verhalten, sondern immer lediglich ein verkehrtes, und das Gute und Schlechte liegt bei solchen Dingen nicht in den Umständen, wie wenn es sich z. B. beim Ehebruch darum fragte, mit wem und wann und wie er erlaubt sei, sondern es ist überhaupt gefehlt, irgendetwas Derartiges zu tun. ... wie man [jene Dinge] auch tun mag, immer ist es gefehlt.[114]

- *Ein bedeutender Unterschied zum Utilitarismus*

Hier erkennen wir einen äußerst bedeutenden Unterschied zwischen dem Utilitarismus und Aristoteles' Ethik. Wie wir zuvor gesehen haben, ist der Utilitarismus nicht bereit, irgendeine Handlung von vornherein auszuschließen. Unter besonderen Umständen ist er bereit zu sagen, dass z. B. die Tötung eines Unschuldigen gerechtfertigt wäre, wenn damit die Tötung einer großen Anzahl von anderen Menschen verhindert werden und so das Glück der größtmöglichen Anzahl von Menschen maximiert werden würde. Aristoteles hingegen schließt von Anfang an bestimmte Handlungen und Einstellungen aus, die für ihn absolut böse sind und unter keinen Umständen gerechtfertigt wären.

Die intellektuellen Tugenden nach Aristoteles

Nach Aristoteles besteht die Verstandeskraft eines Menschen aus zwei Bereichen. Einer ist das, was die Griechen als *phronēsis* bezeichnen: die praktische Weisheit. Diese kommt ins Spiel, wenn wir überlegen, welche Entscheidung wir treffen, welche Richtung wir einschlagen und welche Mittel wir einsetzen sollten, um ein gewünschtes Ziel zu erreichen. Mit anderen Worten: Sie wird eingesetzt, um sich unter verschiedenen Möglichkeiten für das Richtige zu entscheiden. Für Aristoteles war dies eine „beratschlagend-kalkulierende" Kraft.

Die andere geistige Kraft ist für ihn das, was die Griechen *sophia* nannten: die philosophische Weisheit. Mit der *sophia* denken wir über Dinge

114 *Nikomachische Ethik,* II.6.18; 1107A, LL. 8–24

nach, betrachten und kontemplieren[115] sie und kommen so zu einem Verständnis der ursprünglichen, unveränderlichen Prinzipien und Ursachen, die allen Dingen zugrunde liegen. Aristoteles bezeichnete dies als den „wissenschaftlichen" Teil.

- *Wie können geistige Kräfte Tugenden sein?*

Zunächst einmal sollten wir uns in Erinnerung rufen, dass eine *aretē* (Tugend) für die Griechen die Eigenschaft war, „gut zu sein, um etwas zu tun". Dann sollten wir feststellen, dass es – so Aristoteles – die richtige Funktion beider geistiger Kräfte ist, die Wahrheit zu finden:

> So ist denn die Leistung beider vernünftigen Teile die Wahrheitserkenntnis, und in den Beschaffenheiten, vermöge deren sie die Wahrheit am besten erkennen, haben wir jene Tugenden zu erblicken, die beiden eigen sein können.[116]

Wie praktische Weisheit funktioniert

Im Hinblick auf die moralischen Tugenden, die unsere Handlungen kontrollieren sollten, sei es die praktische Weisheit, die entscheiden müsse, wo die „Mitte" liege und damit, was wir anstreben sollten, um die Laster zu vermeiden, die auf der jeweiligen Gegenseite der Mitte lägen. Zudem sollten wir bei jeder Handlung, die wir in Erwägung zögen, darüber nachdenken, warum wir sie tun wollten, welchen Zweck wir dabei im Blick hätten und ob dieser Zweck gut oder schlecht sei; denn laut Aristoteles wird der Zweck, den wir im Blick haben, zum Grund oder zur „auslösenden Ursache", warum wir etwas tun.

Es sei also die Aufgabe der praktischen Weisheit, über diese Ziele, Gründe und Zwecke nachzudenken und eine Entscheidung zu treffen; und aus diesem Grund muss die praktische Vernunft selbst tugendhaft sein. Ist sie es nicht, wird die praktische Vernunft selbst korrumpiert und wird über böses Verhalten hinwegsehen, es zulassen und entschuldigen.

---

115 Das griechische Wort für „kontemplieren" ist der Ursprung unseres heutigen Wortes „theoretisieren".

116 *Nikomachische Ethik*, VI.2.6, 1139B, LL. 13–15

> Denn die Prinzipien der Handlungen liegen in ihren Zwecken. Ist man aber einmal durch Lust oder Unlust bestochen, so verbirgt sich einem sofort das rechte Prinzip, und man vergisst, dass man seinetwegen und um seinetwillen alles wählen und tun soll. Denn es ist der Schlechtigkeit eigen, das Prinzip zu verderben.[117]

Wie wissenschaftliche Weisheit funktioniert

Wissenschaftliche Weisheit, so Aristoteles, befasse sich mit dem Studium von grundlegenden unveränderlichen Prinzipien und universellen notwendigen Wahrheiten – jedoch unter diesem Vorbehalt: Wissenschaftliche Untersuchungen und Beweisführungen können keine ersten Prinzipien festlegen. Gewisse Wahrheiten müssen zuerst als gegeben hingenommen werden, bevor die Wissenschaft ihre Forschungen und Beweisführungen beginnen kann. Nach Aristoteles begreifen wir diese grundlegenden ersten Prinzipien nicht durch wissenschaftliche Beweise, sondern durch Intuition.[118]

Die Bibel stimmt dem zu. Sie behauptet, dass wir durch direkte Wahrnehmung „schauen" können, dass hinter den sichtbaren Prozessen der Natur die ewige Kraft und Göttlichkeit des Schöpfers steht (Röm 1,20). Andere sagen natürlich, dass sie so etwas nicht intuitiv wahrnehmen. Das wirft wiederum die Frage auf, in welchem Maße die Funktionsfähigkeit unserer Intuition durch unsere bereits vorhandenen Einstellungen und Neigungen beeinflusst wird.

Eine Bewertung von Aristoteles' Ethik

Wir haben keinen Grund, den Wert von Aristoteles' ethischen Erkenntnissen infrage zu stellen: Sie sind selbstevident. Jedoch werden einige Teile seiner Theorie offensichtlich durch die Kultur seiner Zeit und durch sein eigenes Temperament und seine eigenen Neigungen beeinflusst. Dies wird insbesondere an dem deutlich, was er als höchstes Gut im Leben bezeichnet: *eudaimonia,* das heißt die Glückseligkeit. *Eudaimonia*, so behauptete er, sei das Handeln im Einklang mit der Tugend; aber es ist nicht ganz klar, ob diese Glückseligkeit für ihn darin bestand, sich tugendhaft zu verhalten, oder ob sie das Ziel und die Belohnung war, wohin tugendhaftes Verhalten führt. Er war überzeugt, dass rationale Kontemplation die Hauptaktivität Gottes sein muss und ebenso die gottgleichste Aktivität, zu der der Mensch fähig ist. Daher muss die höchste menschliche Glückseligkeit im Einsatz des

117 *Nikomachische Ethik,* VI.5.6; 1140B, LL. 16-19

118 *Nikomachische Ethik,* VI.6.1-2; 1140B, LL. 31-1141A, L. 8

Verstands bestehen. Der Mensch muss, obgleich er sterblich ist, die Aktivität Gottes nachahmen.

Doch Aristoteles war auch Akademiker und ein vergleichsweise wohlhabender Mann, der die Muße hatte, sich mit philosophischer Kontemplation zu beschäftigen, weil er Sklaven hatte, die sich um seine alltäglichen Bedürfnisse kümmerten. Den Einfluss seines sozialen Hintergrunds verrät er uns deutlich, wenn er schreibt:

> Auch kann die sinnliche Lust der erste beste genießen, der Sklave nicht minder als der ausgezeichnetste Mensch. Die Glückseligkeit aber erkennt niemand einem Sklaven zu, außer es müsste auch sein Leben dem entsprechen. Denn die Glückseligkeit besteht nicht in solchen Vergnügungen, sondern in den tugendgemäßen Tätigkeiten, wie wir schon früher erklärt haben.[119]

Aber das ist ein Fehler, zu dem eine akademische und philosophische Veranlagung besonders neigt: nämlich die Vernunft als höchste Sache im Universum anzusehen, und sollte es einen Gott geben, müsse der Gebrauch der Vernunft seine Hauptbeschäftigung sein. Die Bibel sagt etwas anderes. Gott ist Liebe, sagt sie, und das Erfahren dieser Liebe steht allen offen und ist neben der Heiligkeit die Hauptmotivation für jedes wahrhaft ethische Verhalten.

MODERNE TUGENDETHIK

Die Renaissance des Interesses an der Tugendethik in moderner Zeit wurde durch einen Artikel von G. E. M. Anscombe mit dem Titel *Modern Moral Philosophy* (Moderne Moralphilosophie) ausgelöst. Darin argumentierte sie, dass der in der ersten Hälfte des 20. Jahrhunderts weitverbreitete Utilitarismus die Konzepte von moralischer Verpflichtung und moralischen Pflichten auch gleich hätte aufgeben können, denn er fand keine Möglichkeit, das „Sollte" mit dem „Guten" in Verbindung zu setzen (das heißt, er konnte nicht erklären, warum wir die *Pflicht* haben, das Gute zu tun). Diese Konzepte seien nur Relikte ethischer Konzepte aus lang vergangenen Zeiten. Sie war auch der Meinung, dass die seit der Aufklärung stattfindende übermäßige Rationalisierung der Ethiktheorie mittlerweile keine Ergebnisse mehr

---

119 *Nikomachische Ethik*, X.6.8; 1177A, LL. 6–11

bringe. Es sei daher Zeit, wieder zur alten Tradition von Aristoteles zurückzukehren und sich erneut auf die Entwicklung von inneren Tugenden einer Person zu konzentrieren.

Seit Anscombes Artikel ist das Interesse an Tugendethik wieder so stark gestiegen, dass es nun verschiedene Versionen davon gibt. Einen sehr hilfreichen Überblick über die Hauptzweige der modernen Tugendethik finden wir in einem Artikel des Tugendethikers Michael Slote mit dem Titel *Virtue Ethics* (Tugendethik). Dort finden wir auch eine sorgfältig begründete Stellungnahme zu seiner eigenen Interpretation. Dieser Artikel wird uns hier als Hauptquelle dienen.

Das besondere Merkmal der Tugendethik

Was die Tugendethik von anderen Ethiksystemen unterscheidet, können wir verstehen, wenn wir sie zuerst dem Utilitarismus und dann dem Kantianismus gegenüberstellen:

1. Der Utilitarismus urteilt über Richtig oder Falsch anhand der Ergebnisse, die eine bestimmte Handlung bewirkt.
2. Der Kantianismus urteilt über Richtig oder Falsch anhand der Frage, ob die handelnde Person sich an bestimmte moralische Regeln oder Prinzipien gehalten hat.

Die Tugendethik hingegen konzentriert sich bei der Frage nach Richtig oder Falsch auf persönliche innere Faktoren wie Charakter und Motiv. Die Grundlage für die Diskussion ethischer Fragen sind hier nicht deontologische Konzepte wie „sollte", „richtig", „verpflichtend" oder „pflichtgemäß", sondern vielmehr Vorstellungen davon, was „tugendhaft" oder „bewundernswert" oder „exzellent" ist (diese Vorstellungen werden in der Fachsprache als „aretaische" Vorstellungen bezeichnet; von *aretē*, dem griechischen Wort für Tugend). Slote bietet uns folgende grobe, vorläufige Charakterisierung der Tugendethik an:

> ... eine Sicht zählt als eine Form der Tugendethik, wenn sie (und nur dann) aretaische Begriffe als fundamental betrachtet (und deontische Gedanken als entweder sekundär oder überflüssig) und den Hauptfokus auf den inneren Charakter und/oder das innere Motiv legt statt auf Regeln für oder Konsequenzen von Handlungen.[120]

120 *Virtue Ethics*, 325

Im Rahmen dieser allgemeinen Definition haben Tugendethiker jedoch zu einer Reihe von grundsätzlichen Fragen unterschiedliche Meinungen.

- *Sollte die Tugendethik theoretisch sein oder nicht?*

Manche Tugendethiker berufen sich auf Aristoteles' Sicht, dass die Person, die die Tugenden entwickelt hat, selbst wahrnimmt, was die „Mitte" ist, die sie anstreben sollte, und was in irgendeiner Situation das Richtige oder das Falsche wäre. Die richtige Entscheidung kann nicht durch Regeln vorgeschrieben werden: Sie ist abhängig von der Wahrnehmung; und diese Fähigkeit kann man sich nur durch Erfahrung und die Entwicklung eines tugendhaften Charakters aneignen. Tugendethiker dieser Überzeugung meinen daher, dass man nicht versuchen sollte, die Tugendethik auf eine formale Theorie mit festen generellen Prinzipien und besonderen Regeln für verschiedene Tätigkeitsbereiche zu reduzieren. Alle Entscheidungen in allen Situationen sollten den Empfindungen – der „moralischen Kenntnis", wie manche sagen – des tugendhaften Individuums überlassen werden.

- *Eine Frage der Entscheidung*

Zu dieser Sicht stellt sich eine offensichtliche Frage, die man so zusammenfassen könnte: Um zu merken, was die richtige Entscheidung ist, muss man zuerst tugendhaft sein. Um tugendhaft zu werden, muss man die notwendigen Tugenden erwerben oder entwickeln. Wie weiß man dann, was diese notwendigen Tugenden sind, wenn man keine Moraltheorie hat? Sind sie selbstevident, wie die Intuitionstheorie behauptet? Wie würde man dann über Tugenden befinden, die Hitler für gut befand, und jenen, die Marx empfahl? Sogar Aristoteles stellte viele Theorien darüber auf, was die Tugenden sind.

> ⚖ *Um tugendhaft zu werden, muss man die notwendigen Tugenden erwerben oder entwickeln. Wie weiß man dann, was diese notwendigen Tugenden sind, wenn man keine Moraltheorie hat?*

Michael Slote und viele andere Tugendethiker meinen, dass man versuchen muss, eine allgemeine Gesamtstruktur und Theorie für die Tugendethik zu entwickeln. Als Beispiel für aktuelle Ansätze führt er Rosalind Hursthouse *(Virtue theory and abortion* – dt.: Tugendethik und Abtreibung) an und beschreibt dann seine eigenen Überlegungen.

Um diese Ansätze besser verstehen zu können, sollten wir uns die vier Fragen in Erinnerung rufen, die man unserer Meinung nach an jede Ethiktheorie stellen kann:

1. Was ist ihre Bedeutung, ihre Grundlage und ihre Autorität?
2. Was ist ihr Hauptziel, und welches generelle Prinzip (bzw. welche generellen Prinzipien) legt sie für die Erreichung dieses Zieles fest?
3. Welche besondere Regel schreibt sie vor, die das Verhalten in verschiedenen Tätigkeitsbereichen leiten sollte?
4. Welche Anleitung gibt sie für die Umsetzung von bestimmten moralischen Fragen in alltäglichen Situationen?

Hursthouses Version der Tugendethik

- *Ihr generelles Prinzip: Was bestimmt, ob eine Handlung richtig oder falsch ist?*

Laut Slote ist Hursthouse der Ansicht, dass die Antwort auf die Frage, ob Handlungen richtig oder falsch sind, davon abhängt, ob ein tugendhafter Mensch sich zu diesen entscheiden würde; und in diesem Denken folgt sie dem, was sie für die Lehre Aristoteles' hielt: dass eine Handlung als richtig gilt, *weil sich eine tugendhafte Person dafür entscheiden würde.*

Schon auf den ersten Blick unterscheidet sich diese Sicht deutlich vom Utilitarismus, der lehrt, dass die moralische Richtigkeit oder Falschheit einer Handlung allein von ihren Konsequenzen abhängt. Sie unterscheidet sich auch vom Kantianismus, der behauptet, die moralische Richtigkeit oder Falschheit einer Handlung hänge davon ab, ob sie allein aus dem Motiv heraus getan werde, das Moralgesetz zu befolgen oder nicht. Doch was genau heißt es, dass eine Handlung als richtig gilt, *weil* sich eine tugendhafte Person dafür entscheiden würde? Um diese Frage gedanklich zu klären, sollten wir auf eine Analogie zurückgreifen.

Stellen Sie sich vor, ich weiß praktisch gar nichts über Kunst, aber ich stehe in einer Kunstgalerie, umgeben von zwanzig Ölgemälden von sehr unterschiedlichem Wert. Mir wird gesagt, dass man mir ein Gemälde schenken würde, das ich mir aussuchen könnte. Natürlich möchte ich das wertvollste wählen. Aber welches ist das? Da ich von Kunst keine Ahnung habe, kann ich dies nicht sagen. Doch in diesem Moment kommt ein weltberühmter Kunstkritiker dazu, und ich bitte ihn, zu entscheiden, welches Gemälde das beste wäre, und treffe meine Entscheidung auf Grundlage seines Rates. Wenn ich dann mit meinem Gemälde nach Hause komme und gefragt werde, woher ich eigentlich wisse, dass es wertvoll sei, antworte ich natürlich: „Ich weiß, dass es das wertvollste aller Gemälde in der Galerie ist, weil der Kunstkritiker es aus allen anderen ausgewählt hat."

Aber was bedeutet meine Antwort? *Wurde* das Gemälde zu einem sehr wertvollen Gemälde, *weil* der Kunstkritiker es auswählte? Sicher nicht. Es war schon sehr wertvoll, *bevor* er es sah, ganz unabhängig von seiner Wahl. Es war einfach so, dass er als sehr erfahrener Kunstkritiker sofort die Vortrefflichkeit des Gemäldes erkannte und sich dafür aufgrund dieses Eigenwertes entschied.

Jetzt lassen Sie uns diese Analogie übertragen. Wir stellen uns vor, wir werden mit einer Handlung konfrontiert, die wir und alle anderen als böse Tat empfinden. Wir können zu Recht sagen: „Wer auch immer dies getan hat, muss ein böser Mensch gewesen sein." Warum? „Weil keine tugendhafte Person sich zu einer solchen Tat entschieden hätte." Wir meinen natürlich nicht, dass die Tat böse wurde, *weil* tugendhafte Menschen so etwas nie tun würden. Es ist andersherum: Weil die Tat aus objektiver Sicht eine böse Tat war (und immer sein wird), würde sich keine tugendhafte Person jemals dazu entscheiden.

> ⚖ *Wenn es darum geht, Richtig und Falsch zu definieren, wäre es tatsächlich gefährlich, Richtig als das zu definieren, „wofür tugendhafte Leute sich entscheiden würden". Ihre Entscheidung, etwas zu tun, macht dies nicht automatisch richtig; und auch tugendhafte Leute können manchmal ziemlich schlechte Dinge tun.*

Was heißt es also, wenn man behauptet, dass „Handlungen als richtig gelten, *weil sich eine tugendhafte Person dafür entscheiden würde*"? Es stimmt sicherlich nicht, dass eine Handlung richtig *wird*, nur weil sich eine tugendhafte Person dafür entscheiden würde. Zugegeben, eine junge und unerfahrene Person, die unsicher ist, ob eine vorgeschlagene Handlung moralisch richtig oder gut wäre, könnte sich verständlicherweise am Beispiel einer älteren Freundin orientieren und sagen: „Sie macht dies so oder so und hält es offensichtlich für richtig, sonst würde sie sich nicht dazu entscheiden. Daher werde ich ihrem Beispiel folgen." Aber wenn es darum geht, Richtig und Falsch zu definieren, wäre es tatsächlich gefährlich, Richtig als das zu *definieren*, „wofür tugendhafte Leute sich entscheiden würden". Ihre Entscheidung, etwas zu tun, macht dies nicht automatisch richtig; und auch tugendhafte Leute können manchmal ziemlich schlechte Dinge tun.

Und nebenbei bemerkt: Wenn die Entscheidung, ob eine Handlung richtig oder falsch ist, *davon abhinge*, ob eine tugendhafte Person so etwas tun würde oder nicht, dann müsste man, bevor man eine Handlung bewerten könnte, zunächst die Person bewerten, die sie getan hat, und entscheiden, ob sie *zu der Zeit* tugendhaft war, als die Tat geschah. Und das, wie Robert Louden an*merkt*[121], könnte sehr schwer festzustellen sein. Handlungen, die nach außen hin tugendhaft erscheinen, können auch manchmal von Leuten getan werden, die innerlich alles andere als tugendhaft sind. Judas Iskariot predigte und verhielt sich drei Jahre lang wie ein wahrer Jünger Christi, und jeder außer Christus betrachtete ihn als solchen, bis sein Verrat ans Licht brachte, was er in Wirklichkeit gewesen war.

Das Fazit von all dem ist, dass die Tugendtheorie weit davon entfernt ist, die Objektivität von moralischen Maßstäben und absoluten Werten zu ersetzen, sondern dass sie diese letztendlich voraussetzt und von ihnen abhängt. Dinge und Handlungen müssen objektiv gut und richtig sein, bevor eine tugendhafte Person sich zu Recht für sie entscheiden kann – auch wenn eine tugendhafte Person natürlich leichter wahrnimmt, was gut und richtig ist, als ein Gewohnheitsverbrecher, so wie der erfahrene Kunstkritiker den Wert des Gemäldes erkannte und der Laie nicht.

• *Das Ziel der Tugendethik nach Hursthouse*

Laut Slote meint Hursthouse: „Tugenden sind Charaktereigenschaften, die eine handelnde Person braucht, um *eudaimonia* zu erlangen, allgemeines Wohlbefinden oder ein gutes Leben."[122]

Nun haben wir eben gesehen, dass nicht ganz klar ist, ob *eudaimonia* für Aristoteles darin bestand, im Einklang mit der Tugend zu leben und zu handeln, oder ob er *eudaimonia* als Ziel und Belohnung eines tugendhaften Lebens und Handelns verstand.

Lassen Sie uns den Unterschied veranschaulichen: Ein junger Mann trainiert hart, übt und spielt regelmäßig Fußball. Sein Ziel ist die reine Freude,

121 *On some vices of virtue ethics*
122 *Virtue Ethics*, 327–328

eines Tages Fußball auf höchstem Niveau spielen zu können. In diesem Fall unterscheidet sich das Glück, das er sucht, nicht vom Fußballspielen: Sein Glück ist das Fußballspielen auf höchstem Niveau. Ein anderer Mann hat ebenfalls Freude am Fußballspielen und hat ebenso das Ziel, auf höchstem Niveau zu spielen. Aber sein letztes Ziel ist nicht einfach nur das Fußballspielen. Es liegt für ihn in etwas, was selbst etwas anderes ist als das eigentliche Spielen: das Glück, als Kapitän des Weltmeisters den Weltmeisterpokal überreicht zu bekommen und ihn in den eigenen Händen zu halten.

In welchem Zusammenhang steht nun die *eudaimonia* zur Praxis der Tugendethik? Ist sie die reine Freude eines tugendhaften Lebens? Oder ist sie mehr als das, ein höheres Ziel, das man durch ein tugendhaftes Leben erreichen kann, aber zusätzlich zum tugendhaften Leben? Slote versteht Hursthouse so, dass sie dieses als etwas betrachtet, was über ein tugendhaftes Leben hinausgeht und sich davon unterscheidet. Gemäß der Tugendethik zu leben ist daher letztendlich nur ein Mittel, um dieses höchste Ziel der *eudaimonia* zu erreichen.

Wenn das so ist, was genau ist dann diese *eudaimonia*, und wie ist sie zu definieren? Was auch immer sie ist, es würde bedeuten – und das verärgert Slote –, dass die Tugendethik nicht mehr eigenständig ist und sich selbst genügen würde. Ihr Hauptziel und -zweck wäre etwas anderes. In diesem Sinne würden dann ihr letztendlicher Zweck und Wert und ihre letzte Bedeutung von etwas anderem abhängen.

Christliche Ethiker hätten damit kein Problem. Sie meinen, dass ein tugendhaftes Handeln – auch wenn dies gut und wünschenswert ist – nichts ist, was für sich allein ausreichend ist. Es hat ein höheres Ziel, das über es selbst hinausweist und nicht im Rahmen der Ethik definierbar ist, nämlich Gott zu verherrlichen und sich in Ewigkeit an ihm zu erfreuen. Doch Ethiker, die nicht an Gott glauben, müssen noch immer eine Antwort auf die Frage finden: Warum gut sein? Und dafür müssen sie entweder irgendein höheres Ziel finden, wie z. B. Zufriedenheit oder Glück (wie auch immer sie dies definieren), oder sie müssen ein tugendhaftes Leben als ein Ziel in sich betrachten, das an sich lohnend ist und Freude bereitet, sogar als das Hauptziel des Lebens.

Slotes Version der Tugendethik

Slote sucht nach einem Grundprinzip, das der Tugendethik eine echte einheitliche Theorie geben würde, die dem Vergleich mit einheitlichen Ethiktheorien wie Utilitarismus und Kantianismus standhalten und sich als überlegen erweisen könnte.

Wie alle Tugendethiker setzt sich Slote für eine Bewertung von Richtig oder Falsch ein, die den Fokus auf die handelnde Person legt. Das soll heißen: Ob eine Handlung moralisch richtig oder falsch ist, hängt, anders als beim Utilitarismus, nicht von einer Beurteilung ihrer Konsequenzen ab, sondern von einer Bewertung der Tugendhaftigkeit der handelnden Person. Doch wie kann man die Tugendhaftigkeit der handelnden Person beurteilen?

- *Slotes erster Vorschlag*

Man könne intuitiv entscheiden, dass sich Moral auf ein einziges Grundmotiv reduzieren lasse: universelles Wohlwollen. In diesem Fall würde man nicht anhand einer Bewertung der Ergebnisse darüber urteilen, ob die Tat einer Person moralisch richtig oder falsch gewesen sei. Auch würde man kein Urteil fällen, indem man frage, ob die Person dabei das „Sollte" irgendeiner moralischen Regel beachtet habe. Man würde darüber urteilen anhand der Frage, wie nah ihre persönliche Tugend zu dieser Zeit der *moralischen Qualität* eines allgemeinen Wohlwollens gekommen sei. Eine andere Rechtfertigung für ihre Tat bräuchte man nicht. Universelles Wohlwollen gründe sich nicht auf einer noch grundsätzlicheren Sache, keinem noch grundsätzlicheren Prinzip oder Moralgesetz (oder einer vermeintlich moralischen Person): Es sei selbst grundsätzlich. Sogar wenn die Tat einer Person durch irgendein unvorhergesehenes Ereignis desaströse Folgen habe, könne man ihr dennoch keine Schuld vorwerfen, solange sie durch die Tugend des allgemeinen Wohlwollens motiviert gewesen sei.

Slote bekennt jedoch am Ende seine Unzufriedenheit mit dem allgemeinen Wohlwollen als einzigem Grundprinzip. Er begründet dies damit, dass es dieselbe Schwäche hat wie der Utilitarismus. Laut Bentham muss man (wie wir gesehen haben) nicht nur so handeln, dass man damit die Menge des Glücks für die größtmögliche Anzahl von Leuten maximiert, sondern auch bei der Berechnung dabei unparteiisch und neutral sein. Man muss seine nahen Verwandten, Mutter, Ehefrau, Kinder usw. außer Acht lassen und sie sogar sterben lassen, wenn es der Maximierung der Menge des Glücks für die größtmögliche Anzahl von Leuten dient.

Die meisten Leute empfinden dies als unmenschlich. Doch wenn universelles Wohlwollen das Grundprinzip hinter der Tugendethik wäre, könnte es auf eine ähnlich unmenschliche Schwierigkeit treffen. Dann müsste man darauf bestehen, dass das Wohlwollen immer universell sein muss. Man könnte keinen besonderen Einsatz für die eigenen Angehörigen erlauben im Vergleich zu allen anderen Menschen in der Stadt oder für das eigene Land im Vergleich zu allen anderen Ländern der Erde. Und da heutzutage eine Ethiktheorie als unbefriedigend empfunden wird, wenn sie nur auf das persönliche Leben und den unmittelbaren Freundes- und Kollegenkreis angewendet werden kann und nicht auch auf nationale und internationale Bedürfnisse, sucht Slote nach einem bestimmten Grundprinzip, das die Theorie der Tugendethik vereinheitlicht und dabei die Liebe und den Einsatz für die eigenen nahen Verwandten mit einem echten humanitären Einsatz für den Rest der Welt verbindet.

- *Slotes zweiter Vorschlag: eine Ethik der Fürsorge, bei der die handelnde Person im Fokus steht*

Slote weist selbst darauf hin, dass sich in den letzten Jahrzehnten Carol Gilligan[123] und Nel Noddings[124] beide für eine Moral bzw. Ethik der Fürsorge eingesetzt haben, die im Wesentlichen feminin ist und damit traditionellen (maskulinen) Ansätzen in der Moral entgegensteht, die die Betonung auf Rechte, Gerechtigkeit und quantifizierten Nutzen legt. Slote hat jedoch diese Idee der Fürsorge als Grundprinzip der Moral übernommen und es in seine Version einer Tugendethik integriert, bei der die handelnde Person im Fokus steht.

Er beginnt mit der instinktiven Liebe eines liebenden Vaters für seine Kinder. Dann stellt er sich einen Vater vor, der zwei erwachsene Söhne Mitte zwanzig hat. Einer von ihnen ist gesund, stark und ehrgeizig; der andere hat eine Lernbehinderung. Im Folgenden vermutet Slote, dass es nur wenig gibt, was der Vater für den gesunden Sohn tun kann oder muss, um ihm zu

123 *In a Different Voice: Psychological Theory and Women's Development;* dt.: *Mit einer anderen Stimme: Psychologietheorie und Entwicklung von Frauen*

124 *Caring: A Feminine Approach to Ethics and Moral Education;* dt.: *Fürsorge: Ein femininer Ansatz in Ethik und moralischer Bildung*

helfen, aber viel für den Sohn mit der Lernbehinderung. Dann fordert Slote uns auf, darüber nachzudenken, wie der Vater seine Liebe, Hilfe und Zeit zwischen beiden Söhnen wohl aufteilen würde.

Slote vermutet, dass ein liebendes Elternteil hier keine Entscheidung auf Grundlage der Forderungen irgendeines abstrakten Gerechtigkeitsprinzips treffen wird. Der Vater werde durch seine instinktive elterliche Fürsorge für beide Söhne angetrieben. Und auch wenn er vielleicht mehr Zeit mit dem Sohn mit der Lernbehinderung verbringe, werde er natürlich ebenso viel Liebe, Zeit und Hilfe wie möglich auch für den anderen Sohn aufbringen.

Slote überträgt dann dieses allgemein übliche Verhalten fürsorglicher Eltern auf die breitere Ebene des Verhaltens der allgemeinen Bevölkerung. Er weist darauf hin, dass es einen großen Unterschied gibt zwischen unserer Fürsorge für nahe Verwandte, für Leute, die wir kennen, sowie für das Land, das wir lieben, und unserer Fürsorge für andere Länder und die dort lebenden Millionen von Menschen, die wir nicht kennen. Im ersten Fall gilt unsere Sorge uns bekannten Individuen, einzelnen Personen, einer einzelnen Familie oder einer einzelnen Nation, Menschen, mit denen wir persönlich verbunden sind. Im zweiten Fall geht es nicht um uns bekannte Personen, sondern um eine große Anzahl von Menschen, von denen wir niemanden (oder nur sehr wenige) persönlich kennen. Unsere Fürsorge in diesem Fall hätte die Natur einer allgemeinen humanitären Mildtätigkeit.

Was Slote damit ausdrücken möchte, ist, dass eine echte, grundlegende Ethik der Fürsorge unsere besondere persönliche Fürsorge für unsere Nächsten und Liebsten begründet, zulässt und wertschätzt (was der Utilitarismus so nicht tut) und dass sie uns gleichzeitig motiviert, einen Teil unserer Zeit, Energie und unseres Geldes für eine allgemeine humanitäre Fürsorge für Menschen in Not in der ganzen Welt einzusetzen.

- *Eine Bewertung von Slotes Ethik der Fürsorge*

Eine Ethik, die nicht nur die Entwicklung der Tugend der praktischen Fürsorge fördert, sondern auch versucht, diese intellektuell mit dem Aufbau einer entsprechenden philosophischen Theorie zu rechtfertigen, kann man nur loben. Die Humanität einer solchen Ethik ist sicherlich zu begrüßen, im Gegensatz zu der kalten, herzlosen Haarspalterei vieler philosophischer Theorien.

Wenn wir jedoch anfangen zu fragen, was die Grundlage der Tugendethik ist und worauf sie aufbaut – und damit auch nach ihrer Autorität –, stehen wir vor schwierigen Fragen sowohl im Hinblick auf ihre Theorie als auch auf ihre Praxis.

Als Erstes ist da Slotes Aussage, dass in der Tugendethik (das heißt in seiner Version davon) die handelnde Person im Fokus steht. Das heißt: Um eine Handlung zu bewerten, betrachtet sie nicht die Ergebnisse einer Handlung und anscheinend auch nicht ihre innere moralische Qualität, sondern vielmehr die Motive der handelnden Person. Beachten Sie Slotes Einsatz für das universelle Wohlwollen (dasselbe gilt auch für die von ihm bevorzugte Ethik der Fürsorge). Er schreibt:

> ... *die Moral als universelles Wohlwollen,* bei der die handelnde Person im Fokus steht, wird ein universelles bzw. unparteiisches Wohlwollen als das an sich höchste und beste Motiv betrachten und Handlungen allein anhand der Frage bewerten, *wie nah sich ihre Motive am universellen Wohlwollen orientieren.*[125]

Wir müssen hier nicht infrage stellen, dass universelles Wohlwollen ein hervorragendes Motiv ist, und erst recht nicht, dass dies auch für das Motiv der Fürsorge gilt. Aber wir müssen nach der Bedeutung dieser Motive fragen. Nehmen wir z. B. die Fürsorge. Was genau ist das eigentlich? Ist das etwas, was viele Leute bereits von Natur aus tun und noch mehr Leute tun sollten, es aber unterlassen?

Lassen Sie uns veranschaulichen, worum es bei dieser Frage geht, indem wir erneut die Analogie der Gemälde aufgreifen. Manche Menschen werden mit der Begabung zum Malen geboren, und dann entwickeln sie durch regelmäßige Praxis und Übung ihre Begabung weiter mit dem Ergebnis, dass andere Menschen, die ihre Haltung und Technik bemerken, sie als bewundernswert und vortrefflich beurteilen. Sie besitzen das, was die Griechen mit *aretē* – Tugend – bezeichneten: die Tugend eines Malers. Mit anderen Worten: Sie können gut malen, und die Leute beurteilen ihre Arbeit in *aretaischer* Hinsicht.

Ich hingegen habe keine Begabung zum Malen und versuche mich auch nur selten daran. Wenn ich versuchte zu malen, würden die Leute meine *aretē* des Malens als außerordentlich gering beurteilen. Aber – und darum geht es bei dieser Analogie – niemand würde im Traum daran denken, mir zu sagen, dass ich die *Pflicht* habe zu malen und dass meine Gewohnheit, nicht zu malen (oder nur schlecht), eine Pflichtverletzung meinerseits sei.

125 *Virtue Ethics*, 330

Was ist dann mit der Fürsorge? Die große Mehrzahl der Frauen, insbesondere Mütter, sorgen ganz selbstverständlich für ihre Familien, und ganz besonders für ihre Kinder, ebenso viele Väter. Aber wenn wir bei der Bildung unserer Theorie realistisch sein wollen, müssen wir uns der Tatsache stellen, dass es heutzutage Tausende von Vätern gibt, die sich weigern, die Mutter ihrer Kinder zu heiraten. Und selbst wenn sie sie heiraten, lassen sich Tausende von ihnen später wieder scheiden, lassen ihre Kinder im Stich, zahlen keinen Unterhalt und haben dann Kinder mit einer anderen Frau (und bei manchen kommen danach wieder andere Frauen). Leider kann man hier nicht länger von Ausnahmen von der Regel sprechen. Es gibt Länder, in denen die Anzahl der jährlichen Scheidungen fast genauso hoch ist wie die der Eheschließungen.

Von solchen Vätern kann man also kaum sagen, dass sie für ihre Kinder oder Frauen sorgen. Der Punkt ist: Sollten sie? Habe sie irgendeine *Pflicht*, für sie zu sorgen? Oder sollten wir über sie dasselbe sagen, was die Leute über meine Malerei sagen würden: „Du bist offenbar nicht gut darin, für andere zu sorgen; dann hast du natürlich auch nicht die *Pflicht*, für andere zu sorgen"?

Diese Frage kann man auf viele andere Situationen übertragen. Hat eine Bank die Pflicht, für ihre Angestellten zu sorgen? Oder ist es in Ordnung, wenn sie einen Mann mittleren Alters nach jahrelangem treuem Dienst skrupellos entlässt und ihn durch einen jüngeren Mann ersetzt, der aber nur die Hälfte verdient und daher weniger Kosten verursacht?

Doch wir brauchen hier nicht noch mehr Beispiele anzuführen – der Hauptpunkt ist bereits deutlich geworden: Sind wir zur Fürsorge verpflichtet? Die Antwort der Tugendethik scheint eindeutig zu sein: Konzepte, bei denen es um Pflichten geht – sogenannte deontische Konzepte –, haben nicht wirklich einen Platz in der Tugendethik; jedenfalls sind sie hier nicht von fundamentaler Bedeutung. Wir können hier noch einmal Slotes „grobe" Charakterisierung anführen, der wir bereits begegnet sind:

> ... die Tugendethik legt fest, was in Bezug auf innere Faktoren wie Charakter und Motiv moralisch ist, und im Unterschied zu den meisten modernen Sichtweisen betrachtet sie *aretaische* Begriffe wie „bewundernswert" und „hervorragend" – anders als deontische Konzepte wie „sollte", „richtig" und „verpflichtend" – als fundamental für das Unternehmen der Ethik.

> Eine Sicht zählt als eine Form der Tugendethik, wenn sie (und nur dann) aretaische Begriffe als fundamental betrachtet (und deontische Gedanken als entweder sekundär oder überflüssig).[126]

Für das christliche Denken ist dies die fatale Schwäche dieser Form der modernen Tugendethik. Auf jeden Fall ist sie aufgrund dieser Schwäche radikal anders als die biblische Ethik. Kain, so lesen wir, sagte zu Gott: „Bin *ich* meines Bruders Hüter?“ Hätte Gott daraufhin im Sinne der Tugendethik geantwortet, hätte er gesagt: „Nun, Kain, wenn deine Motivation ein universelles Wohlwollen oder eine Ethik der Fürsorge ist, ist deine Einstellung in aretaischer Hinsicht bewundernswert und herausragend. Wenn du dies also gerne so sehen willst, solltest du dich um deinen Bruder kümmern. Aber ich kann nicht sagen, dass du die fundamentale Pflicht hast, deines Bruders Hüter zu sein, denn das wäre ein deontisches Konzept.“

Was Gott tatsächlich zu Kain sagte, war etwas ganz anderes. Und auch Gottes Gesetz ist ganz anders. „Du *sollst* deinen Nächsten lieben wie dich selbst“ ist unmissverständlich deontisch.

126 *Virtue Ethics*, 325

9

EGOISMUS

*Ethischer Egoismus ist nicht bloß
eine Beschreibung dessen,
was die meisten Leute üblicherweise tun.
Er ist eine ethische Theorie und somit normativ.
Sein Grundprinzip legt fest, was die Leute immer tun sollten:
nämlich, dass jeder ausschließlich so handeln sollte,
dass dies den eigenen Interessen dient,
und die Interessen anderer Leute
dabei nicht berücksichtigt.*

EXTREME IN DER ETHISCHEN THEORIE UND PRAXIS

Aristoteles' Ethiktheorie ist durch zwei bewundernswerte Merkmale gekennzeichnet: Das eine ist seine eindrucksvolle Fähigkeit, Dinge zu beobachten und zu analysieren, und das andere ist sein praktischer Realismus. Nirgendwo wird dieser Realismus klarer als dort, wo er über die Schwierigkeiten bei der praktischen Umsetzung der Ethik spricht, die Mitte zu treffen; viel zu leicht passiere es, dass man in die Richtung des einen oder des anderen Extrems abdrifte.

Was auf die Praxis der Ethik zutrifft, trifft auch auf ihre Theorie zu, wie wir bei unserem Überblick über die bekannteren Ethiksysteme festgestellt haben. So neigte beispielsweise nach der Aufklärung die ethische Theoriebildung dazu, sich stark auf die Definition der Richtigkeit oder Falschheit von Handlungen und auf die Verantwortung der Menschen gegenüber ihrer Pflicht zu konzentrieren. In den letzten Jahrzehnten hat sich die Tugendethik nun zum anderen Extrem hinbewegt. Sie legt den Schwerpunkt nicht auf die Qualität der Handlungen von Menschen, sondern auf die inneren Tugenden, fast bis zum Ausschluss jeglichen deontischen Elements. Besser wäre sicherlich, wenn ethisches Denken weder das eine noch das andere Extrem favorisieren würde, sondern eine ausgeglichene Kombination von beidem.

Der Handlungsutilitarismus und die kantsche Ethik stehen, wie wir herausgefunden haben, jeweils am Ende beider Extreme. Zumindest was die formale Wiedergabe seiner Positionen betrifft, ist der Utilitarismus insgesamt teleologisch und eindeutig nicht deontisch, während der Kantianismus insgesamt deontisch und eindeutig nicht teleologisch ist. Leben und Logik sind nun einmal, wie sie sind, doch starre Extreme sind nur schwer aufrechtzuerhalten. In der detaillierten Darlegung ihrer Lehrsätze konnten wir feststellen, dass sich in Benthams Theorie heimlich ein deontisches Element eingeschlichen hat und ein teleologisches in die von Kant.

Von einem anderen Blickwinkel aus betrachtet, stehen Handlungsutilitarismus und Kantianismus gemeinsam an ein und demselben Extrem.

Beide leugnen am Ende die Legitimität jeglichen Eigeninteresses. Der Utilitarismus sagt, dass die jeweilige handelnde Person absolut unparteiisch und neutral sein muss, wenn sie die maximale Menge an Glück für die größtmögliche Anzahl von Leuten kalkuliert. Sie darf kein besonderes Interesse an den Menschen zeigen, die ihr am nächsten stehen und am meisten am Herzen liegen. Mutter, Vater, Geschwister, Ehefrau und Kinder müssen geopfert werden, wenn die Maximierung des Glücks der größten Anzahl von Menschen dies erfordert.

Auch der Kantianismus ächtet das Eigeninteresse. Nur die Handlung ist moralisch richtig, sagt Kant, die allein aus dem Motiv der Pflichterfüllung heraus erfolgt. Eine gute und freundliche Tat, die mehr durch Mitgefühl als durch Pflicht motiviert sei, sei moralisch wertlos. Ein Händler, so argumentierte er, könne seine Kunden zwar gerecht und fair behandeln, aber wenn er dies aus Eigeninteresse tue (wenn er sie ungerecht behandelte, würde er alle seine Kunden und seinen Umsatz verlieren), sei sein gerechtes und faires Verhalten moralisch wertlos. Das Sprichwort „Ehrlichkeit ist die beste Politik“ hätte Kant wohl als moralisch korrupt empfunden. Kant konnte sich nicht die Möglichkeit vorstellen, dass der Händler sowohl aus Gründen der Gerechtigkeit als auch aus Eigeninteresse handeln könnte.

Nach diesem Extrem müssen wir nun eine Ethiktheorie betrachten, die genau am gegensätzlichen Ende zu finden ist. Man bezeichnet sie als ethischen Egoismus, und sie besagt, dass die einzig ethisch gültige Tat jene ist, die aus purem Eigeninteresse getan wird.

Es ist daher verständlich, dass viele Menschen denken, „ethischer Egoismus“ bedeute, dass „Egoismus“ und „Handeln aus Eigeninteresse“ ein und dasselbe seien. Die Folge ist, dass beide gleichermaßen als negativ gesehen werden. Kurt Baier beschreibt Egoisten als

> ... egozentrische, rücksichtslose, gefühllose, prinzipienlose, skrupellose Selbstverherrlicher, die nach den guten Dingen im Leben streben, ungeachtet der Kosten für andere; Menschen, die nur an sich denken oder wenn sie an andere denken, dann nur als Mittel zu ihren eigenen Zwecken.[127]

Das sind harte Worte; und wenn ein „Handeln aus Eigeninteresse“ immer unbedingt dasselbe wäre wie „Egoismus“, dann hätte ein „Handeln aus Eigeninteresse“ dasselbe vernichtende Urteil verdient.

127 *Egoism*, 197

Aber eigentlich ist ein „Handeln aus Eigeninteresse" nicht immer unbedingt dasselbe wie „Egoismus", wie wir gleich sehen werden. „Selbstsucht" könnte man richtigerweise mit „Egoismus" gleichsetzen, aber „Eigeninteresse" ist nicht dasselbe wie „Selbstsucht". Eine unpräzise Sprache, die die Begriffe „Eigeninteresse" und „Selbstsucht" so behandelt, als hätten beide dieselbe Bedeutung, kann nur für Verwirrung sorgen und zu unfairen und extremen Interpretationen von Ethiksystemen führen.

Ein lehrreiches Beispiel dafür sind zwei extreme, jedoch gegensätzliche Interpretationen von christlicher Ethik, die man immer wieder mal hört.

⚖ *Eine unpräzise Sprache, die die Begriffe „Eigeninteresse" und „Selbstsucht" so behandelt, als hätten beide dieselbe Bedeutung, kann nur für Verwirrung sorgen und zu unfairen und extremen Interpretationen von Ethiksystemen führen.*

Auf der einen Seite neigen manche christliche Theologen (die mehr von Kants Konzept des „alleinigen Handelns aus Pflichtgefühl" beeinflusst werden, als sie vielleicht sollten) dazu, den Eindruck zu vermitteln, dass es moralisch falsch sei, Gott aus Eigeninteresse heraus zu dienen. Sie meinen, dass nach der Bibel nur eine Einstellung und Motivation akzeptabel sei: sich selbst zu verleugnen, sein Kreuz auf sich zu nehmen und Gott mit äußerster und völliger Selbstlosigkeit zu dienen.

Auf der anderen Seite stehen Philosophen, die der christlichen Ethik kritisch gegenüberstehen. Auch sie betrachten Eigeninteresse (zumindest in diesem Kontext) als moralisch schlecht. Sie weisen jedoch auf bestimmte Stellen in der Bibel hin, in denen Christen explizit dazu aufgefordert werden, Gott in der Hoffnung zu dienen, einmal von ihm für ihren Dienst belohnt zu werden. Deshalb sind diese Philosophen zu dem Schluss gekommen, dass die christliche Lehre moralische Defizite habe.

Wenn wir also Ethiksysteme, die sich auf das Motiv des Eigeninteresses berufen, fair bewerten wollen, müssen wir uns die Mühe machen, die Rolle des Eigeninteresses zu durchdenken, die es in diesen Systemen spielt, und insbesondere zu verstehen, was dort mit Eigeninteresse gemeint ist.

DER UNTERSCHIED ZWISCHEN EIGENINTERESSE UND SELBSTSUCHT

Der grundlegende Unterschied

James Rachels macht uns auf die Tatsache aufmerksam, dass Handlungen, die offensichtlich aus Eigeninteresse getan werden, deswegen nicht unbedingt auch selbstsüchtig sind.[128] Veranschaulichen können wir dies wie folgt: Es liegt sicherlich im Eigeninteresse eines Mannes, einen Arzt zu konsultieren, wenn er krank ist, aber es ist nicht selbstsüchtig. Es schadet keinem anderen, noch benachteiligt es irgendjemanden. Andererseits, wenn z. B. die Menge an Lebensmitteln, die einer Familie an einem bestimmten Tag zur Verfügung steht, begrenzt wäre, wäre es selbstsüchtig, wenn ein Familienmitglied alles alleine verzehrte oder mehr forderte als seinen gerechten Anteil, ohne dabei an die anderen zu denken.

Die moralische Zulässigkeit von gemischten Motiven

Wir erinnern uns daran, dass Kants Theorie besagt, dass die einzig moralisch akzeptable Tat jene sei, die aus einem Pflichtgefühl heraus getan werde. Eine Tat, die aus irgendeinem anderen Motiv geschehe, sei moralisch wertlos. Den Armen etwas aus Mitgefühl statt aus Pflichtgefühl zu geben, sei moralisch unzureichend. Doch betrachten Sie folgendes Beispiel.

In der Jahreszeit, in der man Obst einkocht, kocht Sarah viel mehr Obst ein, als sie für ihre Familie benötigt. Ihre Motive sind folgende:

1. *Pflichtgefühl.* Sie hat einen Ehemann und vier Kinder, und sie empfindet es als ihre Pflicht, ihre Familie im folgenden Jahr zu ernähren.

2. *Eigeninteresse.* Den größten Teil der Obstkonserven, die nicht für ihre Familie benötigt werden, möchte sie auf dem Wochenmarkt verkaufen, und mit dem Gewinn möchte sie sich ein neues Kleid kaufen, das sie in einem Geschäft gesehen hat und das ihr sehr gut gefällt.

128 *Elements of Moral Philosophy*, 72–74

3. *Mitgefühl.* Sie beabsichtigt, die restlichen Konserven einer jungen Frau zu schenken, die kürzlich Witwe geworden ist und fast kein Einkommen hat, aber drei kranke Kinder.

Ihre Motive für das Einkochen von einer solch großen Menge Obst sind also gemischt. Hätte sie sich damit begnügt, nur genug Obst für ihre eigene Familie einzukochen, und hätte sie dies allein aus dem Motiv heraus getan, „weil es ihre Pflicht war", hätte Kant ihre Tat als moralisch gut betrachtet.

Aber sie hat auch einen Teil aus Mitgefühl eingekocht. Und das geschah nicht aus Pflichtgefühl. Es war einfach so, dass ihr die Witwe leidtat und sie aus Mitgefühl gehandelt hat. Außerdem tat sie es gern, und es machte sie froh, die Dankbarkeit in den Gesichtern der Witwe und ihrer Kinder zu sehen. Müssen wir hier Kant zustimmen, dass dieser Teil ihrer Einkochaktion moralisch minderwertig war, weil er nicht ausdrücklich und allein aus Pflichtgefühl geschah?

Und zweifellos kochte sie auch einen Teil des Obstes ein, um sich selbst ein schönes, wenn auch nicht übermäßig teures Kleid zu kaufen; und in dieser Hinsicht handelte sie aus Eigeninteresse. Doch wir können sofort sagen, dass dies keine Selbstsucht war: Sie hat keinem Menschen etwas weggenommen. Außerdem half die Tatsache, dass sie es aus eigener Tasche bezahlt hat, ihrer Familie, denn das Geld stammte nicht aus dem allgemeinen Familienbudget. Zugegeben, sie handelte hier nicht aus Pflichtgefühl, das heißt, sie hatte nicht das Gefühl, es sei ihre Pflicht, dieses eine Kleid zu kaufen. Sie handelte aus Eigeninteresse und kaufte das Kleid, weil es ihr gefiel. Andererseits würde sogar Kant eingestehen, dass Leute die Pflicht haben, sich zu kleiden und nicht nackt durch die Straßen zu laufen. In diesem Fall diente also das Eigeninteresse dem Zweck, eine grundlegende Pflicht zu erfüllen.

Beispiele wie diese zeigen, dass Kants Prinzip, dass nur Taten, die absichtlich und bewusst allein aus Pflichtgefühl getan werden, moralisch akzeptabel sind, extrem und vereinfachend ist. Er berücksichtigt dabei nicht die Komplexität menschlichen Verhaltens.

Um besser zu begreifen, was der ethische Egoismus mit Eigeninteresse meint, wird es zunächst hilfreich sein, sich anzusehen, was in der christlichen Ethik damit gemeint ist. Die beiden Systeme meinen nicht unbedingt dasselbe damit; der Unterschied wird für uns aufschlussreich sein.

Christliche Ethik und die Richtigkeit des Eigeninteresses

- *Per Definition muss es im Eigeninteresse eines Geschöpfs liegen, dem Willen und den Absichten seines Schöpfers zu dienen*

Wenn alles, was wir sind – Körper, Seele, Geist, Fähigkeiten und Kräfte –, und die Luft, die wir atmen, von Gott durch seinen Willen und sein liebevolles Handeln geschaffen wurden, wie könnte es dann nicht in unserem Eigeninteresse liegen, seinem Willen zu dienen und zu versuchen, ihm zu gefallen?

Zugegeben, ein Christ dient Gott nicht zuallererst oder hauptsächlich wegen der Freude und der Belohnung, die ihm dafür zuteilwird. In unserer zerrütteten Welt, die jeder Vorstellung von Gott (und auch Christus) oft feindlich gegenübersteht, kann es einen Christen viel kosten, treu zu Gott zu stehen. Doch es wäre eine Beleidung von Gottes Charakter, wenn man meint, dass ein Gott hingegebenes Leben für den Christen nur eine freudlose, undankbare Erfahrung sein muss. Christus sagte genau das Gegenteil: „Meine Speise ist, dass ich den Willen dessen tue, der mich gesandt hat, und sein Werk vollbringe“ (Joh 4,34). Offenbar fand er in seinem Dienst für Gott Erfüllung und Stärkung. Es wäre anmaßend von uns, wenn wir uns selbst als ihm moralisch überlegen betrachteten und meinten, wir bräuchten eine solche Befriedigung nicht. Außerdem lädt Christus, als Brot des Lebens, alle ein, zu ihm zu kommen, um ihren geistlichen Hunger zu stillen.

- *Es liegt geradezu im Eigeninteresse einer Person, nach Versöhnung mit Gott, Errettung und ewigem Leben zu streben*

Christus hat dies selbst gesagt. Er wandte sich an die Menge und bat sie eindringlich:

> Ringt danach, durch die enge Pforte hineinzugehen; denn viele, sage ich euch, werden hineinzugehen suchen und werden es nicht können. Sobald der Hausherr aufgestanden ist und die Tür verschlossen hat ..., wird das Weinen und das Zähneknirschen sein, wenn ihr Abraham und Isaak und Jakob und alle Propheten im Reich Gottes sehen werdet, euch aber draußen hinausgeworfen. (Lk 13,24-25.28)

Viele Ethiker sind jedoch der Meinung, dass diese Lehre moralisch verwerflich ist. Wenn es darum ginge, hart zu arbeiten, um ein Diplom zu erhalten, würden sie das gut finden. Oder wenn es nötig wäre, Überstunden zu machen, um sich eine Eintrittskarte für ein tolles Konzert leisten zu können – das würden sie ebenfalls gut finden. Aber aus moralischer Sicht finden sie es inakzeptabel, *gut zu sein,* um dafür etwas zu erhalten, nämlich (so denken sie) den Himmel. Sie behaupten, dies zersetze die Grundlage der Moral, welche die völlig selbstlose Absicht sein sollte, gut zu sein um des Gutseins willen und nicht, weil man dafür etwas erhält.

Diese Kritik beruht jedoch in erster Linie auf einem Missverständnis. Man kann sich in der Tat den Eintritt in Gottes Himmel nicht dadurch verdienen, dass man „gut ist". Versöhnung mit Gott, Erlösung, Errettung und der Himmel – all das sind kostenlose Geschenke:

> Denn aus Gnade seid ihr gerettet durch Glauben, und das nicht aus euch, Gottes Gabe ist es; nicht aus Werken, damit niemand sich rühme. (Eph 2,8-9)

Zweitens: Wenn Gott, unser Schöpfer, der Menschheit ein kostenloses Geschenk anbietet, wäre es absurd, so zu tun, als läge es nicht im Eigeninteresse der Menschen, dieses bereitwillig anzunehmen, und ebenso wäre es töricht und arrogant, es aus Desinteresse zu ignorieren oder abzulehnen. Zu einer Frau, die mit ihrem Leben und der Religion, so wie sie sie kannte, sehr unzufrieden war, sagte Christus: „Wenn du die Gabe Gottes kenntest ..., so hättest du ihn gebeten, und er hätte dir lebendiges Wasser gegeben" (Joh 4,10). Wahres Eigeninteresse ist auf dieser Ebene daher nicht nur moralisch zulässig: Es ist absolut gut und notwendig.

Was es heißt, sich selbst zu verleugnen

Aber wenn das stimmt, stellt sich folgende Frage: Warum lehrt uns die Bibel dann, dass es notwendig ist, sich selbst zu verleugnen? Die Antwort findet man in dem Kontext, in dem Christus dies seine Jünger lehrte:

> Von der Zeit an begann Jesus seinen Jüngern zu zeigen, dass er ... von den Ältesten und Hohenpriestern und Schriftgelehrten vieles leiden und getötet und am dritten Tag auferweckt werden müsse. ... Dann sprach Jesus zu seinen Jüngern: Wenn jemand mir nachkommen will, verleugne er sich selbst und nehme sein Kreuz auf und folge mir nach! Denn wer sein Leben retten will, wird es verlieren; wer aber

> sein Leben verliert um meinetwillen, wird es finden. Denn was wird es einem Menschen nützen, wenn er die ganze Welt gewönne, aber sein Leben einbüßte? Oder was wird ein Mensch als Lösegeld geben für sein Leben? Denn der Sohn des Menschen wird kommen in der Herrlichkeit seines Vaters mit seinen Engeln, und dann wird er einem jeden vergelten nach seinem Tun. (Mt 16,21.24-27)

Der Kontext war also Christi Ankündigung seiner bevorstehenden offiziellen Ablehnung durch die Autoritäten des Volkes, seiner Kreuzigung und Auferstehung und dann seiner späteren Wiederkunft. Er warnte seine Jünger, dass sie nicht unbedingt erwarten könnten, von der Welt besser behandelt zu werden als er. „Wenn sie mich verfolgt haben, werden sie auch euch verfolgen" (Joh 15,20). Das war keine Übertreibung: Millionen von Christen sind aufgrund ihres Glaubens an Christus verfolgt und hingerichtet worden, und das nicht nur in den ersten Jahrhunderten, als die Römer sie den Löwen zum Fraß vorwarfen. Jeder, der Christus nachfolgen will, muss sich daher dieser Möglichkeit bewusst sein. Er muss bereit sein, seinen natürlichen Wunsch zu leben zu verleugnen und in dieser Welt sein Leben um der Treue zu Christus willen zu verlieren; doch indem er dies tut, wird er sein Leben behalten in dem Sinne, dass er ewiges Leben haben wird samt einer Belohnung im Reich Gottes, wenn Christus wiederkommt. Aber wenn jemand aus einer falschen Art von Eigeninteresse Christus verleugnet, um sein Leben in dieser Welt zu erhalten, wird er es in Wirklichkeit verlieren, denn er wird niemals das ewige Leben in Gemeinschaft mit Christus in seinem zukünftigen Reich genießen können.

Aber es ist zu beachten, dass Christus sogar in diesem ernsten Kontext an das Eigeninteresse seiner Jünger appelliert: „Was wird es einem Menschen nützen", fragte er, „wenn er die ganze Welt gewönne [indem er Christus verleugnet], aber sein Leben in der zukünftigen Welt einbüßte?"

- *Eigeninteresse ist im alltäglichen Leben eine Notwendigkeit*

Man kann nicht leugnen, dass wir hauptsächlich durch Eigeninteresse zu unserer täglichen Arbeit getrieben werden. Man hat Glück, wenn einem die tägliche Arbeit Spaß macht und praktisch zu einem Hobby wird, das man auch dann betreiben würde, wenn es nicht für den Erwerb des Lebensunterhalts notwendig wäre. Doch erst einmal sind es ein leerer Magen und das Bedürfnis nach Kleidung und Unterkunft, die uns zum Arbeiten treiben.

Die allgemeine Regel für alle Menschen, die dazu in der Lage sind, lautet, dass der, der nicht arbeiten will, auch nicht essen soll (2Thes 3,10).

Gleichzeitig gibt sich die Bibel aber natürlich nicht damit zufrieden, dass Leute *einfach nur* aus Eigeninteresse arbeiten. So ermahnt sie Diebe, die sich bekehrt haben: „Wer gestohlen hat, stehle nicht mehr, sondern mühe sich vielmehr und wirke mit seinen Händen das Gute, *damit er dem Bedürftigen etwas mitzugeben habe!*" (Eph 4,28; Hervorhebung durch uns). In unserer täglichen Arbeit ist daher nicht die Frage, ob wir *entweder* von Eigeninteresse motiviert sind *oder andererseits* völlig selbstlos sind. Es kann auch gut eine Mischung aus beidem sein (und oft ist dies auch so). Was jedoch völlig falsch ist, ist ein Leben, das nur für sich gelebt wird, ohne Rücksicht oder gar in völliger Missachtung anderer Menschen, ihrer Bedürfnisse und Interessen und des Schmerzes und Verlustes, den eine solche Selbstsucht hervorrufen kann. Es gibt nun mal einen großen Unterschied zwischen einem Geizhals, der ein großes Vermögen gemacht hat und sich als Einsiedler in sein Schloss zurückzieht, um sich mit Schätzen aller Art zu umgeben, und einem Mann wie Andrew Carnegie (1835–1919), der sein beachtliches Vermögen für wohltätige Zwecke einsetzte, viele Bildungseinrichtungen, Bibliotheken und Künste unterstützte und die Carnegie-Friedensstiftung zur Förderung des internationalen Friedens gründete.

Christliche Ethik und die Falschheit von Selbstsucht

Menschen unterscheiden sich von Tieren unter anderem darin, dass ihre Kinder (im Vergleich zum Tiernachwuchs) lange Zeit von ihren Eltern und anderen Menschen abhängig sind. Tatsächlich ist es bei der großen Mehrheit von uns, die wir in komplexen Zivilisationen leben, fraglich, ob wir jemals ganz frei von der Abhängigkeit (manchmal in größerem, manchmal in geringerem Maße) von anderen Menschen sein werden, die Dinge für uns tun. Daher macht sich ein Mensch, der allein für seine eigenen Interessen lebt und dabei die Interessen und Bedürfnisse anderer ignoriert, eines groben Missbrauchs der Grundbedingungen des menschlichen Lebens und der Gesellschaft schuldig. Zudem entstellt er so seine Funktion und seinen Zweck im Leben und schränkt sein eigenes Potenzial erheblich ein.

- *Die Analogie des menschlichen Körpers*

Um diesen Punkt zu verdeutlichen, verwendeten sowohl heidnische als auch christliche Denker in der Antike die Analogie des Köpers, um so zu veranschaulichen, in welchem Verhältnis der Einzelne einerseits zum Staatskörper steht und andererseits zum universellen, geistlichen Leib Christi.[129] Wir werden diese Lektionen hier zusammenfassen.

Man braucht sich seines Eigeninteresses und seiner Sorge um das eigene Wohlergehen nicht zu schämen. Wenn z. B. ein Fuß verletzt wurde, sendet er sofort ein Schmerzsignal an das Gehirn und fordert Beachtung und dass man sich um ihn gekümmert. Es liegt doch im Interesse der Gesundheit eines Staates oder der Gemeinde, einer Firma oder Familie, dass man sich um das Wohlbefinden der einzelnen Mitglieder kümmert. Denn das ist es doch, was ein Staat (oder eine Gemeinde, Firma oder Familie) letztlich ist: eine Gemeinschaft oder ein Team oder sogar eine organische Einheit, die sich aus einzelnen Personen zusammensetzt.

Man muss sich der eigenen Bedeutung nicht schämen. Man sollte seine Fähigkeiten nicht unterbewerten (und auch nicht überbewerten). Ein menschlicher Körper kann zwar ohne Hände oder Augen existieren, aber in diesem Fall ist er kein vollständiger Körper und kann nicht so effizient funktionieren, wie es ein vollständiger Körper könnte. Es bereichert eine Gemeinschaft, wenn dem Einzelnen geholfen wird, sein Potenzial voll zu entfalten.

> ⚖ *Man muss sich der eigenen Bedeutung nicht schämen. … Andererseits wäre es arrogant, wenn ein Einzelner denkt, er sei so wichtig, dass er den Rest der Gemeinschaft nicht brauche.*

Andererseits wäre es arrogant, wenn ein Einzelner denkt, er sei so wichtig, dass er den Rest der Gemeinschaft nicht brauche; und es wäre unverschämt, wenn er sich so verhielte, als lebe er nur für sich allein und hätte das Recht, nur seine eigenen selbstsüchtigen Interessen zu verfolgen, ungeachtet des Schadens, den er damit anderen in der Gesellschaft zufügen würde. Ein Mensch, der dem Verlangen seines Körpers nach exzessiven Alkoholkonsum oder Drogen nachgibt, egal, wie sehr er damit seiner Leber, Bauchspeicheldrüse oder dem Gehirn schadet, wird sich damit am Ende selbst zerstören. Wenn unsere Füße in der Lage wären, sich gegen den Rest des Körpers aufzulehnen und sich zu weigern, diesem uneigennützig zu dienen und ihn zu transportieren, würden sie sich damit ihrer wahren und einzigen Bedeutung berauben. Sie würden verkümmern. Totale Selbstsucht ist unnatürlich, unpraktisch, nicht lebbar und selbstzerstörerisch.

129 Siehe Menenius Agrippas politische Parabel in *Livius' Ab urbe condita*, II.32.8-12; und Paulus' ausführliche Metapher in 1Kor 12,12-31.

- *Das christliche Konzept eines Dienstes, der durch eine Belohnung motiviert ist*

Es ist jedoch unbestreitbar, dass das Neue Testament an mehreren Stellen dazu auffordert, aus der Hoffnung auf eine zukünftige persönliche Belohnung im Reich Christi heraus zu leben, zu dienen und zu arbeiten.

> Was ihr auch tut, arbeitet von Herzen als dem Herrn ..., da ihr wisst, dass ihr vom Herrn als Vergeltung das Erbe empfangen werdet; ihr dient dem Herrn Christus. (Kol 3,23-24)

Erneut neigen säkulare Ethiker dazu, darüber die Nase zu rümpfen: Christus aus eigenem Interesse aufgrund einer späteren persönlichen Belohnung zu dienen scheint für sie aus moralischer Sicht eine recht armselige Motivation zu sein. Wenn Christen, wie sie immer bekennen, Christus wirklich liebten, würden sie ihm selbstlos aus Liebe dienen, ohne dabei an eine Belohnung zu denken. Und natürlich wäre für einen Marxisten die Vorstellung einer Belohnung im Himmel eine Täuschung, die den Arbeitern von den Kapitalisten eingeredet wird. Allerdings hatten die Marxisten kein Problem damit, das Proletariat selbst mit der Aussicht auf eine spätere Belohnung zu Arbeit und Opfern zu motivieren, um eine Utopie zu verwirklichen! Wir müssen also versuchen zu verstehen, was es mit dem neutestamentlichen Konzept der Belohnung auf sich hat.

Als Erstes ist da die Beziehung zwischen Christus als Herrn und seinen Jüngern als Dienern. Es gibt viele Arbeitgeber in der Welt, die ihre Arbeiter nicht gerecht und ausreichend entlohnen. Das ist ein ernsthaftes moralisches Fehlverhalten der Arbeitgeber. Weil Christus der ist, der er ist, und sein Charakter so ist, wie er ist, ist es für ihn moralisch unmöglich, seine Diener nicht dafür zu belohnen und zu entschädigen, was sie um seinetwillen getan und geopfert haben.

Zweitens ist da die Natur der Belohnung. Einmal baten zwei seiner Jünger Christus darum, sie für ihren Dienst und ihre selbstlose Arbeit zu belohnen, indem er ihnen in seinem zukünftigen Reich die zwei höchsten Stellungen neben ihm geben würde. Aber sie hatten eine falsche Vorstellung davon, was zu einer solchen Belohnung gehören würde. Christus erklärte:

> Ihr wisst, dass die, welche als Regenten der Nationen gelten, sie beherrschen und ihre Großen Gewalt gegen sie üben. So aber ist es nicht unter euch; sondern wer unter euch groß werden will, soll euer

> Diener sein; und wer von euch der Erste sein will, soll aller Sklave sein. (Mk 10,42-44)

Die Belohnung dafür, wenn man Christus dient (oder anderen um Christi willen), ist also, dass man dadurch trainiert und qualifiziert wird, später noch weitaus mehr Menschen besser dienen zu können. Dieses Prinzip ist alles andere als seltsam. Wenn man hart trainiert und in der zweiten Liga gut Fußball spielt, ist es eine Belohnung, die Möglichkeit zu bekommen, schließlich auf internationaler Ebene zu spielen. Doch im zukünftigen Reich Christi wird die Möglichkeit, anderen zu dienen, die größte Belohnung sein, die sich selbst Personen mit höchstem Eigeninteresse wünschen würden, wenn sie nur diese Wahrheit kennen würden. Hier liegt das Paradox des Christentums.

Drittens ist da das christliche Vorbild. Die christliche Vorstellung eines zukünftigen Gottesreichs, in dem es jeder als seine größte Freude betrachten wird, dem anderen zu dienen, ist keine Utopie. Das Vorbild für ein solches Verhalten ist uns hier auf der Erde gezeigt worden. „Denn auch der Sohn des Menschen", sagte Christus zu seinen Jüngern, „ist nicht gekommen, um bedient zu werden, sondern um zu dienen und sein Leben zu geben als Lösegeld für viele" (Mk 10,45).

Dementsprechend werden seine Jünger ermahnt:

> Ein jeder sehe nicht auf das Seine, sondern ein jeder auch auf das der anderen! Habt diese Gesinnung in euch, die auch in Christus Jesus war, der in Gestalt Gottes war und es nicht für einen Raub hielt, Gott gleich zu sein. Aber er machte sich selbst zu nichts und nahm Knechtsgestalt an, indem er den Menschen gleich geworden ist, und der Gestalt nach wie ein Mensch befunden, erniedrigte er sich selbst und wurde gehorsam bis zum Tod, ja, zum Tod am Kreuz. (Phil 2,4-8)

ETHISCHER EGOISMUS

Das Erste, was hier festzustellen ist, ist, dass ethischer Egoismus nicht bloß eine Beschreibung dessen ist, was die meisten Leute üblicherweise tun. Er ist eine ethische Theorie und somit *normativ*. Sein Grundprinzip legt fest, was die Leute immer tun sollten: nämlich, dass jeder *ausschließlich* so handeln sollte, *dass dies den eigenen Interessen dient, und die Interessen anderer Leute dabei nicht berücksichtigt.* Dieses Prinzip erlaubt natürlich einem ethischen Egoisten, auch anderen Menschen zu helfen (z. B. sie nicht zu bestehlen, nicht seine Versprechen ihnen gegenüber zu brechen etc.), wenn dies den Interessen des Egoisten dient. Er könnte es beispielsweise als eine gute Taktik betrachten, einer Person bei einer Sache zu helfen, weil das wiederum diese Person dazu bringen würde, ihm zu helfen, wenn er einmal Hilfe benötigt. Aber das Prinzip des ethischen Egoismus sagt, dass er jemandem nicht helfen sollte, wenn dies nicht in seinem eigenen Interesse liegt, aber er verbietet ihm in keiner Weise, irgendetwas zu tun, was in seinem Interesse liegt.

Schwierigkeiten dieser Theorie

Es ist unbestritten, dass viele Menschen scheinbar wirklich in ihrem Verhalten diesem Prinzip folgen, auch wenn sie dies nicht offen zugeben. Aber als ethische Theorie treten beim ethischen Egoismus einige offensichtliche Schwierigkeiten zutage.

- *Die Frage nach ihrer Bedeutung*

„Im eigenen Interesse zu handeln" ist bei dieser Theorie nicht eine unter vielen Regeln, die in gewissen Situationen angewendet werden kann, um ein moralisches Dilemma aufzulösen. Es ist das alleinige Grundprinzip, auf dem sich die ganze Theorie gründet. Es gibt kein höheres moralisches Prinzip, das dieses manchmal außer Kraft setzen könnte (und sollte). Das heißt also: Wenn ich zu dem Urteil komme, dass es in meinem Interesse liegt, jemanden zu töten, dann sollte ich es tun.

Stellen Sie sich z. B. vor, ich stehe im Wettbewerb mit einem anderen Geschäftsmann um die Übernahme eines sehr lukrativen Geschäfts. Es geht um so viel potenziellen Gewinn, dass ich denken könnte, es läge sehr in meinem Interesse, meinen Wettbewerber auszuschalten, indem ich heimlich einen Auftragskiller anheure (so wie es die Mafia tut), um ihn umbringen zu lassen. In der Theorie des ethischen Egoismus gibt es nichts, was mir dies unbedingt verbieten würde, oder irgendeine andere nicht ganz so gravierende, aber dennoch böswillige Tat.

- *Die Verallgemeinerung des Grundprinzips*

Es gibt auch eine Schwierigkeit hinsichtlich der logischen und praktischen Widersprüche, die sich bei der Verallgemeinerung des Grundprinzips des ethischen Egoismus zeigen. Nehmen wir z. B. die Situation zwischen mir und meinem Wettbewerber in der oben angeführten Geschichte. Ich als ethischer Egoist bin nicht nur der Meinung, dass ich immer gemäß meinen eigenen Interessen handeln sollte, sondern auch, dass ebenso jeder andere nach seinem eigenen Interesse handeln sollte. Diese universelle Regel würde daher auch für meinen Wettbewerber gelten. Es läge in seinem Interesse, mich davon abzuhalten, ihn auszuschalten, und das wäre aus moralischer Sicht richtig von ihm. Aber wenn es für mich moralisch richtig ist, ihn auszuschalten, wie kann es dann für ihn moralisch richtig sein, mich von etwas abzuhalten, was für mich moralisch richtig ist? Eine solche Handlung muss sicher moralisch falsch sein. Doch wie kann ein und dieselbe Handlung – mich davon abzuhalten, meinen Wettbewerber auszuschalten – gleichzeitig sowohl moralisch richtig als auch moralisch falsch sein?[130]

- *Der Rat, nach dem Grundprinzip zu handeln*

Es ist moralisch fragwürdig, jemandem zu raten, nach dem Grundprinzip des ethischen Egoismus zu handeln. Damit rät man ihm, etwas zu tun, weil es in seinem Interesse liegt, ungeachtet dessen, ob die Handlung an sich gut oder böse ist.

- *Ein allgemeiner Vertrauensverlust*

Wenn ethischer Egoismus allgemein praktiziert würde, würde dies zu einem allgemeinen Vertrauensverlust führen. Stellen Sie sich vor, ich nehme für ein Haus eine Hypothek auf, damit ich es eines Tages verkaufen und damit Gewinn machen kann. Da ich nur wenig Ahnung von Hypotheken habe, könnte ich einen unabhängigen Hypothekenberater konsultieren. Nun variiert die Höhe der Provision, die er für einen Vertragsabschluss erhält, von Unternehmen zu Unternehmen. Es könnte gut sein, dass das Unternehmen, das ihm eine hohe Provision zahlen würde, mir jedoch nicht die besten Bedingungen für eine Hypothek anbieten würde, und dass ein Unternehmen, das ihm nur eine kleine Provision zahlen würde, das beste für mich wäre. Als ethischer Egoist möchte ich allein gemäß meinen eigenen

130 Eine ausführliche Erläuterung dieses Arguments finden Sie in Kurt Baiers Buch *The Moral Point of View*, 189–190.

Interessen handeln. Dann muss ich allerdings darauf hoffen, dass er wiederum kein ethischer Egoist ist, denn wäre er einer, würde er nicht in meinem Interesse handeln, sondern in seinem eigenen, und ich könnte seinem Rat nicht vertrauen. Er würde mir einfach zu dem Unternehmen raten, das ihm die höchste Provision zahlt, auch wenn es für mich ein schlechtes Geschäft wäre. Daher muss ich – obwohl ich selbst ein ethischer Egoist bin – darauf hoffen, dass er keiner ist, sondern gemäß der ethischen Selbstlosigkeit handelt, denn das wäre die einzige Bedingung, unter der ich ihm vertrauen könnte. Der ethische Egoismus ist also als ethische Theorie inkonsistent und widersprüchlich, und seine Inkonsistenz ergibt sich aus dem Prinzip, auf dem er basiert. Wenn ich in der Lage sein will, allein gemäß meinen eigenen Interessen zu handeln, ungeachtet der Interessen anderer Leute, wäre es logischerweise unmöglich, mir zu wünschen, dass sich jeder mir gegenüber nach demselben Prinzip verhält.

UNTERNEHMERISCHER EGOISMUS

Unternehmerischer Egoismus ist eine Form von Wirtschaftstheorie, die auf das berühmte Werk von Adam Smith *Der Wohlstand der Nationen* (1776) zurückgeht. Smith befürwortete darin den Egoismus in der Geschäftswelt. Er meinte, dass Unternehmern die Freiheit gewährt werden sollte, ungehindert durch staatliche Kontrollen oder Restriktionen ihre Unternehmen gemäß ihren eigenen Interessen zu entwickeln und ihre Gewinne für sich und ihre Anteilseigner (wenn vorhanden) zu maximieren. Er argumentierte, es sei zwar ihr Motiv, gemäß ihren eigenen Interessen zu handeln, aber die positiven Ergebnisse ihrer Aktivitäten würden zur Gemeinschaft im Ganzen „durchsickern", und zwar durch die Löhne, die sie ihren Angestellten zahlten, das Geld, mit dem sie ihre Lieferanten bezahlten, und die Summen, mit denen sie die Erbauer ihrer Firmengebäude bezahlten. Smith schrieb:

> Nicht vom Wohlwollen des Metzgers, Brauers und Bäckers erwarten wir das, was wir zum Essen brauchen, sondern davon, dass sie ihre eigenen Interessen wahrnehmen. Wir wenden uns nicht an ihre Menschlichkeit, sondern an ihre Eigenliebe; und wir erwähnen nicht die eigenen Bedürfnisse, sondern sprechen von ihrem Vorteil.[131]

131 *Der Wohlstand der Nationen*, I.2.2., 17

Verfechter dieser Art von Laissez-faire-Ökonomie weisen auf den Anstieg des Wohlstands für die allgemeine Öffentlichkeit hin, und sie hat für das Funktionieren des sogenannten freien Marktes eine zentrale Bedeutung erlangt. Es ist natürlich nicht zu leugnen, dass im letzten Jahrhundert Länder, die dem Prinzip des unternehmerischen Egoismus freie Hand gelassen haben, sich wirtschaftlich deutlich besser entwickelt haben als strenger regulierte Volkswirtschaften.

Andererseits ist ein völlig unregulierter unternehmerischer Egoismus durchaus infrage zu stellen. Es stimmt, dass sogar extremer Egoismus eine gewisse Rücksicht auf das öffentliche Interesse nehmen muss, dem er dient. Aber nicht überall sieht man, dass der durch unternehmerischen Egoismus erzeugte Wohlstand immer in signifikanten Mengen zur allgemeinen Öffentlichkeit „durchsickert" (dies betrifft insbesondere Entwicklungsländer).

Man denke daran, wie in manchen Entwicklungsländern die von multinationalen Ölfirmen erwirtschafteten Gewinne in Wirklichkeit nicht zur allgemeinen Bevölkerung durchgesickert sind, sondern auf den Bankkonten verschiedener Beamter landeten. Auch darf man nicht vergessen, was im zentralindischen Bhopal im Dezember 1984 passierte, als das Austreten von Giftgas bei einer amerikanischen Pestizidfirma (offenbar aufgrund von unzureichenden Schutzvorkehrungen) mehrere Tausend Menschen das Leben kostete und Zehntausende verletzte. Noch mehr wurden dadurch chronisch krank.

Oder der Fall von Milchpulver für Babys, das man im Westen als schädlich für die Kinder befand, weil es die Kinder nicht genügend mit Nährstoffen versorgte. Es wurde daher im Westen vom Markt genommen, aber dennoch fuhren die Hersteller fort, es in manchen Ländern an Mütter zu verkaufen, die es nicht besser wussten und ihre Kinder damit fütterten.

Wir könnten noch viele weitere Beispiele von ähnlichen Fällen aus verschiedenen Industriezweigen in Ländern auf der ganzen Welt auflisten. Es zeigt sich also nicht überall, dass ein ungezügelter kommerzieller Egoismus der Bevölkerung grundsätzlich zugutekommt.

PSYCHOLOGISCHER EGOISMUS

Streng genommen handelt es sich beim psychologischen Egoismus nicht um eine Moraltheorie, aber er wirkt sich auf die Ethik aus, denn er behauptet, die menschliche Natur erklären zu können, basierend auf wissenschaftlichen

Erkenntnissen hinsichtlich der wahren Motivation hinter jedem menschlichen Verhalten.

Seine Grundbehauptung lautet: Ein Mensch ist so beschaffen, dass es für ihn psychologisch unmöglich ist, irgendetwas zu tun, was nicht in seinem Eigeninteresse liegt. Es geht dabei nicht darum, ob das, was die Menschen tun, richtig oder falsch ist. Es bedeutet, dass Menschen immer nur das tun, was in ihrem eigenen Interesse liegt, weil sie so beschaffen sind, sodass sie gar nicht anders handeln können. Daher muss jede ethische Theorie, die sagt, dass Menschen Dinge tun müssen, die nicht ihren eigenen Interessen dienen, falsch sein, denn sie verlangt von den Menschen etwas, was sie in Wirklichkeit gar nicht tun können.

Es ist natürlich ein allgemein anerkanntes Prinzip, dass man, wenn man jemandem sagt, er habe die moralische Pflicht, etwas zu tun, gleichzeitig davon ausgehen muss, dass er auch die Fähigkeit dazu hat. Wenn er diese nicht besitzt, kann er auch nicht die Pflicht haben, das Entsprechende zu tun, und kann auch nicht dafür verantwortlich gemacht werden, wenn er es nicht tut. Einer gelähmten Person kann man nicht sagen, sie habe die Pflicht, ein Kind zu retten, das von einer Klippe gestürzt und auf einem Felsvorsprung liegen geblieben ist. Niemand würde dieser Person Vorwürfe machen, wenn sie es noch nicht einmal versuchte, noch könnte jemand zu Recht sagen, dass sie dies hätte schaffen können, wenn sie es nur versucht hätte.

Der psychologische Egoismus behauptet nun, dass Menschen nur das tun können, was sie zu tun wünschen, und zudem, dass ihre psychologischen Mechanismen so ausweglos festgelegt sind, dass sie nur das wünschen können, was ihren eigenen Interessen dient.

Der psychologische Egoismus räumt natürlich ein, dass Menschen oftmals selbstlos zu handeln scheinen. Viele arbeiten unbezahlt für Wohltätigkeitsorganisationen oder widmen wie Mutter Teresa oder Albert Schweitzer ihr Leben der Fürsorge für die Armen und Kranken; und die meisten Eltern setzen unendlich viel Energie und Zeit dafür ein, sich selbstlos um ihre Kinder zu kümmern. All das leugnet der psychologische Egoismus nicht. Was er jedoch leugnet, ist, dass der grundsätzliche Wunsch, der hinter diesem scheinbar selbstlosen Verhalten liegt, selbst auch wirklich selbstlos ist. Er behauptet, dass wir immer und ohne Ausnahme eigennützig handeln. Und dagegen könne man nichts

> ⚖ *Der psychologische Egoismus wirkt sich auf die Ethik aus, denn er behauptet, die menschliche Natur erklären zu können, basierend auf wissenschaftlichen Erkenntnissen hinsichtlich der wahren Motivation hinter jedem menschlichen Verhalten.*

tun. Man könne sogar denken, dass man selbstlos handle mit den besten selbstlosen Absichten. Trotzdem sei dies unmöglich. Der psychologische Egoismus behauptet, die wahren Fakten zu kennen, und zwar aus wissenschaftlicher Sicht: Die Menschen sind psychologisch so beschaffen, dass sie praktisch nichts anderes tun könnten, als in ihrem eigenen Interesse zu handeln.

Stellen Sie sich nun vor, ein Haus brennt, und im Obergeschoss sind zwei Kinder, die nach Hilfe rufen. Draußen stehen zwei Männer. Einer macht keine Anstalten, die Kinder zu retten. Der psychologische Egoismus nennt uns den Grund: Es liegt nicht in seinem eigenen Interesse, die Kinder zu retten, denn bei dem Versuch könnte er sein eigenes Leben verlieren; und er kann nun mal nichts tun, was seinem eigenen Interesse widerspricht. Der andere Mann läuft schnell in das Haus und schafft es, sie zu retten, aber stirbt infolge seiner Brandverletzungen. Erneut behauptet der psychologische Egoismus, sagen zu können, was den Mann zu seiner Tat bewogen hat. Es war nicht das Mitleid mit den Kindern und auch keine selbstlose Bereitschaft, sein Leben für andere zu opfern. Das wäre psychologisch unmöglich. Es war vielmehr sein psychologisches Grundbedürfnis, in seinem eigenen Interesse zu handeln: Er hätte nicht mit dem Gedanken weiterleben können, nicht versucht zu haben, sie zu retten. Er tat es nicht um ihretwillen: Er tat es einfach für seinen eigenen Seelenfrieden.

• *Eine Bewertung des psychologischen Egoismus*

Die Behauptung, wissenschaftlich zu sein

Der psychologische Egoismus behauptet, wissenschaftlich zu sein, aber das ist er in Wirklichkeit nicht. Die Behauptung „Alle Menschen handeln immer aus Eigeninteresse“ ist bestenfalls eine empirische Verallgemeinerung, die auf Erfahrung und Beobachtung basiert – allerdings auf einer sehr begrenzten Erfahrung und Beobachtung. Sie leidet unter der notorischen Schwäche der Induktion. Ein einziges gegensätzliches Beispiel würde seine Behauptung entkräften. Wie kann er aus Erfahrung wissen, dass es in der Geschichte noch nie jemanden gegeben hat, der zu irgendeiner Zeit nicht aus Eigeninteresse, sondern aus echter selbstaufopfernder Liebe gehandelt hat? Und wie gelingt es ihm, in die Tiefen der Herzen aller lebenden Menschen zu blicken, sodass er ohne jeglichen vernünftigen Zweifel behaupten könnte, dass keiner von ihnen jemals aus einem anderen Motiv heraus handelt als Eigeninteresse?

Denken Sie über die gerade beschriebene Veranschaulichung nach. Der psychologische Egoismus behauptet, erklären zu können, warum einer der Männer nicht versuchte, die Kinder zu retten. Aber dieselbe Erklärung wird unverändert verwendet, um damit ebenso das gegenteilige Verhalten des anderen Mannes zu erklären. Tatsächlich kann sie erklären, warum jede Person, die jemals gelebt hat oder leben wird, irgendetwas getan hat oder tun wird. Doch eine Theorie, die auf diese Weise dieselbe Erklärung sowohl für eine Sache als auch für ihr Gegenteil gibt, ist wertlos. Sie ist alles andere als wissenschaftlich, sondern wohl eher in den Herzen jener entstanden, die noch nie erfahren haben, was es heißt, sich anders als eigennützig zu verhalten; und infolgedessen versucht sie, alle Belege für selbstloses Verhalten zu widerlegen.

Man handelt aus verschiedenen Motiven heraus

Empirische Belege deuten darauf hin, dass Menschen nicht aus einem, sondern aus mehreren Motiven heraus handeln. Wenn der psychologische Egoismus behauptet, dass Menschen aus einem einzigen Motiv handeln – nämlich dem Wunsch, ihrem Eigeninteresse zu dienen –, müssen wir fragen, was mit Eigeninteresse gemeint ist.

Vernunft. Ein Mann, der zu viel Alkohol trinkt, übermäßig viel raucht oder Drogen konsumiert, wird darauf pochen, dass er damit seinem Eigeninteresse dient. Vielleicht bereitet ihm dies einen kurzzeitigen Genuss. Aber wie kann man sagen, dass es in seinem echten Eigeninteresse liegt, wenn er damit langfristig gesehen seine Leber, seine Bauchspeicheldrüse, seine Lunge und sein Gehirn ruiniert? Wir hoffen, dass er bald seine Fehler erkennt und aufhört, seinem falschen kurzfristigen Interesse nachzugeben, und sich stattdessen auf sein langfristiges Interesse ausrichtet. Aber das zeigt zumindest, dass ein Mensch nicht hilflos und willkürlich durch sein Verlangen getrieben wird. Er hat eine weitere Antriebskraft, nämlich die Vernunft, die sein eigennütziges Verlangen kontrollieren und neu ausrichten kann.

Mitgefühl. Und dann besitzt ein Mensch die Fähigkeit zu Mitgefühl, die es ihm ermöglicht, sich in andere hineinzuversetzen und zu verstehen, wie diese sich fühlen, was sie brauchen und wonach sie sich sehnen. Nicht selten wird dieses Mitgefühl einen Menschen dazu bringen, auf eigene Kosten einem anderen Menschen, in den er sich hineinversetzen konnte, wohlwollend zu helfen, ohne dabei daran zu denken, dass er es aus Eigeninteresse tut, und ohne zu erwarten, etwas dafür zurückzubekommen.

Liebe. Und da ist noch etwas, was über Mitgefühl hinausgeht und das stärkste Motiv auf der Welt ist – die Liebe: nicht die leidenschaftliche Liebe, nicht die freundschaftliche Liebe, sondern die selbstlose Liebe, die aus freien Stücken liebt, weil dies das Wesen der Liebe ist und sie, wie die Bibel sagt, „nicht das Ihre" sucht (1Kor 13,5). Christus hat uns dies im größten Maße vorgelebt, aber durch seine Gnade sind auch viele Menschen in der Lage gewesen, in gewissem Maße aus der gleichen Liebe heraus zu handeln. Der Mensch wird nicht nur von *einem* unveränderlichen Prinzip angetrieben.

Das Körnchen Wahrheit im psychologischen Egoismus

Trotz der Dinge, die bis hierhin gesagt wurden, gibt es viele Menschen, die wirklich glauben, dass der psychologische Egoismus für sie richtig ist, zumindest in gewissem Maße. In ihren Augen sind die Behauptungen von nicht egoistischen Ethiktheorien zu unrealistisch und stellen zu hohe Anforderungen an die Menschen, und die moralischen Forderungen der Bibel empfinden sie als hoffnungslos unerfüllbar. Dieses Eingeständnis ist ehrlich, und in ihm liegt einiges an Wahrheit. In gewissem Sinne trifft es auf alle Menschen zu. Es war tatsächlich einer der bedeutendsten Christen, die je gelebt haben, der seine eigene Unfähigkeit beklagte, das Moralgesetz einzuhalten:

> Denn ich weiß, dass in mir, das heißt in meiner Natur, nichts Gutes wohnt. Es fehlt mir nicht am Wollen, aber ich bringe es nicht fertig, das Gute zu tun. Ich tue nicht das Gute, das ich tun will, sondern das Böse, das ich nicht will. (Röm 7,18-19; NeÜ)

Dies ist ein Dilemma, in dem sich früher oder später jeder wiederfindet. Was die Antwort darauf ist, müssen wir in unserem letzten Kapitel betrachten.

WAS NÜTZT ETHIK?

10

DEN WERT EINES MENSCHEN BESTIMMEN

Welchen Wert etwas hat,
wird von unterschiedlichen Menschen
unterschiedlich beurteilt. …
Wenn man Ethik – bewusst oder unbewusst –
auf Werten gründet, lautet die fundamentale Frage,
die in Zusammenhang mit unserem alltäglichen Umgang
mit anderen Menschen aufkommt:
Was ist der Wert eines Menschen?
Und wie sollen wir ihn bestimmen?

EINLEITUNG

Wir haben nun viel Zeit damit verbracht, über einige der führenden Theorien der Moralphilosophie nachzudenken. Es stellt sich nun die Frage: Was nützt Ethik, wenn wir eine Antwort auf die praktischen Fragen finden wollen, mit denen wir im täglichen Leben konfrontiert werden? Und welchen Unterschied macht es, ob wir einer bestimmten Theorie folgen oder einer anderen?

Es gibt einige Denker, die sagen, dass Ethiktheorie rein gar nichts nützt, wenn man im praktischen Alltag Entscheidungen treffen muss. Eine solche Sicht vertritt John D. Caputo:

> Auf feste theoretische Prämissen zu warten, die unsere ethischen Überzeugungen stärken und stützen, ist ein bisschen wie das Warten auf einen Beweis, dass die eigene Wahrnehmung richtig ist, bevor man einer Kugel ausweicht, die auf unseren Kopf zurast. ... Die einzelnen Situationen im täglichen Leben sind zu tief am Boden, um vom Radar der Ethiktheorie erkannt zu werden. Das ethische Leben besteht aus einer Reihe von ... Zufällen und Unfällen, gegen die uns die Ethiktheorie kaum eine Versicherung bieten kann.[132]

Wenn Caputos Sicht richtig ist, stellt sich eine weitere Frage: Wie sollen wir handeln, wenn wir vor einer ethischen Entscheidung stehen? Manche Menschen glauben scheinbar, dass sie dann automatisch wissen werden, was zu tun ist. Erfahrungen aus der Vergangenheit und der gesunde Menschenverstand würden ausreichen, um sich zu orientieren. Jeder Mensch muss die Freiheit haben, Dinge für sich selbst zu entscheiden, ohne dafür auf irgendeine bestimmte Ethiktheorie als Anleitung für die Entscheidung zurückzugreifen.

132 *The End of Ethics*, 111, 112

Tatsache ist jedoch, dass solch eine Einstellung niemanden davor bewahrt, ethische Urteile zu fällen. Es mag zwar keine gut durchdachte Ethiktheorie in den Köpfen der Leute geben, aber die Erfahrungen aus der Vergangenheit und der gesunde Menschenverstand, auf die sich eine Person in jeder Situation verlässt, sind selbst das Ergebnis von vielerlei Entscheidungen. Diese haben die Einstellung der Person zum Leben und ihre Grundprinzipien geformt, nach denen sie nun andere Menschen behandelt. Und die Art und Weise, wie man mit sich selbst und anderen umgeht, hängt auch davon ab, welchen Wert man sich selbst und anderen beimisst. Um es kurz zu sagen: Ethik ist abhängig von Werturteilen. Und schon diese Werturteile geben uns einen ethischen Ordnungsrahmen, ob wir uns nun dessen bewusst sind oder nicht.

Welchen Wert etwas hat, wird von unterschiedlichen Menschen unterschiedlich beurteilt. Wenn z. B. verschiedene Leute einen Stein sehen, der wie ein Diamant aussieht, werden sie unterschiedlich darauf reagieren. Ein Mann wird ihn betrachten und sagen, es sei kein Diamant, sondern wahrscheinlich bloß ein Strassstein[133]. Ein anderer Mann wird sagen: „Nein, das ist kein Strassstein. Es ist ein gewöhnlicher Edelstein ohne besonderen Wert." Ein Experte wird sich ihn ansehen und als echten Diamanten erkennen, der damit sehr wertvoll ist. Aber was ist sein Wert? Ein Maschinenbauingenieur wird sagen, dass der Wert des Diamanten darin liegt: Man kann ihn als Werkzeug zum Schneiden harter Materialien benutzen. Eine andere Person wird protestieren: „Das ist aber eine sehr geringe Meinung über einen Diamanten. Sein Wert ist ästhetischer Natur. Sehen Sie doch, wie schön er funkelt und das Licht darin gebrochen wird!" Jemand anderes wiederum schaut ihn an und sagt: „Ich sehe darin keine Schönheit, dafür würde ich keinen Platz in meinem Haus verschwenden." Ein Geschäftsmann schaut ihn an und sagt: „Ja, aber wenn dieses Ding für manche Leute wertvoll ist, könnte ich damit viel Geld verdienen." Ein Dieb sieht ihn an und sagt: „Wie kann ich ihn stehlen und zu Geld machen?"

Wenn man also Ethik – bewusst oder unbewusst – auf Werten gründet, lautet die fundamentale Frage, die in Zusammenhang mit unserem alltäglichen Umgang mit anderen Menschen aufkommt: Was ist der Wert eines Menschen? Und wie sollen wir ihn bestimmen? Lassen Sie uns nun diese Frage im Lichte der verschiedenen Ethiksysteme untersuchen, die wir betrachtet haben.

133 A. d. V.: Strass ist hochlichtbrechendes Bleiglas zur Imitation von Edelsteinen.

DER WERT EINES MENSCHEN

Der materialistische Standpunkt

Ein Mensch ist nichts als ein urzeitlicher „Strassstein" und praktisch wertlos – ein Stück belebte Materie, die ihren jetzigen Zustand durch die geistlosen Kräfte der Evolution erreicht hat. Für manche Leute erklärt dies alle ethischen Betrachtungen für nichtig.[134] Manche Arten sind im evolutionären Kampf erfolgreicher gewesen als andere. Jene, die überleben, haben das Recht zu überleben. Moral spielt hier keine Rolle. Menschen sind letztendlich nichts als Maschinen, durch die Gene sich selbst reproduzieren.

Naturalismus

Nein, sagt der Naturalismus, die Natur muss respektiert werden. Die Natur hat einen echten Wert, und wir sind Teil ihres großartigen Systems.

Ja, das ist gut. Die Natur ist wertvoll und muss respektiert werden. Aber wer soll die Werte der Natur interpretieren? Im Denken des Ethikers Peter Singer ist der Mensch wertvoll, aber er ist nur ein Tier unter all den anderen Tieren und unter bestimmten Umständen sogar weniger wertvoll als sie. Singer schreibt z. B.: „Dem Neugeborenen ist sein eigenes Leben weniger wertvoll als dem nicht menschlichen Tier wie dem Schwein, Hund oder Schimpansen."[135] Was dies in der Praxis bedeuten kann, wird deutlich an dem Vorschlag, den er und seine Kollegin Helga Kuhse gemacht haben: dass erst nach einem Zeitraum von 28 Tagen *nach* der Geburt ein Kind dasselbe Recht auf Leben haben sollte wie andere Menschen, sodass z. B. Kinder mit Geburtsfehlern getötet werden könnten.[136]

Nun, ein einmonatiges Baby ist wohl nicht so prächtig und stark wie ein Löwe. Aber warum hier aufhören? Denn ein ausgewachsener Löwe kann auch majestätischer und schöner als eine junge körperbehinderte Frau sein. Warum dann nicht die behinderte Frau töten, denn sie ist ja eine Belastung für die Gesellschaft? John Hardwig schreibt:

---

134 Siehe Kap. 3

135 *Practical Ethics,* 169

136 Siehe S. 191 in Singer und Kuhse, *Should the Baby Live?,* Oxford: Oxford University Press, 1985; siehe auch *Practical Ethics,* 190, wo Singer als Zeitrahmen für solche Fälle eine Woche oder einen Monat nach der Geburt nennt.

> Da Leben tief miteinander verwoben sind, kann der Rest der Familie mitgerissen werden, verarmen, eingeschränkt, ja, sogar ruiniert werden wegen dem, was sie durchmachen muss, wenn sie weiterlebt. Wenn der Tod zu spät kommt, in Anbetracht der Auswirkungen, die das Weiterleben einer Person auf ihre Lieben hat, werden wir, so denke ich, zu der Frage gezwungen: „Kann jemand die Pflicht haben zu sterben?" ... Ein assistierter Suizid würde dann jemandem helfen, das Richtige zu tun.[137]

Aber das wirft folgende Frage auf: Auf welcher Grundlage bemisst man den Wert des Löwen und des Menschen? Gehen wir davon aus, dass ein Mensch keinen Eigenwert besitzt, sondern auf Grundlage irgendeiner Qualität bewertet werden muss - Schönheit, Stärke, Können, Intelligenz oder etwas anderes? Wer soll darüber entscheiden und auf welcher Grundlage?

Wie wir gesehen haben, war J. S. Mill der Ansicht, dass der Staat die Pflicht hat, die Grundrechte des Einzelnen zu schützen, aber dass diese Rechte dem Einzelnen letztendlich vom Staat verliehen werden. In dieser Sicht hängt der Wert des Einzelnen also letztlich von der Bewertung des Staates ab.

Nun ja, das ist sicherlich besser, als wenn der Wert des Einzelnen nur von seinem Nachbarn oder den Launen der Mafia abhängt und diese entscheiden können, ob er leben und arbeiten darf. Besser, der Staat kontrolliert dies.

Ja, aber die Geschichte hat gezeigt, dass es schon verschiedene Staaten gegeben hat, für die die Menschen nicht alle den gleichen Wert hatten. In manchen Staaten werden bestimmte Gruppierungen von Menschen als Bürger zweiter Klasse behandelt. Hitler beschloss, dass die „arische Rasse" den höchsten Wert besäße und der Rest, wie Juden oder Sinti und Roma, zum Wohle des Staates ausgelöscht werden solle.

Kontraktualismus

Der Kontraktualismus erkennt die Gefahr, den Wert des Einzelnen von der Einschätzung eines totalitären Staates abhängig zu machen. Er sagt: Um den Wert des Einzelnen zu bewahren, müssen alle Bürger eines Staates einen Vertrag sowohl miteinander als auch mit dem Staat schließen und sich auf einen gemeinsamen Wert einigen, der für alle Bürger gelten sollte.

137 *Dying at the Right Time*, 101

Ja, aber wie wir festgestellt haben, gesteht der Kontraktualismus selbst die Schwäche eines solchen Systems ein.[138] Engagierte, unternehmerische Leute werden schließlich feststellen, dass andere im Staat ihren Teil nicht beitragen und schmarotzerhaft von den Bemühungen anderer profitieren, und sich selbst fragen: „Warum sollten wir uns überhaupt an diesen Vertrag halten?" Sie werden es vorziehen, ihren eigenen Weg zu gehen und ihre eigenen Interessen größtmöglich umzusetzen, ungeachtet dessen, was mit den anderen ist. Und was könnte sie dann davon abhalten?

Utilitarismus

Nein, nein, sagen die Utilitaristen. Die beste Art zu handeln ist, das größtmögliche Wohlergehen und die größtmögliche Zufriedenheit für die größtmögliche Anzahl von Menschen anzustreben.

Ja, wenn dies jeder täte, würde dies sicherlich zu einer sehr zufriedenen Gesamtsituation führen. Aber wie wir gesehen haben, sagt der Utilitarismus auch: Wenn in einer Situation das Wohl der größtmöglichen Anzahl von Menschen nur durch die Hinrichtung eines Unschuldigen erreicht werden kann, muss dieser hingerichtet werden. Dann hat der Einzelne keinen Eigenwert. Sein Wert hängt davon ab, was gut für die Mehrheit ist.

Intuitionismus

Der Intuitionismus ist auf jeden Fall eine Verbesserung gegenüber dem Utilitarismus. Der Utilitarismus sagt, dass die Moralität einer Handlung allein von ihrem Ergebnis abhängt. Wenn das Ergebnis die maximale Menge an Glück für die größtmögliche Anzahl von Menschen ist, dann ist die Handlung moralisch richtig, auch wenn die Handlung selbst aus Sicht der Moral des gesunden Menschenverstandes eine böse Tat ist, so wie in dem gerade beschriebenen Beispiel. Dagegen sagt der Intuitionismus, dass dies nicht richtig sein kann. Wir haben beispielsweise Pflichten aus der Vergangenheit, unsere Versprechen zu halten, und auch wenn es mir und vielen anderen Menschen große Zufriedenheit verschaffen würde, wenn ich meine Versprechen bräche, wäre dies dennoch eine unmoralische Sache. Denn dadurch wird das Vertrauen der Menschen untereinander zerstört und somit der Wert der Wahrheit untergraben, auf den die Gesellschaft aufbaut.

138 Eine Bewertung des Kontraktualismus finden Sie in Kap. 3.

Kantianismus

Kant schließt sich den Intuitionisten in ihrem Protest gegen den Utilitarismus an. Auf der Grundlage seines verallgemeinernden Prinzips fordert er, dass alle Menschen gleiche Rechte haben sollen. Er meint: Wenn jemand behauptet, das Recht zu haben, andere zu bestehlen, muss er ebenso bereit sein, auch ihnen das Recht zu gewähren, ihn selbst ebenfalls zu bestehlen, und das wäre töricht.

Zweitens behauptet er (was noch wichtiger ist), dass es der richtige Weg ist, Menschen als Zweck an sich zu betrachten. Ihr Wert und ihr Recht auf Leben hängen nicht davon ab, ob sie für die Ziele irgendeiner anderen Person von Nutzen sind. Er erlaubt uns natürlich, Menschen als Mittel für unsere Zwecke zu nutzen, wenn diese damit einverstanden sind (wie wir z. B. einen Mechaniker nutzen, um unsere Autos reparieren zu lassen). Aber wir dürfen einen Menschen niemals als reines Mittel zur Erreichung eines Zieles betrachten, so wie ein Ingenieur, der einen Diamanten nur als Werkzeug für seine eigenen Zwecke verwendet.

Dies ist nach Kant die einzige rationale Verhaltensweise: Für ihn ist die Vernunft die Kraft hinter der Ethik.

Ja, aber nicht alle Menschen sind bereit, auf die Vernunft zu hören. Wenn sie die Macht haben, ihre Mitbürger abzuwerten und sie bloß als Zahnräder in einer Maschine zu behandeln, und sie damit davonkommen, sehen sie keinen Grund, warum sie dies nicht tun sollten.

Tugendethik

Doch dann kommt der Tugendethiker, der sagt, dass diese ganze Konzentration auf die Moralität von Handlungen vergleichsweise unwichtig ist. Wir sollten uns nicht so sehr auf die Qualität der *Taten* an sich konzentrieren, sondern vielmehr auf die moralische Qualität der *Person,* die diese tut, da eine tugendhafte Person andere Leute naturgemäß wertschätzt und diese ihr wichtig sind, und daher wird sie diese auch tugendhaft behandeln.

Ja, aber wer sagt denn, dass ich andere Leute wertschätzen und tugendhaft behandeln sollte? Wer definiert überhaupt, was tugendhaft ist? Warum sollte ich nicht nur so tun, als würde mir eine Person etwas bedeuten, und dann die Gelegenheit beim Schopfe packen und ihren Diamanten stehlen? Was ist die letzte Autorität hinter der Tugend? Wer setzt sie durch?

Der transzendentale Wert der Menschheit

Damit kommen wir zur Bewertung der Menschheit durch die Bibel. Die Menschheit leitet ihren Eigenwert von Gott ab, und Gott wird diesen Wert letzten Endes auch bestätigen. Die Bibel besteht darauf, dass die Grundlage der Ethik dieser transzendentale Wert ist, dass nämlich die Menschen von Gott erschaffen wurden. Aber sie basiert nicht allein auf der Tatsache, dass wir von Gott erschaffen wurden, denn das wurden auch die Tiere. Der Mensch ist ein besonderes Geschöpf, ihm wurde eine besondere Beziehung zu Gott ermöglicht. Er wurde nach dem Bilde Gottes erschaffen, und was dies bedeutet, kann man am Kontext sehen, in dem diese Aussage gemacht wurde: „Lasset uns Menschen machen in *unserem* Bild, *uns* ähnlich!" (1Mo 1,26; Hervorhebung durch uns). Der Mensch weist also eine gewisse Ähnlichkeit mit Gott auf. Er ist auf gewisse Weise ein Ausdruck und ein Repräsentant Gottes, denn im selben Vers heißt es dann: „Sie sollen herrschen über die Fische des Meeres und über die Vögel des Himmels und über das Vieh und über die ganze Erde und über alle kriechenden Tiere, die auf der Erde kriechen!" (1Mo 1,26).

> ⚖ *Die Bibel besteht darauf, dass die Grundlage der Ethik dieser transzendentale Wert ist, dass nämlich die Menschen von Gott erschaffen wurden. Aber sie basiert nicht allein auf der Tatsache, dass wir von Gott geschaffen wurden, denn das wurden auch die Tiere.*

An einer späteren Stelle wird erklärt: Weil Gott dem Menschen die Verwaltung der Erde übertragen hat und er ein Repräsentant Gottes auf Erden ist, ist es eine Beleidigung Gottes, einen anderen Menschen zu töten: „Wer Menschenblut vergießt, dessen Blut soll durch Menschen vergossen werden; denn nach dem Bilde Gottes hat er den Menschen gemacht" (1Mo 9,6).

DIE UNAUSWEICHLICHE ENTSCHEIDUNG

Wie sollen wir nun den Wert des menschlichen Lebens bemessen? Wie sollen wir unseren eigenen Wert einschätzen? Und den anderer Menschen? Dieser Entscheidung können wir nicht ausweichen. Wir können nicht sagen, dass uns Ethik nicht interessiert, aus dem einfachen Grund, weil allein schon diese Aussage ein Werturteil ist, das unsere Ethik bestimmt.

Nun liegt, wie wir gesehen haben, in den meisten der von uns diskutierten Sichtweisen auch ein Stück Wahrheit. Aber ohne Zweifel ist es die letzte Sichtweise, die dem Menschen den höchsten Wert beimisst. Daher lautet die entscheidende Frage: Ist sie wahr? Als Christen glauben die Autoren dieses Buches, dass sie es ist. Im Folgenden werden wir sehen, wie sich diese Sichtweise praktisch auswirkt und wie sie im Vergleich und im

Gegensatz zu anderen Wertsystemen mit den praktischen Problemen des täglichen Lebens umgeht. Auch Menschen anderer Religionen sind überzeugt (wenn auch auf einer ganz anderen Grundlage), dass man ohne irgendein transzendentales Konzept keine ausreichenden Werte haben kann, auf denen sich eine Ethik begründen lässt.

Andere werden hingegen behaupten, dass man ein Ethiksystem auch ohne irgendwelche transzendentale Werte haben kann. Auf der extremen Seite dieses Flügels stehen Leute wie Singer, der schreibt:

> Die neue Sicht lässt keinen Raum für die üblichen Antworten auf diese Fragen: dass wir Menschen eine besondere Schöpfung seien und allein um unseres Menschseins willen unendlich viel wertvoller seien als jedes anderes Lebewesen. Im Licht unseres neuen Verständnisses von unserer Stellung im Universum werden wir diese herkömmliche Antwort aufgeben und die Grenzen unserer Ethik neu bestimmen müssen. Dieser Revision wird jede Ethik zum Opfer fallen müssen, die auf der Vorstellung beruht, dass wirklich entscheidend ist, ob ein Wesen ein Mensch ist.[139]

Singer geht offenbar von der zweifelhaften Annahme aus, dass die evolutionäre Sicht bewiesen wurde und es daher einen ununterbrochenen Übergang vom Tier zum Menschen gibt, die jeden besonderen gottgegebenen Status des Menschen eliminiert.[140] Am Ende liegt es natürlich bei jedem Einzelnen von uns, sich über den Wahrheitsgehalt dieser gegensätzlichen Ansichten eine Meinung zu bilden.

In den nächsten beiden Kapiteln werden wir über einige der wichtigsten ethischen Fragen nachdenken, die sich um den Anfang und das Ende des menschlichen Lebens drehen. Das erste wichtige Thema ist die Weitergabe des Lebens.

139 *Leben und Tod,* 184

140 Wir werden dieses Thema hier nicht weiter diskutieren, aber wir sprechen dies im Anhang „Was ist Wissenschaft?“ an, und es wird auch ausführlich in den dort genannten Büchern von John Lennox besprochen.

11

DIE ETHIK VON DER WEITERGABE DES LEBENS

Viele Menschen in unserer heutigen Welt …
finden das christliche Verbot
von Sex außerhalb der Ehe seltsam, unnatürlich,
vielleicht ungesund oder sogar undenkbar.
Nichtchristen könnten es dennoch
interessant und aufschlussreich finden,
anhand von Paulus' Stellungnahme zu entdecken,
welche Erfahrungen, Werte und Motivationen
tatsächlich hinter dem christlichen Verzicht
auf unverbindlichen Sex liegen.

DER IDEALE RAHMEN FÜR SEXUELLE ERFAHRUNGEN

Es ist eine offensichtliche Tatsache: Ohne menschliches Leben gibt es keine menschlichen Werte. Das Leben selbst wird daher von allen Menschen als das Wertvollste aller Dinge betrachtet. Es ist also kein Wunder, dass es im Zusammenhang mit der Weitergabe des Lebens von allen Seiten ethische Grenzen gibt.

Die zweite offensichtliche Tatsache der Natur ist, dass die Weitergabe des menschlichen Lebens durch sexuelle Fortpflanzung geschieht. Die Bibel macht jedoch von Anfang an deutlich, dass dies viel mehr ist als ein rein körperlicher Prozess, geschweige denn ein rein mechanischer Akt. Es geht um eine besondere, intime Beziehung zwischen zwei Personen.

> Darum wird ein Mann seinen Vater und seine Mutter verlassen und seiner Frau anhängen, und sie werden zu einem Fleisch werden. (1Mo 2,24)

Wir müssen genau darauf achten, was hier gesagt wird. Als Erstes verlässt ein Mann seinen Vater und seine Mutter. Dieser Satz sagt nicht nur aus, dass er physisch aus der Gemeinschaft mit seinen Eltern heraustritt. Er spricht von dem besonderen verwandtschaftlichen Rahmen, der sein Leben bis dahin bestimmt hat. Diesen verlässt er jetzt, um in eine neue Beziehungseinheit einzutreten, die nun die vorherrschende Verbindung in seinem Leben sein soll. Er wird sich mit seiner Frau zusammentun. Und wenn es heißt: „... und sie werden zu einem Fleisch werden", ist damit nicht nur gemeint, dass sie eins sind, wenn sie Geschlechtsverkehr haben. Es beschreibt eine neue Verbindung, die viel mehr ist als die Vereinigung zweier Körper, auch wenn das an sich wichtig ist. Es ist nicht weniger als die Vereinigung von zwei Personen – zu einer neuen Beziehungseinheit.

Wenn es zudem heißt, der Mann werde „seiner Frau *anhängen*", bedeutet das Verb „bei ihr bleiben" oder „in ihrer Nähe bleiben"; das heißt, die

Beziehung soll von Dauer sein, mit modernen Worten ausgedrückt: Es ist eine Ehe. Eines wird hier sehr deutlich: Bei der Beziehung handelt es sich nicht um etwas Unverbindliches. Der Mann bleibt hier nicht gewissermaßen im Verbund seiner Herkunftsfamilie und verlässt diesen nur ab und zu, um seine sexuellen Bedürfnisse mit gelegentlichen Liebschaften zu befriedigen.

Dies ist also der biblische Bauplan für die Weitergabe neuen Lebens. Er beginnt mit der Gründung einer neuen Beziehungseinheit, zu der eine neue, dauerhafte Beziehung zwischen zwei Personen gehört. Nur innerhalb dieser Einheit kann die sexuelle Beziehung den ihr zugedachten Zweck richtig erfüllen.

Man muss betonen, dass es beim Thema Sex zwei Gesichtspunkte gibt. Als Erstes ist da das gegenseitige Vergnügen und der Genuss des Partners. Lesen Sie einmal die schönen Liebesgedichte im biblischen Hohelied. Dies sollte ausdrücklich erwähnt werden, denn es hat in der Geschichte Zeiten gegeben, in denen manche Leute, manchmal im Namen der Religion, sexuelles Vergnügen und die Freude am Sex als etwas Unwürdiges betrachtet haben, wenn nicht sogar als ausgesprochen sündig. Der zweite Gesichtspunkt ist natürlich, das Mittel in der Hand des Schöpfers zu sein, mit dem er neue Menschen erschafft.

Die Ethik der Bewahrung des Ideals

Nun ist dieses biblische Leitbild für die Ehe ein Ideal, das man ohne ein großes Maß an Selbstdisziplin nicht aufrechterhalten und genießen kann, denn die Tatsache, dass man „ein Fleisch ist“, bringt noch weitere Konsequenzen mit sich. Diese ethischen Forderungen werden im Neuen Testament so wiedergegeben:

> Ihr Männer, liebt eure Frauen!, wie auch der Christus die Gemeinde geliebt und sich selbst für sie hingegeben hat ... So sind auch die Männer schuldig, ihre Frauen zu lieben wie ihre eigenen Leiber. Wer seine Frau liebt, liebt sich selbst. Denn niemand hat jemals sein eigenes Fleisch gehasst, sondern er nährt und pflegt es, wie auch der Christus die Gemeinde. ... „Deswegen wird ein Mensch Vater und Mutter verlassen und seiner Frau anhängen, und die zwei werden ein Fleisch sein.“ (Eph 5,25-31)

Weil Männer in der Ehe manchmal nur die Befriedigung der eigenen Bedürfnisse suchen und diese ethische Verantwortung vernachlässigen, enden viele Ehen im Elend.

Hier wird die ethische Dimension des Themas wieder äußerst wichtig. Denn ein falsches Verhalten hat an dieser Stelle zwei ernsthafte Auswirkungen. Untreue gegenüber dem Partner fügt den betroffenen Personen auf der tiefsten und intimsten Ebene ihrer Persönlichkeit schlimmen Schaden zu. Sie beeinträchtigt auch die idealen Bedingungen, die eine stabile Einheit von Mann und Frau für die Weitergabe neuen Lebens und die Kindererziehung bieten sollte.

Viele Menschen – insbesondere in der westlichen Welt seit der sogenannten sexuellen Revolution in den 1960er-Jahren – empfinden diese Einstellung gegenüber der Ehe jedoch als völlig veraltet, und das aus zwei Gründen. Viele Männer wollen Spaß haben, ohne dabei die Verantwortung zu übernehmen, die ein lebenslanger Vertrag mit sich bringen würde. Sie wollen die Freiheit haben, ihre Partnerin zu verlassen, wenn sie einer attraktiveren Partnerin begegnen. Sie haben Kinder mit einer Frau, verlassen diese dann und haben Kinder mit einer anderen Frau und fühlen sich nicht verantwortlich, für diese Kinder zu sorgen. Hier würde die Tugendethik, in der ja Fürsorge eine große Rolle spielt, entschieden protestieren.

Auch manche Frauen lehnen solche ethischen Einschränkungen ab. Sie empfinden diese als rein gesellschaftlichen Kodex, der Frauen dazu zwingt, sich der Tyrannei unverschämter Männer zu unterwerfen. Doch die Natur treibt auch sie dazu, das Vergnügen zu suchen, und so versuchen sie, dieses in unverbindlichen Beziehungen zu finden.

Viele haben den Eindruck, dass die „altmodische" Moral der Ehe vielleicht noch Sinn machte, als sexuell übertragbare Krankheiten und ungewollte Schwangerschaften noch eine wirkliche Gefahr darstellten und es keine adäquaten Methoden gab, sich davor zu schützen. Doch da die moderne Medizin uns nun Antibiotika, Verhütungsmittel und die Möglichkeit zur Abtreibung verschafft hat, gibt es nichts, was uns davon abhalten könnte, unsere Sexualität voll auszuleben – wie und wann und mit wem wir es möchten.

Viele Menschen sehen keinen Schöpfer hinter Ehe und Sexualität, der ethische Grenzen setzt; es gibt nur den kraftvollen und schönen Sexualtrieb, mit dem uns irgendeine verrückte Laune der Natur irgendwann in der biologischen Geschichte vor langer Zeit so wundervoll ausgestattet hat.

Sex, so sagen sie, ist so natürlich wie essen, und so, wie wir unseren Appetit auf Essen befriedigen, wenn wir hungrig sind, sollten wir auch unseren Appetit auf Sex befriedigen, wann immer uns danach ist. Dies zu unterdrücken, wäre aus psychologischer Sicht schädlich. Aber dieser Ansicht liegen falsche Annahmen zugrunde.

Zwei falsche Annahmen

Zuerst einmal war nach der biblischen Sicht die Ehe *nie nur dazu gedacht, vor sexuell übertragbaren Krankheiten zu schützen.* Wie wir gesehen haben, bedeutet sie die Vereinigung und Selbsthingabe zweier Personen. Das Wort, das die Bibel verwendet, um die körperliche Vereinigung zu beschreiben, ist tatsächlich das Verb „erkennen". Das ist nicht einfach nur ein Euphemismus. Es bezeichnet einen der wichtigsten Wege, um den anderen immer besser kennenzulernen: indem sich zwei Persönlichkeiten verbinden. Sex ist nicht nur ein körperlicher Mechanismus, um körperliche und emotionale Lustgefühle hervorzurufen, auch wenn diese Gefühle Teil der Freude sind. Sex ist der natürliche Ausdruck einer tiefen Verbundenheit von zwei Personen, ein tiefes Kennenlernen des anderen. So etwas kann man nicht in einer unverbindlichen Beziehung haben. Man kann es nur im Rahmen einer loyalen, festen Bindung von einer Person an eine andere in einer Ehe genießen. Daher ist es eine unnatürliche Abwertung von Sexualität, wenn diese aus dem Kontext des „gegenseitigen Erkennens" gelöst wird.

Die zweite Falschannahme ist, dass *unverbindlicher Gelegenheitssex den Beteiligten nicht schadet.* In Wirklichkeit sind die emotionalen Kosten hoch. Denn so etwas wie unverbindlichen Sex gibt es eigentlich gar nicht, auch wenn die beteiligen Personen keine ernsten Absichten haben.

Er hinterlässt immer tiefe emotionale Narben und Traumata, die vielleicht nie wieder ganz verschwinden und die es immer schwerer machen, in der Zukunft stabile Beziehungen einzugehen. Gelegenheitssex ruiniert letztlich die Freude am Sex, statt sie zu steigern. Mike Starkey schreibt über den Schaden, den unverbindlicher Sex dem wahren Genuss intimer Liebe in der Ehe zufügt:

> Die Generation, die wie keine andere zuvor nach Intimität sucht, hat der zwischenmenschlichen Intimität das Feierlich-Heilige genommen und es zerstört. Wir haben das zweifelhafte Privileg, in einer Kultur zu leben, die dafür sorgt, dass die Erotik stirbt.[141]

Anpassungsdruck bei Jugendlichen

Jugendliche stehen in der Versuchung, schon vor der Ehe Sex zu haben. Das ist schon immer so gewesen, und heute ist dies in vielen Teilen der Welt sogar noch stärker der Fall. Die biblische Ethik zu diesem Thema ist klar und eindeutig: „Hüte dich vor den Leidenschaften, die besonders junge

141 *God, Sex, and Search for Lost Wonder*, zitiert aus Kilner et al., *Cutting-Edge Bioethics*, 130

Menschen in Gefahr bringen“ (2Tim 2,22; NeÜ). Das ist kein willkürliches Verbot. Es stammt von demjenigen, wie der Apostel Paulus schreibt, der selbst Sexualität erfunden und geschaffen hat und dem es definitiv darum geht, dass Sexualität genossen wird und dass nichts verfrüht geschieht, was einem Genuss im richtigen Rahmen schaden könnte.

Man kann hier jedoch den enormen unethischen Druck nicht übersehen, unter dem Jugendliche stehen, jetzt schon die Dinge zu genießen, die eigentlich in die Ehe gehören.

Zur sexuellen Revolution der 1960er-Jahre gehörte auch die Absicht, alle Einschränkungen für das Sexualleben abzuschaffen, die bisher galten. Diese Revolution war so erfolgreich, dass viele Schüler nun denken, dass es völlig normal sei, schon in ihrem Alter sexuelle Erfahrungen zu sammeln, und dass jeder, der mit 16 noch keinen Sex hatte, irgendwie nicht normal sei. Zusätzlich zu diesem Gruppendruck reizt die Vulgarisierung und Kommerzialisierung von Sex in den Medien die Leute bewusst zu sexuellen Aktivitäten an, womit Medienmogule ein Vermögen verdienen, ohne dabei an den Schaden zu denken, den dies jungen Menschen zufügen könnte. Und dazu kommt auch noch, dass manche Psychologen die falsche Lehre verbreiten, dass die Unterdrückung von sexuellem Verlangen schon bei jungen Menschen zu psychologischen Störungen führen kann.

> ⚖ *Die Vulgarisierung und Kommerzialisierung von Sex in den Medien reizt die Leute bewusst zu sexuellen Aktivitäten an, womit Medienmogule ein Vermögen verdienen, ohne dabei an den Schaden zu denken, den dies jungen Menschen zufügen könnte.*

Die düstere Realität dieses ganzen Gruppendrucks auf Jugendliche hat eine Umfrage im Vereinigten Königreich ans Licht gebracht: Für 40 Prozent der Jugendlichen war Gruppendruck der einzige Grund, warum sie so früh ihre ersten Erfahrungen mit Geschlechtsverkehr gemacht haben.[142]

Dieser sexuelle Druck und die damit verbundene sexuelle Ausbeutung sind unmoralisch und grausam, denn zunehmend gibt es Hinweise, die in eine andere Richtung weisen: Zu frühe sexuelle Erfahrungen können langfristig schädliche Auswirkungen auf Jugendliche haben. Die Gründerin des *US Sex Information and Education Council*, Dr. Mary Calderone, weist auf das zentrale Problem hin:

142 Social Exclusion Unit, *Teenage Pregnancy*, 46, Abb. 23

> Wenn sexuelle Erfahrungen gemacht werden, bevor Vertraulichkeit, Empathie und gegenseitiges Vertrauen entstanden sind, kann dies die Möglichkeit einer stabilen, dauerhaften Beziehung behindern und sogar zerstören.[143]

Im Lichte all dieser Informationen haben manche Regierungen (einschließlich einiger westlicher Regierungen) trotz Skepsis der Presse begonnen, Programme zur Sexualerziehung in Schulen zu fördern, die die Schüler ermutigen, mit dem Geschlechtsverkehr noch zu warten. Teil ihrer Botschaft ist, dass nichts verkehrt daran ist, noch Jungfrau zu sein, sondern dass dies völlig in Ordnung ist. Sie weisen auch darauf hin, dass sich sexuell aktive Jugendliche zusätzlichen Gesundheitsrisiken aussetzen.

DIE WERTE UND VORAUSSETZUNGEN DER CHRISTLICHEN SEXUALMORAL

Im Hinblick auf die Sexualmoral ähnelte die griechisch-römische Welt, in die das Christentum hineingeboren wurde, stark unseren heutigen freizügigen Gesellschaften: Unverbindlicher und insbesondere vorehelicher Sex gehörten zum normalen, akzeptierten Verhalten; er war sogar so normal, dass es viele Leute als äußerst seltsam und beinahe undenkbar empfunden hätten, wenn man ihre Moral deswegen infrage gestellt hätte.

Cicero, der berühmte römische Politiker, Rechtsgelehrte, Anwalt, Philosoph, Moralist und Autor (106–43 v. Chr.), tendierte selbst eher zu den strengeren moralischen Maßstäben der frühen römischen Republik. Doch im Jahr 56 v. Chr. übernahm er die Verteidigung eines gewissen Marcus Caelius Rufus vor dem hohen Gericht in Rom. In seiner Jugend hatte Caelius an gewaltsamen Ausschweifungen teilgenommen. Nun wurde er von seinen politischen Feinden unter anderem beschuldigt, dass er versucht habe, seine ehemalige Geliebte Clodia zu vergiften, eine schöne, aber promiskuitive Berühmtheit, die zu den feinsten Kreisen Roms gehörte. Im Rahmen seiner Verteidigung von Caelius argumentierte Cicero wie folgt:

> Wer nun aber der Meinung ist, der Umgang mit Dirnen sei jungen Männern untersagt, der ist, wie könnte ich es leugnen, in der Tat höchst sittenstreng. Aber er entfernt sich damit nicht nur von der

143 Zitiert von R. Collins in *A Physician's View of College Sex*, 392

> großzügigen Moralauffassung unserer Zeit, sondern auch von dem, was bei unseren Vorfahren gewohnt und gestattet war. Wann war das nicht allgemein üblich, wann gab es dafür Tadel, wann ein Verbot, wann schließlich war es so, dass man nicht durfte, was man darf?[144]

Im 1. Jahrhundert n. Chr. war die griechische Stadt Korinth, die mittlerweile zu einer römischen Kolonie geworden war, der Regierungssitz der römischen Provinz Achaia. Sie war berühmt für ihre sexuelle Freizügigkeit und war kommerziell sehr erfolgreich, und es hieß, dass auch die Lust dort „kommerzialisiert" worden sei. Seit Langem stand dort ein Tempel, welcher Aphrodite, der Göttin der Liebe, geweiht war, in dem 1000 Sklavinnen dienten, die sich ihrer „Anbetung" widmeten. Nach dem griechischen Geografen Strabon waren diese „Priesterinnen" mit dafür verantwortlich, dass die Stadt zu einer Touristenattraktion wurde, und sie trugen in großem Maße zu ihrem wirtschaftlichen Erfolg bei.[145] Daher hatte das Verb *korinthiazomai* (den Lebensstil von Korinth übernehmen) überall im Römischen Reich die Bedeutung „ein Leben in sexueller Freizügigkeit führen".

Und doch entstand um das Jahr 50 n. Chr. infolge der Predigten des christlichen Apostels Paulus in der Stadt Korinth eine christliche Gemeinde. Vor ihrer Bekehrung waren einige ihrer Mitglieder dem typischen Lebensstil der Korinther gefolgt, und in einem späteren Brief erinnerte Paulus sie daran und wies darauf hin, wie sich durch die Erfahrung ihrer Bekehrung ihre moralischen Ansichten und ihr Lebensstil verändert hatten:

> Irrt euch nicht! Weder Unzüchtige noch Götzendiener noch Ehebrecher noch Lustknaben noch Knabenschänder noch Diebe noch Habsüchtige noch Trunkenbolde noch Lästerer noch Räuber werden das Reich Gottes erben. Und das sind manche von euch gewesen; aber ihr seid abgewaschen, aber ihr seid geheiligt, aber ihr seid gerechtfertigt worden durch den Namen des Herrn Jesus Christus und durch den Geist unseres Gottes. (1Kor 6,9-11)

Dennoch verschwinden alte Werte und Verhaltensmuster nicht so leicht; und offenbar argumentierten einige von denen, die behaupteten, sich unter Paulus bekehrt zu haben, dass das christliche Evangelium, das doch die

144 *Rede für M. Caelius*, xx.48 (Übersetzung: Marion Giebel)
145 *Geographika*, viii.6.20

geistliche Freiheit und die Erlösung durch Gnade betont, keinen Grund habe, unverbindlichen Sex zu verbieten. Es sollte diesen dulden, wenn nicht sogar dazu ermutigen. Es überrascht nicht, dass Paulus darauf eine energische Antwort fand.

Viele Menschen in unserer heutigen Welt haben praktisch dieselbe tolerante Einstellung zu Sex wie die Griechen und Römer des 1. Jahrhunderts n. Chr.; und da sie selbst keine Christen sind, finden sie das christliche Verbot von Sex außerhalb der Ehe seltsam, unnatürlich, vielleicht ungesund oder sogar undenkbar. Nichtchristen könnten es dennoch interessant und aufschlussreich finden, anhand von Paulus' Stellungnahme zu entdecken, welche Erfahrungen, Werte und Motivationen tatsächlich hinter dem christlichen Verzicht auf unverbindlichen Sex liegen. Sie werden zumindest herausfinden, dass es keine Ablehnung von Sexualität an sich ist und auch kein oberflächliches Moralisieren.

> ⚖ *Das Verb* korinthiazomai *(den Lebensstil von Korinth übernehmen) hatte überall im Römischen Reich die Bedeutung „ein Leben in sexueller Freizügigkeit führen".*

Eine Auslegung von 1. Korinther 6,12-20

- *Behauptungen und Erwiderungen*

Hier bringt Paulus nun Argumente für seinen Standpunkt vor. Mit einem energischen Rhetorikstil zitiert er Behauptungen, mit denen seine Gegner ihre Sicht begründen, um diese Stück für Stück zu widerlegen.[146]

Erste Behauptung (V. 12a): *„Alles ist mir erlaubt."*
Paulus' Erwiderung: Aber nicht alles ist nützlich.

146 Antike griechische Schreiber verwendeten keine Anführungszeichen, wenn sie die Aussage einer anderen Person wiedergaben. Bibelübersetzungen, die diesem griechischen Brauch in diesen Versen folgen, machen es für heutige Leser schwer, zu erkennen, welche Aussagen die Behauptungen von Paulus' Gegnern sind und welche seine Erwiderungen. Wir werden hier Anführungszeichen und Kursivsetzung verwenden, um deutlich zu machen, welche Behauptungen nach Ansicht moderner Ausleger von Paulus' Gegnern stammen, aber werden Paulus' Erwiderungen ohne Anführungszeichen lassen.

Es ist absolut richtig, dass das Christentum kein System von Gesetzen, Regeln und Vorschriften ist, die man einhalten muss, um errettet zu werden: Die Errettung ist ein Geschenk, das man durch Glauben erhält und sich nicht durch Werke verdient (Eph 2,8-10). In diesem Sinne steht der Gläubige nicht unter dem Gesetz, sondern unter der Gnade; somit ist er frei, und niemand hat sich für diese Freiheit mehr eingesetzt als Paulus (siehe Gal 5,1).

Aber zu meinen, wahre Freiheit befreie uns dazu, Dinge zu tun, die nicht gut für uns sind, sondern im Gegenteil geradezu schädlich und sogar sündig sind, ist absurd. Um hier eine Analogie zu verwenden: Es gibt kein staatliches Gesetz, das den Bürgern verbietet, Sand in den Benzintank ihres Autos zu füllen. Jeder Bürger besitzt die Freiheit, dies zu tun, falls er es möchte. Doch wie dumm wäre dies! Die Freiheit, die man durch den Glauben an Christus erhält, erlaubt uns nicht, uns selbst zu schaden und ungestraft gegen Gott zu sündigen. Jemand, der so denkt, hat das christliche Evangelium falsch verstanden (siehe 1Kor 6,9-11; Gal 5,13-24). Die Freiheit, die Christus uns schenkt, ist die Freiheit, *nicht* zu sündigen.

Zweite Behauptung (V. 12b):	*„Alles ist mir erlaubt."*
Paulus' Erwiderung:	Aber ich will mich von nichts beherrschen [oder: versklaven] lassen.

Wenn man seine Freiheit dazu benutzt, um sich Verhaltensweisen hinzugeben, die dann zu alles beherrschenden Gewohnheiten werden und einem die Freiheit wieder rauben, ist das in der Tat töricht. Professor F. F. Bruce hebt sehr gut das Wortspiel in Paulus' Griechisch hervor, das diese Torheit deutlich macht. Es beruht auf drei miteinander verwandten Wörtern: *exestin* = „es ist rechtmäßig", *exousia* = „Autorität, Macht" und *exousiasthēsomai* = „unter eines anderen Autorität fallen". Bruce übersetzt wie folgt: „Wenn mir alle Dinge erlaubt *[exestin]* sind, habe ich Autorität *[exousia]* über sie, aber wenn ich von einem dieser Dinge versklavt *[exousiasthēsomai]* werde, dann haben sie Autorität über mich erlangt, und statt mich meiner Freiheit zu erfreuen, habe ich mir selbst ein Joch der Knechtschaft auferlegt."[147]

Paulus' Erwiderung impliziert also Folgendes: Wenn man versucht, das eigene Recht auf Freiheit zu verwenden, um Unzucht zu praktizieren, wird man dadurch beherrscht und versklavt und ist nicht länger wirklich frei. Und dasselbe gilt auch für andere Dinge, wie z. B. Drogenkonsum. Paulus

147 Bruce, *1 and 2 Corinthians*, 62

betont daher, dass er jedenfalls entschlossen ist, sein Recht auf Freiheit nicht zu verwenden, um Lastern zu frönen, die ihn beherrschen und seine Freiheit zerstören würden.

Dritte Behauptung (V. 13):	*a) „Die Speisen sind für den Bauch und der Bauch für die Speisen."* *b) „Gott aber wird sowohl diesen als auch jene zunichtemachen."*
Paulus' Erwiderung:	a) Der Leib aber ist nicht für die Hurerei, sondern für den Herrn und der Herr für den Leib. (V. 13) b) Gott aber hat den Herrn auferweckt und wird auch uns auferwecken durch seine Macht. (V. 14)

Auf den ersten Blick scheint es sich bei der dritten Behauptung der Freigeister nur um Essen zu drehen. Doch Paulus' unmittelbare Erwiderung zeigt, dass er den ersten Teil dieser dritten Behauptung als Analogie verstanden hat: Das Verlangen nach Essen ist ein natürliches Verlangen, und Nahrung ist das, was die Natur uns bietet, um dieses Verlangen zu stillen. Außerdem macht es keinen *moralischen* Unterschied, welche Art von Nahrung wir zu uns nehmen, um unseren Hunger zu stillen, und auch nicht, mit wie vielen verschiedenen Leuten wir von Zeit zu Zeit eine Mahlzeit teilen. Gemäß dieser Analogie wäre das Verlangen nach Sex ebenfalls ein vollkommen natürliches Verlangen, und es würde keinen *moralischen* Unterschied machen, mit wie vielen unterschiedlichen Partnern wir dieses Verlangen von Zeit zu Zeit stillen. Unzucht wäre daher nur ein natürlicher Weg (neben anderen), den Sexualtrieb zu befriedigen.

Paulus gibt auf diese dritte Behauptung eine negative Antwort: Er verneint, dass die vorgeschlagene Analogie von Bauch und Körper hier passt. Der Bauch ist für die Nahrung da (woher auch immer diese kommt), der Körper dagegen, sagt Paulus, ist nicht für die Unzucht bestimmt. Es ist von immenser Bedeutung, sowohl in moralischer als auch in geistlicher Hinsicht, wie und mit wem man sein sexuelles Verlangen befriedigt.

Christus selbst macht dieselbe Unterscheidung zwischen Bauch und Nahrung auf der einen und Körper und Unzucht auf der anderen Seite:

> Begreift ihr nicht, dass alles, was von außen in den Menschen hineingeht, ihn nicht verunreinigen kann? Denn es geht nicht in sein Herz

> hinein, sondern in den Bauch ... Was aus dem Menschen herauskommt, das verunreinigt den Menschen. Denn von innen aus dem Herzen der Menschen kommen die bösen Gedanken hervor: Unzucht, Dieberei, Mord, Ehebruch ... alle diese bösen Dinge kommen von innen heraus und verunreinigen den Menschen. (Mk 7,18-23)

Die Nahrung und der Magen sind (zusammen mit anderen inneren Organen) bloß der Weg der Natur, den Köper am Leben zu erhalten, indem er mit den notwendigen Nährstoffen versorgt wird. Doch der Körper selbst, seine Bedeutung und sein Zweck, gehören zu einer insgesamt höheren Ebene der Moral und Spiritualität.

Als Nächstes antwortet Paulus positiv auf die Behauptung, indem er bewusst die Form der Behauptung übernimmt, um damit deutlich zu machen, dass er die von der Behauptung vorgeschlagene Analogie zurückweist:

„*Die Speisen sind für den Bauch und der Bauch für die Speisen.*“
ABER:
Der Leib ist ... für den Herrn und der Herr für den Leib.

Letzteres ist der Hauptzweck des Körpers. Was dies bedeutet, wird Paulus gleich noch erklären. Aber die Behauptung besteht aus zwei Teilen; er hat auf den ersten Teil geantwortet, und nun wird er den zweiten Teil beantworten, bevor er fortfährt.

Der zweite Teil lautete: „Gott aber wird sowohl diesen [den Bauch] als auch jene [die Nahrung] zunichtemachen“ (V. 13b). Bei diesem Punkt wurden diese vermeintlichen Christen zweifellos von einem Gedanken beeinflusst, der in verschiedenen Schulen der griechischen Philosophie verbreitet war. Dieser besagt, dass der einzige moralisch und geistlich wichtige Bestandteil des Menschen die Seele sei, denn diese sei ewig und würde den Tod überleben. Der Körper, einschließlich des Bauches und aller anderen Organe, sei nicht ewig, sondern nur ein temporäres Phänomen. Gott selbst habe es so arrangiert, dass der Körper und alle seine Funktionen mit dem Tod für immer zerstört würden. Der physische Körper sei also weder moralisch noch geistlich von Bedeutung.

Doch Paulus widersprach sofort dieser grundsätzlichen Herabwürdigung der Bedeutung des menschlichen Leibes. Der Körper war nicht nur ein rein temporäres Phänomen. Der Kern des christlichen Evangeliums war doch, dass Gott den Leib Christi von den Toten auferweckt hat und eines Tages auf ähnliche Weise die Leiber aller Gläubigen vom Tod auferwecken wird. Paulus glaubte dabei nicht, dass materielle Nahrung notwendig sein wird, um den auferstandenen Körper am Leben zu erhalten (siehe 1Kor 15,35-49), und auch nicht, dass die Ehe im Himmel weiterhin so wie auf der Erde bestehen wird. Doch der Leib eines Gläubigen - darauf wies er hin - wird nicht nur vom Tod auferweckt werden, sondern hat schon jetzt in diesem Leben eine ewige moralische und geistliche Bedeutung. Im Folgenden nennt er Gründe dafür und erinnerte sie damit an grundlegende christliche Tatsachen, die sie anscheinend vergessen hatten - oder nie begriffen hatten.

- *Grundlegende Tatsachen über den Körper*

Grundlegende Tatsache Nr. 1: *Die Leiber der Gläubigen sind schon jetzt in diesem Leben Glieder Christi* (1Kor 6,15). Für Christen ist ein großartiger Bestandteil des Evangeliums, dass unmittelbar nachdem ein Mensch seine Sünden bereut hat und an Christus glaubt, Christus selbst durch den Heiligen Geist in sein Leben kommt, um im Körper des Gläubigen zu wohnen. Der Christ mit seinem Körper wird dann ein Glied Christi und damit zu einem Mittel, das Christus nutzt, um sein Wesen und seinen Charakter zu zeigen, um die Liebe, Gnade, Heiligkeit und das Mitgefühl zum Ausdruck zu bringen, die er bereits hier auf der Erde gezeigt hat. Paulus beschreibt diesen Prozess wie folgt:

> ... ich bin mit Christus gekreuzigt, und nicht mehr lebe ich, sondern Christus lebt in mir; was ich aber jetzt im Fleisch lebe, lebe ich im Glauben, und zwar im Glauben an den Sohn Gottes, der mich geliebt und sich selbst für mich hingegeben hat. (Gal 2,19-20)

Deswegen ist es nach Paulus skandalös, wenn Gläubige ihren Körper aus seiner Funktion als Glied Christi herauslösen, um sich mit einer Prostituierten zu verbinden (1Kor 6,15).

Stellen Sie sich eine schöne Limousine vor, die allein dem Präsidenten zur Verfügung steht. Stellen Sie sich nun vor, dass der Chauffeur, der die Limousine des Präsidenten fährt und für ihre Instandhaltung verantwortlich ist, diese einmal heimlich benutzt, um damit seine Schweine zum Markt zu transportieren! Das wäre nur eine kleine Schande, verglichen mit einem Christen, der seinen Körper - der ein Glied Christi ist - für den Verkehr mit einer Prostituierten nutzt.

Grundlegende Tatsache Nr. 2: *Geschlechtsverkehr ist nie ein rein mechanisches, unpersönliches Geschehen* (1Kor 6,16-18). Es stimmt, dass die weitverbreitete Freizügigkeit mehr denn je dazu neigt, unverbindlichen Sex als rein körperlichen Akt zu betrachten, so wie sich zwei Flugzeuge vorrübergehend verbinden, wenn ein Flugzeug ein anderes in der Luft betankt. Paulus erinnerte jedoch seine Freunde in Korinth an etwas, was sie entweder vergessen oder ignoriert hatten: Die sexuelle Vereinigung eines Mannes und einer Frau ist dem Schöpfer gemäß (siehe 1Mo 2,24) die Verschmelzung zweier menschlicher Körper und zweier Persönlichkeiten. Der Mann, der sich mit einer Prostituierten verbindet, wird mit dieser eins (1Kor 6,16). Ebenso wird die Person, die eine Verbindung mit dem lebendigen Christus eingeht, *ein* Geist mit ihm (V. 17). Diese zwei „Verbindungen" sind in keiner Weise miteinander vereinbar.

Das ist nach Paulus der Grund, warum ein Gläubiger die Unzucht unbedingt meiden muss. Unzucht ist ein Angriff auf den eigentlichen Zweck, die Funktion und die Würde des Leibes eines Gläubigen (V. 18). Und um seinen Freunden dies aufzuzeigen, erinnerte Paulus sie an eine andere grundlegende Tatsache.

Grundlegende Tatsache Nr. 3: *Der Zweck von Gottes Erlösung des menschlichen Körpers ist, diesen Körper zu einem Tempel von Gottes Heiligem Geist zu machen* (siehe 1Kor 6,19-20). Die Erlösung der Menschheit hat Gott in seiner Liebe unendlich viel gekostet. Gott hat diesen Preis bereitwillig bezahlt, aber nicht nur für den negativen Zweck, die Sünden der Menschheit zu vergeben und zu tilgen. Er hat ihn für den unendlich höheren positiven Zweck bezahlt, den Körper, die Seele und den Geist jeder erlösten Person zu einem Tempel der Herrlichkeit seiner eigenen göttlichen Gegenwart zu machen. Da er den Preis für die Erlösung bezahlt hat, betrachtet er die Körper der Gläubigen als sein erworbenes Eigentum, und er wird auf der letztendlichen, vollständigen Erfüllung seiner Absichten für sie bestehen.

Dies sind also die grundlegenden Fakten und Motivationen hinter der christlichen Einstellung zur Sexualität. Verständlicherweise werden sie jenen, die eine völlig säkulare Sicht auf das Leben haben, nur wenig bedeuten und ihnen vielleicht auch unbegreiflich bleiben. Doch es scheint wenig Zweifel daran zu geben, welche Weltanschauung dem menschlichen Körper einen höheren Wert beimisst.

12

ETHISCHE FRAGEN, DIE DURCH WISSENSCHAFT UND TECHNIK AUFGEWORFEN WERDEN

Wenn es um die Weitergabe des Lebens geht,
haben Wissenschaft und Technik
neue Möglichkeiten geschaffen,
wodurch sich auch neue ethische Fragen stellen. ...
Reicht es nicht, zu sagen, dass, wenn man durch einen Prozess
großen gesundheitlichen Nutzen erzielen kann,
dieser durchgeführt werden sollte
und man keine weiteren Fragen
zu den Techniken stellen muss,
mit denen dieser Nutzen erzielt wird?

NEUE MÖGLICHKEITEN – NEUE FRAGEN

Wenn es um die Weitergabe des Lebens geht, haben Wissenschaft und Technik neue Möglichkeiten geschaffen, wodurch sich auch neue ethische Fragen ergeben, sowohl zum Beginn als auch zum Ende des Lebens. Wir werden beides betrachten, beginnend mit den neuen Möglichkeiten, die sich für den Beginn des Lebens ergeben.

Zu diesen Möglichkeiten gehört: 1.) Hilfe für Paare, die keine eigenen Kinder bekommen können, um welche zu bekommen; 2.) genetische Untersuchungen, um die Möglichkeit auszuschließen, dass Kinder mit schwerwiegenden Geburtsschäden zur Welt kommen; 3.) Stammzellenforschung und therapeutisches Klonen zur möglichen Linderung oder Heilung ernsthafter Krankheiten wie Parkinson oder Alzheimer.

Die Frage lautet: Was hat die Ethik zu diesen Verfahren zu sagen? Hat sie überhaupt etwas dazu zu sagen? Reicht es nicht, zu sagen, dass, wenn man durch einen Prozess großen gesundheitlichen Nutzen erzielen kann, dieser durchgeführt werden sollte und man keine weiteren Fragen zu den Techniken stellen muss, mit denen dieser Nutzen erzielt wird? Wenn man die Ethik solcher potenziell nützlichen Techniken infrage stellt, ist dies nicht bloß kleinkariertes Denken?

Wer so denkt, übersieht jedoch die Tatsache, dass diese Einstellung bereits einen ethischen Standpunkt voraussetzt, der besagt: Wenn das Ergebnis gut ist, müssen die eingesetzten Mittel, mit denen das Ergebnis erreicht wird, automatisch auch gut sein. Wie wir gehört haben, ist dies die Haltung, die der Utilitarismus vertritt. Er sagt, dass es unser Hauptziel im Leben sein sollte, das maximale Glück und Wohlergehen für die größtmögliche Anzahl von Leuten zu schaffen. Aber er sagt auch: Wenn man zur Erreichung des größten Nutzens ein unschuldiges Leben vernichten muss, muss man es vernichten und sollte keine weiteren Fragen stellen. Mit anderen Worten: Die Moralität einer Handlung hängt nicht von der Qualität der Handlung an sich ab, sondern nur von den Ergebnissen, die damit erzielt werden.

Andere Philosophen wie Kant würden diese Sicht komplett ablehnen, weil sie der Moral des gesunden Menschenverstandes widerspricht. Der Zweck, meinen sie, heiligt nicht die Mittel. Wenn eine Handlung an sich moralisch verwerflich ist, bleibt sie trotz der guten Ergebnisse, die mit ihr vielleicht erreicht werden, dennoch eine unmoralische Handlung und sollte nicht getan werden.

FRAGEN ZUM LEBENSANFANG

Lassen Sie uns nun im Lichte dieser Debatte einen Blick auf einige der Fragen werfen, die durch die Fortschritte in der modernen Wissenschaft und Technik im Zusammenhang mit der Weitergabe des Lebens aufgeworfen werden.

Künstliche Befruchtung

Manchmal sind das Sperma des Mannes und die Eizellen seiner Frau zwar vollkommen gesund, aber es gibt physikalische Störungen, die eine Befruchtung verhindern. Die künstliche Befruchtung, auch In-vitro-Fertilisation (IVF) genannt, ist ein Verfahren, in dem eine der zukünftigen Mutter entnommene Eizelle im Labor mit dem Sperma des zukünftigen Vaters befruchtet wird. Die befruchtete Eizelle wird dann in die Gebärmutter eingesetzt, und der Fötus entwickelt sich auf normale Weise.

Natürlich gibt bei diesem Verfahren manchmal praktische Probleme, aber darum geht es uns hier nicht. Wir konzentrieren uns auf die ethischen Aspekte.[148]

Es besteht kein Zweifel, dass diese Methode dort, wo sie erfolgreich ist, vielen Paaren großes Glück beschert, die ohne sie nicht darauf hoffen könnten, ein eigenes leibliches Kind zu bekommen. Aus ethischer Sicht sind hierzu zwei Dinge zu sagen: Erstens verletzt diese Methode an sich nicht die Integrität der Ehe; sie hilft bloß, natürliche Prozesse durchzuführen, die sonst blockiert wären. Es stimmt, dass manche Ethiker die künstliche Erzeugung eines Embryos bereits als unzulässige Manipulation eines neuen Lebens

148 Bei der IVF-Methode (welche teuer und nicht immer erfolgreich ist – nur etwa 25–30 Prozent der behandelten Frauen gebären ein Kind nach einem Zyklus; siehe *Fertility Treatment* 2014, S. 39) besteht ebenfalls das Risiko, dass Geburtsschäden auftreten; es ist etwa doppelt so hoch wie bei Kindern, die auf natürliche Weise zur Welt kommen (Hansen et al., *The Risk of Major Birth Defects,* siehe Sanders, *Eutychus,* 17).

ansehen. Schwerwiegender ist jedoch der Einwand, dass im Zuge der künstlichen Befruchtung normalerweise mehr Embryos erzeugt werden, als der Mutter eingepflanzt werden können.[149] Der Rest wird vernichtet; und wenn ein Embryo bereits menschliches Leben ist, ist seine Erzeugung und darauffolgende Vernichtung ein schweres Vergehen. Dies wirft wiederum das wichtige und viel debattierte Thema vom Status des embryonalen Lebens auf. Wir werden gleich darauf eingehen.

Fremdbeteiligung durch Spenden

Die Beteiligung einer dritten Partei durch eine Samen- oder Eizellenspende kommt infrage, wenn entweder der Mann oder die Frau aus irgendeinem Grund unfruchtbar ist. Nehmen wir an, der Mann ist unfruchtbar. Früher wäre die einzige Möglichkeit gewesen, dass ein anderer Mann eine sexuelle Beziehung mit der Frau gehabt hätte. Das wäre jedoch als Ehebruch betrachtet worden, denn es verletzt die Integrität der heiligen Einheit eines Mannes und seiner Frau.

Heutzutage wird dieses Problem auf vielerlei Arten gelöst. Männer spenden anonym ihr Sperma an eine Samenbank, wo dieses gelagert wird. Wenn der Mann unfruchtbar ist, kann sich ein Paar an diese Samenbank wenden und dort einen Antrag auf den Erhalt von Sperma eines anonymen Spenders stellen, mit dem man die Eizellen der Frau künstlich befruchten kann. Im Körper der Frau wächst dann auf normale Weise ein Kind heran. Da dies den natürlichen Wunsch der Frau nach einem Kind erfüllt und ihr Glück bringt, meinen viele, dass dagegen nichts einzuwenden sei.

Es ist natürlich eine Tatsache, dass dieser Prozess der künstlichen Befruchtung schon lange bei Tieren eingesetzt wird, wo die Identität des Spenderbullen der Kuh egal ist und sich keine moralischen Fragen stellen. Ethische Probleme treten jedoch auf, wenn diese Methode für die Fortpflanzung von Menschen eingesetzt wird. Lassen Sie uns diese kurz untersuchen.

Ethische Probleme in Zusammenhang mit künstlicher Befruchtung

Dieser Prozess ist ein Eingriff in die Einzigartigkeit des Ehebundes zwischen einem Mann und seiner Frau und zerstört ihn. Es ist nicht dasselbe, wenn ein Mann eine Witwe heiratet, die bereits Kinder hat. Per Definition ist der frühere Ehemann, mit dem sie die Kinder hatte, nun tot, und der Mann, der sie heiratet, ist sich von Anfang an bewusst (wie auch die Kinder, wenn

149 Es ist möglich, nur so viele Eizellen zu befruchten, wie auch wirklich eingepflanzt werden, und manchmal wird dies auch so praktiziert (wenn auch vergleichsweise selten).

sie alt genug sind), dass sie ihre Kinder sind und nicht seine. Dies ist keine Verletzung des Ehebundes.

Sie entpersonalisiert den Prozess der Weitergabe des Lebens. Denn in diesem Fall ist die Empfängnis und das Austragen des Kindes durch die Frau nicht länger das Ergebnis ihrer intimen Beziehung zu ihrem eigenen Mann. Das Ganze wird damit auf einen technischen Prozess reduziert, und es besteht die Gefahr, dass wir beginnen, Menschen als rein biologische Maschinen mit der Fähigkeit zur Reproduktion zu betrachten.

Sie gefährdet die Identität des Kindes. Es ist Teil der menschlichen Identität eines Kindes, dass es wissen sollte, wer seine Eltern sind. Es ist eine traurige Tatsache, dass mache Kinder dies niemals erfahren werden. Vielleicht wurden sie bereits als Babys zu Vollwaisen. Oder vielleicht waren sie bei der Geburt nicht gewollt und wurden in die Obhut des Staates oder von Adoptiveltern gegeben. Eltern, die solche Kinder aus Mitgefühl adoptieren, ist es im Allgemeinen sehr wichtig, dass die Kinder erfahren, dass sie nicht ihre leiblichen Eltern sind, wenn sie in der Lage sind, diese Information zu verkraften. Diese Erkenntnis mag dann für manche Kinder kein Problem sein, während andere es als traumatisch empfinden und das Gefühl haben, sie könnten erst dann zur Ruhe kommen, wenn sie wissen, wer ihre leiblichen Eltern sind. Das Trauma wird noch verstärkt, wenn beispielsweise die leibliche Mutter des Kindes noch lebt, sich aber weigert, ihre Identität dem Kind preiszugeben, das sie weggegeben hat. Für die leibliche Mutter kann es auch zu schmerzlich sein, ihrem Kind gegenüber zuzugeben, aus welchen Gründen sie es damals weggegeben hat; vielleicht ist sie auch mittlerweile schon lange mit einem anderen Mann verheiratet, und es wäre ihr peinlich, wenn er ihre Vergangenheit entdeckte.

Aber im Fall von künstlicher Befruchtung durch eine Samenspende ist die Situation eine andere. In vielen Ländern wird die Anonymität des Spenders vom Staat garantiert. Der Grund dafür ist: Wenn die Anonymität nicht gewahrt werden kann und die Identität des Spenders von diesen Kindern in Erfahrung gebracht werden könnte, würde die Anzahl der Spenden deutlich abnehmen. Zudem wäre es eine sehr peinliche Situation für die Empfänger der Samenspende, wenn eines Tages ein Spender auftauchte und vor der Familie des Kindes verkündete, er sei der Vater des Kindes und nicht die Person, die das Kind bislang für seinen Vater gehalten hat.

Oder stellen Sie sich vor, es ist die Frau, die unfruchtbar ist. Moderne Techniken machen es möglich, dass eine andere Frau Eizellen spendet und diese Eizellen dann mit dem Sperma des Mannes der ersten Frau befruchtet und in ihre Gebärmutter eingepflanzt werden. Das stillt zwar einerseits die Sehnsucht der Frau nach einem Kind, aber andererseits ist es eine unausweichliche Tatsache, dass das Kind strenggenommen nicht ihr eigenes genetisches Kind ist.[150]

Nicht nur das, die Eizellenspende wirft auch dieselben ethischen Fragen auf, die wir in Zusammenhang mit der Samenspende betrachtet haben. Doch zusätzlich sind wir wieder mit der Tatsache konfrontiert, dass der Prozess der künstlichen Befruchtung die Vernichtung von überflüssigen Embryonen miteinschließt. Diese ethische Frage rückt immer mehr in den Vordergrund, wenn man die neuen Verfahren betrachtet, die der modernen Medizin mittlerweile zur Verfügung stehen. Wir müssen daher nun dazu übergehen, den Status des menschlichen Lebens zu betrachten sowie die Frage: Wann beginnt das Leben? Und diese Punkte werden wir dieses Mal auf etwas andere Art vermitteln.

Wann beginnt das Leben?

Im Folgenden stellen wir uns einige Medizinwissenschaftler vor, die sich an vorderster Front mit der Forschung über die Weitergabe des Lebens befassen und die sich einen Ethiker eingeladen haben, der zu ihnen über die Relevanz der Ethik für ihre Arbeit sprechen soll. Wir kommen dazu und stehen gewissermaßen hinten im Hörsaal, als der Ethiker folgendermaßen auf das Thema eingeht:

Sehr geehrte Damen und Herren, zunächst einmal möchte ich mich herzlich bei Ihnen für die Einladung bedanken, die ich gerne angenommen habe. Zweitens möchte ich Ihnen sagen, wie sehr ich die Brillanz des Geistes und den Einfallsreichtum bei Experimenten bewundere, die uns gemeinsam solch großartige Einsichten in die Abläufe des menschlichen Lebens geschenkt haben. Ich trete vor Sie mit etwas Beklemmung, denn um Ihre Fragen zu beantworten, muss ich notwendigerweise ein Stück weit in Ihr Fachgebiet vorstoßen, wo Ihnen sofort auffallen wird, dass ich bei so mancher Einzelheit eher unsicher bin. Ich bin jedoch sicher, dass Sie mir dies

150 Infolge dieser Überlegungen gibt es viele Paare, die es für eine viel bessere Option halten, sich mit der Kinderlosigkeit abzufinden (wie schmerzlich dies auch sein mag) oder ein Kind zu adoptieren, als die grundlegende genetische Struktur der Familieneinheit zu verändern. Eine Adoption hat nicht nur vielen Eltern viel Glück bereitet, sondern auch vielen Kindern; denn es bedeutet, dass man Kindern, die bereits auf der Welt sind und keine Eltern haben, die für sie sorgen (wofür sie nichts können), die Möglichkeit bietet, in einem Zuhause mit fürsorglichen Eltern aufzuwachsen. Und es gibt in unserer heutigen Welt viele solcher Kinder.

freundlicherweise nachsehen werden. Was wir als Wissenschaftler auf der einen und Ethiker auf der anderen Seite jedoch gemein haben, ist unser Interesse an tiefer gehenden Fragen zum menschlichen Leben wie z. B.: Wann beginnt es? Was ist sein essenzieller Wert? Welche moralischen Einschränkungen, wenn es überhaupt welche geben sollte, müssen unseren Eingriff ins menschliche Leben bestimmen?

Wie uns die Philosophen und Sozialwissenschaftler häufig gesagt haben, geht niemand von uns völlig offen an diese Fragen heran. Wir alle haben unsere Vorannahmen und vorgefassten Wertesysteme. Manche von Ihnen sind z. B. der Ansicht, dass das Leben nur wenig mehr sei als das ungeplante Resultat von jahrtausendelanger geistloser Evolution. Doch da dieser geistlose Prozess durch eine Laune der Natur hochintelligente Gehirne hervorgebracht hat, kann man aus ethischer Sicht nichts dagegen sagen, wenn diese Gehirne nun wiederum den Prozess der Evolution in die Hand nehmen und dadurch das System mehr optimieren, als es die Evolution jemals alleine könnte. Unter diesen Prämissen stellt sich die Frage nach Moral nicht.

Andererseits werden viele von Ihnen, wenn nicht sogar die meisten von Ihnen, dieser Einschätzung kaum zustimmen. Die Menschheit, so werden Sie sagen, hat komplexe Gesellschaften entwickelt, die wiederum im gegenseitigen Einvernehmen ihrer Mitglieder die Werte festgelegt haben, die für das Leben gelten sollen. Daraus folgt, dass die Entscheidung über die Frage, was Ethik mit der medizinischen und wissenschaftlichen Forschung zu tun hat und was moralisch akzeptabel ist, der Gesellschaft überlassen werden sollte.

Dabei können wir jedoch nicht darüber hinwegsehen, was manche totalitäre Gesellschaften mit den von ihnen beanspruchten Rechten getan haben – besonders wenn sie ihre eigene Einschätzung vom Wert des menschlichen Lebens durchgesetzt haben. Sie haben sich nicht damit zufriedengegeben, Embryonen und Föten zu manipulieren und gegebenenfalls zu vernichten: Sie haben sogar das Recht gefordert, ganze erwachsene Bevölkerungsgruppen zu vernichten.

Es sind solche Überlegungen, die viele zu der Überzeugung führen, dass der Wert des menschlichen Lebens nicht ohne irgendeinen transzendentalen Bezugspunkt gesichert werden kann. Diese Leute behaupten, es sei der Schöpfer selbst, der den ureigenen Wert des menschlichen Lebens festgelegt habe, und zwar durch die Tatsache, dass er die Menschen nach seinem eigenen Bild erschaffen habe, und so gehöre letztendlich das menschliche Leben ihm. Nach diesem Verständnis ist die Vernichtung eines Menschenlebens ein Affront gegen den Schöpfer selbst.

Natürlich kann ich nicht davon ausgehen, dass alle von Ihnen akzeptieren, dass das menschliche Leben diese transzendentale Bedeutung besitzt. Andererseits bin ich sicher, dass Sie alle zustimmen werden, dass die absichtliche Vernichtung eines unschuldigen Menschenlebens tatsächlich ein Verbrechen ist, das mit dem hässlichen Begriff „Mord" bezeichnet wird. Aber das bringt uns schnell zu der grundlegenden Frage: Wann genau beginnt ein menschliches Leben?

Hier gehen die Ansichten natürlich auseinander. Das Thema wurde uns vor einigen Jahrzehnten stark vor Augen geführt, noch lange vor den spektakulären Erkenntnissen der Molekularbiologie und der Gentechnik. Das Thema kam im Zusammenhang mit der Frage nach der Legalität von Abtreibung auf. Zu jener Zeit entschieden viele Regierungen[151], dass Abtreibung bis zur 28. Schwangerschaftswoche ethisch vertretbar sei. Zu diesem Zeitpunkt, so wurde argumentiert, werde der Fötus zu einem lebensfähigen Menschen, der notfalls außerhalb des Mutterleibs überleben könne. Daher sei eine absichtliche Abtreibung nach diesem Zeitpunkt gleichbedeutend mit einem Tötungsdelikt. Vor der 28. Woche wird der Fötus jedoch noch nicht als vollwertiger Mensch betrachtet, daher könne er ohne schlechtes Gewissen vernichtet werden.

Aber, meine Damen und Herren, Ihre eigene Forschung zu Methoden der Intensivmedizin hat dieser Sicht den Boden entzogen und gezeigt, dass ein Fötus heutzutage schon nach etwa 24 Wochen lebensfähig ist und mit der entsprechenden intensivmedizinischen Betreuung außerhalb des Mutterleibs überleben und später zu einem voll entwickelten Erwachsenen heranwachsen kann. Doch auch wenn diese Möglichkeiten in der Intensivmedizin bestehen (und es gibt sie nicht überall auf der Welt), wird es immer noch als legitim erachtet, Föten bis zur 28. Woche abzutreiben, und in manchen Ländern sogar noch darüber hinaus. Wenn die Lebensfähigkeit also das Kriterium dafür ist, was ein vollwertiges menschliches Leben ist – in dem Sinne, dass es danach ein Verbrechen wäre, es zu vernichten –, ist folgende Tatsache wirklich verstörend: Wir treiben noch immer Föten ab, die den Status eines vollwertigen Menschen haben.

Nebenbei bemerkt erscheint es diesem Laien höchst ironisch, dass im selben Krankenhaus in einem Operationssaal Ärzte mit aller Kraft versuchen, das Leben eines 24-Wochen-Frühchens zu erhalten, während gleichzeitig

151 A. d. V.: Die Autoren gehen hier auf die Gesetzeslage in Großbritannien ein, siehe: https://de.wikipedia.org/wiki/Schwangerschaftsabbruch#Vereinigtes_K%C3%B6nigreich, Abruf am 24.2.2021.

Ärzte in einem anderen Operationssaal einen gleichalten Fötus vernichten. Doch auf jeden Fall müssen wir aufgrund unserer jüngsten Fortschritte im Bereich Gentechnik die Frage nach dem Status des menschlichen Lebens in noch viel früheren Entwicklungsstadien stellen. Ob ein 24 Wochen alter Fötus als Mensch anerkannt werden kann oder nicht – viele werden sagen, dass der Embryo, der bei der Befruchtung entsteht, noch nicht den vollen Status eines menschlichen Lebens besitzt. Dann müssen wir fragen: Wann ist es denn dann der Fall? Er besitzt auf jeden Fall Leben, und es besteht absolut kein Zweifel, wozu sich dieses Leben entwickeln wird. Er wird sich nicht zu einem Frosch oder Schimpansen entwickeln! Sein Leben ist kein Frosch-Leben oder Schimpansen-Leben. Es muss menschliches Leben sein, denn nur menschliches Leben kann sich zu einem Menschen entwickeln.

Zudem wissen wir, meine Damen und Herren, warum dies so ist. Ihre eigene medizinische Forschung, wenn ich sie richtig verstanden habe, hat gezeigt, dass die Zygote, sobald sie durch die Befruchtung gebildet wurde, alle notwendigen Informationen für die Entwicklung eines menschlichen Lebens enthält. Es werden ihr keine Informationen mehr nachträglich hinzugefügt: Die Information ist bei der Empfängnis vollständig.

„Ja", werden Sie antworten, „aber auch wenn es ein menschliches Leben ist, hat es sein Personsein noch nicht entwickelt, und auch wenn man es mit Respekt behandeln muss, kann ihm noch kein voller menschlicher Status verliehen werden." Aber das wirft eine weitere Frage auf: An welchem Punkt hat das menschliche Leben sein Personsein voll entwickelt? Mit 28 Wochen ist der Fötus noch keine voll entwickelte Person – tatsächlich ist auch ein Neugeborenes noch keine voll entwickelte Person. Und es werden viele Jahre vergangen sein, bis sich sein Personsein voll entwickelt hat und die Lebenserfahrung die Person zur vollen Reife geführt hat.

Wie sicher kann man dann sagen, dass der Status des menschlichen Lebens von der *Entwicklung* der menschlichen Persönlichkeit abhängt? Wenn dies so wäre, müssten wir fragen: An welchem Punkt in der Entwicklung des eigenen Personseins erhält ein Menschenleben seinen vollen Status, sodass seine bewusste Vernichtung als Mord betrachtet werden sollte? Mit fünf Jahren? Oder mit 25? Oder 50? Außerdem kann der Zahn der Zeit ab einem Alter von 70 aufwärts anfangen, das Personsein wieder zu mindern, dessen Höhepunkt man im mittleren Alter erreicht hat. Heißt das, dass dieses menschliche Leben – noch lebensfähig, nun aber gemindert – ungestraft ausgelöscht werden darf, weil man nun kein vollständiges Personsein mehr besitzt und damit auch keinen vollen menschlichen Status mehr hat?

Eine beunruhigende Ansicht zu diesem Thema vertritt die führende Abtreibungsbefürworterin Mary Ann Warren. Sie meint, dass folgende Merkmale für das Personsein von zentraler Bedeutung sind: Empfindungsvermögen, die Fähigkeit, Emotionen zu fühlen, die Fähigkeit des logischen Schlussfolgerns, Kommunikationsfähigkeit, Selbstbewusstsein und die Fähigkeit, moralische Prinzipien auf die eigenen Handlungen anzuwenden. Weil ein Fötus diese Fähigkeiten nicht hat, argumentiert sie: „Föten sind weder Personen noch Mitglieder der moralischen Gemeinschaft. Zudem liefert weder die Ähnlichkeit eines Fötus mit einer Person noch sein Potenzial, einmal eine Person zu werden, eine hinreichende Grundlage für die Behauptung, er habe ein vollständiges und gleiches Recht auf Leben."[152] Aber warum nicht?

Eines ihrer Kriterien für ein vollständiges und gleiches Recht auf Leben ist die Fähigkeit des logischen Schlussfolgerns und die Fähigkeit, moralische Prinzipien auf die eigenen Handlungen anzuwenden. Es scheint mir klar zu sein – und ich denke, Ihnen auch –, dass ein Neugeborenes noch nicht die Fähigkeit des logischen Schlussfolgerns besitzt; und es werden noch einige Jahre vergehen, bis es die Fähigkeit besitzt, das eigene Verhalten an moralischen Prinzipien auszurichten. Nach diesen Überlegungen hätte ein fünfjähriges Kind kein vollständiges und gleiches Recht auf Leben.

Vielleicht möchte Mary Ann Warren ihr Argument auch gar nicht so sehr ausweiten. Aber manche Philosophen würden dies tun und tun es auch. Peter Singer z. B. sagt, das Leben eines Neugeborenen sei weniger wertvoll als das Leben eines Schweins.[153]

Überzeugender ist für mich hier auf jeden Fall das Argument, das der Theologe und Ethiker John Breck vertritt:

> ... die uralte Debatte über den Zeitpunkt, ab wann ein Fötus als Mensch bezeichnet werden kann, und genauer noch als persönliches Wesen, ist grundsätzlich irreführend. Sie basiert auf der irrtümlichen Annahme, dass die Kriterien für die Bestimmung des Personseins von anderen Menschen festgelegt werden und dann von dem Fötus erfüllt werden müssen, ob diese Kriterien nun Empfängnis, Implantation, Bewegung im Mutterleib oder Geburt heißen ... *das Personsein*

152 *On the Moral and Legal Status of Abortion*, 139–140

153 Siehe das Zitat von Singer und seine Diskussion in Kap. 10.

> *erhält man von Gott* und nicht durch physiologische Entwicklung, medizinische Analysen oder gesellschaftliche Konventionen.[154]

Das ist natürlich die Standardposition der Bibel, und das Bewusstsein für ihre Auswirkungen wird auf schöne Weise in der Poesie eines alten hebräischen Lyrikers ausgedrückt:

> Denn du [Gott] bildetest meine Nieren. Du wobst mich in meiner Mutter Leib. Ich preise dich darüber, dass ich auf eine erstaunliche, ausgezeichnete Weise gemacht bin. Wunderbar sind deine Werke, und meine Seele erkennt es sehr wohl. Nicht verborgen war mein Gebein vor dir, als ich gemacht wurde im Verborgenen, gewoben in den Tiefen der Erde. Meine Urform sahen deine Augen. Und in dein Buch waren sie alle eingeschrieben, die Tage, die gebildet wurden, als noch keiner von ihnen da war. (Ps 139,13-16)

Zudem sind Christen (wie auch Anhänger mancher anderen Religionen) der Ansicht, dass es eine weitere Dimension beim menschlichen Leben gibt, die bei diesem Thema eine Rolle spielt – nämlich dass menschliches Leben auch eine nicht materielle Komponente besitzt. Manchmal wird diese Komponente „Seele“, manchmal „Geist“ genannt, aber sie wird immer als wesentlicher Teil des menschlichen Lebens gesehen.[155] Zugegeben, Menschen mit dieser Überzeugung haben unterschiedliche Ansichten über den genauen Zeitpunkt in der Entwicklung des Embryos bzw. des Fötus, ab dem dieses geistliche Element in ihm vorhanden ist. Manche meinen, dies sei der Moment der Geburt, wenn das Kind seinen ersten Atemzug macht. Andere meinen, es sei der Moment, wenn das Kind sich zum ersten Mal für die Mutter spürbar im Mutterleib bewegt. Diese Sichtweisen sind jedoch meines Wissens größtenteils verschwunden.

Andere wiederum sind der Meinung, dass diese „Beseelung“, wie sie es nennen, an irgendeinem unbestimmten Zeitpunkt zwischen der Bildung der Zygote und der Entstehung des Primitivstreifens stattfindet, der sich später zum Nervensystem entwickeln wird. Aber es scheint keine gesicherten Belege für diesen Zeitpunkt zu geben.

154 *The Sacred Gift of Life*, 149

155 Hindus und Buddhisten werden auch betonen, dass es vom Moment der Empfängnis an etwas Spirituelles und Ewiges gibt, auch wenn sie ihre Überzeugungen auf völlig andere Prämissen gründen.

Ich behaupte, meine Damen und Herren, dass ein neues Leben von Anfang an eine nicht materielle Komponente besitzt. Ich spreche als Christ und ziehe diesen Schluss teilweise aus meinem Glauben an die Menschwerdung des Sohnes Gottes, dessen Empfängnis durch den Heiligen Geist geschah (Lk 1,35). Wenn Sie mich nun fragen, was die Ethik dazu zu sagen hat, im Kontext all jener Möglichkeiten, die uns die moderne Wissenschaft in Zusammenhang mit der Weitergabe des Lebens eröffnet hat, lautet meine Antwort, dass unsere vorrangige Überlegung die Unantastbarkeit des menschlichen Lebens vom Moment seiner Empfängnis an sein muss.

Die populäre Einstellung, dass alles, was getan werden kann, auch getan werden sollte, weil das Ziel die Mittel rechtfertige, ist die oberflächliche ethische Sicht des Handlungsutilitarismus. Der Utilitarismus sagt uns: Ob eine Handlung gut oder böse ist, wird allein dadurch bestimmt, ob dadurch großes Wohl für die größtmögliche Anzahl von Leuten bewirkt wird. Und wenn sie solches Wohl bewirkt, ist die Handlung selbst per Definition gut – selbst wenn sie nach jedem objektiven Maßstab offensichtlich unethisch ist. Mir – und nicht nur mir – erscheint diese Theorie insgesamt falsch zu sein: Gute Ergebnisse können unethische Handlungen nicht rechtfertigen. Ich weiß, dass diese Schlussfolgerung weitreichende Folgen hat: Wenn die Zygote bereits lebendig ist und ihr Leben menschliches Leben ist, und wenn menschliches Leben (allein deswegen, weil es menschliches Leben ist) unantastbar und heilig ist, dann ist ihre absichtliche Schädigung oder Vernichtung als zutiefst unethisch abzulehnen. Ich sage bewusst „absichtlich", denn ich bin mir durchaus der schwierigen Entscheidungen bewusst, die Ärzte manchmal treffen müssen, wenn ihre Bemühungen, unerträgliche Schmerzen zu lindern, indirekt – aber nicht absichtlich – zur Beendigung eines menschlichen Lebens führen. Aber alle werden zustimmen, dass man selbst in ethischen Dilemmas darauf achten muss, oberflächliches ethisches Denken zu vermeiden.

Um noch einmal zur Frage der Abtreibung zurückzukommen: Oft wird argumentiert, dass die entscheidende Überlegung sich immer auf die Rechte der Schwangeren beziehen muss statt auf die Rechte des Ungeborenen. Natürlich ist man sich weitestgehend einig, dass dann, wenn das Leben der Mutter in Gefahr ist, z. B. durch eine Eileiterschwangerschaft oder irgendeine andere Entwicklung, die zum Tod der Frau führen könnte, das Leben der Frau Vorrang haben muss. Aber in der Literatur zu diesem Thema wird häufig ein weiteres, ganz anderes Argument vorgebracht, nämlich dass eine Frau das Recht habe, mit ihrem Körper zu tun, was sie wolle: Der Fötus, heißt es, sei Teil ihres Körpers, und damit besitze sie ihn. Sie besitze die vollständigen Rechte über dem Fötus, und sollte sie aus irgendeinem Grund wünschen, die Schwangerschaft zu beenden, habe sie das volle Recht, ihn abzutreiben.

Aber diese Argumentation lässt sicherlich Fragen offen. Der Fötus in ihr ist nicht einfach nur ein Teil ihres Körpers, so wie ihr Arm, ihr Herz und ihre Lunge. Er ist eine eigene Person, mit eigenem Gehirn und Herzen. Und da er eine separate Person mit eigenem Körper ist, hat auch er Rechte. Es ist also fraglich, ob es richtig ist, zu sagen, sie besitze den Fötus. In der Tat, wenn eine Frau argumentiert, sie besitze den Fötus und könne daher mit ihm tun, was sie wolle, hört sich das viel zu sehr nach der Art von Argument an, mit dem jahrhundertelang die Sklaverei gerechtfertigt wurde. Schließlich bestand das Wesen der Sklaverei im Wesentlichen im Recht einer Person, eine andere zu besitzen. Der Moralphilosoph D. D. Raphael erinnert uns an Folgendes:

> Ein Kind „gehört" seinen Eltern, ob nun den biologischen oder den Adoptiveltern, in dem Sinne, dass sie mehr als alle anderen das Recht und die Pflicht haben, das Kind aufzuziehen mit der Maßgabe, dass sie diese Pflicht annehmen. Wenn sie die Pflicht nicht annehmen, verlieren sie damit das Recht, andere von der Position auszuschließen, für das Kind zu sorgen und seine Zukunft zu bestimmen. Kinder sind nicht das Eigentum ihrer Eltern. Wenn ich einen materiellen Gegenstand besitze, der vielleicht schön oder selten ist, habe ich das Recht, ihn durch Vernachlässigung oder falschen Gebrauch zu zerstören oder kaputt zu machen, auch wenn viele Leute mein Verhalten missbilligen würden. Das ist jedoch nicht die Position, die Eltern gegenüber ihren Kindern haben. Die religiöse Lehre, dass das menschliche Leben Gott gehört, mag im Hinblick auf das Verbot von Selbstmord fragwürdig sein, aber nicht im Hinblick auf seine allgemeinere Folgerung, dass kein menschliches Leben einem anderen gehört und einem anderen zur freien Verfügung steht.[156]

Ich muss wohl dieses Publikum nicht darauf hinweisen, wie oberflächlich ein weiteres Argument ist, das für Abtreibung nach Wunsch angeführt wird. Es sagt, dass jedes Kind das Recht habe, gewollt zu sein; daher sollte nicht zugelassen werden, dass ungewollte Kinder ausgetragen und geboren werden. Formuliert man dies als Syllogismus, lautet das Argument: Jedes Kind hat das Recht, gewollt zu sein. Vielen Kindern wird jedoch dieses Recht

156 *Moral Philosophy*, 145

verwehrt, und sie sind ungewollt. Daher sollte man ihnen auch das Recht auf Leben absprechen. Für meine Ohren hört sich diese Logik ausgesprochen merkwürdig an.

Meine Damen und Herren, vielen Dank! Ich wünsche Ihnen viel Erfolg bei Ihren laufenden Forschungsprojekten!

FRAGEN ZUM LEBENSENDE

Nach den Fragen, die im Zusammenhang mit dem Beginn des Lebens stehen, wenden wir uns nun den Fragen zu, die aufkommen, wenn wir über das Ende des Lebens nachdenken. Bessere Ernährung und Fortschritte in der Medizinwissenschaft haben zur Folge, dass die Menschen in vielen Ländern heute länger leben als früher. Zudem kann Technik Menschen oft künstlich am Leben erhalten, die sonst sterben würden. Daraus ergeben sich erhöhte Belastungen sowohl für die Familien, die sich länger um ältere Menschen kümmern müssen, als auch für den Staat, da von der steigenden älteren Bevölkerung mehr Ressourcen verbraucht werden. Den Problemen, die sich durch diese Belastungen ergeben, muss man sich stellen, insbesondere die Verwandten der Patienten und die Ärzte, die diese behandeln. Dies ist der Kontext, indem wir das Thema diskutieren werden.

Ein guter Tod?

Diese Belastungen haben nun in den vergangenen Jahren zu der immer stärker werdenden Forderung mancher Leute nach einer Legalisation von Sterbehilfe, auch Euthanasie genannt, geführt. Um die Probleme zu verstehen, die damit in Zusammenhang stehen, müssen wir erst einmal die genaue Bedeutung des Wortes Euthanasie betrachten. Wörtlich übersetzt bedeutet es einfach „ein guter Tod", und das hört sich erst einmal harmlos an. Doch in Wirklichkeit wird es im Allgemeinen verwendet, um damit das *absichtliche Töten* von Menschen zu beschreiben, entweder durch die sie behandelnden Ärzte oder in dem Sinne, dass man diesen Menschen hilft, ihr eigenes Leben selbst zu beenden. Manchmal wird dies auch als „Gnadentod" bezeichnet, da die vermeintliche Absicht bei der Tötung des Patienten ist, ihn von einem unnötigen und hoffnungslosen Leiden zu erlösen. Doch welches Motiv auch immer bei der Euthanasie eine Rolle spielt, es ist wichtig, festzustellen, dass es sich um eine Tat des absichtlichen Tötens handelt.

Eine weitere Unterscheidung muss zwischen freiwilliger Sterbehilfe und unfreiwilliger Sterbehilfe getroffen werden. Freiwillige Sterbehilfe liegt vor, wenn der Patient darum bittet, getötet zu werden, oder wenn ihm jemand hilft, sein Leben selbst zu beenden. Bei unfreiwilliger Sterbehilfe wird ein Patient ohne seine Einwilligung oder Befragung getötet.

Was hat die Ethik nun dazu zu sagen? Ist Sterbehilfe eine Pflicht, die jeder Arzt aus Barmherzigkeit durchführen muss? Oder ist die beabsichtigte Tötung eines Patienten, aus welchem Grund auch immer, eine Straftat?

Manche argumentieren so: Wie wir leidenden Tieren einen humanen „Gnadentod" gewähren, sollten wir auch bereit sein, dasselbe für Menschen zu tun, die so sehr leiden, dass ein Weiterleben für sie fast unerträglich wäre. Man empfindet ebenfalls Mitleid mit den nahen Verwandten – häufig eine Ehefrau oder Tochter –, die sich oft wochenlang Tag und Nacht um den Kranken kümmern und selbst am Rande der totalen Erschöpfung stehen.

Andererseits ist die Beendigung eines menschlichen Lebens in der Tat eine schwerwiegende Sache. Denn für jeden, der glaubt, dass es Gott ist, der das Leben schenkt, und dass Gott allein das Recht hat, ihm ein Ende zu setzen, muss jede absichtliche Tötung eines Patienten durch eine andere Person falsch sein. Doch nicht nur Menschen, die an Gott glauben, sehen diese Gefahr. Viele Menschen – sowohl aus dem medizinischen Bereich als auch andere – protestieren entschieden gegen Sterbehilfe, da sich diese in ihren Augen gegen alles wendet, wofür Medizin eigentlich steht. So verbot z. B. der hippokratische Eid viele Jahrhunderte lang die Verschreibung von tödlichen Medikamenten für den assistierten Suizid.

Außerdem weigern sich viele Regierungen in Zivilgesellschaften immer noch, Sterbehilfe zu legalisieren, und sie begründen dies damit, dass es unglaublich schwierig ist, in jedem einzelnen Fall zu beweisen, ob die Sterbehilfe seitens des Patienten wirklich gewollt war.

Ein Schlitterpfad

Die tatsächlichen Erfahrungen in Ländern, die eine tolerante Einstellung zur Sterbehilfe haben, zeigen die deutliche Gefahr, dass das Ganze auf einen Schlitterpfad führen kann: ein schleichender Übergang von der Erlaubnis von Sterbehilfe in den Fällen, in denen es den deutlich geäußerten und beständigen Wunsch danach seitens des Patienten gibt, bis hin zur Anwendung in Fällen, in denen kein Einverständnis gegeben wurde. Solch eine Entwicklung hin zu unfreiwilliger Sterbehilfe kann in einer hedonistischen Gesellschaft leicht eintreten, da die Versorgung der Älteren zunehmend dem Glück der Bürger jüngeren und mittleren Alters im Weg steht. Zudem besitzt eine ältere Patientin vielleicht Geld oder Wohneigentum, das ihre Verwandten gerne für sich selbst hätten; also wäre ihnen jedes Mittel willkommen, ihren Tod zu beschleunigen. Auf Grundlage des utilitaristischen Prinzips des maximalen Glücks für die maximale Anzahl von Leuten kann nicht nur die Versuchung bestehen, einen Patienten unter Druck zu setzen, einer freiwilligen Sterbehilfe zuzustimmen, sondern auch die Versuchung, die Ärzte unter Druck zu setzen, unfreiwillige Sterbehilfe durchzuführen, um ihn loszuwerden. Es ist auch nicht schwer, zu erkennen, warum Regierungen so etwas dulden könnten, da die Älteren auch eine Belastung für die Ressourcen des Staates darstellen.

Ethik wird hier unsere Werte hinterfragen. Es ist ein Armutszeugnis für eine Gesellschaft, wenn das Verlangen mancher Leute nach Vergnügen den Wert des Lebens anderer herabsetzt – insbesondere das Leben jener, denen wir unser eigenes Leben verdanken. In der Antike wurde die Tötung von Mutter oder Vater als äußerst abscheuliche Freveltat und Sünde betrachtet. Außerdem heißt es in einem der Zehn Gebote: „Ehre deinen Vater und deine Mutter" (2Mo 20,12). Die Intuitionsethik würde darauf hinweisen, dass wir die klare Pflicht haben, jene am Ende ihres Lebens zu ehren und zu schützen, die uns unser Leben geschenkt, uns aufgezogen und uns beschützt haben, als wir jung waren.

Der Stressfaktor bei der Entscheidung

Auf jeden Fall würde der Entschluss eines Patienten, Sterbehilfe zu akzeptieren, fast immer in Zeiten großen Stresses getroffen werden. Vielleicht befindet sich der Patient auch im Zustand einer klinischen Depression (was am Lebensende nicht unüblich ist) und bittet um Sterbehilfe. Anhand welcher Kriterien sollten die Ärzte seine Bitte beurteilen? Eine Patientin, die depressiv ist, könnte ihre Depression überwinden, es sich anders überlegen und doch noch länger leben wollen. Die Schwierigkeit bei der Aussage „Mein Leben ist nicht länger lebenswert" liegt darin, dass sie höchst subjektiv ist; und wenn dies ein zulässiger Grund für Sterbehilfe wäre, warum sollte dies nicht auch in anderen Situationen gewährt werden? Denken Sie z. B. an einen Jugendlichen, der von seiner Freundin verlassen wurde und das Leben nun als unerträglich empfindet, oder an eine Frau mit einer postnatalen Depression.

Manche Leute versuchen, das Stressproblem zu vermeiden, indem sie eine Patientenverfügung erstellen. Sie geben damit ihrem Arzt im Voraus bestimmte Anweisungen. Wenn sie z. B. in einen Zustand kommen sollten, bei dem weder Aussicht auf Besserung noch auf Heilung besteht und der ihnen so viel Leid und so viele Beschwerden verursacht, dass ihnen ihr Leben nicht länger lebenswert erscheinen würde, soll der Arzt ihnen Sterbehilfe leisten.

Aber auch hier bestehen reale Gefahren. Erstens werden solche Patientenverfügungen manchmal in völliger Unkenntnis der medizinischen Bedingungen erstellt, die sich letztendlich ergeben könnten; und so kann es sein, dass sie von Ärzten und Verwandten nicht leicht zu interpretieren sind. Zudem ist es eine Sache, in Sterbehilfe einzuwilligen, wenn man einigermaßen gesund ist; aber es ist eine andere Sache, sich diese zu wünschen, wenn man krank ist. Die Erfahrung zeigt oft, dass Patienten, die in der Gefahr stehen, ihr Leben zu verlieren, sich umso mehr daran klammern und dann ihre Meinung über Sterbehilfe ändern. Eine Patientenverfügung ist also keine Garantie, dass man nicht auf einen Schlitterpfad gerät. Tatsächlich kann es sein, dass die Befolgung einer Patientenverfügung zu Schritten führt, die dann gar nicht im Interesse des Patienten liegen.

> ⚖ *Das staatliche T4-Euthanasieprogramm, das in Nazideutschland kurz vor dem Zweiten Weltkrieg begonnen wurde, führte in den zwei Jahren, in den es offiziell durchgeführt wurde, zu der Ermordung von 70 000 Menschen, einschließlich behinderter Kinder und Geisteskranker. Insgesamt führe es zur Ermordung von nicht weniger als 200 000 Menschen.*

Bei vielen Menschen werden angesichts der Gefahr einer Entwicklung hin zu unfreiwilliger Sterbehilfe düstere Erinnerungen an das staatliche T4-Euthanasieprogramm geweckt, das in Nazideutschland kurz vor dem Zweiten Weltkrieg begonnen wurde, und in den zwei Jahren, in den es offiziell durchgeführt wurde, zur Ermordung von 70 000 Menschen führte, einschließlich behinderter Kinder und Geisteskranker. Insgesamt führte es zur Ermordung von nicht weniger als 200 000 Menschen, wenn man die Jahre dazuzählt, in denen das Programm im Verborgenen bis Kriegsende fortgeführt wurde.[157] Dieses schreckliche Projekt bereitete den Weg für den geplanten Völkermord an den Juden und die Tötung vieler Millionen weiterer Menschen – Slawen, Polen, Sinti und Roma usw. Deshalb wurde nach dem Krieg in der „Deklaration von Genf" die hippokratische Tradition wieder bekräftigt und die Ärzteschaft darauf verpflichtet, sich der Sterbehilfe wieder entschieden zu widersetzen.

Schmerztherapie

Die Vorstellung, dass mit dem Tod normalerweise erhebliche Schmerzen verbunden sind, ist ein Irrtum und damit kein gültiges Argument für Sterbehilfe. Es gibt mittlerweile Medikamente, mit denen man einen Großteil

157 Michael Berenbaum, *T4 Program*

der Schmerzen kontrollieren kann und so die meisten Patienten am Lebensende von akuten Beschwerden befreien kann. In manchen Ländern gibt es Hospize, wo Patienten eine Palliativbehandlung erhalten und sich so mit ihrem Tod arrangieren können.

In diesem Zusammenhang gibt es zwei weitere Dinge zu betrachten. Das Erste ist das sogenannte „Prinzip der Doppelwirkung". Dies bezieht sich auf Fälle von Patienten mit tödlichen Erkrankungen, in denen ein Schmerzmittel eingesetzt wird, um ihr Leiden für sie erträglich zu machen. Aber aufgrund der Intensität des Schmerzes muss die Dosis so stark erhöht werden, dass der Tod des Patienten eine Nebenwirkung sein kann. Der entscheidende Punkt hier ist, dass die Ärzte nicht die Absicht haben, den Patienten zu töten: Sie tun nur ihre Pflicht, den Schmerz zu lindern. Dies ist daher keine Sterbehilfe.[158]

Das Zweite hat etwas mit neuen ethischen Problemen zu tun, die durch die Entwicklung von ausgereiften modernen Technologien entstehen. Dadurch kann man Patienten künstlich am Leben erhalten, die vor der Entdeckung solcher Techniken gestorben wären. Die Frage lautet: Hat ein Arzt die Pflicht, eine solche Behandlung zu beginnen, wenn die Aussichten hoffnungslos sind? Oder sollte er der Natur ihren Lauf lassen? Und was ist, wenn ein Arzt eine solche Maschine verwendet, um jemanden künstlich am Leben zu erhalten, diese Maschine jedoch nichts anderes tut, als seine Atmung aufrechtzuerhalten – hat er dann die moralische und rechtliche Freiheit, die Maschine abzuschalten und den Patienten sterben zu lassen?

In Großbritannien unterstützte z. B. ein Sonderausschuss der Regierung, der sich gegen Sterbehilfe aussprach, dennoch das Recht der Ärzte, sich bei hoffnungslosen Fällen gegen die künstliche Lebenserhaltung eines Patienten zu entscheiden (oder diese zu beenden).

Wenn man einem todkranken Patienten erlaubt zu sterben, wenn weitere medizinische Eingriffe eindeutig nutzlos wären, ist dies keine Sterbehilfe. Es besteht keine Tötungsabsicht. Manchmal wird in diesem Zusammenhang der Begriff *passive Sterbehilfe* verwendet, aber passive Sterbehilfe ist ein widersprüchlicher Begriff, da zur Sterbehilfe immer eine Absicht gehört. Es ist zudem irreführend, diesen Begriff zu verwenden, weil sein Gebrauch den Effekt haben könnte, dass langsam die Unterscheidung aufgeweicht wird, ob jemand mit Absicht getötet wird oder ob man der Natur einfach ihren Lauf lässt, wenn eine weitere medizinische Behandlung keinen Sinn mehr macht.

158 Leider gibt es auch immer mal wieder Ärzte, die aus niederen Motiven ihre Position missbrauchen, um tödliche Dosen von Schmerzmitteln zu verabreichen, manchmal, um damit Geld zu verdienen.

13

ETHIK IN DER PRAXIS

Wenn klar wird,
dass eine Situation ethische Fragen aufwirft,
die auf den ersten Blick leicht zu beantworten sind,
kann es dennoch dauern, bis man tatsächlich
eine Antwort darauf findet.
Ein anderes Mal ist die Antwort
auf die ethische Frage recht klar.
Die Kernfrage lautet immer:
Was sollten wir in dieser Situation tun,
und wie begründen wir unsere Entscheidung?

DIE PRAKTISCHE UMSETZUNG VON ETHIK

Bis zu diesem Punkt in unserer Diskussion haben wir viel über ethische Prinzipien aus theoretischer Sicht nachgedacht. In diesem Kapitel werden wir uns nun einige praktische Fragen stellen, die immer mal wieder in verschiedenen Bereichen unseres täglichen Lebens aufkommen können. Wenn wir darüber nachdenken, wie die Antworten lauten könnten, und diese mit anderen diskutieren, werden wir Gelegenheit haben, die theoretischen Prinzipien anzuwenden, die wir bisher kennengelernt haben.

Manchmal wird es in der Diskussion hauptsächlich darum gehen, überhaupt herauszufinden, welche ethische Frage (bzw. Fragen) in einer komplexen Situation aufkommen könnte. Wenn klar wird, dass eine Situation ethische Fragen aufwirft, die auf den ersten Blick leicht zu beantworten sind, kann es dennoch dauern, bis man tatsächlich eine Antwort darauf findet. Ein anderes Mal ist die Antwort auf die ethische Frage recht klar. Die Kernfrage lautet immer: Was sollten wir in dieser Situation tun, und wie begründen wir unsere Entscheidung?

Manche der folgenden Situationen mögen uns abstrakt erscheinen, weil wir so etwas bis jetzt noch nicht erlebt haben; trotzdem werden unsere Überlegungen uns helfen, verantwortungsvolle Entscheidungen zu treffen, wenn wir uns später einmal in ähnlichen Situationen befinden.

SPORT

Eine „Notbremse"

Manchmal ist der einzige Weg, einen Gegner davon abzuhalten, ein Tor zu schießen, ihn absichtlich zu foulen. Dies bezeichnet man als „Notbremse".

a. Würden Sie eine „Notbremse“ anwenden?
   1. Wenn nein, warum nicht?
   2. Wenn ja, wie würden Sie diese rechtfertigen?

b. Würden Sie argumentieren, dass es besser ist, zu foulen und einen Elfmeter zu kassieren, wobei die Chance besteht, dass der Spieler, der ihn ausführt, danebenschießt, als die gegnerische Seite ein sicheres Tor erzielen zu lassen (was das Foul verhindern könnte)? Wenn Sie so argumentieren würden, beantworten Sie bitte die nächste Frage.

c. Sie schulden jemandem eine große Geldsumme, die Sie nicht zurückzahlen können. Wenn Sie Ihre Schulden nicht begleichen, werden Sie dafür sicher ins Gefängnis gehen müssen. Aber Sie arbeiten bei einer Bank. Sie haben die Möglichkeit, viel Geld zu unterschlagen, mit dem Sie Ihre Schulden bezahlen könnten. Wenn Sie erwischt würden, müssten Sie ins Gefängnis. Aber vielleicht würden Sie ja auch nicht erwischt werden! Und daher gehen Sie das Risiko ein und stehlen das Geld. Was ist der Unterschied zwischen b) und c)?

Ehrlichkeit auf dem Spielfeld

Bei einem großen internationalen Fußballspiel hat der Spieler, der das Siegtor geschossen und so seiner Mannschaft zum Turniersieg verholfen hat, dabei unbemerkt vom Schiedsrichter ein Handspiel begangen. Würden Sie sagen,

a. dass er aus ethischer Sicht dem Schiedsrichter seinen Fehler hätte anzeigen sollen? Oder,

b. dass es aus ethischer Sicht in Ordnung ist, wenn man einen Regelverstoß begeht und damit davonkommt, weil es keiner gesehen hat? Oder,

c. dass es egal ist, ob man sich an die Regeln hält oder nicht, solange man das Spiel gewinnt? Oder,

d. dass jeder schon mal die Regeln bricht, warum sollte ich das dann nicht auch tun? Oder,

e. dass man ein Spiel nicht wirklich *gewonnen* hat, wenn man dabei betrogen hat?

Bewusste Spielmanipulation

Manchmal ist ein Torhüter in der Lage, dafür zu sorgen, dass seine Mannschaft unerwarteterweise ein Spiel verliert, obwohl jeder zuvor dachte, dass sie dieses gewinnen würde. Er kann so tun, als ob er sein Bestes gibt, um ein Tor zu verhindern, während er in Wirklichkeit den Ball absichtlich nicht richtig festhält und ins Netz durchlässt. Wenn so etwas passiert, steht der Torhüter im Verdacht, von einem Wettsyndikat bestochen worden zu sein. Denken Sie über Folgendes nach:

a. Warum würde ein Wettsyndikat so etwas tun? Ist das falsch?

b. Das Wettsyndikat hat niemanden gezwungen, auf den Ausgang des Spieles zu wetten, aber ihr Geschäftsmodell basiert darauf, dass Leute ihre Wetten verlieren. Warum sollte es nicht alles versuchen, um dafür zu sorgen, dass die Wettspieler verlieren?

c. Warum sollte man den Torhüter beschuldigen? Was ist falsch daran, nebenher ein bisschen Geld zu verdienen? Es war doch nur ein Spiel, oder nicht?

d. Oder denken Sie, dass das Wettsyndikat eine große Geldstrafe bezahlen sollte und der Torhüter auf Lebenszeit gesperrt werden sollte? Wenn ja, warum?

Doping von Athleten

Manchen Athleten, die bei den Olympischen Spielen positiv auf Doping getestet wurden, wurden im Nachhinein ihre Medaillen wieder aberkannt.

a. Ist es aus ethischer Sicht falsch, wenn ein Athlet eine künstliche Substanz zu sich nimmt, damit er mit ihrer Hilfe eine Medaille gewinnt? Wenn ja, was ist falsch daran?

b. Ein Athlet argumentiert, es gebe doch viele Leute, die aus Spaß Drogen konsumierten, und er habe sie einfach genommen, weil es ihm Spaß mache, eine Medaille zu gewinnen. Was würden Sie auf sein Argument hin erwidern?

c. Welches ethische Recht hat das Olympische Komitee, sich in das persönliche Leben anderer Leute einzumischen und ihnen zu verbieten, Dopingmittel zu nehmen, wenn sie dies wollen?

Die Kommerzialisierung des Sports: Merchandising

In vielen Ländern bieten berühmte Fußballmannschaften ihre Trikots öffentlich zu sehr hohen Preisen an. Diese Trikots sind besonders bei Kindern sehr beliebt. Die Fußballclubs ändern bewusst den Stil ihres Trikots zweimal im Jahr, mit dem Ergebnis, dass die Kinder ihre Eltern unter Druck setzen, ihnen jeweils das neueste Trikot zu kaufen, auch die Eltern, die eigentlich kein Geld dafür übrig haben. Aber wenn ein Kind mit einem veralteten Trikot in die Schule geht, werden die anderen Kinder es hänseln und verspotten. Ist dies

a. eine gute, clevere und notwendige Möglichkeit der Clubs, Geld zu verdienen, um damit teure Spieler kaufen und der Öffentlichkeit bessere Unterhaltung bieten zu können? Oder ist dies

b. ein zynisches und unethisches Ausnutzen von Kindern, um Eltern unter Druck zu setzten, Trikots zu kaufen, die sie sich nicht leisten können, damit die Clubs so größere Gewinne einfahren?

Diskutieren Sie das Für und Wider beider Ansichten.

Die Kommerzialisierung des Sports: Big Business

Früher war Sport hauptsächlich ein Spiel. Natürlich wollten die Leute gewinnen, aber das Gewinnen war nicht das Wichtigste: Das Spiel und das bloße Vergnügen daran, waren die Hauptsache. Bei den ursprünglichen Olympischen Spielen bestand der Siegespreis aus einem einfachen Lorbeerkranz. Die Kommerzialisierung des Sports hat dies erheblich verändert: Sport ist nun zu einem Geschäft geworden, bei dem es um viel Geld geht. Welche Auswirkungen hat dies gehabt? Werfen diese Veränderungen auch ethische Fragen auf? Beurteilen Sie folgende Ansichten:

a. Dadurch haben sich die Qualität der spielerischen Fähigkeiten und das Spielniveau erhöht. Dies wiederum bereitet den Fans ein größeres Vergnügen. Daher ist es eine gute Sache.

b. Da es um so viel Geld geht, hat das Gewinnmotiv zu einer Verschlechterung des ethischen Verhaltens der Spieler auf dem Feld geführt. Es ist daher schlecht.

c. Es ist ethisch gesehen falsch, einem Starfußballer pro Woche mehr zu zahlen, als eine Krankenschwester in einem Jahr verdient.

d. Es ist nun mal die Öffentlichkeit, die letztendlich die Gehälter der Fußballer zahlt, und die Öffentlichkeit hat das Recht, für etwas, was ihr mehr Freude bereitet, auch mehr zu zahlen. Ethik spielt hierbei keine Rolle.

WERBUNG

Ein paar Fragen vorab

Was ist der eigentliche Zweck von Werbung (oder sollte es sein)?

a. Die Leute wissen zu lassen, dass ein Produkt existiert, von dem sie bestimmt profitieren werden?

b. Die positiven Merkmale eines Produkts zu beschreiben?

c. Dass sich der Markenname eines Produkts in den Köpfen der Leute festsetzt, sodass sie mit einem Produkt automatisch einen Markennamen verbinden? So war z. B. „Kodak" ursprünglich der Name einer bestimmten Kameramarke. In vielen Ländern wurde „Kodak" zum Synonym für „Kamera".

d. Psychologischen Druck auf Leute auszuüben, das Produkt zu kaufen?

e. Leuten das Gefühl zu geben, sie bräuchten das Produkt, obwohl sie es eigentlich überhaupt nicht brauchen?

f. Eine Firma und die Arbeitsplätze der Angestellten wie auch die Gewinne der Eigentümer zu sichern?

Ein ethisches Dilemma

Die Wissenschaft hat zweifelsfrei bewiesen, dass Rauchen eine der Hauptursachen für Lungenkrebs ist. Ist es ethisch vertretbar, wenn Zigarettenhersteller ihre Produkte bewerben? Das ethische Dilemma ist, dass dann, wenn sie ihre Zigaretten nicht verkaufen, Tausende von Angestellten ihren Arbeitsplatz verlieren werden. Andererseits, wenn Leute ihre Zigaretten kaufen und rauchen, werden Tausende von ihnen vorzeitig an Lungenkrebs sterben. Bitte beantworten Sie vor diesem Hintergrund die folgenden Fragen und begründen Sie Ihre Antwort:

a. Würden Sie jegliche Zigarettenwerbung verbieten und damit das Leben vieler Menschen retten? Oder Zigarettenwerbung erlauben und viele Arbeitsplätze sichern?

b. Nikotin ist eine abhängig machende Droge. Wenn die Hersteller die Nikotinmenge in ihren Zigaretten erhöhen, werden sie damit mehr Leute vom Rauchen abhängig machen und so ihre Verkaufszahlen erhöhen. Wäre irgendetwas daran aus ethischer Sicht falsch?

c. Haben Werbetreibende die Pflicht, die *ganze* Wahrheit zu sagen? Z. B. liegt es im kommerziellen Interesse der Zigarettenhersteller, Leute so jung wie möglich vom Rauchen abhängig zu machen. Also veröffentlichen sie große Werbeanzeigen, die attraktive Filmstars zeigen, die Zigaretten der Marke des Herstellers rauchen, und suggerieren damit jungen Leuten, dass es reif und schick ist, mit dem Rauchen zu beginnen.

    1. Ist es ihre Pflicht, den jungen Leuten die ganze Wahrheit zu sagen – dass sie durch Rauchen vorzeitig sterben könnten? Oder sollten sie dies die jungen Leute ruhig später selbst herausfinden lassen?

    2. Sollte es die Regierung für illegal erklären, Zigarettenwerbung in der Nähe von Schulen anbringen zu lassen? Oder würde dies im Widerspruch zur menschlichen Freiheit stehen?

Werbetechniken

a. Eine Werbeanzeige für ein neues Auto zeigt das Bild des Autos mit einer äußerst attraktiven, knapp bekleideten Frau, die auf der Motorhaube sitzt. Am oberen Rand des Bildes steht in großer Schrift: „Um dieses Auto wird man Sie in Ihrer Nachbarschaft beneiden." Natürlich soll diese Werbung Sie wie auch die allgemeine Öffentlichkeit ansprechen.

   1. Was in Ihnen soll diese Werbung ansprechen? Und welche psychologischen Mittel werden eingesetzt, um in Ihnen den Wunsch zu wecken, das Auto zu kaufen?

   2. Ist dies ein ethisch angemessener Weg, der Ihr Personsein respektiert?

   3. Wie relevant ist die Werbung für die Qualität des Autos an sich?

b. Viele Hersteller und Händler wollen Leute dazu bringen, z. B. Möbel zu kaufen, indem sie damit werben: „Kaufen Sie jetzt, zahlen Sie später! Nur eine minimale Anzahlung erforderlich. Keine Zinsen im ersten Jahr." Das heißt, dass Leute die Möbel sofort haben können, ohne lange warten zu müssen, bis sie das Geld für den Kauf gespart haben. Aber dann stellen sie nach dem ersten Jahr fest, dass sie nicht nur regelmäßige Ratenzahlungen leisten, sondern auch noch hohe Zinsen zahlen müssen. In der Folge verschulden sich viele Leute. Wenn sie nicht zahlen können, wird der Händler die Möbel wieder zurücknehmen, auch wenn der Kunde dafür bereits eine hohe Summe bezahlt hat. Würden Sie in solchen Fällen

   1. nur dem Kunden die Schuld geben, weil er mit mehr Verstand an die Sache hätte herangehen müssen?

   2. auch dem Händler die Schuld geben, weil er Leute dazu verleitet hat, Dinge zu kaufen, die sie sich nicht leisten konnten?

c. Heute weiß man, dass zu viel Fett in Lebensmitteln zu Arterien- und Herzerkrankungen beitragen kann. Die Hersteller wissen also, dass die Kunden lieber Lebensmittel mit weniger Fett haben wollen. Ein Aufdruck auf einer bestimmten Packung eines Lebensmittels verkündet: „Dieses Produkt enthält 5 Prozent weniger Fett." Ist der Hersteller damit völlig ehrlich? Welche zusätzlichen Informationen müssten auf dem Aufdruck stehen, damit der Kunde entscheiden kann, ob das Produkt ein gesundes Lebensmittel ist?

ETHIK IN AUSBILDUNG UND BERUF

Lassen Sie uns verschiedene Szenarien betrachten.

Eine Prüfung. Harriet nimmt an einer wichtigen Uni-Aufnahmeprüfung im Fach Mathematik teil und steckt bei einer Frage fest. Sie merkt, dass sie die Lösung sehen kann, die der neben ihr sitzende Oliver bereits aufgeschrieben hat. Harriet schreibt Olivers Lösung ab, besteht die Prüfung und wird an der Universität aufgenommen.

Eine andere junge Frau, Maria, ist genauso schlau wie Harriet, aber auch sie bleibt bei dieser Frage hängen. Sie sitzt auf der anderen Seite von Oliver. Auch sie könnte Olivers Lösung sehen, wenn sie es versuchte. Aber sie hat das Gefühl, dies wäre geschummelt und damit unethisch. Sie versucht nicht, einen Blick auf die Lösung zu werfen, und fällt infolgedessen durch die Prüfung.

a. Würden Sie sagen, dass Harriet Initiative gezeigt hat, weiß, wie man in der Welt zurechtkommt, und den Erfolg verdient hat?

b. Würden Sie sagen, es war dumm von Maria, dass sie nicht dasselbe wie Harriet getan hat?

c. Sind Sie der Ansicht, dass jeder das Recht hat, ein bisschen zu schummeln, wenn die eigene Karriere auf dem Spiel steht?

d. Wie würden Sie das ethische Prinzip beschreiben, dem Maria gefolgt ist? Kantianismus? Ethischer Egoismus? Utilitarismus?

e. Welche Auswirkungen hätte es auf den Wert eines Universitätsdiploms, wenn alle Studenten so wie Harriet schummeln würden?

f. Würden Sie sich einem Chirurgen für eine Operation anvertrauen, wenn Sie wüssten, dass er im Laufe seiner Ausbildung in Prüfungen ständig geschummelt hat?

Ein Lebenslauf. Richard möchte sich um einen Arbeitsplatz bewerben und füllt dafür einen Lebenslauf aus. Zu Recht möchte er seine Fähigkeiten, Qualifikationen und Erfahrung im bestmöglichen Licht erscheinen lassen. Aber er hat ein paar Dinge übertrieben und manches mit aufgelistet, was genau genommen nicht ganz der Wahrheit entspricht. Er zeigt Ihnen, was er geschrieben hat, und fragt Sie nach Ihrer Meinung. Welchen praktischen Rat würden Sie ihm geben? Auf welchen ethischen Prinzipien würden Sie bestehen?

Eine kontrollierte Studie. Vera, eine Wissenschaftlerin, wird von einem Arzneimittelhersteller beauftragt, ein Experiment zur Testung eines neuen Medikaments zu entwickeln und zu überwachen. Ziel ist es, zu entdecken, ob das neue Medikament das Fortschreiten einer Krebserkrankung verhindern kann. Für den Test werden 100 Krebspatienten ausgewählt. Manchen der Patienten wird das Medikament, manchen ein Placebo verabreicht. Schon früh stellt Vera fest, dass das Medikament eine eindeutig positive Wirkung zeigt, aber noch nicht ausreichend getestet wurde, um von der Regierung zugelassen zu werden. Um diese Zulassung zu erhalten, muss der Test abgeschlossen werden, aber Vera hat das Gefühl, sie sollte das Medikament sofort auch allen anderen Patienten verabreichen, um den Krebs aufzuhalten und ihr Leben zu verlängern. Doch wenn sie dies tut, wird die Studie dadurch ungültig. Was sollte Vera nun tun?

Ein Tagungsbeitrag. Ein Vertreter einer Arzneimittelfirma tritt an einen Wissenschaftler heran, der in einem bestimmten Medizinbereich arbeitet. Er fragt den Wissenschaftler: „Würden Sie gerne einen Beitrag zu Ihrem Fachgebiet auf einer renommierten internationalen Fachkonferenz vorstellen? Wir würden Ihnen ein hübsches Honorar zahlen sowie ein Erste-Klasse-Ticket und alle Hotelkosten, und nebenbei müssten Sie den Vortrag noch nicht einmal selbst schreiben; das würden unsere Wissenschaftler für Sie übernehmen." Würden Sie das Angebot annehmen oder hätten Sie den

Verdacht, dass die Motive der Arzneimittelfirma unethisch sein könnten? Wenn ja, in welcher Hinsicht könnten sie unethisch sein?

Wissenschaftliche Forschung. Der Fortschritt der Wissenschaft hängt davon ab, wie ehrlich die Wissenschaftler ihre Daten aufzeichnen und wie genau die Ergebnisse sind, die sie veröffentlichen. Gleichzeitig steht ein junger Wissenschaftler unter dem Druck seiner Universität, Ergebnisse zu liefern. Und natürlich drängt ihn auch sein Wunsch, in seinem Gebiet Anerkennung zu finden, dazu, Ergebnisse vorweisen zu können. Welche ethischen Gefahren liegen in dieser Situation für ihn und den Ruf der Wissenschaft?

Geschäftsgeheimnisse. Joyce arbeitet als Sekretärin des Geschäftsführers einer Firma, die an der Entwicklung einer ganz neuen Art von Automotor forscht. Sie hat Zugriff auf ein geheimes Dokument, in dem die Spezifikationen des Prototyps enthalten sind. Ihr Freund arbeitet für einen Wettbewerber. Joyce liebt ihn sehr und hofft, ihn bald heiraten zu können, da sie nicht mehr die Jüngste ist. Er setzt Joyce unter Druck, ihm eine Kopie des Dokuments zu besorgen, was sie leicht tun könnte, ohne dass jemand erfahren würde, dass sie es war. Er droht ihr, die Beziehung zu beenden, wenn sie es nicht tut. Auf welcher Grundlage sollte Joyce hier eine Entscheidung treffen?

Seuchenkontrolle. Stellen Sie sich vor, Sie arbeiten mit Tieren auf einem Bauernhof und stellen fest, dass eine der Kühe an einer ernsten Infektionskrankheit leidet. Sie informieren den Betreiber des Bauernhofs, der Sie damit beauftragt, das Tier zu töten und zu begraben, ohne dass es jemand merkt. Sie wissen jedoch, dass das Tier vor wenigen Tagen auf einem bestimmten Markt gekauft wurde, und Ihnen wird klar, dass es vielerorts zu schlimmen Ausbrüchen der Krankheit kommen könnte, wenn Sie die Behörden nicht informieren. Wenn Sie andererseits jedoch die Behörden informieren, wird der Bauernhof, auf dem Sie arbeiten, unter Quarantäne gestellt werden und viele Tiere müssten getötet werden. Zudem könnte es – gelinde gesagt – Ihr Verhältnis zum Betreiber des Hofes beeinträchtigen. Welche ethischen Fragen spielen hier eine Rolle? Was würden Sie tun?

WIRTSCHAFTSETHIK

Hat Moral irgendetwas mit der Wirtschaft zu tun? Wenn ja, was? Ist es wichtig, mit welchen Methoden dort Gewinne erzielt werden, solange vielen Menschen Arbeit geboten wird? Steht ein Betrieb in der Verantwortung, den besten Interessen der Öffentlichkeit zu dienen?

Geschenke, Trinkgelder und Bestechungsgelder. Was ist der Unterschied zwischen diesen drei Dingen?

a. In vielen Ländern erhalten die Bedienungen und Portiers in einem großen Hotel für ihren guten Service so viele freiwillige Trinkgelder von den Gästen, dass dies als Teil ihres Lohns betrachtet wird. Ihre Arbeitgeber bezahlen ihnen daher nur einen geringen Lohn, und doch konkurrieren die Leute darum, bei dem Hotel zu arbeiten.

b. In manchen Ländern werden Polizeibeamte nur so geringfügig bezahlt, dass sie für ihren Lebensunterhalt Autos auf der Straße anhalten und den Fahrern damit drohen, sie eines Verkehrsdeliktes zu bezichtigen, wenn sie ihnen kein Bestechungsgeld zahlen.

c. In manchen Ländern halten staatliche Beamte, obwohl sie Lohn erhalten, Anträge aus der Bevölkerung auf Dinge wie Pässe oder Zollabfertigungen so lange zurück, bis sie dafür Bestechungsgelder erhalten.

d. In manchen Ländern, in denen Regierungen Angebote von großen Tiefbaufirmen für beispielweise den Bau eines Dammes einholen, wird einer der staatlichen Beamten die Firma auswählen, die bereit ist, ihm persönlich ein sehr hohes Bestechungsgeld zu zahlen.

Betrachten Sie diese vier oben beschriebenen Situationen. Sind sie alle gleich? Welche von ihnen (wenn überhaupt eine) ist gerechtfertigt?

Unentgeltliche Zuwendungen. Sie sind der Teilbereichsleiter einer großen Firma. Sie treffen einen wohlhabenden ausländischen Geschäftsmann, der

Sie einlädt, mit ihm und seiner Familie einen Urlaub auf einer Jacht im Südpazifik zu verbringen, wobei er für alle Kosten aufkommt. Würden Sie seine Gastfreundschaft annehmen? Oder würden Sie vermuten, dass er dabei gewisse Motive hegt, und deswegen ablehnen?

Persönliches Interesse. Ein Stadtrat erhält einen Antrag auf Baugenehmigung für ein großes Einkaufszentrum in einem Gebiet, das bisher ein reines Wohngebiet war. Das Stadtratsmitglied Felix hält eine lange Rede, in der er für die Baugenehmigung wirbt, und stimmt für den Antrag, der dann genehmigt wird. Aber Felix sagt zu diesem Zeitpunkt nicht, dass er selbst ein Anteilseigner des Unternehmens ist, welches das Bauvorhaben umsetzen möchte. Würden Sie im Zusammenhang mit dieser Situation irgendwelche ethischen Fragen stellen wollen, und wenn ja, welche, und aus welchen Gründen würde Sie sie stellen? Stellen Sie sich vor, Felix sagt, er sei ein Bürger wie jeder andere auch und habe das Recht, sich um seine eigenen Interessen zu kümmern. Was würden Sie auf sein Argument erwidern?

Offene Bestechung. Sie sind der Chef eines Unternehmens, das Flugzeuge herstellt. Sie sind in der Pflicht, genügend Umsatz zu machen, um zehntausend Arbeitsplätze zu erhalten. Sie verhandeln mit einer Fluglinie, um Ihrem Unternehmen einen Auftrag über 50 Düsenflugzeuge zu sichern. Der Vertreter der Fluglinie sagt, dass er den Auftrag garantieren könnte, wenn Sie dafür sorgen würden, dass es sich für ihn lohnt. Würden Sie sich weigern, ihn zu bestechen? Oder würden Sie argumentieren, dass es hier um zehntausend Arbeitsplätze geht und die Bestechung damit legitim ist? Welche ethischen Fragen spielen hier eine Rolle?

Firmeneigentum. Sie sind Vorarbeiter in einer Fabrik und haben festgestellt, dass immer mal wieder verschiedene Werkzeuge verschwinden. Sie berichten Ihrem Vorgesetzten davon. Er bittet Sie, herauszufinden, wer diese entwendet. Schließlich entdecken Sie den Täter, erfahren aber, dass seine Frau krank ist und teure Medikamente benötigt und er zurzeit nur wenig Geld hat. Er tut Ihnen leid. Wenn Sie ihn melden, wird er seinen Arbeitsplatz verlieren. Wenn Sie ihn nicht melden, könnte der Verdacht entstehen, dass Sie mit ihm unter einer Decke stecken, und dann könnten auch Sie Ihren Arbeitsplatz verlieren. Sie glauben jedoch, dass es falsch ist, Werkzeuge zu stehlen. Was würden Sie tun?

a. Ihn melden und so sicherstellen, dass Sie Ihre Stelle behalten?

b. Eine Spendensammlung unter seinen Kollegen organisieren, um ihm so zu helfen, die Medikamente für seine Frau zu bezahlen?

c. Den Mann davon überzeugen, seine Taten zu gestehen?

d. Dem Vorgesetzten die Situation erklären und ihn als Vermittler darum bitten, Gnade walten zu lassen und dem Mann zu erlauben, den Wert der Werkzeuge in kleinen Raten zurückzuzahlen?

Wozu würden Ihnen die Tugendethik und die christliche Ethik in diesem Fall raten?

Privateigentum. Sie haben ein großes Haus von Ihrer Großmutter geerbt und würden es gerne verkaufen. Sie bewerben alle seine Vorzüge; ein potenzieller Käufer kommt, um es zu besichtigen, und es gefällt ihm sehr gut. Der Untergrund, auf dem das Haus gebaut wurde, ist jedoch nicht stabil und sinkt ab, und im Dach ist Trockenfäule. Zudem befindet sich in der Nähe eine Zellstofffabrik, und wenn der Wind in die falsche Richtung bläst, wird das Haus von einem widerlichen Gestank erfüllt. Sie wissen, dass Sie das Haus nicht verkaufen können, wenn Sie den potenziellen Käufer auf diese Mängel hinweisen. Was sollten Sie also tun?

a. Sind Sie aus ethischer Sicht dazu verpflichtet, dem Käufer diese Mängel mitzuteilen? Oder liegt es in der Verantwortung des Käufers, diese Mängel selbst herauszufinden?

b. Wenn Sie der Käufer wären, was würden Sie sich dann vom Verkäufer wünschen? Wäre dies eine Richtschnur für Sie, was Sie als Verkäufer tun sollten?

Wettbewerb. Ein Supermarkt, hinter dem ein großes Unternehmen steht, öffnet am Stadtrand. Um insgesamt ein gutes Geschäft zu machen, verkauft er einige Produkte zu sehr niedrigen Preisen – sogenannte „Lockartikel". Die kleinen Geschäfte in der Stadt können mit diesen Preisen nicht mithalten. Als Folge sind sie gezwungen zu schließen. Dann erhöht der Supermarkt seine Preise wieder. Ist diese Art von Wettbewerb ethisch? Wenn nein, warum nicht?

VERBRECHEN UND BESTRAFUNG

Damit wir noch besser über das Thema nachdenken können, hören wir nun drei Studenten zu, die ihre Ansichten über Verbrechen und Bestrafung diskutieren. Ramesch ist ganz für die Resozialisierung von Straftätern. „Bestrafung ist immer falsch“, sagt er. „Wenn das Gefängnis nur dazu da ist, Verbrecher zu bestrafen, werden sie nach ihrer Freilassung wieder straffällig werden. Was man braucht, sind jede Menge ausgebildete Berater, psychologische Hilfe und Resozialisierungseinrichtungen, damit Straftäter wieder gesellschaftsfähig werden, ohne erneut straffällig zu werden. Das ist der einzige Weg, erfolgreich mit Kriminalität umzugehen.“

„Ja, aber sicherlich spielt auch eine gerechte Bestrafung eine Rolle“, sagt Lee. „Ist es nicht eindeutig notwendig, irgendeine Art von Abschreckung zu haben, die den Straftäter davon abhält, erneut straffällig zu werden, und andere davon abhält, dieselbe Straftat zu begehen? Du stehst letzten Endes in der Gefahr, Ramesch, ein Bild von Resozialisierungseinrichtungen zu zeichnen, als wäre der Aufenthalt in einem solchen Zentrum wie der Besuch einer Schule oder Universität, um dort eine gute Ausbildung zu erhalten! Wenn das ihr Sinn und Zweck wäre, würde ja jeder gerne dorthin gehen! Nein, deine Sicht ist völlig unangemessen: Um Leute abzuschrecken, muss es ein echtes Element der Bestrafung geben. Und das heißt, dass die Strafe wirklich hart sein muss, damit sie abschreckend wirkt. Kannst du nicht sehen, dass, je härter die Strafe ist, desto niedriger auch die Wahrscheinlichkeit ist, dass Leute eine Straftat begehen? Ich sage: Gehe wirklich hart mit Straftätern um, und du wirst damit schon bald das Problem überfüllter Gefängnisse gelöst haben!“

„Einen Moment mal“, wirft Juliana ein. „Ihr beide vergesst zwei sehr wichtige Dinge. Sicherlich müssen wir die Leute davon abhalten, Verbrechen zu begehen, und sie müssen resozialisiert werden, wenn sie eins begangen haben, sodass sie nach ihrer Entlassung aus dem Gefängnis kein weiteres Verbrechen mehr begehen. Aber das sind nur sekundäre Gründe dafür, weshalb Menschen eingesperrt und bestraft werden. Der grundlegende und einzig ethische Grund für die Bestrafung von Menschen muss in erster Linie sein, dass sie die Strafe *verdient* haben und deswegen bestraft werden müssen – ob dies sie nun davon abhält, weitere Verbrechen zu begehen, oder nicht, und ob sie dies nun resozialisiert oder nicht. Lasst uns hoffen, dass beides zutrifft. Aber wenn es eine Person nicht *verdient,* bestraft zu werden, hat man nicht das Recht, sie ins Gefängnis zu stecken oder zu bestrafen, um sie entweder zu resozialisieren oder abzuschrecken.

Außerdem ist deine Sicht, Ramesch, sehr gefährlich. Du sagst, Bestrafung sei immer falsch, und der Grund für die Inhaftierung von Leuten sei, ihnen die notwendige Therapie zukommen zu lassen, damit sie sich nach ihrer Freilassung wieder besser in die normale Gesellschaft einfügen könnten. Aber genau das haben auch Tyrannen schon oft gesagt. Wenn dem Tyrannen die politischen Ansichten einer Person nicht gefielen, beschuldigte er sie nicht immer eines Verbrechens, denn vielleicht hatte sie wirklich nichts Falsches *getan,* sondern nur die falschen Dinge *gedacht* und falsche Ideen vertreten. Nein, der Tyrann sagte, diese Leute seien geisteskrank und bräuchten eine „Therapie". Also ließ er sie in ein psychiatrisches „Krankenhaus" sperren und „behandelte" sie, bis sie „geheilt" waren. Niemand konnte natürlich im Voraus sagen, wie lange es dauern würde, sie zu „heilen"; und überhaupt, wer hatte das Recht, zu sagen, wann diese „Patienten" geheilt und wieder normal waren? Es ging nicht darum, sie so lange im „Krankenhaus" festzuhalten, wie sie es *verdienten,* dort zu sein: Sie wurden gezwungen, zu bleiben, bis sie „geheilt" waren – wie lange dies auch dauern mochte.

Ich weiß, Ramesch, dass es sich für dich barbarisch anhört, jemanden zu bestrafen, weil er es verdient hat. Aber es ist sicherer und gnädiger als deine Idee. Wenn ein Mann bestraft wird, weil er verdient, bestraft zu werden, dann müssen zumindest die Schwere seiner Strafe und die Länge seines Gefängnisaufenthalts der Schwere des Verbrechens entsprechen, nicht mehr und nicht weniger. Und wenn er seine Strafe abgesessen hat, muss er freigelassen werden, ob seine Resozialisierung erfolgreich war oder nicht. Wenn er natürlich im Gefängnis ist, weil er es verdient, da zu sein – sagen wir mal für sechs Jahre –, dann sollte man auf jeden Fall die Zeit und jedes medizinische, erzieherische und geistige Mittel nutzen, um ihm zu helfen, sein Leben zu ändern und ihn davon abzuhalten, erneut ein Verbrechen zu begehen. Aber das darf man nur tun, wenn er es zunächst *verdient* hat, im Gefängnis zu sein."

„Ja, Juliana", wirf Lee ein, „ich stimme dir zu. Es reicht nicht, Leute im Gefängnis zu resozialisieren. Sie müssen auch bestraft werden, um sie von erneuten Straftaten abzuhalten. Das ist genau das, was ich gesagt habe. Warum meinst du, ich hätte etwas Wichtiges vergessen?"

„Weil", antwortet Juliana, „du vergessen hast zu sagen, dass man die Bestrafung einer Person nicht als Abschreckung verwenden darf, *es sei denn,* diese Person hat die Strafe vor allem verdient. Die Härte der Strafe muss davon abhängen, wie viel Strafe das Verbrechen verdient. Wenn du die Einschränkung vergisst, was jemand *verdient* hat, und nur daran denkst, die Bestrafung als Abschreckung zu verwenden, dann würde das heißen: Je härter die Bestrafung, desto größer der Abschreckungseffekt. Warum sollte man dann Leute nicht in Einzelhaft stecken, die Würstchen geklaut haben, oder lebenslang ins Gefängnis stecken, weil sie unachtsam Auto gefahren sind? Ja, warum sollte man überhaupt warten, bis dass Leute es *verdienen,* bestraft zu werden? Warum bestraft man sie nicht einfach im Voraus, um sie davon abzuhalten, jemals ein Verbrechen zu begehen?"

Aber an dieser Stelle protestieren Ramesch und Lee: „Jetzt übertreibst du aber gewaltig!"

UMWELTETHIK

Industrialisierung. Infolge der industriellen Revolution sind einige Länder zu Wohlstand gelangt. Die industrielle Revolution hatte jedoch verheerende Folgen für die Umwelt – die Zerstörung großer Waldgebiete, Verschmutzung von Böden, Flüssen und der Atmosphäre usw. In den vergangenen Jahren haben dieselben Industrienationen deshalb Gesetze verabschiedet, um die Zerstörung der Umwelt zu regulieren und zu reduzieren. Sie üben auch Druck auf die Entwicklungsländer aus, ihren eigenen jungen Industrien ähnliche Restriktionen aufzuerlegen. Diese Entwicklungsländer weisen jedoch darauf hin, dass die Industrienationen ihnen damit in Wirklichkeit das Recht absprechen, durch jene Methoden zu Reichtum zu kommen, mit denen dieselben Industrienationen am Anfang selbst zu ihrem Wohlstand gelangt sind.

Was ist Ihre Antwort darauf? Finden Sie das fair? Es ist natürlich eine Tatsache, dass die Entwicklungsländer, wenn sie die Methoden nachmachen, mit denen die Industrienationen ihre Wirtschaft aufgebaut haben, damit der Umwelt großen Schaden zufügen. Welche ethischen Fragen werden Ihrer Meinung nach dadurch aufgeworfen? Wie sollten technisch fortschrittlichere Nationen den weniger fortschrittlichen Nationen helfen?

Natürliche Ressourcen. Große Pharmaunternehmen in der industrialisierten Welt beginnen mittlerweile festzustellen, wie wichtig traditionelle Medizin ist. Manche dieser Unternehmen verwenden nun ihr Kapital, um Regenwälder abzuholzen, um so das Rohmaterial für die Medikamente zu gewinnen, die sie entwickeln und verkaufen möchten, um große Gewinne zu erzielen. Die indigene Bevölkerung sieht jedoch nicht nur wenig oder gar nichts von diesem Geld, sie verliert damit auch die Quelle ihrer eigenen mageren Einkünfte. Ist das fair? Was sollte hier getan werden?

Verlust von Lebensraum. Ist die Zerstörung des Lebensraums von Tieren jemals ethisch gerechtfertigt? Begründen Sie Ihre Antwort.

Erhöhung des Fleischertrags. Schweinebauern sind natürlich daran interessiert, Schweine mit der bestmöglichen Qualität und dem höchstmöglichen Gewicht zu züchten. Sie haben herausgefunden, dass Schweine an Gewicht zunehmen, wenn man ihnen Antibiotika injiziert, auch wenn sie nicht krank sind. Das führt aber dazu, dass die Leute, die das Fleisch dann essen, möglicherweise Rückstände von Antibiotika aufnehmen, die ihre eigene Widerstandskraft gegen Krankheiten senken. Wie würden Sie in dieser Situation aus ethischer Sicht entscheiden?

Erforschung des Weltraums. Der Einwand lautet: „Es ist unethisch, Milliarden für die Weltraumforschung auszugeben, wenn Millionen von Menschen auf der Erde verhungern." Diskutieren Sie in diesem Kontext das Für und Wider der Weltraumforschung.

Tierfelle. In manchen Ländern wurden Frauen auf der Straße schon mal von Tierrechtsaktivisten beschimpft, weil sie Pelzmäntel trugen. Diskutieren Sie die ethischen Fragen, die sich hier stellen.

Klimawandel. Es gibt zunehmend Belege dafür, dass die Abgase von Autos und Flugzeugen zur globalen Erderwärmung beitragen. Andere argumentieren, dass diese zwar stattfinde, aber nur eine Folge des Evolutionsprozesses sei, der sich schon immer in der Natur abgespielt habe und an dem die Menschen als Teil der Natur nun einmal beteiligt seien. Sie sollte daher nicht (und könne auch nicht) aufgehalten werden. Stimmt das oder haben Menschen eine moralische Verantwortung gegenüber der Biosphäre? Wenn ja, was für eine moralische Verantwortung ist dies Ihrer Meinung nach?

Hungerkatastrophen. Alle paar Jahre kommt es dazu, dass Tausende von Menschen, vielleicht sogar Millionen, in einem bestimmten Land aufgrund einer landesweiten Hungersnot kurz vor dem Hungertod stehen, hervorgerufen zum Teil durch natürliche Ursachen wie Dürre oder Fluten, zum Teil durch zerstörerische Kriege und zum Teil, weil frühere Hilfsfonds nicht dazu eingesetzt wurden, die nationale Infrastruktur aufzubauen. Welche moralische Verpflichtung haben andere Nationen gegenüber einem Land unter diesen Umständen?

14

MEHR ALS ETHIK

Es ist das Ziel von Ethik als normativer Disziplin,
uns zu sagen, was wir tun sollten,
was richtig und was falsch ist
und warum das Richtige richtig und das Falsche falsch ist.
Aber es gibt zwei noch fundamentalere Fragen:
Warum tun wir überhaupt Dinge, die falsch sind?
Und zweitens: Was können wir tun,
um wieder auf den richtigen Weg zu gelangen,
sodass wir nicht länger Dinge tun, die falsch sind?

ETHIK BRINGT DIE PROBLEME ANS LICHT

Im Vergleich zu der enormen Menge an ethischen Überlegungen, die im Laufe der Jahrhunderte gemacht wurden, und der weitverbreiteten Literatur, die daraus entstanden ist, ist unsere Ethikstudie viel zu kurz gewesen. Wir haben jedoch versucht, ein paar der bekanntesten und einflussreichsten Theorien zu umreißen (insbesondere die großen Theorien, die heute noch aktuell sind) und dann darauf hinzuweisen, wo noch weitere ethische Überlegungen notwendig sind.

Doch lange bevor irgendjemand von uns das Thema „Ethik" zu Ende gedacht haben wird (was wahrscheinlich nie geschehen wird), werden wir etwas entdecken, was wir vielleicht bereits vermutet haben: dass Ethik allein nicht ausreicht, um unsere großen ethischen Probleme zu lösen. Es ist das Ziel von Ethik als normativer Disziplin, uns zu sagen, was wir tun sollten, was richtig und was falsch ist und warum das Richtige richtig und das Falsche falsch ist. Aber es gibt zwei noch fundamentalere Fragen: Warum tun wir überhaupt Dinge, die falsch sind? Und zweitens: Was können wir tun, um wieder auf den richtigen Weg zu gelangen, sodass wir nicht länger Dinge tun, die falsch sind?

SOKRATES' ANTWORTEN

Sokrates hatte sich noch nicht lange mit Moralphilosophie befasst, als er sich die erste Frage stellte: Warum tun Menschen überhaupt Dinge, die falsch sind? Früh war er zu dem Schluss gelangt, dass wir, wenn wir Falsches tun, in Wirklichkeit unserer eigenen Seele mehr schaden als der Person, der wir Unrecht tun. Aber welcher Mensch mit rechter Gesinnung, fragte er, würde etwas Unrechtes tun, wenn er wirklich wüsste, dass dies ihm selbst schadete? Sokrates kam daher zu dem Schluss, dass es Unwissenheit ist, die einen Menschen dazu bringt, Unrecht zu tun – Unwissenheit darüber, was falsches Verhalten wirklich ist und welchen Schaden dies bei ihm selbst anrichtet. Niemand, so meinte er, tue wissentlich und willentlich etwas Falsches.

Doch dann musste Sokrates auch noch die zweite Frage beantworten: Was kann und muss getan werden, um uns wieder auf den rechten Weg zu bringen? Seine Antwort ergab sich aus seiner Diagnose: Wenn unsere Unkenntnis der Wahrheit der Grund ist, weshalb wir Falsches tun, dann ist das Mittel, uns wieder auf den richtigen Weg zu bringen, die Suche nach der Wahrheit. Dann würden wir erkennen, was Gerechtigkeit ist und Mut und Heiligkeit und all die anderen Tugenden. Wir würden auch den Schaden sehen, den wir unserer eigenen Seele zufügen, wenn wir Falsches tun; und sobald wir all dies wüssten, würden wir aufhören, Falsches zu tun und uns selbst und anderen zu schaden.

ARISTOTELES' SICHT

Aristoteles war anderer Meinung als Sokrates.[159] Er meinte, Sokrates' Sicht widerspreche den beobachtbaren Tatsachen: Menschen tun tatsächlich falsche Dinge, obwohl sie wissen, dass sie falsch sind. Auch wenn Sokrates dies leugne – es gebe, so Aristoteles, so etwas wie einen Mangel an Selbstbeherrschung: Ein Mann, der wisse, dass etwas falsch sei, könne es trotzdem aufgrund mangelnder Selbstbeherrschung tun.

Er unterschied dabei allerdings zwischen einem Mangel an Selbstbeherrschung und Zügellosigkeit. Ein zügelloser Mensch – das heißt, ein Mensch, der alle moralischen Einschränkungen ablehnt – weiß, dass bestimmte Handlungen im Allgemeinen als falsch betrachtet werden, aber er tut sie trotzdem, und zwar bewusst. Es ist ihm egal, ob sie richtig oder falsch sind: Er ist entschlossen, das zu tun, was er tun will. Das ist das Übel der Zügellosigkeit.

Anders ist die Sache bei einem Menschen, dem es an Selbstbeherrschung mangelt. Er weiß, was richtig und was falsch ist, und will das Richtige tun, aber verliert seine Selbstbeherrschung und tut das Falsche, obwohl er weiß, dass es falsch ist. Wie kommt es dazu? Solch ein Mensch, stellte Aristoteles fest, hat nicht plötzlich einen Sinneswandel und *denkt,* dass er nun tun *sollte,* was er zuvor für falsch gehalten habe. Aber warum tut er dies dann?

---

159 Siehe seine *Nikomachische Ethik,* VII.2.1 FF., BES. AB VII.3.1

Aristoteles analysierte das Problem und schlug eine Reihe von Erklärungen vor. Hier sind zwei davon.

Zwei von Aristoteles' Erklärungen für bewusstes Fehlverhalten

- *Erklärung 1*

Es ist möglich, dass eine Person in einem gewissen Sinn Wissen hat und es in einem anderen Sinn doch nicht hat.[160] Um diesen Punkt zu veranschaulichen, beschreibt Aristoteles den Zustand von Menschen, die schlafen oder die verrückt oder betrunken sind. Es ist leicht, zu erkennen, was er mit dieser Analogie ausdrücken möchte. Ein Mann weiß, dass es falsch ist, mit jemandem Streit anzufangen, Möbel zu zertrümmern oder seinen Bierkrug durch ein Glasfenster zu werfen. Aber wenn er betrunken ist, nützt ihm dieses Wissen gar nichts. Aristoteles sagt daher, dass Leute, die unter dem Einfluss von Leidenschaften wie Zornesausbrüchen oder sexueller Leidenschaft stehen, wie Leute sind, die schlafen oder die betrunken oder verrückt sind. In einem gewissen Sinne wüssten sie, was richtig und was falsch ist, aber dieses Wissen habe keinen zurückhaltenden Effekt auf sie, solange die Leidenschaft anhalte.

Dabei ist es nach Aristoteles kein Gegenargument, dass Leute, die sich infolge eines Mangels an Selbstbeherrschung falsch verhielten, durchaus ethische Begriffe in den Mund nehmen können und so reden, als hätten sie echtes moralisches Wissen. Betrunkene können Sätze von Empedokles zitieren, sagt er, oder wissenschaftliche Beweise anführen. Es ist wie bei jenen, die gerade erst beginnen, eine Wissenschaft zu lernen. Sie „reihen Worte aneinander, wissen aber noch nicht, was sie bedeuten. Denn die Sache muss ihnen zuerst in Fleisch und Blut übergegangen sein, und das bedarf der Zeit. Man muss also annehmen, dass ein Mensch, der sich nicht beherrschen kann, Worte macht wie ein Schauspieler auf der Bühne."[161]

- *Erklärung 2*

Die zweite Erklärung dreht sich um *die unterschiedlichen Auswirkungen auf das Verhalten von Menschen, wenn sie einerseits ein universelles Prinzip*

160 *Nikomachische Ethik*, VII.3.7

161 *Nikomachische Ethik*, VII.5.3, 1147A/22

kennen und andererseits bestimmte Tatsachen direkt wahrnehmen. Dies hat nicht so sehr (oder zumindest nicht nur) mit unserer inneren Fähigkeit der Selbstkontrolle zu tun, sondern mit unserer Wahrnehmung der Realität der äußeren Dinge. Nehmen wir eine einfache Illustration.

Es ist eine wissenschaftlich erwiesene, universelle Tatsache, dass alle harten Drogen irgendwann das Gehirn schädigen, was wir als Syllogismus so ausdrücken können:

Hauptprämisse:	Alle harten Drogen schädigen irgendwann das Gehirn und sollten nicht konsumiert werden.
Unterprämisse:	Das ist eine harte Droge.
Schlussfolgerung:	Diese Droge sollte nicht konsumiert werden.

Diese Tatsachen führen uns zu dieser Schlussfolgerung. Aber stellen Sie sich eine junge Frau vor, die zu einer Party eingeladen wird. Sie kennt das objektive universelle Prinzip, dass alle harten Drogen letztendlich das Gehirn schädigen und nicht konsumiert werden sollen. Dort wird ihr eine echte harte Droge angeboten. Sie wird darauf hingewiesen, dass alle Leute auf der Party harte Drogen genommen haben, und man sagt ihr: „Schau doch, wie gut sie alle drauf sind!" Nun ist sie nicht mehr mit einem (für sie) fernen universellen Prinzip konfrontiert („Alle harten Drogen schädigen letztendlich das Gehirn und sollten nicht konsumiert werden"), sondern mit der direkten Wahrnehmung einer bestimmten Situation: einer offenbar herrlich fröhlichen Party. Sie trifft ihr Urteil auf Grundlage dieser direkten Wahrnehmung und denkt nun:

1. *Alle harten Drogen bewirken, dass man sich großartig fühlt.*
2. *Dies ist eine harte Droge ...*

Und an diesem Punkt gewinnt der Wunsch, sich großartig zu fühlen, die Oberhand. Das ferne universelle wissenschaftliche Prinzip wird in ihrem Kopf zurückgedrängt, und sie nimmt die Droge, mit all den damit verbundenen potenziellen Gefahren.

Auf diese Weise, so Aristoteles, können wir universelle moralische Prinzipien kennen und dennoch in einer bestimmten Situation dazu bewegt werden, unser Handeln mehr nach dem unmittelbaren Anschein der Dinge und den unmittelbaren Argumenten auszurichten, die zwar trügerisch sind, aber unsere Gefühle und Begierden direkt ansprechen.

Die Grundursache für falsches Verhalten und das Heilmittel

Wir haben hier nicht den Platz, um alle Details von Aristoteles' ausführlicher Analyse zu diskutieren, wie es dazu kommt, dass Menschen falsche Dinge tun, obwohl sie doch wissen, was richtig ist. Vielmehr müssen wir fragen, was nach ihm die ursprüngliche und grundlegende Ursache für das schlechte Verhalten des Menschen ist, und dann betrachten, welche Vorschläge er macht, um Abhilfe zu schaffen.

Die Grundursache, so scheint er zu denken, geht zurück auf den primitiven Zustand der Menschheit. Im Zuge seiner Beschreibung der verschiedenen Formen von moralischem Fehlverhalten erwähnt er, dass es in den (für die Griechen jener Zeit) entlegenen Gegenden der Welt Menschen gibt, die ein völlig rohes Verhalten an den Tag legen und sich nicht besser als Tiere benehmen. Für manche Griechen entsprach dies dem Anfangsstadium der Menschheit und dem Rohzustand der menschlichen Natur. Das Verhalten besserte sich, als die Menschen schrittweise lernten, in Städten zu leben und sich selbst Gesetzen und Konventionen zu unterwerfen, die im Stadtleben notwendig waren. Das schlechte und beinahe tierisch-rohe Verhalten, dem man auch noch in den Städten begegnen könne, sei ein Überbleibsel des primitiven Zustands der Menschheit (oder eine Rückkehr dorthin).

Für die Griechen war es vielleicht noch ganz natürlich, so zu denken. Sie erlebten gerade das Wachstum der Stadtstaaten und die Blüte der glanzvollen Kulturen, die diese Städte oft zierten. Sie konnten gewiss stolz sein auf den Fortschritt, den sie erreicht hatten. Aber was würden sie wohl heute sagen, zweieinhalbtausend Jahre später, wenn sie die weitverbreitete Kriminalität und den Sittenverfall in den meisten unserer modernen Städte sehen könnten, und das trotz unserer modernen Bildung und „Zivilisation"? Bildung alleine beseitigt offensichtlich schlechtes Verhalten nicht.

Worauf hoffte nun Aristoteles als Lösung für das Problem der moralischen Schwachheit, die wir alle in uns tragen? Es war ganz einfach die moralische Erziehung von Kindern und dann die rigorose Selbstdisziplin von Erwachsenen. Wie Bogenschützen, die auf das Zentrum der Zielscheibe zielten, müssten die Menschen sich darin üben, auf die tugendhafte „Mitte" zu zielen, um sich nicht in Richtung der Laster in dem einen oder anderen Extrem zu verirren. Der Weg zu einem tugendhaften Leben bestehe einfach darin, tugendhaftes Handeln einzuüben. Mit anderen Worten: Am Ende kann die Ethik nur sagen: „Gib dein Bestes."

Aber Aristoteles gab sich nicht der Illusion hin, dass diese vorgeschlagene Lösung leicht umzusetzen wäre:

> Ferner kann man auf vielfache Weise fehlen – das Schlechte gehört ja zum Unbegrenzten ..., das Gute aber zum Begrenzten –, dagegen kann man es nur auf eine Weise recht machen; deshalb ist auch jenes leicht und dieses schwer. Denn es ist leicht, das Ziel zu verfehlen, aber schwer, es zu treffen. ... Denn „nur eine Weise kennt die Tugend, doch viele das Laster."[162]

Das ist also das Urteil eines der größten griechischen philosophischen Ethiker der Antike. Stellen wir nun daneben das Bekenntnis eines der größten religiösen Ethiker aller Zeiten.

DAS BEKENNTNIS DES APOSTELS PAULUS

Saulus von Tarsus, der später zum christlichen Apostel Paulus wurde, wurde in der strengsten aller jüdischen Traditionen erzogen. Für ihn war Ethik eine Frage des pflichtbewussten Einhaltens von Gottes Gesetz. Als junger Mann versuchte er daher, neben den Zehn Geboten alle Regeln und Vorschriften des ganzen Alten Testaments aufs Strengste gewissenhaft und konsequent einzuhalten. Als er später in seinem Leben auf diese Zeit zurückblickt, berichtet er uns von einem Zeitpunkt, an dem er wirklich glaubte, das Gesetz so strikt eingehalten zu haben, dass er vielleicht nicht fehlerlos war, aber „der Gerechtigkeit nach, die im Gesetz ist, untadelig geworden" sei (Phil 3,6). Durch Lebenserfahrung begann er schließlich, die Dinge ganz anders zu sehen, und in einem berühmt gewordenen detaillierten Bekenntnis beschreibt er genau, wie es dazu kam sowie die moralischen und geistlichen Kämpfe, die dies mit sich brachte. Hier ist dieses Bekenntnis, das wir vollständig wiedergeben, damit wir uns in den inneren Kampf hineinfühlen können, den der Autor hinter sich hat:

> Was sollen wir nun sagen? Ist das Gesetz Sünde? Auf keinen Fall! Aber die Sünde hätte ich nicht erkannt als nur durchs Gesetz. Denn auch von der Begierde hätte ich nichts gewusst, wenn nicht das Gesetz gesagt hätte: „Du sollst nicht begehren!" Die Sünde aber ergriff durch das Gebot die Gelegenheit und bewirkte jede Begierde in mir; denn ohne Gesetz ist die Sünde tot. Ich aber lebte einst ohne Gesetz; als aber das Gebot kam, lebte die Sünde auf; ich aber starb. Und das

162 *Nikomachische Ethik*, II.5, 1106B/29

> Gebot, das zum Leben gegeben, gerade das erwies sich mir zum Tod. Denn die Sünde ergriff durch das Gebot die Gelegenheit, täuschte mich und tötete mich durch dasselbe. So ist also das Gesetz heilig und das Gebot heilig und gerecht und gut. ... Denn wir wissen, dass das Gesetz *geistlich* ist, ich aber bin fleischlich, unter die Sünde verkauft; denn was ich vollbringe, erkenne ich nicht; denn nicht, was ich will, das tue ich, sondern was ich hasse, das übe ich aus. Wenn ich aber das, was ich nicht will, ausübe, so stimme ich dem Gesetz bei, dass es gut ist. Nun aber vollbringe nicht mehr ich es, sondern die in mir wohnende Sünde. Denn ich weiß, dass in mir, das ist in meinem Fleisch, nichts Gutes wohnt; denn das Wollen ist bei mir vorhanden, aber das Vollbringen des Guten nicht. Denn das Gute, das ich will, übe ich nicht aus, sondern das Böse, das ich nicht will, das tue ich. Wenn ich aber das, was ich nicht will, ausübe, so vollbringe nicht mehr ich es, sondern die in mir wohnende Sünde. Ich finde also das Gesetz, dass bei mir, der ich das Gute tun will, nur das Böse vorhanden ist. Denn ich habe nach dem inneren Menschen Wohlgefallen am Gesetz Gottes. Aber ich sehe ein anderes Gesetz in meinen Gliedern, das dem Gesetz meines Sinnes widerstreitet und mich in Gefangenschaft bringt unter das Gesetz der Sünde, das in meinen Gliedern ist. Ich elender Mensch! Wer wird mich retten von diesem Leibe des Todes? (Röm 7,7-12.14-24)

Paulus schreibt hier mit all der Leidenschaft und Emotion eines Menschen des Orients, aber mit einer ungewöhnlichen Ehrlichkeit und der Bereitschaft, seine innersten Gefühle und sein intensives Ringen um ethische Fragen offenzulegen. Wir können in seiner Erfahrung vier Elemente ausmachen:

1. Er erkannte, dass das Gesetz geistlich ist.
2. Er wurde sich bewusst, dass die Forderung des Gesetzes alles nur noch schlimmer, nicht besser machte.
3. Er fand heraus, dass er aus eigener Kraft seine Schwachheit nicht überwinden konnte.
4. Er fühlte sich wie ein Gefangener im eigenen Schloss.

Lassen Sie uns diese Punkte nacheinander betrachten.

Das Gesetz ist geistlich

Es reichte nicht, dass sein äußeres Verhalten dem Buchstaben des Gesetzes entsprach. Er stellte fest, dass es nicht ausreichte, nicht zu stehlen, nicht zu lügen, keinen Ehebruch zu begehen, die Eltern zu ehren und keinen Götzendienst zu praktizieren. Er entdeckte, dass das Gesetz geistlich ist und nicht nur unsere äußeren Handlungen kontrollieren soll, sondern auch unsere innersten Wünsche, Motive und Gedanken. Das besondere Gebot, das ihn „tötete", wie er es ausdrückte (V. 11), war jenes, das die inneren Motive und Disposition einer Person ansprach: „Du sollst nicht begehren." So sehr er sich auch bemühte, er konnte nicht aufhören zu begehren.

Lassen Sie uns ein weiteres Beispiel nehmen. Ein Mann ist erfüllt von Eifersucht und Hass auf einen Rivalen. Er könnte ihn jederzeit verletzen oder sogar umbringen. Der einzige Grund, warum er es nicht tut, ist, dass ihm dazu die Gelegenheit fehlt und er Angst vor den Konsequenzen hat. Nun ist es sicherlich gut, dass er auf diese Weise davon abgehalten wird, seinen Rivalen anzugreifen. Aber wir müssen fragen: Wie würde er handeln, wenn er wie ein antiker Kaiser oder ein moderner Diktator ungestraft das tun könnte, was er wollte? In diesem Fall wäre die innere Leidenschaft, die im Geheimen gehegt wird, praktisch genauso schlimm wie die ausgeführte Tat.

Die Forderung des Gesetzes machte alles schlimmer, nicht besser

Auch wenn er religiös war – als dieses eine Gebot ihm klarmachte, dass er nicht der perfekte Heilige war, für den er sich bisher gehalten hatte, löste dies in ihm eine Art Rebellion aus, die ihn dazu trieb, umso mehr das tun, was das Gesetz verbot (7,7-8). Es war nicht so, dass er nun das Gefühl hatte, das Gesetz sei unsinnig oder schlecht (7,10-13). Aber das Gesetz selbst konnte ihn nicht von seiner moralischen Schwachheit befreien, im Gegenteil – es lenkte seine ganze Aufmerksamkeit auf sie und machte alles noch schlimmer.

Aus eigener Kraft konnte er seine Schwachheit nicht überwinden

In seinem Ringen appellierte er an seinen Verstand, ihm zu helfen. „In meinem Kopf", sagt er, „diene ich dem Gesetz Gottes" (7,25; eigene Übersetzung). Es war für ihn die einzig rationale Art, zu handeln. Aber er fügt hinzu: „Aber ich sehe ein anderes Gesetz in meinen Gliedern, das dem Gesetz meines Sinnes widerstreitet und mich in Gefangenschaft bringt unter das Gesetz der Sünde, das in meinen Gliedern ist" (7,23). Mit seinen Emotionen und seinem Willen war es ebenso. „Denn ich habe nach dem inneren Menschen Wohlgefallen am Gesetz Gottes" (7,22), sagt er. Denn er hatte erkannt, dass es eine großartige Art zu leben wäre, wenn man nur das Gesetz Gottes einhalten könnte. Außerdem konnte er ehrlich sagen: „Das Wollen ist bei mir vorhanden“ (V. 18b). Aber der Verstand, die Emotionen und der Wille waren gemeinsam der Aufgabe nicht gewachsen, seine moralische Schwachheit zu überwinden.

Ein Gefangener im eigenen Schloss

Hören Sie erneut auf das, was Paulus sagt:

> ... denn nicht, was ich will, das tue ich, sondern was ich hasse, das übe ich aus. ... denn das Wollen ist bei mir vorhanden, aber das Vollbringen des Guten nicht. Denn das Gute, das ich will, übe ich nicht aus, sondern das Böse, das ich nicht will, das tue ich. ... Ich elender Mensch! Wer wird mich retten von diesem Leibe des Todes? (7,15.18-19.24)

Wir stellen also fest, dass sowohl der griechische Philosoph Aristoteles als auch der hebräische Gläubige Paulus jeder auf seine Weise bekennen, dass Ethik ihre Grenzen hat. Die Ethik kann uns zeigen, was falsch ist, und uns dazu auffordern, diese Dinge zu vermeiden. Sie kann in Richtung der Dinge weisen, die richtig sind, und uns dazu auffordern, uns diese zum Ziel zu setzen. Aber wenn uns die Erfahrung ständig zeigt, dass wir daran scheitern, die wahren ethischen Maßstäbe zu erfüllen, kann uns die Ethik selbst keine Hilfe zur Umsetzung geben. Sie kann uns nur immer wieder auffordern: Versuch's noch einmal! Und je höher die Maßstäbe gesetzt werden, die man anstreben soll, desto größer wird das innere Gefühl des Versagens sein und damit auch die Frustration. Eine Person, die mit dem erreichten Standard völlig zufrieden ist, leidet entweder unter einem defekten moralischen Gewissen oder aber unter einer starken Form des Pharisäertums.

Paulus' ehrliches Bekenntnis seines Scheiterns ist berühmt, aber wenn dies sein letztes Wort zu diesem Thema gewesen wäre, hätten wir niemals von diesem Bekenntnis oder von ihm selbst gehört. An einer anderen Stelle in seinen Schriften erzählt er uns jedoch, dass er schließlich eine Lösung für sein Problem fand, die er so beschreibt: Wir sind „neue Menschen geworden, die ständig erneuert werden“. So entsprechen wir „immer mehr dem Bild, das der Schöpfer schon in [uns] sieht“ (Kol 3,10; NeÜ). Bevor wir jedoch überlegen, was dies bedeuten könnte, sollten wir uns zunächst eine ähnliche Erkenntnis aus einer ganz anderen Quelle anschauen.

EINE MARXISTISCHE ERKENNTNIS

Keine wirtschaftliche, politische, gesellschaftliche und ethische Theorie wurde je so konsequent und detailliert ausgearbeitet wie der Marxismus, und keine wurde je mit solcher Gründlichkeit auf jede Facette des Lebens bezogen, einschließlich der Kunst, Musik und Literatur. Doch erst 1961 bekannte die Kommunistische Partei:

> Die Formung des neuen Menschen ist ein langer und komplizierter Prozess. ... Die kommunistische Bildung setzt die Emanzipation des Geistes von religiösen Vorurteilen und Aberglauben voraus, die noch immer manche Sowjets davon abhalten, ihre kreativen Fähigkeiten vollständig zu entfalten. Wir brauchen ein effektiveres System von wissenschaftlicher atheistischer Propaganda, das alle Bereiche und Gruppen der Bevölkerung erreicht und die Verbreitung von religiösen Ansichten verhindert, insbesondere unter Kindern und jungen Erwachsenen. Auch darf nicht vergessen werden, dass die Überreste des Kapitalismus in den Köpfen der Menschen überwunden werden müssen und unter den Bedingungen eines heftigen ideologischen Kampfes ein neuer Mensch erzogen werden muss.[163]

Dieses Bekenntnis ist für uns sehr aufschlussreich. Es zeigt das Bewusstsein der Partei (zu dem sie vielleicht durch Erfahrung gelangt war), dass es nicht ausreichte, die Leute systematisch gemäß den Prinzipien der marxistischen Ethik zu erziehen und sie aufzufordern, ihr äußeres Verhalten genau an die marxistische Theorie anzupassen. Was notwendig war, war nichts Geringeres als die Gestaltung und Erziehung eines „neuen Menschen".

Die Sprache dieses Bekenntnisses ist auffällig. Sie ist fast schon religiös und gleicht bemerkenswerterweise der des Neuen Testaments. Sie spricht von dem „neuen Menschen", und das tut auch das Neue Testament, wie wir eben gesehen haben (Eph 4,24; Kol 3,10). Interessant ist, dass das Neue Testament dem Marxismus zumindest in einem Punkt zustimmt, nämlich dass religiöse Rituale, Übungen und moralische Bemühungen alle unzureichend sind: Nichts ist von Nutzen, außer die Erschaffung eines „neuen Menschen". Der Apostel Paulus drückt den Wunsch aus, dass „[ihr] erneuert werdet in dem Geist eurer Gesinnung und den neuen Menschen angezogen habt" (Eph 4,23-24); und fordert auf: „Seid nicht gleichförmig dieser

163 *Documents of 22nd Congress of the CPSU*, 1:176–178

Welt, sondern werdet verwandelt durch die Erneuerung des Sinnes" (Röm 12,2). Und er schreibt: Gott rettete uns durch die „Erneuerung des Heiligen Geistes" (Tit 3,5).

Diese Ähnlichkeiten heben jedoch nur noch mehr die offensichtlichen entscheidenden Unterschiede zwischen Marxismus und Christentum hervor, sowohl in der Diagnose der Grundursache für das mangelhafte Verhalten des Menschen als auch im Rezept für die Heilung. Für Marx waren Gott und Religion Teil des Problems. Sie gehörten zum Apparat, der die Entfremdung des Menschen von den Produktionsmitteln geduldet und aufrechterhalten hat. Das Heilmittel für die Entfremdung des Menschen und der Weg zu einer geistig moralischen Erneuerung und der Erziehung des „neuen Menschen" bestand für ihn daher in der Befreiung der Menschheit von der Tyrannei Gottes, dem Gottesbegriff selbst und anderem.

Es ist eine geschichtliche Tatsache, dass der Kommunismus an die Stelle der „Tyrannei Gottes" die vollständige Herrschaft einer totalitären Partei über jeden Bereich des Lebens einführte, als ob bloße Gewalt die Herzen der Menschen verändern und einen geistig und moralisch erneuerten „neuen Menschen" hervorbringen könnte. Aber viele Menschen, die Totalitarismus als Methode für die moralische Verbesserung der Gesellschaft ablehnen, stimmen Marx zumindest in der Hinsicht zu, dass auch sie Gott sowohl als Autorität hinter der Moral als auch als Quelle der möglichen moralischen Erneuerung der Menschheit ablehnen. Sie fürchten, dass die Einführung Gottes in die Ethik den Menschen lediglich eine andere Form von totalitärer Autorität auferlegt und damit ihre eigene menschliche Würde und Freiheit schmälert. Sie behaupten, dass Menschen so entmündigt und moralisch wie Kinder behandelt würden, obwohl sie doch recht gut in der Lage seien, ihre eigenen ethischen Regeln festzulegen und zu befolgen.

> ⚖ *Für Marx waren Gott und Religion Teil des Problems. Sie gehörten zum Apparat, der die Entfremdung des Menschen von den Produktionsmitteln geduldet und aufrechterhalten hat.*

Zudem meinen manche, dass Religion unerreichbar hohe Maßstäbe setze, was unvermeidlich zu der psychologisch ungesunden Situation führe, dass manche wie besessen von Versagen und Schuld seien. Dies zerstöre die menschliche Persönlichkeit und untergrabe das Vertrauen in den menschlichen Fortschritt.

Angesichts solcher Befürchtungen und Unterstellungen ist es daher vernünftig, genau zu untersuchen, was die christliche Ethik tatsächlich über die

Ursache der umfassenden moralischen Schwäche der Menschheit sagt, und insbesondere die Strategie zu besehen, wie sie ihre Vorstellung verwirklichen will von dem, was die Kommunistische Partei als „neuen Menschen" bezeichnete.

DER RANG DER ETHIK IN DER CHRISTLICHEN LEHRE

Eine wichtige Stellungnahme zum Rang der Ethik innerhalb der christlichen Lehre findet man in einer Abhandlung des Apostels Paulus, die als „Römerbrief" bekannt ist. Sie besteht aus vier Hauptteilen:

1.	1,1–5,11	Gottes Vorkehrung für die Versöhnung und Annahme des Menschen durch Gott und die Wiederherstellung der Gemeinschaft
2.	5,12–8,39	Gottes Programm zur Erneuerung des Charakters des Menschen und seine Verherrlichung am Ende
3.	9,1–11,36	Gottes Strategie für die letztendliche Wiederherstellung und Errettung der Nation Israel
4.	12,1–16,27	Christliche Ethik

Als Erstes stellen wir fest, welcher Ort oder Rang der Ethik hier zugewiesen wird: In der Abhandlung kommt sie erst ganz zum Schluss! Jedoch nicht, weil die Ethik als unwichtig erachtet wurde – der Grund hierfür ist zweifacher Art:

1. Ethik ist eine Angelegenheit zweiter Ordnung, nicht der ersten Ordnung.
2. Die christliche Ethik hat ihren Ursprung in der Barmherzigkeit Gottes, die den Menschen in die Gemeinschaft mit Gott zurückführt. Sie ist genau dadurch motiviert.

Ethik ist eine Angelegenheit zweiter Ordnung

Lassen Sie uns auf eine Analogie zurückgreifen. Niemand kauft ein Auto, damit er alle Verkehrsregeln und -vorschriften befolgen kann. Es meint auch niemand, das erste Ziel und der höchste Zweck für den Besitz eines Autos sei, dass man in der Lage ist, es völlig konform der Straßenverkehrsordnung zu fahren. Der Zweck, warum man ein Auto besitzt, ist, dass man reisen und sich selbst und andere damit befördern kann. Die Straßenverkehrsordnung zu befolgen, ist etwas Zweites. Sie ist lediglich eine Möglichkeit, damit wir und andere sicher am Ziel ankommen.

Eltern zeugen doch nicht deshalb ein Kind, damit sie ihm Ethik beibringen können. Sie zeugen ein Kind, damit sie jemanden haben, der ganz der ihre ist, jemanden, den sie lieben und beschützen können und der sie auch liebt. Natürlich werden sie dem Kind Stück für Stück beibringen, wie es sich verhalten sollte. Sie werden erklären, warum es sich so und nicht anders verhalten sollte, weil dies nämlich der beste Weg ist, den Zweck zu verwirklichen, für den es geboren wurde.

Ebenso schuf Gott die Menschheit nicht, um Geschöpfe zu haben, denen er Regeln und Vorschriften auferlegen konnte. Er schuf den Menschen nach seinem eigenen Bild, ihm selbst ähnlich, ein moralisches und geistiges Wesen, fähig, eine Beziehung mit Gott zu haben, der Geist ist, sodass der Mensch sich an Gott und Gott sich am Menschen erfreuen kann. Natürlich lehrte er den Menschen Ethik durch seine Gesetze und Gebote, aber das geschah deshalb, damit der Mensch das Bild Gottes und seine Ähnlichkeit mit ihm in seinem Verhalten gegenüber Gott und anderen Menschen richtig widerspiegeln kann.

Darin liegt also eigentlich die Tragödie der Menschheit: Es ist nicht die einfache Tatsache, dass Menschen Dinge tun, die falsch und oftmals böse sind – es ist unsere Entfremdung von Gott, die zerbrochene Gemeinschaft zwischen uns und unserem Schöpfer. Das steht hinter falschen und bösen Taten.

Christus hat dies in seinem berühmten Gleichnis vom verlorenen Sohn treffend dargestellt (Lk 15,11–32). Es war nicht nur so, dass der Sohn in einem fernen Land sein Vermögen, das sein Vater ihm gegeben hatte, durch seinen verantwortungslosen Lebensstil verschleudert hat (15,13), oder, wie sein älterer Bruder es ausdrückte, dass er „dein Geld mit Huren durchgebracht hat“ (15,30; NeÜ). Es war vor allem die Zurückweisung und Verachtung des Vaters, die hinter seinem Wegzug in ein „fernes Land“ stand, bis dieser Sohn, wie der Vater es ausdrückte, „tot“ und „verloren“ war, was die Beziehung zu seinem Vater betraf (15,32).

Christliche Ethik wird von Gottes Barmherzigkeit motiviert

Deswegen beginnt der letzte Teil von Paulus’ Abhandlung – der Teil, der sich mit Ethik im engeren Sinn beschäftigt – mit folgender Ermahnung:

> Ich ermahne euch nun, Brüder, durch die *Erbarmungen* Gottes, eure Leiber darzustellen als ein lebendiges, heiliges, Gott wohlgefälliges

> Opfer, was euer vernünftiger [oder: rationaler; gr.: *logikos*] Gottesdienst ist. Und seid nicht gleichförmig dieser Welt, sondern werdet verwandelt durch die Erneuerung des Sinnes, dass ihr prüfen mögt, was der Wille Gottes ist: das Gute und Wohlgefällige und Vollkommene. (Röm 12,1-2)

Paulus zögert nicht, in den folgenden fünf Kapiteln seine Mitchristen ausführlich daran zu erinnern, dass sie die verbindliche ethische Verpflichtung haben, Gott wohlgefällig zu leben, mit all ihren körperlichen, mentalen, emotionalen und geistigen Kräften, und weiter, dass sie dazu eine Veränderung ihrer Einstellung, ihrer Werte und ihres Verhaltens brauchen durch eine ständige Erneuerung ihres Denkens – also genau das, was im Manifest der Kommunistischen Partei als unerlässlich bezeichnet wurde. Aber Paulus spricht diese ethischen Verpflichtungen erst aus, nachdem er in den ersten elf Kapiteln seiner Abhandlung Gottes Barmherzigkeit entfaltet hat. In der christlichen Lehre und im christlichen Denken hat diese Reihenfolge höchste Bedeutung. Nicht die ethischen Pflichten stehen an erster Stelle und dass die Menschen nur darauf hoffen könnten, dass Gott ihnen am Ende Gnade erweist, wenn sie sich ehrlich angestrengt haben, diese so gut wie möglich zu erfüllen – es ist genau andersherum: Am Anfang steht Gottes Barmherzigkeit – und das motiviert und befähigt Menschen zur Erfüllung ihrer ethischen Pflichten.

Die ersten beiden Teile von Paulus' Abhandlung

Diese beiden Teile der Abhandlung (1,1–5,11 und 5,12–8,39) haben vieles gemeinsam. Beide beschreiben sehr detailliert die Barmherzigkeit Gottes, und jede erreicht ihren Höhepunkt mit einer ausführlichen Darstellung zur Natur und Logik von Gottes Liebe und den Schlussfolgerungen, die man daraus ziehen kann.

- *Teil 1*

> ... denn die Liebe Gottes ist ausgegossen in unsere Herzen durch den Heiligen Geist, der uns gegeben worden ist. Denn Christus ist, als wir noch kraftlos waren, zur bestimmten Zeit für Gottlose gestorben. Denn kaum wird jemand für einen Gerechten sterben; denn für den Gütigen möchte vielleicht jemand auch zu sterben wagen. Gott aber erweist seine Liebe zu uns darin, dass Christus, als wir noch Sünder

> waren, für uns gestorben ist. Vielmehr nun, da wir jetzt durch sein Blut gerechtfertigt sind, werden wir durch ihn vom Zorn gerettet werden. Denn wenn wir, als wir Feinde waren, mit Gott versöhnt wurden durch den Tod seines Sohnes, so werden wir viel mehr, da wir versöhnt sind, durch sein Leben gerettet werden. Nicht allein aber das, sondern wir rühmen uns auch Gottes durch unseren Herrn Jesus Christus, durch den wir jetzt die Versöhnung empfangen haben. (Röm 5,5-11)

- *Teil 2*

> Was sollen wir nun hierzu sagen? Wenn Gott für uns ist, wer ist gegen uns? Er, der doch seinen eigenen Sohn nicht verschont, sondern ihn für uns alle hingegeben hat – wie wird er uns mit ihm nicht auch alles schenken? Wer wird gegen Gottes Auserwählte Anklage erheben? Gott ist es, der rechtfertigt. Wer ist, der verdamme? Christus Jesus ist es, der gestorben, ja noch mehr, der auferweckt, der auch zur Rechten Gottes ist, der sich auch für uns verwendet. Wer wird uns scheiden von der Liebe Christi? Bedrängnis oder Angst oder Verfolgung oder Hungersnot oder Blöße oder Gefahr oder Schwert? ... Aber in diesem allen sind wir mehr als Überwinder durch den, der uns geliebt hat. Denn ich bin überzeugt, dass weder Tod noch Leben, weder Engel noch Gewalten, weder Gegenwärtiges noch Zukünftiges, noch Mächte, weder Höhe noch Tiefe, noch irgendein anderes Geschöpf uns wird scheiden können von der Liebe Gottes, die in Christus Jesus ist, unserem Herrn. (Röm 8,31-39)

Unterschiedliche Themen

Zwar weisen diese beiden Teile der Abhandlung viele Ähnlichkeiten auf, doch die Hauptthemen der jeweiligen Teile unterscheiden sich deutlich.

Teil 1 beschäftigt sich mit Gottes Strategie zur Versöhnung der Menschen mit ihm, die bisher von Gott entfremdet und ihm gegenüber feindlich gesinnt waren (und zudem sündig waren), der Wiederherstellung der Gemeinschaft mit Gott und der völligen Annahme durch ihn.

Teil 2 beschäftigt sich mit Gottes Vorkehrungen und Zeitplan für die Erneuerung des Charakters der Menschen, die lernen sollen, wie mündige Söhne und Töchter Gottes zu leben, und mit ihrer endgültigen Verherrlichung.

Erneut ist die Reihenfolge der beiden Teile von Bedeutung. In beiden geht es um die Erschaffung des „neuen Menschen“, aber die erste Stufe dieses Prozesses besteht in der vollen Annahme des Einzelnen durch Gott und der Aufnahme in seine Gemeinschaft; er wird mit Gott versöhnt und beginnt eine Beziehung mit vollkommener Gewissheit mit Gott. Teil 2 beschreibt dann die zweite Stufe des Prozesses: Die moralische und geistliche Erneuerung des Charakters und Lebensstils der Person.

Die Reihenfolge der Stufen in dem Prozess muss betont werden, denn im Allgemeinen (wenn sie überhaupt darüber nachdenken) neigen die Menschen dazu, diese Reihenfolge umzukehren. Sie meinen, dass man sich zunächst ernsthaft darum bemühen muss, seinen Charakter und Lebensstil zu erneuern, indem man versucht, gemäß der christlichen Ethik zu leben; und dann, wenn man am Ende seines Lebens dabei einigermaßen erfolgreich gewesen ist, wird Gott einen vielleicht (aber wer weiß das schon?) annehmen. Dadurch wird das Bewusstsein, von Gott angenommen zu sein, davon abhängig gemacht, was man in moralischer Hinsicht geleistet und erreicht hat. Und da der Maßstab der christlichen Ethik so hoch ist, löst dies in Menschen, die ernsthaft versuchen, die Annahme ihres Schöpfers unter diesen Bedingungen zu erlangen, das unvermeidliche Gefühl einer inneren Unsicherheit aus. Wenn sie keine verhärteten Pharisäer sind, lässt sie ihr Versagen denken, dass die christliche Ethik unrealistische Anforderungen stellt und Gott ein Sklaventreiber sein muss.

Erst kommt die Versöhnung mit Gott und die Annahme durch ihn, und dann kommt die Erneuerung des Charakters und Lebensstils.

Tatsache ist, dass die Reihenfolge von Gottes Programm zur „Erschaffung des neuen Menschen“ genau andersherum ist: Erst kommt die Versöhnung mit Gott und die Annahme durch ihn, und dann kommt die Erneuerung des Charakters und Lebensstils.

Das Gleichnis vom verlorenen Sohn neu betrachtet

Erneut veranschaulicht das Gleichnis das Prinzip, das Paulus in seiner Abhandlung beschreibt. Die Rückkehr des Sohnes zum Vater begann mit einem tiefen Sinneswandel. In der Geschichte heißt es: „Als er aber zu sich kam ...“ (Lk 15,17). Er zeigte Reue, nicht nur für die eine oder andere sündige Tat, sondern für seine grundsätzliche Ablehnung des Vaters. Er hatte seinen Anteil am Erbe gefordert, noch bevor sein Vater tot war. In der damaligen Gesellschaft war dies ein Skandal. Es war, als ob er zu seinem Vater sagte: „Du lebst schon viel zu lange. Du bist mir im Weg. Gib mir mein Erbe jetzt, damit ich dich aus meinem Leben streichen und es endlich genießen kann." Im Grunde genommen war das dieselbe fundamentale Sünde wie bei Adam und Eva. Sie wollten das Paradies behalten, das Gott für sie geschaffen hatte, aber sie wollten unabhängig von Gott sein. Sie wollten selbst erkennen und entscheiden, was gut und was böse war, unabhängig von Gottes moralischem Urteil.

Die Reue des Sohnes war also eine radikale Veränderung seiner vorherigen Einstellung. Daraufhin wurde er aktiv: Er machte sich auf und kehrte zu seinem Vater zurück, und dann folgte sein Bekenntnis: „Vater, ich habe gesündigt gegen den Himmel und vor dir; ich bin nicht mehr würdig, dein Sohn zu heißen" (15,21). Eigentlich wollte er noch hinzufügen: „Mach mich zu einem deiner Tagelöhner!", denn von nun an wollte er sich durch Arbeit seinen Weg zurück zur Gunst seines Vaters verdienen. Aber sein Vater wollte von diesem Vorschlag nichts hören. Auch bestand er nicht auf irgendeinem Erziehungs- oder Resozialisierungsprogramm, *bevor* er ihn wieder willkommen heißen und annehmen würde. Auf der Stelle, so, wie er dastand – pleite, mittellos und in seinen stinkenden Kleidern –, nahm ihn der Vater in die Arme und nahm ihn bedingungslos in seine Gemeinschaft wieder auf. Danach würde er dann lernen, als wirklich mündiger Sohn seines Vaters zu leben.

> ⚖ *Die Reue des Sohnes war eine radikale Veränderung seiner vorherigen Einstellung.*

Ein erneuter Blick auf Teil 1 der Abhandlung

Es gibt noch weitere Details aus Teil 1 der Abhandlung, die einer weiteren Betrachtung wert sind. Zunächst beschreibt Paulus die Entfremdung des Menschen von Gott und wie unvernünftig seine Versuche sind, unabhängig von Gott zu werden:

1. Wie er die Beweise der Macht und Güte Gottes unterdrückt, die uns die Schöpfung liefert (Röm 1,18-32).

2. Wie er sich weigert, anzuerkennen, dass die Warnungen des Moralgesetzes, das der Schöpfer in sein Herz geschrieben hat, ihn daran erinnern sollen, dass er eines Tages vor Gott Rechenschaft ablegen muss und dass er zu Gott umkehren muss (2,1–16).

3. Wie Religion missbraucht wird – als ob der Mensch so unabhängig von Gott wäre, dass er sich durch eigene Anstrengung Gottes

Annahme verdienen könnte, indem er sein Gesetz einhält und sich damit jenen überlegen fühlt, denen dies nicht gelingt, während es doch die ganze Zeit eine Tatsache ist, dass er wie jeder andere auch gesündigt hat und noch immer Gottes Maßstäben nicht gerecht wird (2,17–3,20).

Im Folgenden erläutert Teil 1 dann die Vorkehrungen, die Gott für die erste Stufe der Erneuerung der Menschheit getroffen hat, nämlich Versöhnung, Annahme und Frieden mit Gott (3,21–5,11). Dies geschieht wie folgt:

1. *Aufseiten Gottes:* durch das Geschenk seines Sohnes als das Sühneopfer für Sünden, das es Gott ermöglicht, gerecht zu bleiben und dennoch die Person zu rechtfertigen, die an Jesus glaubt (3,24-26).

2. *Aufseiten des Menschen:* nicht, weil er Gottes Gesetz einhält (das der Mensch gebrochen hat und noch immer nicht einhält), sondern allein durch den Glauben, nicht durch die Werke des Gesetzes, denn der Mensch erhält seine Rechtfertigung als freies Geschenk der Gnade Gottes durch Jesus Christus (3,21-30).

Der so entstandene Friede mit Gott und das Bewusstsein der Annahme und Gewissheit in der Liebe Gottes werden sprachgewaltig mit logischen Argumenten im bereits zitierten Abschnitt (5,1-11) dargelegt. Aber der unmittelbare Punkt ist dieser: Wenn die nun von Gott gerechtfertigte und angenommene Person den langen Prozess beginnt, ihren Charakter und ihren Lebensstil umzugestalten, wie es in Teil 2 der Abhandlung beschrieben wird, und beginnt, die in Teil 4 ausführlich dargelegte christliche Ethik in die Praxis umzusetzen, tut sie dies nicht, um von Gott angenommen zu werden, sondern weil sie bereits angenommen wurde – nicht mit der sklavischen Angst, zu scheitern und am Ende abgelehnt zu werden, sondern mit dem gottgegebenen Vertrauen darauf, durch Jesus Christus vor dem Zorn Gottes gerettet worden zu sein und die Herrlichkeit Gottes zu erlangen (5,1-2.9-11).

Ein erneuter Blick auf Teil 2 der Abhandlung

Wir erinnern uns, dass in Teil 1 gerade behauptet wurde, dass die Rechtfertigung und Annahme durch Gott nicht durch die Werke eines Menschen erlangt werden kann, sondern nur durch den Glauben an Gottes Erlösungswerk. Das untergräbt nach Paulus nicht die Autorität von Gottes Gesetz, sondern bestätigt sie vielmehr (3,31). Der Text pocht darauf, dass Gott unser Versagen nicht übersehen kann. Die Autorität seines Gesetzes und die Werte, für die es steht, müssen hochgehalten werden und seine müssen durchgesetzt werden – und sie wurden vollstreckt im Versöhnungstod Christi (3,25).

Teil 2 führt das, was in Teil 1 betont wurde, noch weiter aus. Auch wenn die Annahme durch Gott nicht erreicht werden kann, indem man Gottes Gesetz einhält, führt die Annahme durch Gott in der Folge zu einem Verhalten, das die Rechtsforderung dieses Gesetzes erfüllt:

> Also gibt es jetzt keine Verdammnis für die, die in Christus Jesus sind. Denn das Gesetz des Geistes des Lebens in Christus Jesus hat dich frei gemacht von dem Gesetz der Sünde und des Todes. ... damit die Rechtsforderung des Gesetzes erfüllt wird in uns, die wir nicht nach dem Fleisch, sondern nach dem Geist wandeln. (Röm 8,1-2.4)

Wir haben hier nicht den Platz, alle Details aus Teil 2 zu behandeln, die die Befähigung des Gläubigen beschreiben, die rechtmäßigen Forderungen des Gesetzes erfüllen zu können, oder was passiert, wenn er hin und wieder scheitert. Auch können wir uns hier nicht lange mit dem finalen Ziel dieses Prozesses beschäftigen, nämlich die Verherrlichung des Gläubigen und seine Gleichförmigkeit mit dem Bilde des Sohnes Gottes (8,26-30). Uns geht es hier darum, festzustellen, wie der Inhalt dieses zweiten Teiles mit der Praxis der im vierten Teil ausführlich dargelegten christlichen Ethik zusammenhängt.

Die Situation hier ist anders als bei vielen Ethiksystemen, wo derjenige, der sie praktizieren möchte, zuerst ein theoretisches System mit Prinzipien erhält und dann ermahnt wird, sein Bestes zu geben, dieses in die Praxis umzusetzen. Teil 2 beschreibt hingegen zuerst die praktische Vorkehrung, die Gott für die Wiedergeburt und Erneuerung eines Menschen trifft, sodass dieser Mensch realistisch in die Lage versetzt wird, die christliche Ethik erst als ein Kind Gottes und dann als sein mündiger Sohn bzw. seine mündige Tochter zu praktizieren, und dies nicht als eine Form von Sklaverei empfindet. Diese Vorkehrung ist die erneuernde Kraft des Heiligen Geistes, der nun in den Menschen wohnt.

> So sind wir nun, Brüder, nicht dem Fleisch Schuldner, um nach dem Fleisch zu leben; denn wenn ihr nach dem Fleisch lebt, so werdet ihr sterben, wenn ihr aber durch den Geist die Handlungen des Leibes

tötet, so werdet ihr leben. Denn so viele durch den Geist Gottes geleitet werden, die sind Söhne Gottes. Denn ihr habt nicht einen Geist der Knechtschaft empfangen, wieder zur Furcht, sondern einen Geist der Sohnschaft habt ihr empfangen, in dem wir rufen: Abba, Vater! Der Geist selbst bezeugt zusammen mit unserem Geist, dass wir Kinder Gottes sind. Wenn aber Kinder, so auch Erben, Erben Gottes und Miterben Christi, wenn wir wirklich mitleiden, damit wir auch mitverherrlicht werden. (Röm 8,12-17)

Eine Zusammenfassung von Teil 4 von Paulus' Abhandlung

Teil 4, der sich mit der praktischen christlichen Ethik beschäftigt, ist ebenfalls zu detailliert, als dass wir ihn hier eingehend betrachten könnten, aber ein Überblick kann uns eine Vorstellung seiner Spannweite geben. John Stott fasst den Inhalt wie folgt zusammen:

12,1-2	Unsere Beziehung zu Gott: ein Gott geweihter Körper und ein erneuerter Geist
12,3-8	Unsere Beziehung zu uns selbst: nüchternes Nachdenken über unsere Gaben
12,9-16	Unsere Beziehung zueinander: Liebe zur Familie Gottes
12,17-21	Unsere Beziehung zu unseren Feinden: nicht Vergeltung üben, sondern Dienst
13,1-7	Unsere Beziehung zum Staat: gewissenhafte Staatsbürgerschaft
13,8-10	Unsere Beziehung zum Gesetz: Nächstenliebe als seine Erfüllung
13,11-14	Unsere Beziehung zum Heute: Leben im „schon jetzt" und „noch nicht"
14,1–15,13	Unsere Beziehung zu den Schwachen: sie aufnehmen und nicht verachten, verurteilen oder beleidigen.[164]

164 Überschriften (übersetzt) für Röm 12.1–15.13 in *The Message of Romans*

EINWÄNDE GEGEN DIE CHRISTLICHE ETHIK

William K. Frankena formuliert ein paar wohlüberlegte Einwände gegen die Übernahme von Ethiksystemen, die auf dem Christentum oder irgendeiner anderen Religion beruhen. Der erste ist, dass es dadurch zu Spaltungen kommen kann:

> Aber das treibt einen zu der Frage, ob man irgendetwas davon hat, wenn man darauf besteht, dass alle ethischen Prinzipien auf religiösen Überzeugungen logisch aufbauen bzw. aufbauen müssen. Denn wenn man darauf besteht, nimmt man in das Fundament jeglicher Moral auch all die Schwierigkeiten auf, die bei der Entscheidung über religiöse Kontroversen auftreten, und dies ist kaum dazu geeignet, die Hoffnung zu fördern, dass die Menschheit einmal mit friedlichen und rationalen Mitteln zu irgendeiner wünschenswerten Art von Einigung über moralische und politische Prinzipien kommt.[165]

Auf dieses Problem gibt es mehrere Antworten. Erstens würden Menschen, die sich zu Christi Verbot von Gewalteinsatz zur Verteidigung oder Verbreitung seiner Lehre bekennen, nicht im Entferntesten daran denken, irgendetwas anderes als friedliche und rationale Mittel einzusetzen, um andere Menschen davon zu überzeugen, die christliche Ethik zu übernehmen. Man kann Menschen nicht mit Gewalt dazu zwingen, wirklich an die Wahrheit zu glauben. Religionen, die mit Gewalt ihre Sache voranbringen wollen, werfen ernsthafte Zweifel über die Wahrheit ihrer Lehren auf.

Zweitens richtet sich die christliche Ethik, die auf der persönlichen Erfahrung der Barmherzigkeit Gottes basiert und durch diese motiviert wird, streng genommen nur an Menschen, die diese Erfahrung selbst gemacht haben. Trotzdem stimmt die christliche Ethik in vielen Situationen mit den Prinzipen anderer Ethiksysteme überein. Viele Ethiksysteme, nicht nur die christliche Ethik, sagen z. B., dass es falsch ist, unschuldige Leute hinzurichten, Kinder zu quälen oder die Armen auszurauben.

Drittens gibt es, wie R. M. Adams aufzeigt, in der Geschichte der modernen säkularen Moraltheorie nichts, was darauf hindeutet, dass man schon bald eine allgemeine Einigkeit über eine einzige alles umfassende Moraltheorie erzielen würde, wenn man nur die Religion aus der Ethik heraushielte. Die Geschichte lehrt das Gegenteil. Adams zieht folgenden Schluss:

165 *Is morality logically dependent on religion?*, 313

> Die Entwicklung und Verfechtung religiöser Ethiktheorien verhindert daher nicht die realistische Möglichkeit einer Einigung, die es ansonsten geben würde.[166]

Es gibt daher keinen vernünftigen Grund, friedlich ausgedrückten religiösen Ansichten eine Stimme unter den gegensätzlichen Theorien der säkularen Ethik zu versagen.

William K. Frankena bemerkt jedoch:

> Wie tief und ernsthaft die eigenen religiösen Überzeugungen auch sein mögen: Wenn man einen Blick auf die religiöse Szene wirft, die heutige wie auch die historische, kann man sich nur fragen, ob es irgendeine rationale und objektive Methode gibt, irgendeine religiöse Überzeugung gegen die Vertreter anderer Religionen oder der Religionslosigkeit durchzusetzen.[167]

Dasselbe könnte man aber auch über jedes Philosophiesystem sagen oder sogar über die Wissenschaft. All diese Systeme basieren, wie Aristoteles sagte, auf ersten Prinzipien, die man in gutem Glauben akzeptieren muss, ohne dass sie logisch bewiesen sind. Aber im Folgenden machen sie Wahrheitsansprüche geltend, deren Wahrheit durch Beweise und stichhaltige Argumente aufgezeigt werden muss. Die Religionen bilden hier keine Ausnahme. Sie alle machen Wahrheitsansprüche, bei denen es ebenso möglich sein muss, sie durch Beweise und stichhaltige Argumente zu stützen. Zudem erfordert es die Demokratie, dass alle Religionen die Freiheit haben sollten, friedlich Argumente für die Wahrheit ihrer Überzeugungen vorzubringen. Wir, die Autoren dieses Buches, sind Christen und nicht ausreichend qualifiziert, andere Religionen hier angemessen darzustellen. Wir müssen uns daher darauf beschränken, für die Wahrheit Christi zu sprechen und andere für ihre Überzeugen sprechen lassen. Die Einzelheiten unserer eigenen Überzeugungen über die Wahrheit Christi finden Sie ausführlicher in Band 4 der Serie, und wir laden Sie herzlich ein, diesen zu lesen, während wir unsere Suche fortsetzen.[168]

---

166 *Religious ethics in a pluralistic society*, 93

167 *Is morality logically dependent on religion?*, 313

168 *Was dürfen wir hoffen?*, Abschnitt: „Antworten einfordern"

ANHANG: WAS IST WISSENSCHAFT?

Erfolgreiche Wissenschaft folgt keinen behaglichen Regeln. Sie ist so komplex wie die menschlichen Persönlichkeiten, die Wissenschaft betreiben.

DIE KLARE STIMME DER WISSENSCHAFT

Wissenschaft hat zu Recht die Kraft, unsere Vorstellungskraft zu befeuern. Wer könnte die Geschichte über die Entschlüsselung der Doppelhelixstruktur der DNA durch Francis Crick und James D. Watson lesen, ohne dabei zumindest etwas von der fast unglaublichen Freude mitzuempfinden, die sie bei dieser Entdeckung gespürt haben müssen? Wer könnte einer Augenoperation mit einem präzise gesteuerten Laserstrahl zusehen, ohne dabei über die menschliche Kreativität und ihren Erfindungsreichtum zu staunen? Wer könnte sich Bilder aus dem Weltraum ansehen mit Astronauten, die schwerelos durch die Kabine der Internationalen Raumstation schweben oder das Hubbleteleskop reparieren, hinter ihnen die fast greifbare Schwärze des Weltraums, ohne dabei etwas wie Ehrfurcht zu empfinden? Die Wissenschaft verdient zu Recht unseren Respekt und unsere aktive Förderung. Es ist eine klare Priorität für jede Nation, junge Menschen für die Wissenschaft zu begeistern und ihnen Ausbildung und Forschungseinrichtungen zur Verfügung zu stellen, um ihr intellektuelles Potenzial zu fördern. Es wäre ein nicht abschätzbarer Verlust, wenn der wissenschaftliche Spürsinn auf irgendeine Weise durch philosophische, wirtschaftliche oder politische Überlegungen unterdrückt werden würde.

> *Da die Wissenschaft eine der stärksten und einflussreichsten Stimmen ist, ist es wichtig, eine Vorstellung davon zu haben, was Wissenschaft ist und was die wissenschaftliche Methode kennzeichnet.*

Doch da die Wissenschaft eine der stärksten und einflussreichsten Stimmen ist, auf die wir hören wollen, wird es für uns sehr wichtig sein – ob wir nun Wissenschaftler sind oder nicht –, eine gewisse Vorstellung davon zu haben, was Wissenschaft ist und was die wissenschaftliche Methode kennzeichnet, bevor wir versuchen zu bewerten, was uns die Wissenschaft zu einem bestimmten Thema sagt. Unser erstes Ziel ist daher, uns einige der Grundprinzipien des wissenschaftlichen Denkens vor Augen zu führen, von denen wir ein paar vielleicht schon kennen. Im Anschluss daran werden wir über das Wesen wissenschaftlicher Erklärung nachdenken und einige der Voraussetzungen untersuchen, die der wissenschaftlichen Tätigkeit zugrunde liegen – grundlegende Überzeugungen, ohne die Wissenschaft nicht möglich ist.

Was also ist Wissenschaft? Sie scheint zu jenen Dingen zu gehören, deren Bedeutung wir kennen, bis wir versuchen, sie zu definieren. Und dann stellen wir fest, dass uns eine genaue Definition nicht möglich ist. Die Schwierigkeit kommt daher, dass wir das Wort auf unterschiedliche Weise benutzen. Zunächst einmal wird „Wissenschaft" als Kurzbezeichnung für Folgendes verwendet:

1. Wissenschaften – Wissensgebiete wie Physik, Chemie, Biologie etc.;
2. Wissenschaftler – die Menschen, die in diesen Bereichen arbeiten;
3. die wissenschaftliche Methode – die Art und Weise, wie Wissenschaftler ihre Arbeit tun.

Das Wort „Wissenschaft" wird jedoch auch in Sätzen verwendet wie „Die Wissenschaft sagt ..." oder „Die Wissenschaft hat gezeigt ..." – als ob Wissenschaft ein personales Wesen mit großer Autorität und großem Wissen wäre. Diese Art der Verwendung kann irreführend sein, auch wenn sie verständlich ist. Tatsache ist, dass es strenggenommen so etwas wie „die Wissenschaft" in diesem Sinne gar nicht gibt. Die Wissenschaft sagt, demonstriert, weiß oder entdeckt gar nichts – es sind Wissenschaftler, die dies tun. Natürlich sind sich Wissenschaftler oft einig, aber es wird zunehmend anerkannt, dass die Wissenschaft als ein sehr menschliches Unterfangen viel komplexer ist, als man oft denkt, und es wird viel diskutiert, was die wissenschaftliche Methode eigentlich ausmacht.

DIE WISSENSCHAFTLICHE METHODE

Unter Wissenschaftsphilosophen ist man sich heute im Allgemeinen einig, dass es nicht die *eine* „wissenschaftliche Methode" gibt. Daher ist es einfacher, über das zu sprechen, was zur wissenschaftlichen Arbeit gehört, als Wissenschaft an sich genau zu definieren.

Sicherlich spielen Beobachtungen und Experimente eine wichtige Rolle ebenso wie die Argumentationsprozesse, die Wissenschaftler zu ihren

Schlussfolgerungen führen. Ein Blick auf die Geschichte der Wissenschaft wird jedoch zeigen, dass es hierzu noch viel mehr zu sagen gibt. Wir sehen zum Beispiel, dass auch unerklärbare Vermutungen eine bedeutende Rolle gespielt haben. Sogar Träume hatten ihren Platz! Der Chemiker Friedrich August Kekulé studierte die Struktur von Benzol und träumte von einer Schlange, die sich in ihren eigenen Schwanz biss und so einen Ring bildete. Dadurch kam er auf die Idee, dass die Struktur von Benzol der Form einer Schlange gleichen könnte. Er schaute genauer hin und fand heraus, dass Benzol tatsächlich aus einem geschlossenen Ring von sechs Kohlenstoffatomen besteht! Erfolgreiche Wissenschaft folgt keinen behaglichen Regeln. Sie ist so komplex wie die menschlichen Persönlichkeiten, die Wissenschaft betreiben.

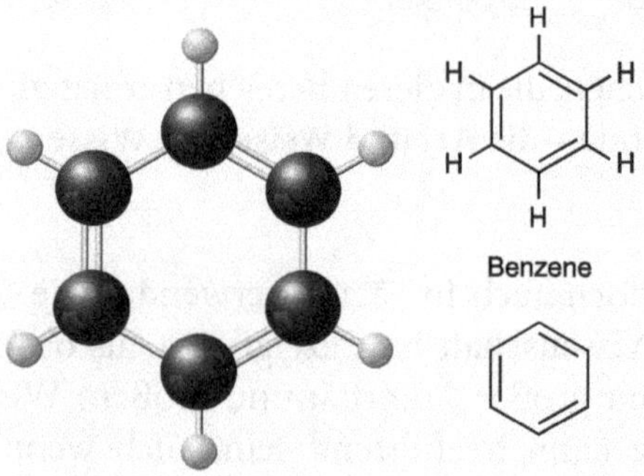

BILD Anh. I. ***Benzolmolekül***
Die Kristallografin Kathleen Lonsdale bestätigte 1929 Kekulés frühere Theorie über die flache, zyklische Natur von Benzol – ein wichtiger Meilenstein in der organischen Chemie.

© shutterstock.com/chromatos

Beobachtungen und Experimente

Es herrscht allgemeine Einigkeit darüber, dass im 16. und 17. Jahrhundert das wissenschaftliche Denken revolutioniert wurde. Bis dahin berief man sich bei der Erforschung der Natur des Universums in erster Linie auf irgendeine Autorität. So hatte beispielsweise Aristoteles im 4. Jahrhundert v. Chr. auf Grundlage philosophischer Prinzipien argumentiert, dass die einzig vollkommene Bewegung kreisförmig sei. Die Antwort auf die Frage nach der Bewegung der Planeten lautete laut Aristoteles so: Weil sie zum Reich der Vollkommenheit jenseits der Mondbahn gehören, müssen sie sich kreisförmig bewegen. Wissenschaftler wie Galileo wandten sich jedoch von diesem Ansatz radikal ab. Sie betonten, der beste Weg, etwas über die Bewegung der Planeten herauszufinden, sei, ein Teleskop zu nehmen und nachzuschauen! Und durch dieses Teleskop sah er Dinge wie die Jupitermonde, die nach dem System von Aristoteles gar nicht existierten.

Galileo verkörpert für viele Menschen den wahren Geist der wissenschaftlichen Forschung: die Freiheit, den Ergebnissen von Beobachtungen und Experimenten gerecht zu werden, auch wenn dies bedeutet, dass man Theorien modifiziert oder gar aufgibt, die man vorher vertreten hat. Diese Freiheit sollte bewahrt und eifrigst gehütet werden.

Daten, Muster, Zusammenhänge und Hypothesen

Die am weitesten verbreitete Ansicht über die wissenschaftliche Methode, die häufig auf Francis Bacon und John Stuart Mill zurückgeführt wird, enthält folgende Komponenten:

1. die Sammlung von Daten (Fakten, die nicht bestritten werden können) durch Beobachtungen und Experimente, von denen weder das eine noch das andere durch Vorannahmen oder Vorurteile beeinflusst wird;
2. die Ableitung von Hypothesen aus den Daten, indem man nach Mustern oder Zusammenhängen sucht und diese dann induktiv verallgemeinert;
3. die Prüfung der Hypothesen, indem man aus ihnen Vorhersagen herleitet und dann Experimente konzipiert und durchführt, um zu überprüfen, ob diese Vorhersagen stimmen;
4. die Verwerfung der Hypothesen, die nicht von den Versuchsdaten gestützt werden, und den Aufbau einer Theorie durch Zusammenführung von bestätigten Hypothesen.

Wissenschaftler sammeln Daten, Versuchsergebnisse und Messungen, die sie aufgezeichnet haben.

Denken Sie zum Beispiel an die Ergebnisse von Blutdruckmessungen Ihrer Klasse vor und nach einer Schulprüfung oder an Gesteinsproben, die Astronauten auf der Mondoberfläche sammeln.

Es gibt jedoch viele andere Dinge, die für uns gleichermaßen real sind, die aber im wissenschaftlichen Sinne kaum als Daten zählen: unsere subjektive Erfahrung eines Sonnenuntergangs, von Freundschaft und Liebe oder von Träumen. Im Fall von Träumen können natürlich Herzfrequenz, Gehirnaktivität und Augenbewegung von Wissenschaftlern beobachtet werden, die schlafende und träumende Menschen überwachen. Aber die subjektive Erfahrung des Traumes selbst kann nicht gemessen werden. Wir sehen also, dass die wissenschaftliche Methode auf jeden Fall ihre Grenzen hat. Die ganze Wirklichkeit kann sie nicht erfassen.

Wissenschaftler sind damit beschäftigt, nach Zusammenhängen und Mustern in ihren Daten zu suchen, und sie versuchen, daraus irgendeine Art von Hypothese oder Theorie abzuleiten, die diese Muster erklärt. Zunächst kann die Hypothese eine kluge oder geniale Vermutung sein, die den Wissenschaftlern aufgrund ihrer Erfahrung als mögliche Erklärung für ihre Beobachtungen in den Sinn kommt. Ein Wissenschaftler könnte zum Beispiel die (sehr vernünftige) Hypothese aufstellen, dass die Ergebnisse der Blutdruckmessungen in Ihrer Klasse so erklärt werden können, dass Tests bei den meisten Menschen Stress verursachen! Um die Hypothese zu überprüfen, wird ein Wissenschaftler dann herausarbeiten, welche Ergebnisse er erwarten kann, wenn die Hypothese stimmt, und wird dann ein Experiment oder eine Versuchsreihe durchführen, um ihre Richtigkeit zu überprüfen. Wird die Erwartung nicht durch die Experimente bestätigt, kann die Hypothese modifiziert oder zugunsten einer anderen verworfen werden, und der Prozess wird wiederholt. Ist eine Hypothese einmal erfolgreich durch wiederholte Experimente überprüft worden, dann wird sie mit der Bezeichnung „Theorie" gewürdigt.[169]

Heute ist man sich unter Wissenschaftlern und Wissenschaftsphilosophen allgemein einig, dass unsere Beschreibung der wissenschaftlichen Methode nicht nur stark idealisiert, sondern auch fehlerhaft ist. Insbesondere wird nun weitgehend akzeptiert (im Gegensatz zu dem, was oben über Beobachtungen und Versuche behauptet wird), dass kein Wissenschaftler – wie ehrlich und sorgfältig er auch sein mag – bei seiner Arbeit völlig vorurteilsfrei ist, also ohne Voraannahmen und Vermutungen forscht. Diese Tatsache ist wichtig, wenn wir den Beitrag der Wissenschaft zu unserer Weltanschauung verstehen wollen. Es ist jedoch einfacher, wenn wir dieses Thema erst betrachten, nachdem wir uns zuvor einige der logischen Konzepte und Verfahren angesehen haben, die der wissenschaftlichen Argumentation und Beweisführung zugrunde liegen.

Induktion

Die Induktion ist wahrscheinlich der wichtigste logische Prozess, den Wissenschaftler für die Formulierung von Gesetzen und Theorien verwenden.[170]

169 Die Begriffe *Hypothese* und *Theorie* sind eigentlich fast austauschbar. Der einzige Unterschied im normalen Sprachgebrauch liegt darin, dass eine Hypothese manchmal als mehr provisorisch angesehen wird als eine Theorie.

170 Anmerkung für Mathematiker: Der oben beschriebene Prozess der Induktion ist nicht derselbe wie das Prinzip der mathematischen Induktion, durch den (typischerweise) die

Sie ist auch ein Prozess, der uns allen von frühester Kindheit an vertraut ist (ob wir nun Wissenschaftler sind oder nicht), obwohl wir uns dessen vielleicht nicht bewusst waren. Wenn wir als kleine Kinder zum ersten Mal eine Krähe sehen, stellen wir fest, dass sie schwarz ist. Weil das alles ist, was wir wissen, könnte die nächste Krähe, die wir sehen, auch weiß oder gelb sein. Aber nachdem wir Tag für Tag Krähen beobachtet haben, kommen wir an einen Punkt, an dem unser Gefühl, dass jede weitere Krähe, die wir sehen werden, schwarz sein wird, so stark ist, dass wir zu der Aussage „Alle Krähen sind schwarz" bereit sind. Wir haben einen sogenannten induktiven Schritt gemacht, der auf unseren eigenen Daten basiert – wir haben, sagen wir mal, 435 Krähen gesehen –, um eine allgemeingültige Aussage über Krähen zu machen. Induktion ist also der Prozess der Verallgemeinerung einer begrenzten Datenmenge zu einer allgemeingültigen oder generellen Aussage.

Ein berühmtes Beispiel für den Einsatz von Induktion in der Wissenschaft ist die Herleitung der mendelschen Vererbungsgesetze. Gregor Mendel und seine Assistenten machten eine Reihe von Beobachtungen hinsichtlich der Häufigkeit des Auftretens von bestimmten Eigenschaften in jeder von mehreren Generationen von Erbsen – zum Beispiel, ob die Samen eine unebene oder glatte Oberfläche hatten oder ob die Pflanzen groß oder klein waren – und verallgemeinerten dann induktiv diese Beobachtungen, um die Gesetze zu formulieren, die nun Mendels Namen tragen.

Induktion ist der Prozess der Verallgemeinerung einer begrenzten Datenmenge zu einer allgemeingültigen oder generellen Aussage.

Doch wie Sie vielleicht auch schon gemerkt haben, gibt es bei der Induktion ein Problem. Lassen Sie zur Verdeutlichung nun Ihre Gedanken von den gerade erwähnten Krähen zu den Schwänen wandern. Stellen Sie sich vor, dass jeder Schwan, den Sie seit Ihrer Kindheit gesehen haben, weiß war. Sie würden wohl daher darauf schließen (durch Induktion), dass alle Schwäne weiß sind. Aber dann wird Ihnen eines Tages das Bild eines australischen

Wahrheit einer Aussage P(n) für alle positiven Ganzzahlen n durch zwei Sätze festgestellt wird:

1. P(1) ist wahr;
2. für jede positive Ganzzahl k können wir beweisen, dass die Wahrheit von P(k+1) aus der Wahrheit von P(k) folgt.

Der entscheidende Unterschied ist, dass Punkt 2 eine unbegrenzte Reihe von Hypothesen beschreibt (eine für jede positive Ganzzahl), während wir bei der philosophischen Induktion etwas aus einer begrenzten Reihe von Hypothesen verallgemeinern.

schwarzen Schwanes gezeigt, und Sie entdecken, dass Ihre Schlussfolgerung falsch war. Dies veranschaulicht das „Problem der Methode" der Induktion. Wie kann man jemals wirklich wissen, ob man genügend Beobachtungen gemacht hat, um einen allgemeingültigen Schluss aus einer begrenzten Reihe von Beobachtungen zu ziehen?

Aber beachten Sie bitte, was die Entdeckung des schwarzen Schwanes bewirkt hat: Dadurch wurde bewiesen, dass die Aussage „Alle Schwäne sind weiß" falsch ist, aber sie hat nicht die modifizierte Aussage widerlegt, dass, wenn man in Europa einen Schwan sieht, dieser höchstwahrscheinlich weiß sein wird.

Lassen Sie uns ein weiteres Beispiel für Induktion betrachten, dieses Mal aus der Chemie.

Einzelne Beobachtungen:

Zeit	Datum	Stoff	Ergebnis des Lackmustests
09:05	14.08.2015	Schwefelsäure	Lackmuspapier wurde rot
14:35	17.09.2015	Zitronensäure	Lackmuspapier wurde rot
10:45	18.09.2015	Salzsäure	Lackmuspapier wurde rot
19:00	20.10.2015	Schwefelsäure	Lackmuspapier wurde rot

Allgemeingültige oder generelle Aussage (Gesetz): Lackmuspapier wird rot, wenn man es in Säure taucht.

Von diesem Gesetz, das auf Induktion aus einer begrenzten Reihe von einzelnen Beobachtungen von verschiedenen Säuren zu bestimmten Zeiten an bestimmten Orten basiert, wird behauptet, dass es für alle Säuren zu allen Zeiten an allen Orten gilt. Das Problem bei der Induktion ist Folgendes: Wie können wir sicher sein, dass eine generelle Aussage gültig ist, wenn wir (was in der Natur der Dinge liegt) nur eine begrenzte Anzahl von beobachteten Fällen haben, bei denen Lackmuspapier durch den Kontakt mit Säure rot wurde? Die Geschichte des schwarzen Schwanes macht uns diese Schwierigkeit bewusst.

Nun, wir können uns nicht absolut sicher sein, das ist wahr. Doch jedes Mal, wenn wir das Experiment durchführen und merken, dass es funktioniert, erhöht sich unser Vertrauen in den Lackmustest so sehr, dass wir, wenn wir ein Papier in eine Flüssigkeit tauchen und feststellen, dass es nicht rot wird, wahrscheinlich nicht zu dem Schluss kommen würden, dass der

Lackmustest nicht funktioniert, sondern dass das Papier kein Lackmuspapier war oder die Flüssigkeit keine Säure! Natürlich ist es so, dass unser Vertrauen auf der Annahme basiert, dass die Natur sich einheitlich verhält (das heißt, wenn ich ein Experiment morgen unter denselben Bedingungen wie heute durchführe, werde ich dieselben Ergebnisse erhalten).

Lassen Sie uns ein weiteres Beispiel nehmen, mit dem Bertrand Russell das Problem der Induktion in einer komplexeren Situation veranschaulicht hat: Bertrand Russells induktivistischer Truthahn. Ein Truthahn stellt fest, dass er an seinem ersten Tag auf der Truthahnfarm um 9 Uhr gefüttert wird. Zwei Monate lang sammelt er Beobachtungen und stellt fest, dass er – egal, an welchem Tag – um 9 Uhr gefüttert wird. Schließlich schließt er durch Induktion darauf, dass er immer um 9 Uhr gefüttert werden wird. Daher erleidet er am Weihnachtstag einen fürchterlichen Schock, als er, statt gefüttert zu werden, eingefangen und für das Weihnachtsessen geschlachtet wird!

Wie können wir also mit Sicherheit wissen, dass wir bei einem Experiment genug Beobachtungen gemacht haben? Wie oft müssen wir überprüfen, dass sich bestimmte Metalle bei Erhitzung ausdehnen, um daraus schließen zu können, dass sich *alle* Metalle bei Erhitzung ausdehnen? Wie vermeiden wir den Schock des induktivistischen Truthahns? Natürlich können wir sehen, dass das Problem bei dem Truthahn ist, dass er nicht die größere Erfahrung des Farmbetreibers hatte (natürlich nicht haben konnte), der die falsche induktive Schlussfolgerung durch eine richtige, wenn auch kompliziertere hätte ersetzen können: nämlich das Gesetz, dass jeder Truthahn eine Reihe von Tagen erlebt, an denen er gefüttert wird, auf die dann seine Schlachtung folgt!

Es ist hier nicht unsere Absicht, die Wissenschaft auszuhöhlen, indem wir sagen, dass Induktion nutzlos sei oder die Wissenschaft selbst uns nicht zu irgendwelchen fundierten Schlussfolgerungen führen könne. Die Beispiele lehren uns lediglich, die Grenzen jeder Methode anzuerkennen und unsere Schlussfolgerungen, wenn eben möglich, auf eine Kombination von unterschiedlichen Methoden zu gründen.

Die Aufgabe der Deduktion

Ist ein Gesetz einmal durch Induktion formuliert, können wir seine Gültigkeit überprüfen, indem wir anhand des Gesetzes Vorhersagen treffen. Wenn wir beispielsweise davon ausgehen, dass die mendelschen Gesetze wahr sind, können wir aus ihnen eine Vorhersage im Hinblick auf die Frage ableiten, was zum

> *Die Deduktion kann eine wichtige Rolle bei der Bestätigung einer Induktion spielen.*

Beispiel die relative Häufigkeit des Auftretens von blauen Augen in verschiedenen Generationen einer Familie sein sollte. Wenn wir durch direkte Beobachtung herausfinden, dass die Häufigkeit des Auftretens von blauen Augen unserer Vorhersage entspricht, kann man sagen, dass unsere Beobachtungen die Theorie bestätigen, auch wenn diese Art der Bestätigung uns niemals völlige Sicherheit bieten könnte. Hier kann die Deduktion eine wichtige Rolle bei der Bestätigung einer Induktion spielen.

Es kann sein, dass unsere Ausführungen über die Induktion den Eindruck hinterlassen haben, wissenschaftliche Arbeit beginne immer mit der Beobachtung von Daten und mit Schlussfolgerungen, um eine induktive These aufzustellen, die diese Daten dann erklärt. In Wirklichkeit ist die wissenschaftliche Methode jedoch tendenziell komplizierter. Häufig beginnen Wissenschaftler ihre Forschung mit einer vorher getroffenen Entscheidung, nach welcher Art von Daten sie überhaupt suchen wollen. Das heißt, sie haben in ihrem Kopf bereits irgendeine Hypothese oder Theorie, die sie dann überprüfen wollen, und sie suchen nach Daten, die diese Theorie bestätigen könnten. In dieser Situation spielt Deduktion eine wichtige Rolle.

Wie wir bereits im Zusammenhang mit Beobachtungen und Experimenten erwähnt haben, stellten griechische Philosophen die Hypothese auf, dass die Planeten sich in kreisförmigen Umlaufbahnen um die Erde bewegen müssen, da für sie der Kreis die vollkommene Form war. Davon leiteten sie das ab, was sie am Himmel laut dieser Hypothese beobachten sollten. Als ihre Beobachtungen ihre ursprüngliche Hypothese offenbar nicht bestätigten, modifizierten sie diese, indem sie die ursprüngliche Hypothese durch eine weitergehende Hypothese ersetzten, in der zusätzliche Kreisbahnen angenommen wurden, die auf dem ursprünglichen Kreis kreisten (sogenannte Epizykel). Dann benutzten sie diese kompliziertere Hypothese, um daraus ihre Vorhersagen abzuleiten. Die Epizykeltheorie dominierte lange Zeit die Astronomie und wurde schließlich von den revolutionären Ideen von Kopernikus und Kepler aufgehoben und ersetzt.

Keplers Arbeit wiederum veranschaulicht die deduktive Methode. Er griff auf die Beobachtungen des Astronomen Tycho Brahe zurück und versuchte, die Form der Umlaufbahn des Mars vor dem Hintergrund der „Fixsterne“ zu beschreiben. Es gelang ihm zunächst nicht, doch dann kam ihm durch seine geometrischen Studien zur Ellipse eine Idee. Die Idee bestand darin, zunächst die Hypothese aufzustellen, dass die Umlaufbahn des Mars eine Ellipse ist, dann anhand von mathematischen Kalkulationen abzuleiten, was auf Grundlage dieser Hypothese als Beobachtung zu erwarten war, und schließlich diese Vorhersagen mit den tatsächlichen Beobachtungen zu vergleichen. Über die

Gültigkeit der Hypothese der elliptischen Umlaufbahn würde dann entscheiden, wie nah die Vorhersagen den tatsächlichen Beobachtungen kämen.

Diese Schlussfolgerungsmethode nennt man deduktive oder hypothetisch-deduktive Methode der Beweisführung: Von einer Hypothese werden logische Vorhersagen abgeleitet, und diese werden dann mit den tatsächlichen Beobachtungen verglichen.

Da Deduktion ein so wichtiges Verfahren ist, ist sie es wert, kurz genauer betrachtet zu werden. Deduktion ist ein logischer Prozess, bei dem eine Behauptung, die wir beweisen wollen (die Schlussfolgerung), logisch aus etwas hergeleitet wird, was wir bereits akzeptieren (die Prämissen). Hier ist ein Beispiel für logische Deduktion (ein sogenannter Syllogismus):

P1:	Alle Hunde haben vier Beine.
P2:	Fido ist ein Hund.
C:	Fido hat vier Beine.

Hier sind die Aussagen P1 und P2 die Prämissen, und C ist die Schlussfolgerung. Wenn P1 und P2 wahr sind, dann ist C wahr. Oder anders ausgedrückt: Wären P1 und P2 wahr und C falsch, läge hier ein logischer Widerspruch vor. Das ist das Wesen einer logisch gültigen Deduktion.

Lassen Sie uns nun ein Beispiel einer logisch ungültigen Deduktion betrachten:

P1:	Viele Hunde haben ein langes Fell.
P2:	Albert ist ein Hund
C:	Albert hat ein langes Fell.

Hier folgt die Aussage C nicht automatisch aus P1 und P2. Es kann durchaus möglich sein, dass P1 und P2 wahr sind und C dennoch falsch ist.

Das scheint so einfach zu sein, dass die Gefahr besteht, jetzt abzuschalten. Aber tun Sie das bitte nicht, sonst wird Ihnen etwas sehr Wichtiges entgehen – und zwar, dass man allein anhand von deduktiver Logik bei keiner der in diesem Verfahren getätigten Aussagen feststellen kann, ob sie überhaupt wahr ist. Alles, was die Logik uns sagen kann (aber das ist sehr wichtig!), ist, dass, wenn die Prämissen stimmen und das Argument logisch gültig ist, die Schlussfolgerung wahr ist. Um dies deutlich zu machen, lassen Sie uns ein letztes Beispiel betrachten:

P1:	Alle Planeten haben einen verborgenen Ozean.
P2:	Merkur ist ein Planet.
C:	Merkur hat einen verborgenen Ozean.

Das ist ein logisch gültiges Argument, auch wenn die Aussagen P1 und C (soweit wir wissen) falsch sind. Das Argument sagt nur, dass, wenn P1 und P2 wahr sind, C auch wahr sein müsste, was ein gültiger Schluss ist. Diese Art von Dingen mag uns zunächst fremd erscheinen, aber das Beispiel kann uns helfen zu verstehen, dass Logik nur die Form eines Arguments überprüfen kann, ob es gültig ist oder nicht.[171] Logik kann uns aber nicht sagen, ob die Prämissen und die daraus abgeleiteten Schlussfolgerungen wahr sind. Logik hat etwas mit der Art und Weise zu tun, wie manche Aussagen von anderen abgeleitet werden, sie kann aber nichts über die Wahrheit dieser Aussagen sagen.

Wir sollten auch beachten, dass die deduktive Schlussfolgerung in der reinen Mathematik eine zentrale Rolle spielt, wo Theorien durch Ableitungen aus genauen und vorgegebenen Axiomen konstruiert werden (wie bei der euklidschen Geometrie). Die Ergebnisse (oder Theoreme, wie sie üblicherweise genannt werden) werden als wahr angesehen, wenn es eine logisch gültige Deduktionskette gibt, mit der sie von den Axiomen abgeleitet werden. Solche deduktiven Beweise geben uns eine Gewissheit (die Stimmigkeit der Axiome vorausgesetzt), die in der induktiven Wissenschaft nicht erreicht werden kann.

> *Logik hat etwas mit der Art und Weise zu tun, wie manche Aussagen von anderen abgeleitet werden, sie kann aber nichts über die Wahrheit dieser Aussagen sagen.*

In der Praxis werden Induktion und Deduktion für gewöhnlich beide bei der Aufstellung von wissenschaftlichen Theorien eingesetzt. Wir haben oben von Keplers Einsatz von Deduktion bei der Herleitung seiner Theorie gesprochen, dass der Mars sich ellipsenförmig um die Sonne bewegt. Er dachte jedoch erst an eine Ellipse (anstelle zum Beispiel einer Parabel oder Hyperbel), weil er durch Brahes Beobachtungen zu der Überzeugung gelangt war, dass die Umlaufbahn des

171 Weshalb man auch von „formaler Logik" spricht: Es geht um die Richtigkeit der *Form* der Argumentation, nicht des Inhalts (A. d. V.).

Mars grob eiförmig ist. Die Eiform war Folge einer anfänglichen Vermutung durch eine Induktion aus astronomischen Beobachtungen.

Aus denselben Daten können gegensätzliche Hypothesen entstehen

Doch hier sollten wir beachten, dass bei der Interpretation der gesammelten Daten unterschiedliche Hypothesen erstellt werden können, die diesen Daten entsprechen. Wir möchten das an zwei Beispielen deutlich machen:

Ein Beispiel aus der Astronomie. Als wir oben über die Rolle der Deduktion nachgedacht haben, haben wir zwei Hypothesen aus der antiken Astronomie angeführt, die zur Erklärung der Bewegungen der Planeten vorgelegt wurden. Die nachfolgenden Verfeinerungen des epizyklischen Modells schienen den Daten zu entsprechen; allerdings wurde die Hypothese damit immer komplizierter, da auch immer mehr Kreise notwendig waren. Keplers Vorschlag hingegen entsprach ebenfalls den Daten, indem er die komplexe Anordnung von Kreisen einfach durch eine einzige Ellipse ersetzte, wodurch die ganze Sache enorm vereinfacht wurde. Angenommen, wir wüssten nichts über die Schwerkraft und dass man anhand der Newtonschen Gesetze daraus elliptische Umlaufbahnen ableiten kann, wie sollten wir uns dann für eine der beiden Erklärungen entscheiden?

An dieser Stelle könnten sich Wissenschaftler auf ein Prinzip berufen, das manchmal als „Ockhams Rasiermesser" (nach Wilhelm von Ockham) bezeichnet wird. Dies ist die Vorstellung, dass die einfacheren Erklärungen für natürliche Phänomene wahrscheinlicher zutreffen als die komplizierteren. Genauer gesagt heißt dies, dass wir im Fall von zwei widersprüchlichen Hypothesen, die denselben Daten entsprechen, uns für die entscheiden sollten, die die geringste Anzahl von zusätzlichen Annahmen oder Komplikationen beinhaltet. Die metaphorische Verwendung des Wortes „Rasiermesser" bezieht sich darauf, dass man von der Hypothese quasi so viel wegschneidet oder abrasiert, bis so wenig Vorannahmen wie möglich übrig bleiben. „Ockhams Rasiermesser" hat sich als sehr nützliche Methode erwiesen, aber wir sollten beachten, dass es sich um eine philosophische Präferenz handelt und diese nicht für alle Fälle als wahr bewiesen werden kann. Daher sollte man sie nur mit Vorsicht anwenden.

> *Das Prinzip, das manchmal als „Ockhams Rasiermesser" (nach Wilhelm von Ockham) bezeichnet wird, ist die Vorstellung, dass die einfacheren Erklärungen für natürliche Phänomene wahrscheinlicher zutreffen als die komplizierteren.*

Ein Beispiel aus der Physik. Ein weiteres Beispiel für die Art und Weise, wie sich unterschiedliche Hypothesen auf dieselben Daten beziehen können, findet man in einer bekannten Übung aus der Schulphysik. Man gibt uns dazu eine Feder, eine Anzahl von Gewichten und ein Lineal, und wir werden aufgefordert, eine Grafik über die Federlänge im Vergleich zum Gewicht zu erstellen, das an deren Ende hängt. Am Ende haben wir, sagen wir mal, 10 Punkte auf dem Papier, die (mit ein bisschen Vorstellungskraft!) so aussehen, als lägen sie auf einer geraden Linie. Dann machen wir einen induktiven Schritt und zeichnen eine gerade Linie, die durch die meisten der Punkte verläuft, und behaupten, dass es ein lineares Verhältnis zwischen der Federlänge und der durch die Gewichte erzeugten Spannung (gemäß dem Hookschen Gesetz) gibt. Aber dann wird uns bewusst, dass man auch ganz andere Kurven durch diese 10 Punkte zeichnen könnte, sogar eine unendliche Anzahl. Würde man die Kurve verändern, würde sich dadurch auch das Verhältnis zwischen Federlänge und Spannung verändern. Aber warum sollten wir uns anstatt für die gerade Linie nicht für eine der anderen Kurven entscheiden? In der gerade beschriebenen Situation gibt es also viele Hypothesen, die derselben Reihe von Daten entsprechen. Wie entscheidet man sich für eine von ihnen?

Die Anwendung von „Ockhams Rasiermesser" würde dazu führen, dass man sich für die eleganteste oder wirtschaftlichste Lösung entscheidet – eine gerade Linie ist einfacher als eine komplizierte Kurve. Wir könnten das Experiment auch mit 100 Punkten, 200 Punkten usw. durchführen. Die Ergebnisse würden unser Vertrauen darin bestärken, dass die gerade Linie die korrekte Lösung war. Wenn wir Beweise auf diese Weise sammeln, spricht man von „kumulierter Häufigkeit" oder „Summenhäufigkeit", die für die Gültigkeit einer Hypothese sprechen.

Bis hierhin haben wir uns verschiedene Methoden angeschaut, die Wissenschaftler anwenden, und haben gesehen, dass uns keine von ihnen eine hundertprozentige Sicherheit bietet (eine Ausnahme bilden deduktive Beweise in der Mathematik, wo es gewiss ist, dass bestimmte Schlüsse aus bestimmten Axiomen folgen). Wir möchten jedoch noch einmal betonen: Dies heißt auf keinen Fall, dass das Gebäude der Wissenschaft kurz vor dem Zusammenbruch steht! Was wir mit „keine hundertprozentige Sicherheit" meinen, ist, dass immer eine kleine Möglichkeit besteht, dass ein bestimmtes Resultat oder eine bestimmte Theorie falsch sein könnte. Aber das heißt nicht, dass wir Theorien nicht grundsätzlich vertrauen könnten.

In der Tat gibt es manchmal Situationen wie bei dem Lackmustest für Säure, der in der Vergangenheit zu 100 Prozent erfolgreich war. Auch wenn uns dies formal keinen hundertprozentigen Erfolg für die Zukunft garantiert, werden Wissenschaftler es als Tatsache bezeichnen, dass sich

Lackmuspapier rot verfärbt, wenn es in Säure getaucht wird. Mit „Tatsache“ meinen sie, wie es der Paläontologe Stephen Jay Gould nett ausgedrückt hat, dass etwas „bis zu dem Grad bestätigt ist, dass es widersinnig wäre, ihm die einstweilige Zustimmung vorzuenthalten“.[172]

In anderen Situationen sind wir bereit, unser Leben den Ergebnissen von Wissenschaft und Technik anzuvertrauen, auch wenn wir wissen, dass sie nicht hundertprozentig sicher sind. Bevor wir beispielsweise mit dem Zug reisen, wissen wir, dass theoretisch etwas schiefgehen könnte – zum Beispiel könnten die Bremsen und Signale versagen und einen Zugunfall verursachen. Aber aus den Statistiken zu Bahnreisen wissen wir auch, dass die Wahrscheinlichkeit eines solchen Ereignisses tatsächlich sehr gering ist (wenn auch nicht gleich null – Zugunfälle gibt es immer wieder). Da die Wahrscheinlichkeit eines Unfalls so gering ist, denken die meisten von uns, die mit dem Zug unterwegs sind, dabei nicht über das Risiko nach.

Andererseits dürfen wir nicht davon ausgehen, dass wir alle vorgeschlagenen Hypothesen, die mit der wissenschaftlichen Methode aufgestellt wurden, ungeprüft als absolute Tatsachen akzeptieren können.

Eines der Prüfkriterien nennt man Falsifizierbarkeit.

Falsifizierbarkeit

Karl Popper stellte nicht die Verifizierbarkeit einer Hypothese, sondern deren Falsifizierbarkeit in den Mittelpunkt. Leider kann Poppers Terminologie sehr verwirrend sein, da das Adjektiv „falsifizierbar“ nicht „wird sich als falsch erweisen“ bedeutet. Die Verwirrung wird noch schlimmer, wenn man sich andererseits bewusst macht, dass das Verb „falsifizieren“ „aufzeigen, dass etwas falsch ist“ bedeutet. Der Begriff „falsifizierbar“ hat in Wirklichkeit eine technische Bedeutung. Eine Hypothese wird als falsifizierbar betrachtet, wenn logisch mögliche Beobachtungen denkbar sind, die sie widerlegen könnten.

Es ist natürlich viel einfacher, eine allgemeingültige Aussage zu falsifizieren, als sie zu verifizieren. Zur Veranschaulichung nehmen Sie eines unserer früheren Beispiele. Die Aussage „Alle Schwäne sind weiß“ ist sofort leicht falsifizierbar. Man müsste nur einen Schwan entdecken, der schwarz ist, und könnte sie damit falsifizieren. Und da wir wissen, dass schwarze Schwäne existieren, ist diese Aussage schon lange falsifiziert worden.

172 Gould, *Evolution as Fact and Theory*, 119

Es kann jedoch Schwierigkeiten geben, denn der Großteil der wissenschaftlichen Tätigkeit ist viel komplexer als der Umgang mit Behauptungen wie „Alle Schwäne sind weiß“!

Der Begriff „falsifizierbar" hat in Wirklichkeit eine technische Bedeutung. Eine Hypothese wird als falsifizierbar betrachtet, wenn logisch mögliche Beobachtungen denkbar sind, die sie widerlegen könnten.

Zum Beispiel schienen im 19. Jahrhundert die Beobachtungen des Planeten Uranus zu zeigen, dass seine Bewegung den auf Grundlage der Newtonschen Gesetze getroffenen Vorhersagen widersprachen. Daher bestand die Gefahr, dass die Newtonschen Gesetze falsch waren. Doch statt sofort zu sagen, dass diese nun falsifiziert worden seien, schlugen sowohl der französische Mathematiker Urbain Le Verrier als auch der englische Astronom John Couch Adams (die sich beide nicht kannten) vor, dass es in der Nachbarschaft des Uranus einen bislang unentdeckten Planeten geben könnte, was sein offenbar anormales Verhalten erklären würde. Dies brachte einen weiteren Wissenschaftler, den deutschen Astronomen Johann Galle, dazu, nach einem neuen Planeten zu suchen – und er entdeckte den Planeten Neptun.

Es wäre daher nicht korrekt gewesen, das Verhalten des Uranus so zu verstehen, als falsifiziere es die Newtonschen Gesetze. Das Problem war eine Unkenntnis der Ausgangsbedingungen: In der untersuchten Konfiguration fehlte ein Planet. Mit anderen Worten: Ein Teil der entscheidenden Daten fehlte. Diese Geschichte demonstriert eines der Probleme in Poppers Ansatz. Wenn die Beobachtung nicht der Theorie entspricht, könnte es sein, dass die Theorie falsch ist, aber es könnte ebenso möglich sein, dass die Theorie korrekt ist, die Daten aber unvollständig oder sogar falsch sind oder dass einige der zusätzlichen Annahmen inkorrekt sind. Wie kann man dann darüber entscheiden, welches das korrekte Bild ist?

Die meisten Wissenschaftler haben in der Tat das Gefühl, dass Poppers Vorstellungen viel zu pessimistisch sind und seine Methodologie gegen alle Intuition steht. Denn ihre Intuition und ihre Erfahrung sagen ihnen, dass es ihre wissenschaftlichen Methoden ihnen tatsächlich ermöglichen, das Universum immer besser zu verstehen, und dass sie in diesem Sinne die Wirklichkeit besser in den Griff bekommen. Positiv an Poppers Ansatz ist jedoch, dass er auf der Überprüfbarkeit wissenschaftlicher Theorien besteht.

Wiederholbarkeit und Abduktion

Die wissenschaftliche Tätigkeit, über die wir bis hierhin nachgedacht haben, ist durch *Wiederholbarkeit* gekennzeichnet. Das heißt, wir haben

Situationen betrachtet, in denen Wissenschaftler nach allgemeingültigen Gesetzen gesucht haben, die wiederholbare Phänomene erklären - Gesetze, die (wie die Newtonschen Bewegungsgesetze) durch Experimente immer und immer wieder überprüft werden können. Wissenschaften dieser Art bezeichnet man oft als induktive oder nomologische Wissenschaften (griechisch *nomos* = Gesetz). Sie decken den Großteil der Wissenschaft ab.

Es gibt jedoch auch große Gebiete der wissenschaftlichen Forschung, wo Wiederholbarkeit nicht möglich ist, insbesondere das Studium der Ursprünge des Universums sowie des Ursprungs und der Entwicklung des Lebens.

Nun wollen wir keinesfalls andeuten, dass die Wissenschaft nichts über nicht wiederholbare Phänomene zu sagen hätte. Im Gegenteil: Die Menge an veröffentlichter Literatur (insbesondere, jedoch nicht ausschließlich, auf populärer Ebene) legt die Einschätzung nahe, dass beispielsweise der Ursprung des Universums und des Lebens zu den interessantesten Themen gehören, mit denen sich die Wissenschaft bislang beschäftigt hat.

Doch gerade weil solche nicht wiederholbaren Phänomene so wichtig sind, muss man bedenken, dass die Wissenschaft im Allgemeinen zu ihnen nicht denselben Zugang hat wie zu wiederholbaren Phänomenen. Denn Theorien über diese beiden Bereiche werden der Öffentlichkeit im großen Namen der Wissenschaft tendenziell so präsentiert, als ob es die gleiche Gewissheit gäbe wie bei induktiver Wissenschaft. Daher besteht die reale Gefahr, dass die Öffentlichkeit Spekulationen über nicht wiederholbare Ereignisse, die nicht experimentell verifizierbar sind, dieselbe Autorität und Gültigkeit beimisst wie jenen Theorien, die durch wiederholte Experimente bestätigt wurden.

Der Chemiker und Philosoph Michael Polanyi weist darauf hin, dass das Studium des Ursprungs einer Sache sich üblicherweise sehr von dem Studium ihrer Funktionsweise unterscheidet, obwohl natürlich Hinweise auf den Ursprung auch in der Funktionsweise zu finden sind. Es ist eine Sache, etwas Wiederholbares im Labor zu untersuchen (zum Beispiel die Dissektion eines Frosches, um zu sehen, wie sein Nervensystem funktioniert), aber eine völlig andere, etwas zu erforschen, was nicht wiederholt werden kann (zum Beispiel, wie Frösche als Gattung eigentlich entstanden sind). Und wenn wir hier größer denken, ist es eine Sache, wie das Universum funktioniert, doch wie es entstanden ist, ist eine ganz andere.

Es ist eine Sache, wie das Universum funktioniert, doch wie es entstanden ist, ist eine ganz andere.

Der größte Unterschied zwischen der Erforschung von nicht wiederholbaren und wiederholbaren Phänomenen ist, dass die Methode der Induktion nicht länger angewendet werden kann, da wir keine Reihe von Beobachtungen oder Experimenten haben, von denen wir etwas induzieren könnten, noch irgendeine Wiederholung in der Zukunft stattfinden wird, über die wir Vorhersagen treffen könnten! Die Hauptmethode, die bei nicht wiederholbaren Phänomenen angewendet wird, ist *Abduktion.*

Auch wenn dieser Begriff, der zuerst vom Logiker Charles Peirce im 19. Jahrhundert verwendet wurde, vielleicht nicht sehr bekannt ist, ist die ihm zugrunde liegende Vorstellung weit verbreitet. Denn Abduktion ist das, was jeder gute Kommissar tut, wenn er einen Mordfall aufklären muss! In Zusammenhang mit dem Mord muss etwas Bestimmtes stattgefunden haben. Daran besteht kein Zweifel. Die Frage lautet: Wer oder was war der Grund für dieses Ereignis? Und oft ist bei der Suche nach den Gründen für ein bereits geschehenes Ereignis Abduktion die einzig verfügbare Methode.

Stellen Sie sich als Beispiel für abduktive Schlussfolgerung Folgendes vor:

Daten:	Iwans Auto fuhr über den Klippenrand, und er wurde getötet.
Schlussfolgerung:	Wenn die Bremsen des Autos versagt haben, musste das Auto über den Klippenrand fahren.
Abduktive Folgerung:	Es besteht Anlass zu der Vermutung, dass die Bremsen versagt haben.

Es bietet sich jedoch eine Alternative an (insbesondere für passionierte Krimileser): Wenn jemand Iwans Auto über die Klippe geschoben hätte, wäre das Ergebnis dasselbe gewesen! Es wäre trügerisch und ziemlich töricht, anzunehmen, dass, nur weil wir nur an *eine* Erklärung für die Umstände gedacht haben, diese auch die einzige *ist.*

Die grundlegende Idee der Abduktion zeigt uns das folgende Schema:

Daten:	A wurde festgestellt.
Schlussfolgerung:	Stimmt B, wäre A die Folge davon.
Abduktive Folgerung:	Es gibt Grund zur Annahme, dass B wahr sein könnte.

Natürlich könnte es auch gut eine weitere Hypothese geben, C, über die wir sagen könnten: Wenn C stimmt, würde A daraus folgen. In der Tat gibt es für C viele Möglichkeiten.

Der Kommissar in unserer Geschichte führt eine bestimmte Prozedur durch, um jede einzelne in Erwägung zu ziehen. Zuerst wird er vielleicht die Zufalls-Hypothese B betrachten, dass die Bremsen versagt haben. Dann wird er vielleicht über Hypothese C nachdenken, dass das Ereignis kein Zufall war, sondern absichtlich von einem Mörder geplant wurde, der das Auto über die Klippe geschoben hat. Oder der Kommissar könnte eine komplexere Hypothese D in Betracht ziehen, die Zufall und Absicht kombiniert – dass jemand, der Iwan umbringen wollte, die Bremsen des Autos manipuliert hat, damit sie irgendwann versagen, und dies geschah dann auf den Klippen!

Schluss auf die beste Erklärung. Unser Kriminalfall veranschaulicht, wie durch den Prozess der Abduktion plausible Hypothesen entwickelt werden und wir vor die Frage gestellt werden, welche der Hypothesen am besten zu den Daten passt. Um diese Frage zu beantworten, müssen die Hypothesen im Hinblick auf ihre Aussagekraft verglichen werden. Für wie viele Daten liefern sie eine Erklärung, ist die Theorie in sich stimmig, ist sie vereinbar mit anderen Wissensgebieten usw.?

Zur Beantwortung dieser weiter reichenden Fragen wird oft Deduktion eingesetzt. Wenn beispielsweise B in unserer Kriminalgeschichte stimmt, dann würden wir erwarten, dass eine Untersuchung der Bremsen des Autowracks ergibt, dass manche Teile abgenutzt oder kaputt sind. Wenn C richtig ist, würden wir daraus ableiten, dass die Bremsen in perfektem Zustand sind, und wenn D der Fall ist, würden wir vielleicht Hinweise auf eine absichtliche Beschädigung des hydraulischen Bremssystems finden. Würden wir entsprechende Spuren finden, würde D sofort als die beste der bis dahin gegebenen gegensätzlichen Erklärungen betrachtet werden, da ihre Aussagekraft größer ist als die der anderen.

Daher kann Abduktion zusammen mit dem darauffolgenden Vergleich der gegensätzlichen Hypothesen als „Schluss auf die beste Erklärung“[173]

173 Ein *Schluss auf die beste Erklärung* (*Inference to Best Explanation*, kurz IBE) ist ein abduktiver Schluss, mit dem eine bestimmte Hypothese gegenüber anderen Hypothesen ausgezeichnet wird. (Wikipedia, abgerufen am 12.2.2019, A. d. V.)

betrachtet werden. Das ist die Essenz nicht nur der Arbeit von Polizei und Justiz, sondern auch von Historikern. Sowohl der Kommissar als auch der Historiker müssen die bestmögliche Erklärung aus den vorhandenen Daten schlussfolgern, nachdem die Ereignisse, an denen sie interessiert sind, geschehen sind.

Mehr über den Einsatz von Abduktion in den Naturwissenschaften (insbesondere in den Bereichen Kosmologie und Biologie) erfahren Sie in den Büchern von John Lennox, die am Ende dieses Anhangs aufgeführt sind. Hier müssen wir nun noch einige andere der allgemeinen Themen betrachten, die in Zusammenhang mit der wissenschaftlichen Arbeit stehen.

WIE ERKLÄRT DIE WISSENSCHAFT DINGE?

Erklärungsebenen

Die Wissenschaft erklärt. Das fasst für viele Menschen die Kraft und Faszination der Wissenschaft zusammen. Die Wissenschaft ermöglicht es uns, Dinge zu verstehen, die wir zuvor nicht verstanden haben, und indem sie uns Verständnis schenkt, schenkt sie uns auch Macht über die Natur. Aber was meinen wir, wenn wir sagen: „Die Wissenschaft erklärt"?

In der Umgangssprache sprechen wir von einer angemessenen Erklärung, wenn die Person, der etwas erklärt wird, danach etwas gut versteht, was sie zuvor nicht verstanden hat. Wir müssen jedoch versuchen, präzise zu sein, denn beim Prozess der „Erklärung" gibt es verschiedene Aspekte, die oft verwechselt werden. Eine Veranschaulichung kann uns hier helfen. Wir haben bereits einen ähnlichen Gedankengang im Zusammenhang mit Rosen entwickelt. Lassen Sie uns nun einen Blick auf weitere Beispiele werfen.

Stellen Sie sich vor, Tante Olga hat einen leckeren Kuchen gebacken. Sie präsentiert ihn einer Versammlung von weltweit führenden Wissenschaftlern, und wir bitten diese, uns den Kuchen zu erklären. Der Ernährungswissenschaftler wird uns etwas über die Kalorienanzahl im Kuchen und seinen Nährwert erzählen. Der Biochemiker wird uns über die Struktur der Proteine, Fette usw. informieren und uns erzählen, durch was sie zusammengehalten werden. Der Chemiker wird die einzelnen Elemente aufzählen und ihre Verbindungen beschreiben. Der Physiker wird den Kuchen im Hinblick auf Elementarteilchen analysieren können. Und der Mathematiker wird uns eine Reihe von schönen Gleichungen anbieten, um das Verhalten dieser Teilchen zu beschreiben. Stellen Sie sich also vor, dass uns diese

Experten eine umfassende Beschreibung des Kuchens geliefert haben, jeder aus Sicht seiner wissenschaftlichen Disziplin. Können wir sagen, dass der Kuchen nun vollständig erklärt wurde? Wir haben sicherlich eine Beschreibung erhalten, wie der Kuchen gemacht wurde und in welchem Verhältnis die verschiedenen Elemente zueinander stehen. Aber stellen Sie sich nun vor, wir würden die versammelte Expertengruppe fragen, *warum* der Kuchen gemacht wurde. Wir bemerken das Grinsen in Tante Olgas Gesicht. Sie kennt die Antwort, denn schließlich hat sie den Kuchen gemacht! Aber klar ist: Wenn sie uns die Antwort nicht verrät, wird keine noch so ausgiebige wissenschaftliche Analyse uns je die Antwort liefern.

Also kann die Wissenschaft zwar „Wie"-Fragen hinsichtlich Ursachen und Mechanismen beantworten, aber keine „Warum"-Fragen, Fragen nach Sinn und Absicht – teleologische Fragen, wie sie manchmal genannt werden (griechisch *telos* = Endzweck oder Ziel).

Es wäre jedoch absurd, wenn man zum Beispiel behaupten würde, dass Tante Olgas Antwort auf die teleologische Frage, nämlich dass sie den Kuchen für Sams Geburtstag gebacken habe, der wissenschaftlichen Analyse des Kuchens widerspräche! Nein. Beide Arten von Antworten sind eindeutig logisch vereinbar.

> *Die Wissenschaft kann zwar „Wie"-Fragen hinsichtlich Ursachen und Mechanismen beantworten, aber keine „Warum"-Fragen, Fragen nach Sinn und Absicht.*

Und doch zeigt sich genau diese Vermischung verschiedener Kategorien, wenn Atheisten argumentieren, man brauche nicht länger Gott und das Übernatürliche, um die Abläufe in der Natur zu erklären, da wir nun eine wissenschaftliche Erklärung dafür hätten. Dadurch hat sich in der allgemeinen Öffentlichkeit die Ansicht verbreitet, dass der Glaube an einen Schöpfer einem primitiven und einfachen Stadium des menschlichen Denkens zuzuordnen sei und die Wissenschaft gezeigt habe, dass dieser sowohl unnötig als auch unmöglich sei.

Aber hier gibt es einen offensichtlichen Fehler. Denken Sie an einen Ford-Automotor. Es ist vorstellbar, dass ein primitiver Mensch, der einen solchen Motor zum ersten Mal sieht und die Prinzipien eines Verbrennungsmotors nicht versteht, sich vielleicht vorstellt, in dem Motor sei ein Gott (Herr Ford), der ihn zum Laufen bringe. Zudem könnte dieser Mensch sich vorstellen, dass der Grund für die gute Funktion des Motors sei, dass Herr Ford im Inneren des Motors ihn als Fahrer möge, und wenn der Motor nicht funktioniert, dass Herr Ford ihm nicht wohlgesonnen sei. Wenn dieser primitive Mensch dann zivilisiert werden würde, etwas über

Maschinenbau lernen und den Motor auseinanderbauen würde, würde er natürlich entdecken, dass es in dem Motor keinen Herrn Ford gibt und dass er Herrn Ford nicht als Erklärung für die Funktion des Motors braucht. Was er über die unpersönlichen Prinzipien der Verbrennung gelernt hat, würde allgemein ausreichen, um die Funktion des Motors zu erklären. So weit, so gut. Doch wenn er dann am Ende zu dem Schluss käme, dass ihm nun sein Verständnis der Prinzipien der Verbrennung es unmöglich macht, an die Existenz eines Herrn Ford zu glauben, der den Motor entwickelt hat, wäre dies schlicht und einfach falsch!

BILD Anh. 2. ***Ford-Automobil, Model A aus dem Jahr 1929***

Die Ford Motor Company, die 1913 die erste Fließbandfertigung einführte, baute von 1908 bis 1927 mehr als 15 Millionen T-Modelle. Unser Foto zeigt das Nachfolgemodell Ford A, das zwischen 1928 und 1931 produziert wurde.

© unsplash.com/Philip Schroeder

Ebenso ist es eine Vermischung von Kategorien, wenn man behauptet, unser Verständnis der unpersönlichen Funktionsprinzipien des Universums machten den Glauben an die Existenz eines persönlichen Gottes unnötig oder überflüssig, der den großen Motor namens Universum entworfen und geschaffen hat und auch aufrechterhält. Mit anderen Worten: Wir sollten die Funktionsmechanismen des Universums nicht mit seiner Ursache verwechseln. Jeder von uns kennt den Unterschied zwischen dem bewussten Bewegen eines Armes mit einer bestimmten Absicht und der unwillkürlichen spasmischen Bewegung eines Armes, die durch den zufälligen Kontakt mit elektrischem Strom ausgelöst wird.

> *Wir sollten die Funktionsmechanismen des Universums nicht mit seiner Ursache verwechseln.*

Michael Poole, wissenschaftlicher Gastmitarbeiter am King's College in London im Bereich Wissenschaft und Religion, drückt es in seiner veröffentlichten Debatte mit Richard Dawkins so aus:

> Es gibt keinen logischen Konflikt zwischen vernünftigen Erklärungen, die sich auf Mechanismen beziehen, und vernünftigen Erklärungen, die sich auf die Pläne und Zwecke eines menschlichen oder göttlichen Akteurs beziehen. Dies ist ein Aspekt der Logik, unabhängig davon, ob man nun selbst an Gott glaubt oder nicht.[174]

Einer der Autoren stellte in einer Debatte mit Richard Dawkins fest, dass sein Gegenüber die Kategorien von Mechanismus und handelnder Instanz durcheinanderbrachte:

> Als Isaac Newton beispielsweise sein Gesetz der Schwerkraft entdeckte und die Bewegungsgleichungen niederschrieb, sagte er nicht: „Fabelhaft, jetzt verstehe ich es. Ich habe einen Mechanismus, daher brauche ich Gott nicht." Tatsächlich war genau das Gegenteil der Fall. Weil er die Komplexität der Raffinesse der mathematischen Beschreibung des Universums verstand, lobte er Gott umso mehr. Und ich möchte gerne anmerken, Richard, dass du hier einen Kategoriefehler begehst, weil du Mechanismus und handelnde Instanz verwechselst: Wir hätten einen Mechanismus, der XYZ tut, daher bräuchten wir keine handelnde Instanz. Ich würde behaupten, dass die Raffinesse des Mechanismus – und die Wissenschaft freut sich, wenn sie auf solche Mechanismen stößt – ein Beweis für das reine Wunder der kreativen Genialität Gottes ist.[175]

---

174 Poole, *Critique of Aspects of the Philosophy and Theology of Richard Dawkins*, 49

175 Lennox' Antwort auf Dawkins' erste These „Glaube ist blind, Wissenschaft basiert auf Beweisen", in *The God Delusion Debate*, moderiert von der Fixed Point Foundation, University of Alabama in Birmingham, gefilmt und live ausgestrahlt am 3. Oktober 2007,

Trotz der Klarheit der Logik, die bei den Kontrapunkten ausgedrückt wird, wird eine berühmte Aussage des französischen Mathematikers Laplace ständig missbraucht, um den Atheismus zu unterstützen. Als er von Napoleon gefragt wurde, wie Gott in seine mathematische Arbeit passe, antwortete Laplace: „Sir, diese Hypothese brauche ich nicht." Natürlich tauchte Gott nicht in Laplaces mathematischer Beschreibung der Funktionsweise von Dingen auf, wie auch Herr Ford in keiner wissenschaftlichen Beschreibung der Gesetze des Verbrennungsmotors auftauchen würde. Aber was beweist das? Ein solches Argument kann man genauso wenig verwenden, um zu beweisen, dass Gott nicht existiert, wie man es verwenden kann, um die Nichtexistenz von Herrn Ford zu beweisen.

Zusammenfassend lässt sich sagen: Man muss sich der Gefahr bewusst sein, dass man verschiedene Erklärungsebenen vertauschen kann und denkt, eine Erklärungsebene erzähle die ganze Geschichte.

Dies bringt uns unmittelbar zu dem damit verbundenen Thema des Reduktionismus.

Reduktionismus

Um eine Sache zu erforschen – insbesondere, wenn sie sehr komplex ist –, teilen Wissenschaftler sie häufig in verschiedene Teile oder Aspekte auf und „reduzieren" sie damit auf einfachere Bestandteile, die einzeln leichter zu untersuchen sind. Diese Art von Reduktionismus, der oft als methodologischer oder struktureller Reduktionismus bezeichnet wird, ist Teil des normalen wissenschaftlichen Prozesses und hat sich als sehr nützlich erwiesen. Es ist jedoch sehr wichtig, dass man dabei im Hinterkopf behält, dass es möglicherweise (meistens ist dem so) mehr über ein gegebenes Ganzes zu sagen gibt als das, was wir erhalten, wenn wir all das zusammennehmen, was wir aus den einzelnen Teilen erkannt haben. Studiert man alle Teile einer Armbanduhr für sich, wird man nie begreifen können, wie die vollständige Armbanduhr als integriertes Ganzes funktioniert.

Neben dem methodologischen Reduktionismus gibt es zwei weitere Arten von Reduktionismus: den epistemologischen und den ontologischen Reduktionismus. Der *epistemologische Reduktionismus* ist die Sicht, dass höhere Ebenen von Wissenschaft vollständig durch die Wissenschaft auf

---

http://fixed-point.org/index.php/video/35-full-length/164-the-dawkins-lennox-debate. Die Niederschrift stammt im Original von ProTorah, http://www.protorah.com/god-delusion-debate-dawkins-lennox-transcript/.

einer niedrigeren Ebene erklärt werden können. Das heißt, Chemie wird durch Physik erklärt, Biochemie durch Chemie, Biologie durch Biochemie, Psychologie durch Biologie, Soziologie durch die Hirnforschung und Theologie durch Soziologie. Wie Francis Crick sagt: „Tatsächlich ist ja auch das Endziel der modernen biologischen Forschung, die *gesamte* Biologie in der Ausdrucksweise von Physik und Chemie verständlich zu machen.“[176] Richard Dawkins, ein ehemaliger *Charles Simonyi Professor of the Public Understanding of Science* an der Universität Oxford, hat dieselbe Sicht: „Meine Aufgabe ist es, Elefanten und die Welt komplexer Dinge anhand der einfachen Dinge zu erklären, die die Physiker entweder verstehen oder an deren Verständnis sie arbeiten.“[177] Das letzte Ziel des Reduktionismus ist, das gesamte menschliche Verhalten, all unsere Vorlieben und Abneigungen, die ganze mentale Landschaft unseres Lebens auf die Physik zu reduzieren.

> *Das letzte Ziel des Reduktionismus ist, das gesamte menschliche Verhalten, all unsere Vorlieben und Abneigungen, die ganze mentale Landschaft unseres Lebens auf die Physik zu reduzieren.*

Jedoch sind sowohl die Durchführbarkeit als auch die Plausibilität dieses Programmes äußerst fraglich. Der hervorragende russische Psychologe Lew Wygotski (1896–1934) sah gewisse Aspekte dieser reduktionistischen Philosophie, so wie sie auf die Psychologie angewendet wurden, kritisch. Er zeigte auf, dass ein solcher Reduktionismus oft mit dem Ziel in Konflikt steht, alle grundlegenden Merkmale eines zu erklärenden Phänomens oder Ereignisses zu erfassen. Zum Beispiel kann man Wasser (H_2O) auf H und O reduzieren. Wasserstoff ist brennbar und Sauerstoff ist notwendig zum Brennen; Wasser jedoch besitzt keine dieser Eigenschaften, sondern hat viele andere, die wiederum Wasserstoff und Sauerstoff nicht haben. Daher war Wygotski der Ansicht, dass Reduktionismus nur bis zu einer gewissen Grenze möglich sei. Karl Popper sagt: „Es gibt fast immer einen ungelösten Rest, der auch bei den erfolgreichsten Reduktionsversuchen übrig bleibt.“[178]

Des Weiteren argumentiert Michael Polanyi, die Erwartung, epistemologischer Reduktionismus funktioniere unter allen Umständen, sei an sich unplausibel.[179] Denken Sie an die unterschiedlichen Prozessebenen beim Bau eines Bürogebäudes mit Mauersteinen. Als Erstes gibt es den Prozess

176 Crick, *Von Molekülen und Menschen*, 20 (Kursivsetzung im Original)
177 Dawkins, *Der blinde Uhrmacher*, 29
178 Popper, *Scientific Reduction*
179 Polanyi, *Implizites Wissen*

der Beschaffung der Rohmaterialien, aus denen die Mauersteine hergestellt werden. Darüber gibt es die Ebene der Mauersteinproduktion (sie produzieren sich nicht selbst), Maurerarbeiten (die Steine setzen sich nicht selbst aufeinander), der Entwurf des Gebäudes (es entwirft sich nicht selbst) und die Planung der Stadt, in der das Gebäude errichtet werden soll (auch diese organisiert sich nicht selbst). Jede Ebene hat ihre eigenen Regeln. Die Gesetze der Physik und der Chemie bestimmen das Rohmaterial der Mauersteine, die Technik bestimmt die Kunst der Mauersteinherstellung, die Architektur belehrt den Bauherren, und die Architekten werden von den Stadtplanern kontrolliert. Jede Ebene wird von der Ebene darüber kontrolliert, aber das Gegenteil trifft nicht zu. Die Gesetze einer höheren Ebene können nicht von den Gesetzen einer niedrigeren Ebene abgeleitet werden (obwohl natürlich das, was auf einer höhere Ebene getan werden kann, von den niedrigeren Ebenen abhängig ist: Wenn beispielsweise die Mauersteine nicht stabil genug sind, wird dies der Größe des Gebäudes, das sicher damit gebaut werden kann, Grenzen setzen).

Betrachten Sie die Buchseite, die Sie gerade lesen. Sie besteht aus mit Druckfarbe bedrucktem Papier (oder, im Falle einer elektronischen Version, aus digital wiedergegebenem Text). Es ist offensichtlich, dass die Physik und Chemie von Farbe und Papier niemals, nicht einmal prinzipiell, uns irgendetwas über die Bedeutung der Formen der Buchstaben auf der Seite sagen können. Und das hat nichts mit der Tatsache zu tun, dass die Fortschritte in der Physik und Chemie noch nicht weit genug sind, um diese Frage zu beantworten. Auch wenn wir diesen Wissenschaften weitere 1000 Jahre Entwicklung zugestehen, werden wir sehen können, dass es keinen Unterschied machen wird, weil die Formen dieser Buchstaben eine absolut andersartige und höhere Erklärungsebene erfordern, als uns Physik und Chemie liefern können. Tatsache ist, dass eine Erklärung nur in Zusammenhang mit den Konzepten von Sprache und Autorenschaft gegeben werden kann – die Kommunikation einer Botschaft durch eine Person. Die Druckfarbe und das Papier sind Träger der Botschaft, aber die Botschaft entsteht nicht automatisch aus ihnen. Was zudem das Thema Sprache selbst angeht, gibt es hier wieder eine Folge von Ebenen – man kann ein Vokabular nicht aus der Phonetik ableiten oder die Grammatik einer Sprache aus ihrem Vokabular usw.

Wie bekannt ist, trägt das genetische Material, die DNA, Information in sich. Wir werden darauf gleich noch genauer eingehen, aber die Grundidee ist folgende: Die DNA – eine Substanz, die in jeder lebenden Zelle zu finden ist – kann man sich als ein langes Band vorstellen, auf dem eine Folge von Buchstaben in einer chemischen Sprache bestehend aus jeweils vier Buchstabengruppen geschrieben ist. Die Buchstabenfolge beinhaltet kodierte Anweisungen (Information), mit der die Zelle Proteine herstellt. Der Biochemiker und Theologe Arthur Peacocke schreibt: „Es ist unmöglich, dass das Konzept der ‚Information', das Konzept der Übermittlung einer Botschaft, anhand der Konzepte von Physik und Chemie artikuliert werden kann, auch wenn Letztere nachweislich erklären kann, wie die molekulare Maschinerie (DNA, RNA und Protein) funktioniert, um Information zu tragen."[180]

In allen diesen zuvor beschriebenen Situationen haben wir eine Reihe von Ebenen, von denen jede höher ist als die vorherige. Was auf einer höheren Ebene passiert, ist nicht vollständig davon ableitbar, was auf der Ebene darunter passiert, sondern erfordert eine andere Erklärungsebene.

In so einer Situation sagt man manchmal, dass sich die Phänomene auf einer höheren Ebene aus der niedrigeren Ebene „ergeben". Leider wird das Wort „ergeben" leicht so missverstanden, dass die Eigenschaften einer höheren Stufe automatisch aus den Eigenschaften der niedrigeren Ebene entstehen. Das ist generell falsch, wie wir anhand der Beispiele der Mauersteinproduktion und der Schrift auf Papier gezeigt haben. Doch ungeachtet der Tatsache, dass sowohl die Schrift auf Papier als auch die DNA gemeinsam haben, dass beide eine kodierte „Botschaft" tragen, beharren die Wissenschaftler, die eine materialistische Philosophie vertreten, darauf, dass die informationstragenden Eigenschaften der DNA automatisch aus geistloser Materie entstanden sein müssen. Denn wenn es, wie der Materialismus behauptet, nichts außer Materie und Energie gibt, folgt logisch daraus, dass sie das inhärente Potenzial besitzen müssen, sich selbst so zu organisieren, dass schließlich all die für das Leben notwendigen komplexen Moleküle entstehen, einschließlich der DNA.[181]

Es gibt noch eine dritte Art von Reduktionismus, genannt *ontologischer Reduktionismus*, auf den man häufig in Aussagen wie der folgenden stößt: Das Universum ist nichts als eine Ansammlung von Atomen in Bewegung, Menschen sind „Maschinen für die Verbreitung von DNA, und die Verbreitung von DNA ist ein sich selbst erhaltender Prozess. Das ist der ausschließliche Zweck des Lebens jedes lebenden Objekts."[182]

---

180 Peacocke, *Experiment of Life*, 54

181 Ob Materie und Energie diese Fähigkeit besitzen, ist eine andere Frage, die in den Büchern diskutiert wird, welche in der Fußnote am Ende dieses Anhangs genannt werden.

182 Dawkins, *Growing Up in the Universe* (Studienband), 21

Wörter wie „nichts als" oder „ausschließlich" sind verräterische Kennzeichen einer (ontologischen) reduktionistischen Denkweise. Wenn wir diese Wörter streichen, bleibt normalerweise etwas übrig, an dem nichts auszusetzen ist. Das Universum ist sicherlich eine Ansammlung von Atomen, und in der Tat verbreiten Menschen DNA. Die Frage ist jedoch: Ist das wirklich alles? Stimmen wir Francis Crick zu, der zusammen mit James D. Watson den Nobelpreis für seine Entdeckung der Doppelhelixstruktur der DNA gewann: „‚Sie', Ihre Freuden und Leiden, Ihre Erinnerungen, Ihre Ziele, Ihr Sinn für Ihre eigene Identität und Willensfreiheit – bei alledem handelt es sich in Wirklichkeit nur um das Verhalten einer riesigen Ansammlung von Nervenzellen und dazugehörigen Molekülen"[183]?

Was sollen wir über menschliche Liebe und Angst, über Konzepte wie Schönheit und Wahrheit sagen? Sind sie bedeutungslos?

Der ontologische Reduktionismus würde uns in letzter Konsequenz dazu auffordern zu glauben, ein Rembrandt-Gemälde sei nichts als auf einer Leinwand verteilte Farbmoleküle. Die Reaktion des Physikers und Theologen John Polkinghorne ist deutlich:

> Es gibt mehr über die Welt zu sagen, als die Physik je ausdrücken kann.
> Eine der grundlegenden Erfahrungen des wissenschaftlichen Lebens ist die des Staunens über die schöne Struktur der Welt. Es ist die Belohnung für die mühsamen Stunden der Arbeit, die man in die Forschung investiert. Doch würde dieses Staunen in der von der Wissenschaft beschriebenen Welt einen Platz finden? Oder unsere Erfahrungen von Schönheit? Oder moralische Verpflichtungen? Oder die Gegenwart Gottes? Diese Dinge scheinen mir genauso fundamental zu sein wie all das, was wir im Labor messen können. Eine Weltanschauung, die diese Dinge nicht angemessen berücksichtigt, ist bedauerlicherweise unvollständig.[184]

Die vernichtendste Kritik am ontologischen Reduktionismus lautet, er sei selbstzerstörerisch. Polkinghorne beschreibt sein Programm als letztendlich selbstmörderisch:

> Denn es verbannt nicht nur unsere Erfahrungen von Schönheit, moralischer Verpflichtung und religiöser Erfahrungen auf den

183 Crick, *Was die Seele wirklich ist*, 17
184 Polkinghorne, *One World*, 72–73

epiphänomenalen Müllhaufen. Er zerstört auch die Rationalität. Denken wird ausgetauscht durch elektrochemische, neuronale Prozesse. Zwei solcher Prozesse können nicht in einen rationalen Diskurs miteinander treten. Sie sind weder richtig noch falsch. Sie passieren einfach. ... Sogar die Behauptungen des Reduktionisten selbst sind dann bloß Signale im neuronalen Netz seines Gehirns. Die Welt des rationalen Diskurses reduziert sich auf das absurde Geschwätz feuernder Synapsen. Offen gesagt kann das nicht richtig sein, und das glaubt auch niemand von uns.[185]

GRUNDLEGENDE VORANNAHMEN BEI DER WISSENSCHAFTLICHEN ARBEIT

Bis jetzt haben wir uns auf die wissenschaftliche Methode konzentriert und gesehen, dass dies ein viel komplexeres (und aus diesem Grund auch viel interessanteres) Thema ist, als es zuerst vielleicht den Anschein hatte. Wie angekündigt, müssen wir nun die Auswirkungen der Tatsache bedenken, dass auch Wissenschaftler, wie alle Menschen, nie völlig frei von vorgefassten Meinungen sind. Die weitverbreitete Vorstellung, dass jeder Wissenschaftler ein völlig leidenschaftsloser Beobachter ist – zumindest wenn er sich bemüht unparteiisch zu sein –, ist falsch. Darauf wurde wiederholt von Wissenschaftsphilosophen und Wissenschaftlern selbst hingewiesen. Zumindest müssen Wissenschaftler sich bereits irgendeine Vorstellung oder eine Theorie über die Natur dessen, was sie studieren werden, gebildet haben.

> *Die weitverbreitete Vorstellung, dass jeder Wissenschaftler ein völlig leidenschaftsloser Beobachter ist – zumindest wenn er sich bemüht unparteiisch zu sein –, ist falsch.*

Beobachtungen sind abhängig von einer Theorie

Es ist einfach nicht möglich, Beobachtungen zu machen und Experimente durchzuführen ohne jegliche Vorannahmen. Bedenken Sie nur zum Beispiel die Tatsache, dass die Wissenschaft ihrer Natur nach selektiv sein muss. Es wäre absolut unmöglich, jeden Aspekt jedes Forschungsobjekts in Betracht zu ziehen. Daher müssen Wissenschaftler sich entscheiden, welche Faktoren wahrscheinlich wichtig sein werden und welche nicht. Zum

185 Polkinghorne, *One World*, 92–93

Beispiel berücksichtigen Wissenschaftler nicht die Farbe der Billardkugeln, wenn sie eine Laboruntersuchung über die Anwendung der Newtonschen Gesetze auf die Bewegung durchführen, aber die Form der Kugeln ist sehr wichtig – „würfelförmige Kugeln" würden nicht viel nützen! Wenn sie solche Entscheidungen treffen, werden Wissenschaftler unvermeidlich von bereits vorher gebildeten Vorstellungen und Theorien geleitet, welche Faktoren wahrscheinlich wichtig sein werden. Das Problem ist, dass solche Vorannahmen manchmal falsch sein können, was zur Folge haben kann, dass ihnen entscheidende Aspekte eines Problems entgehen, sodass sie falsche Schlüsse ziehen. Dies lässt sich gut mit einer berühmten Geschichte über den Physiker Heinrich Hertz veranschaulichen.

Maxwells elektromagnetische Theorie besagte, dass sich Radio- und Lichtwellen mit gleicher Geschwindigkeit verbreiten. Hertz entwickelte ein Experiment, um dies zu überprüfen, und fand heraus, dass die Geschwindigkeiten nicht gleich waren. Sein Fehler, der erst nach seinem Tod entdeckt wurde, war, dass ihm nicht bewusst war, dass die Beschaffenheit seines Labors irgendeinen Einfluss auf die Versuchsergebnisse haben könnte. Leider war dies aber doch der Fall. Die Radiowellen wurden von den Wänden reflektiert und verfälschten seine Ergebnisse.

Die Gültigkeit seiner Beobachtungen hingen von der (vorgefassten) Theorie ab, dass die Beschaffenheit des Labors für sein Experiment irrelevant sei. Die Tatsache, dass diese vorgefasste Meinung falsch war, machte seine Ergebnisse ungültig.

Diese Geschichte zeigt eine weitere Schwierigkeit auf: Wie kann man in einer solchen Situation entscheiden, ob der Fehler in der Theorie oder im Experiment selbst liegt? Wann kann man den Versuchsergebnissen trauen, und wann muss man eine Theorie verwerfen und nach einer besseren Theorie suchen? Oder sollte man weiter an der Theorie festhalten und versuchen, den Fehler im Experimentaufbau zu finden? Auf diese Fragen gibt es keine einfache Antwort. Viel wird dabei von der Erfahrung und dem Urteilsvermögen des beteiligen Wissenschaftlers abhängen. Aber dass auch mal Fehler gemacht werden, ist unvermeidbar.

Es gibt kein Wissen ohne Vorannahmen

Wissenschaftler haben nicht nur unvermeidlich vorgefasste Vorstellungen über bestimmte Situationen (wie uns die Geschichte von Hertz gezeigt hat), auch ihre Wissenschaft geschieht in einem Rahmen von allgemeinen Annahmen über die Wissenschaft an sich. Der weltberühmte Genetiker Richard Lewontin von der Universität Harvard schreibt: „Wissenschaftler, wie andere Intellektuelle auch, gehen mit einer Weltanschauung an ihre Arbeit heran, einer Reihe von Vorannahmen, die den Rahmen für ihre Analyse der Welt bilden."[186]

Und diese Vorannahmen können sowohl die Forschungsmethoden der Wissenschaftler bedeutend beeinflussen als auch ihre Ergebnisse und ihre Interpretationen dieser Ergebnisse, wie wir noch sehen werden.

Wir möchten jedoch betonen, dass die Tatsache, dass Wissenschaftler Vorannahmen mitbringen, keine Kritik darstellt. Das wäre wirklich eine unsinnige Einstellung. Denn die Stimme der Logik erinnert uns daran, dass wir nichts erkennen können, wenn wir nicht bereit sind, irgendetwas vorauszusetzen. Lassen Sie uns diese Vorstellung genauer untersuchen, indem wir über eine verbreitete Einstellung nachdenken. „Ich bin nicht bereit, irgendetwas als gegeben anzunehmen", sagt jemand. „Ich werde nur das akzeptieren, was du mir beweisen kannst." Hört sich vernünftig an – ist es aber nicht. Denn wenn Sie diese Sichtweise vertreten, werden Sie nie irgendetwas akzeptieren oder wissen! Denn stellen Sie sich einmal vor, ich wollte, dass Sie irgendeine Aussage A akzeptieren. Sie würden sie nur akzeptieren, wenn ich sie Ihnen bewiese. Aber ich müsste sie Ihnen auf Grundlage irgendeiner anderen Aussage B beweisen. Sie würden B nur akzeptieren, wenn ich Ihnen B bewiese. Ich müsste Ihnen B aber auf der Basis von C beweisen. Und so würde es immer weiter gehen in einer logischen Endlosschleife, in einem sogenannten unendlichen Regress. Das ist die Folge, wenn Sie darauf bestehen würden, nichts von vornherein als gegeben anzunehmen!

Wir alle müssen irgendwo mit etwas anfangen, was wir als gegeben ansehen – Grundannahmen, die man nicht auf Basis von irgendwelchen anderen Dingen beweisen muss. Solche Annahmen werden oft als *Axiome* bezeichnet.[187] Welche Axiome wir auch immer für uns annehmen, wir werden dann anschließend versuchen, die Welt richtig zu deuten, indem wir unsere Überlegungen auf diesen Axiomen aufbauen. Und das gilt nicht nur hinsichtlich unserer Weltanschauung, sondern bei allem, was wir tun. Wir behalten die Axiome, die sich als nützlich erwiesen haben (weil sie uns zu Theorien führen, die besser zur Natur und unserer Erfahrung zu passen scheinen), und wir verwerfen oder modifizieren jene, die nicht so gut

186 Lewontin, *Dialectical Biologist*, 267

187 Man sollte jedoch im Hinterkopf behalten, dass die Axiome, die in verschiedenen Bereichen der reinen Mathematik (zum Beispiel bei der Zahlen- oder der Gruppentheorie) auftauchen, auch nicht aus dem Nichts auftauchen. Sie entstehen für gewöhnlich aus dem Versuch, Jahre (manchmal Jahrhunderte) von mathematischer Forschung in einem sogenannten Axiomensystem zusammenzufassen.

passen. Eines jedenfalls ist absolut klar: Niemand von uns ist völlig frei von anfänglichen Grundannahmen.

Wenn wir Wissen gewinnen wollen, müssen wir unseren Sinnen und anderen Menschen vertrauen

Es gibt im Wesentlichen zwei Quellen, aus denen wir Wissen gewinnen können:

1. direkt durch unsere ganz persönliche Erfahrung (wenn wir zum Beispiel versehentlich unseren Finger in kochendes Wasser tauchen, lernen wir, dass kochendes Wasser uns verbrüht);
2. wir lernen alles Mögliche durch externe Quellen, zum Beispiel durch Lehrer, Bücher, Eltern, die Medien usw.

Dabei brauchen wir immer ein gewisses Vertrauen. Wir vertrauen intuitiv unseren Sinnen, auch wenn wir wissen, dass sie uns manchmal täuschen. So kann sich beispielsweise bei extrem kaltem Wetter ein Metallgeländer heiß anfühlen, wenn wir es berühren.

Wir vertrauen auch unserem Denken, dass es unsere Sinne richtig interpretiert, obwohl wir auch hier wissen, dass unser Denken sich täuschen kann.

Normalerweise glauben wir auch das, was andere Leute uns erzählen – Lehrer, Eltern, Freunde usw. Manchmal überprüfen wir etwas, was wir von ihnen gehört haben, denn – ohne sie beleidigen zu wollen – ist uns klar, dass sogar Freunde sich irren können und andere Leute uns vielleicht sogar täuschen. Viel häufiger jedoch akzeptieren wir Aussagen von Fachleuten – wenn auch nur, weil niemand die Zeit hat, alles zu überprüfen! Bei technischen Themen vertrauen wir unseren Lehrbüchern. Wir vertrauen auf das, was (andere) Wissenschaftler getan haben. Und das ist natürlich auch vernünftig, obwohl diese Experten uns selbst nahelegen würden, kritisch zu sein und nicht alles einfach so zu akzeptieren, was sie sagen. Sie würden uns auch daran erinnern, dass eine Aussage nicht automatisch wahr sein muss, nur weil sie in einem Buch gedruckt wurde!

Der Erwerb wissenschaftlicher Kenntnisse setzt den Glauben an die rationale Verständlichkeit des Universums voraus

Wir alle nehmen die Tatsache so sehr als selbstverständlich hin, dass wir den menschlichen Verstand als Ausgangspunkt zur Erforschung des Universums benutzen können, dass wir dabei übersehen, dass das Universum selbst wirklich etwas ist, über das man sich nur wundern kann. Denn sobald wir versuchen, das Universum zu verstehen, fordert unser Geist eine Erklärung. Doch wo können wir eine finden? Die Wissenschaft kann sie uns nicht liefern aus dem ganz einfachen Grund, weil Wissenschaft die rationale Verständlichkeit des Universums voraussetzen muss, um überhaupt arbeiten zu können. Einstein selbst macht dies sehr deutlich in demselben Artikel, den wir bereits zitiert haben. Denn er sagt dort, dass der Glaube des Wissenschaftlers an die rationale Verständlichkeit des Universums über die Wissenschaft selbst hinausgeht und dass dieser Glaube von Natur aus im Wesentlichen religiös sei:

> Wissenschaft aber kann nur geschaffen werden von Menschen, die ganz erfüllt sind von dem Streben nach Wahrheit und Begreifen. Diese Gefühlsbasis aber entstammt der religiösen Sphäre. Hierher gehört auch das Vertrauen in die Möglichkeit, die in der Welt des Seienden geltenden Gesetzmäßigkeiten seien vernünftig, das heißt durch die Vernunft begreifbar. Ohne solchen tiefen Glauben kann ich mir einen wirklichen Forscher nicht vorstellen. [188]

Einstein sah keinen Grund, sich der Tatsache zu schämen, dass die Wissenschaft in ihrer Wurzel den Glauben an etwas benötigt, was sie selbst nicht rechtfertigen kann.

Mit dem Glauben an die rationale Verständlichkeit des Universums ist der Glaube an eine geordnete Natur verbunden, dass dort Strukturen und gesetzmäßiges Verhalten zu erwarten sind. Die Griechen drückten genau dies mit dem Wort Kosmos aus, was auch „Ordnung" bedeutet. Es ist diese grundlegende Erwartung von Ordnung, die hinter dem Vertrauen steht, mit dem Wissenschaftler die induktive Methode anwenden. Wissenschaftler sprechen davon, dass sie an die Gleichförmigkeit der Natur glauben – an die Vorstellung, dass die Ordnung in der Natur und die sie beschreibenden Gesetze zu allen Zeiten und in allen Teilen des Universums gültig sind.

Viele Theisten aus der jüdischen, islamischen oder christlichen Tradition würden dieses Konzept der Gleichförmigkeit der Natur modifizieren, indem sie ihre Überzeugung hinzufügen, dass Gott der Schöpfer diese Regelmäßigkeit selbst in die Funktionen des Universums eingebaut hat, damit wir von einer allgemeinen Gleichförmigkeit sprechen können – Regeln, nach denen die Natur normalerweise funktioniert. Aber weil Gott der Schöpfer ist, ist er kein Sklave dieser Regeln, sondern kann sie variieren, indem er Dinge passieren lässt, die nicht in das reguläre Muster passen.

188 Einstein, *Aus meinen späteren Jahren*, 43

Auch hier ist das Festhalten an der Gleichförmigkeit der Natur eine Glaubensfrage. Die Wissenschaft kann uns nicht beweisen, dass die Natur gleichförmig ist, da wir die Gleichförmigkeit der Natur voraussetzen müssen, um überhaupt Wissenschaft zu betreiben. Anderenfalls könnten wir nicht darauf vertrauen, dass wir bei der Wiederholung eines Experiments unter denselben Bedingungen auch dieselben Resultate erhalten werden. Unsere Lehrbücher wären dann nutzlos. Doch gewiss könnten wir sagen, dass die Gleichförmigkeit der Natur höchst wahrscheinlich ist, da ihre Annahme zu solch erstaunlichem wissenschaftlichem Fortschritt geführt hat. C. S. Lewis hat jedoch Folgendes beobachtet:

Es ist diese grundlegende Erwartung von Ordnung, die hinter dem Vertrauen steht, mit dem Wissenschaftler die induktive Methode anwenden.

BILD Anh. 3.
Die Galaxie der Milchstraße
Die Galaxie der Milchstraße kann man in klaren Nächten von der Erde aus sehen (außerhalb von Stadtgebieten). Die Spiralbänder von Staub und leuchtendem Nebel erscheinen wie eine Wolke am Nachthimmel, bestehen aber innen aus Milliarden von einzelnen Sternen.

© unsplash.com/Sam Goodgame

„Die Erfahrung kann also die Gleichförmigkeit nicht beweisen, denn die Gleichförmigkeit muss vorausgesetzt werden, bevor die Erfahrung irgendetwas bewiesen hat. ... Können wir sagen, die Gleichförmigkeit sei in jedem Fall höchstwahrscheinlich? Leider nicht. Wir haben ja gerade gesehen, dass jede Wahrscheinlichkeit von *ihr* abhängt. Nichts ist wahrscheinlich oder unwahrscheinlich, es sei denn, die Natur *ist* gleichförmig.“[189]

Innerhalb der herrschenden Paradigmen forschen

Thomas Kuhn beschrieb in seinem berühmten Buch *Die Struktur wissenschaftlicher Revolutionen* (1962 in den USA, 1967 in Deutschland erschienen), wie die Wissenschaft die folgenden Stufen durchläuft: Vorwissenschaft,

189 Lewis, *Wunder*, 121

normale Wissenschaft, Krise und Revolution, neue Normalwissenschaft, neue Krise usw. Die Vorwissenschaft ist die vielfältige und unorganisierte Tätigkeit, die durch viel Uneinigkeit gekennzeichnet ist und der Entstehung einer neuen Wissenschaft vorausgeht, die schrittweise Struktur erhält, wenn eine Wissenschaftsgemeinschaft sich einem neuen Paradigma anschließt. Dieses Paradigma ist ein Netz von Annahmen und Theorien, auf die man sich mehr oder weniger geeinigt hat und welches das innere Gerüst bildet, um das herum das wissenschaftliche Gebäude errichtet wird. Berühmte Beispiele sind die Paradigmen der kopernikanischen Astronomie, der Newtonschen Mechanik und der Evolutionsbiologie.

Innerhalb eines solchen Paradigmas wird dann Normalwissenschaft praktiziert. Das Paradigma setzt die Standards für die legitime Forschung. Der Normalwissenschaftler verwendet diesen Rahmen, um die Natur zu erforschen. Dabei blickt er häufig nicht kritisch auf das Paradigma selbst, weil so viele damit einverstanden sind. So wie wir am Feuer einer Fackel vorbeischauen und das Objekt anschauen, das sie erleuchtet, statt kritisch auf das Feuer der Fackel selbst zu blicken. Daher ist das Paradigma selbst sehr widerstandsfähig gegen kritische Anfragen. Wenn Anomalien, Schwierigkeiten und offensichtliche Fehler auftreten, werden Normalwissenschaftler versuchen, diese möglichst mit dem Paradigma zu harmonisieren oder durch feine Änderungen des Paradigmas zu erklären. Wenn die Schwierigkeiten jedoch nicht gelöst werden können und zunehmen, entwickelt sich eine Krisensituation, die zu einer wissenschaftlichen Revolution führt, einschließlich der Entstehung eines neuen Paradigmas, das dann immer mehr an Boden gewinnt, sodass das ältere Paradigma schließlich verworfen wird. Das Wesen eines solchen Paradigmenwechsels ist der Austausch eines alten Paradigmas durch ein neues Paradigma, nicht eine Verfeinerung des alten durch das neue. Das bekannteste Beispiel für einen großen Paradigmenwechsel ist der Übergang von der aristotelischen geozentrischen Astronomie (mit der Erde im Mittelpunkt) zur kopernikanischen heliozentrischen Astronomie (mit der Sonne im Mittelpunkt) im 16. Jahrhundert.

Auch wenn Kuhns Arbeit an manchen Stellen durchaus kritisch gesehen werden kann, hat er sicherlich Wissenschaftlern eine Reihe von Themen vor Augen geführt, die wichtig für unser Verständnis davon ist, wie Wissenschaft funktioniert:

1. die zentrale Rolle, die metaphysische Vorstellungen in der Entwicklung von wissenschaftlichen Theorien spielen;

2. die Widerstandskraft von Paradigmen gegen Versuche, sie zu widerlegen;
3. die Tatsache, dass Wissenschaft menschlichen Schwächen unterworfen ist.

Der zweite dieser Punkte hat sowohl eine positive als auch eine negative Auswirkung. Er bedeutet, dass ein gutes Paradigma nicht sofort verworfen wird, wenn erste Versuchsergebnisse oder Beobachtungen scheinbar dagegen sprechen. Andererseits heißt es auch, dass ein Paradigma, das schließlich als unangemessen oder falsch bewiesen wird, vielleicht erst nach sehr langer Zeit verschwinden wird. Es wird lange den wissenschaftlichen Fortschritt behindern, indem es Wissenschaftler in seinem Netz gefangen hält und ihnen nicht die notwendige Freiheit für die Erforschung radikal neuer Ideen gibt, die wirklichen wissenschaftlichen Fortschritt bringen würden.

Wichtig ist, dass wir erkennen, dass Paradigmen selbst oft auf tiefster Ebene von weltanschaulichen Überlegungen beeinflusst werden. Wir haben zuvor gesehen, dass es im Wesentlichen zwei grundlegende Weltanschauungen gibt, die materialistische und die theistische. Es scheint allerdings der Fall zu sein, dass in der Wissenschaft manchmal stillschweigend angenommen wird, dass nur Paradigmen, die auf dem Materialismus basieren, als wissenschaftlich zulässig betrachtet werden können. Richard Dawkins sagt zum Beispiel: „Die Erklärung, die wir geben, darf den Gesetzen der Physik nicht widersprechen. Sie wird sich sogar der Gesetze der Physik bedienen und nur der Gesetze der Physik."[190] Es ist das Wort „nur", das zeigt, dass Dawkins lediglich bereit ist, reduktionistisch-materialistische Erklärungen zu akzeptieren.[191]

---

190 Dawkins, *Der blinde Uhrmacher*, 30

191 Hier noch Literaturhinweise auf weitere Bücher von John Lennox zum Thema des Anhangs:
Stephen Hawking, *das Universum und Gott* (SCM R. Brockhaus, 2011)
Hat die Wissenschaft Gott begraben? Eine kritische Analyse moderner Denkvoraussetzungen (SCM Brockhaus, 2009)
Gott im Fadenkreuz: Warum der Neue Atheismus nicht trifft (SCM R. Brockhaus, 2013)
Sieben Tage, das Universum und Gott: Was Wissenschaft und Bibel über den Ursprung der Welt sagen (SCM R. Brockhaus, 2014)
Auf DVD-ROM erschienen:
Wunder: Ist der Glaube an Übernatürliches irrational? Vortrag mit Oxford-Professor Dr. John Lennox (Christliche Buchhandlung Wolfgang Bühne, 2013)

BIBLIOGRAFIE DER SERIE

BÜCHER

A

Abbott, Edwin: *Flächenland: ein mehrdimensionaler Roman* (1884), Laxenburg: Götz, 1999.

Ambrose, E. J.: *The Nature and Origin of the Biological World*, New York: Halsted Press, 1982.

Ammon, Otto: *Die Gesellschaftsordnung und ihre natürlichen Grundlagen*, Jena: Gustav Fischer, 1895.

Anderson, J. N. D. (Norman): *Christianity: The Witness of History*, London: Tyndale Press, 1969.

Anderson, J. N. D. (Norman): *The Evidence for the Resurrection* (1950), Leicester: InterVarsity Press, 1990.

Anderson, J. N. D. (Norman): *Islam in the Modern World*, Leicester: Apollos, 1990.

Andreyev, G. L.: *What Kind of Morality Does Religion Teach?*, Moskau: Znaniye, 1959.

Aristoteles: *Metaphysik.*

Aristoteles: *Nikomachische Ethik.*

Arnold, Thomas: *Christian Life, Its Hopes, Its Fears, and Its Close: Sermons preached mostly in the chapel of Rugby School, 1841–1842* (1842), Neuausg., London: Longmans, 1878.

Ashman, Keith M. und Philip S. Baringer (Hg.): *After the Science Wars*, London: Routledge, 2001.

Atkins, Peter: *Creation Revisited*, Harmondsworth: Penguin, 1994.

Augustinus, Aurelius: *Bekenntnisse.*

Avise, John C.: *The Genetic Gods, Evolution and Belief in Human Affairs*, Cambridge, Mass.: Harvard University Press, 1998.

Ayer, A. J. (Hg.): *The Humanist Outlook*, London: Pemberton, 1968.

B

Bacon, Francis: *Advancement of Learning* (1605), hg. von G. W. Kitchin (1915). Repr.: London: Dent, 1930. http://archive.org/details/advancementlearn00bacouoft (Reprod. der Ausgabe von 1915).

Bādarāyana, Śankarācārya und George Thibaut: *The Vedānta Sūtras of Bādarāyana*, Bd. 34 von: *Sacred books of the East*, Oxford: Clarendon Press, 1890.

Baier, Kurt: *Der Standpunkt der Moral: eine rationale Grundlegung d. Ethik* (1958), Düsseldorf: Patmos-Verlag, 1974.

Behe, Michael J.: *Darwins Black Box: biochemische Einwände gegen die Evolutionstheorie* (1996), Gräfelfing: Resch, 2007.

Bentham, Jeremy: *Eine Einführung in die Prinzipien der Moral und der Gesetzgebung*, in: Schroth, Jörg (Hg.): *Texte zum Utilitarismus*, Stuttgart: Reclam 2016.

Berdyaev, N. A.: *The Beginning and The End*, übers. von R. M. French, London: Geoffrey Bles, 1952.

Berlinski, David: *The Deniable Darwin and Other Essays*, Seattle, Wash.: Discovery Institute, 2009.

Bickerton, Derek: *Language and Species* (1990). Repr.: Chicago: University of Chicago Press, 1992.

Biddiss, M. D.: *Father of Racist Ideology: The Social and Political Thought of Count Gobineau*, New York: Weybright & Talley, 1970.

Böhler, Dieter: *1 Esdras*, Stuttgart: Kohlhammer, 2016.

Bouquet, A. C.: *Comparative Religion*, Harmondsworth: Penguin (Pelican), 1962.

Breck, John: *The Sacred Gift of Life: Orthodox Christianity and Bioethics*, Crestwood, N.Y.: St. Vladimir's Seminary Press, 1998.

Bronowski, Jacob: *The Identity of Man*, Harmondsworth: Penguin, 1967.

Brow, Robert: *Religion, Origins and Ideas*, London: Tyndale Press, 1966.

Bruce, F. F.: *1 and 2 Corinthians*, New Century Bible Commentary, London: Oliphants, 1971.

Bruce, F. F.: *Die Glaubwürdigkeit der Schriften des Neuen Testaments: Eine Überprüfung des historischen Befundes*, Bad Liebenzell, 1976.

Butterfield, Herbert: *Christentum und Geschichte*, Stuttgart: Engelhornverl. Ad. Spemann, 1952.

C

Cairns-Smith, A. G.: *The Life Puzzle*, Edinburgh: Oliver & Boyd, 1971.

Caputo, John D. (Hg.): *Deconstruction in a Nutshell: A Conversation with Jacques Derrida, Perspectives in Continental Philosophy Nr. 1.*, 1997. Repr.: New York: Fordham University Press, 2004.

Cary, M. und T. J. Haarhoff: *Life and Thought in the Greek and Roman World*, 5. Aufl., London: Methuen, 1951.

Chalmers, David J.: *The Conscious Mind: In Search of a Fundamental Theory*, Oxford: Oxford University Press, 1996.

Chamberlain, Paul: *Can We Be Good Without God?: A Conversation about Truth, Morality, Culture and a Few Other Things That Matter*, Downers Grove, Ill.: InterVarsity Press, 1996.

Chomsky, Noam: *Knowledge of Language: Its Nature, Origin and Use*, New York: Praeger, 1986.

Chomsky, Noam: *Sprache und Geist*, Frankfurt a. M.: Suhrkamp, 1996.

Chomsky, Noam: *Syntactic Structures*, The Hague: Mouton, 1957.

Cicero, Marcus Tullius: *Pro M. Caelio oratio/Rede für M. Caelius, Lateinisch/Deutsch,* übers. und hg. von Marion Giebel, Stuttgart: Reclam, 2013.

Cicero, Marcus Tullius: *Vom Wesen der Götter.*

Cicero, Marcus Tullius: *Pro Rabirio.*

Clemens von Alexandria: *Stromata.*

Cornford, F. M.: *Before and After Socrates* (1932). Repr.: Cambridge: Cambridge University Press, 1999. DOI: 10.1017/CBO9780511570308 (aufg. am 29.09.2015).

Craig, Edward (allg. Hg.): *Concise Routledge Encyclopaedia of Philosophy*, London: Routledge, 2000.

Craig, William Lane: *Reasonable Faith: Christian Truth and Apologetics* (1994), 3. Aufl., Wheaton, Ill.: Crossway, 2008.

Crane, Stephen: *War Is Kind*, New York: Frederick A. Stokes, 1899. http://www.gutenberg.org/ebooks/9870 (aufgerufen am 11.09.2015).

Cranfield, C. E. B.: *A Critical and Exegetical Commentary on the Epistle to the Romans*, Bd. 1, The International Critical Commentary, Edinburgh: T&T Clark, 1975.

Crick, Francis: *Das Leben selbst: sein Ursprung, seine Natur* (1981), München, Zürich: Piper, 1983.

Crick, Francis: *Was die Seele wirklich ist: die naturwissenschaftliche Erforschung des Bewusstseins*, München, Zürich: Artemis und Winkler, 1994.

Crick, Francis: *Von Molekülen und Menschen*, München: Goldmann, 1970.

Cudakov, A.: *Komsomol'skaja Pravda* (11.10.1988).

Culler, Jonathan: *Dekonstruktion: Derrida und die poststrukturalistische Literaturtheorie* (1982), Dt. Erstausg., Reinbek: Rowohlt, 1988.

D

Darwin, Charles: *Die Abstammung des Menschen* (1871), 5. Aufl.: Stuttgart: Kröner, 2002.

Darwin, Charles: *Die Entstehung der Arten* (1859), Neumann, Köln: Anaconda, 2018.

Darwin, Francis: *The Life and Letters of Charles Darwin*, London: John Murray, 1887. DOI: http://dx.doi.org/10.5962/bhl.title.1416 (aufgerufen am 29.06.2015).

Davies, Paul und John Gribbin: *Auf dem Weg zur Weltformel* (1991), Berlin: Byblos-Verl., 1993.

Davies, Paul: *Das fünfte Wunder: Auf der Suche nach dem Ursprung des Lebens* (1999), Frankfurt a. M.: Fischer, 2015.

Davies, Paul: *Der Plan Gottes: die Rätsel unserer Existenz und die Wissenschaft* (1992), Frankfurt a. M., Leipzig: Insel, 1996.

Davies, Paul: *Gott und die moderne Physik* (1983), München: Goldmann, 1989.

Davies, Paul: *Prinzip Chaos: die neue Ordnung des Kosmos* (1988), München: Goldmann, 1990.

Davis, Percival und Dean H. Kenyon: *Of Pandas and People: The Central Question of Biological Origins* (1989), 2. Aufl., Dallas, Tex.: Haughton Publishing, 1993.

Dawkins, Richard: *Das egoistische Gen* (1976), Berlin, Heidelberg, New York: Springer, 1978.

Dawkins, Richard: *Der blinde Uhrmacher: ein neues Plädoyer für den Darwinismus* (1986), München: Kindler, 1987.

Dawkins, Richard: *Der entzauberte Regenbogen: Wissenschaft, Aberglaube und die Kraft der Phantasie* (1998), Reinbek: Rowohlt, 2000.

Dawkins, Richard: *Gipfel des Unwahrscheinlichen: Wunder der Evolution* (1996), Reinbek: Rowohlt, 2008.

Dawkins, Richard: *Growing Up in the Universe. The Royal Institution Christmas Lectures for Children*, 1991. Fünf einstündige Episoden (Regie: Stuart McDonald) für die BBC. Doppel-DVD veröffentlicht am 20.04.2007 durch die Richard Dawkins Foundation, abrufbar auf dem *Ri Channel*: http://www.richannel.org/christmas-lectures/1991/richard-dawkins. Studienführer mit demselben Titel: London: BBC Education, 1991.

Dawkins, Richard und John Lennox: „*The God Delusion Debate*", veranstaltet von der Fixed Point Foundation, University of Alabama in Birmingham, aufgenommen und live ausgestrahlt am 03.10.2007, http://fixed-point.org/index.php/video/35-full-length/164-the-dawkins-lennox-debate. Abschrift mit freundlicher Genehmigung von ProTorah.com, http://www.protorah.com/god-delusion-debate-dawkins-lennox-transcript/.

Dawkins, Richard: *Und es entsprang ein Fluss in Eden: das Uhrwerk der Evolution* (1995), München: Goldmann, 1998.

Deacon, Terrence: *The Symbolic Species: The Co-Evolution of Language and the Human Brain*, London: Allen Lane, 1997.

Dembski, William A.: *Being as Communion: A Metaphysics of Information*, Ashgate Science and Religion, Farnham, Surrey: Ashgate, 2014.

Dembski, William A.: *The Design Inference: Eliminating Chance through Small Probabilities*, Cambridge Studies in Probability, Induction and Decision Theory, Cambridge: Cambridge University Press, 1998.

Dembski, William A. (Hg.): *Uncommon Dissent: Intellectuals Who Find Darwinism Unconvincing*, Wilmington, Del.: Intercollegiate Studies Institute, 2004.

Dennett, Daniel: *Darwins gefährliches Erbe* (1995), Hamburg: Hoffmann und Campe, 1997.

Denton, Michael: *Evolution: A Theory in Crisis* (1986), 3. rev. Ausg., Bethesda, Md.: Adler & Adler, 1986.

Derrida, Jacques: *Grammatologie* (1967), Frankfurt a. M.: Suhrkamp, 1988.

Derrida, Jacques: *Positionen: Gespräche mit Henri Ronse, Julia Kristeva, Jean-Louis Houdebine, Guy Scarpetta* (1972), hg. von Peter Engelmann, 2., überarb. Aufl., Wien: Passagen-Verl., 2009.

Derrida, Jacques: *Die Schrift und die Differenz* (1967), Frankfurt a. M.: Suhrkamp, 1985.

Descartes, René: *Untersuchungen über die Grundlagen der Philosophie* (1641), Hamburg: Meiner, 1960.

Descartes, René: *Abhandlung über die Methode, richtig zu denken und die Wahrheit in den Wissenschaften zu suchen*, Leiden, 1637.

Deutsch, David: *The Fabric of Reality*, London: Penguin, 1997.

Dewey, John: *Ein gemeinsamer Glaube* (1934), in: *Pädagogische Aufsätze und Abhandlungen (1900–1944)*, Zürich: Pestalozzianum, 2002.

Dostojewski, F.: *Ausgewählte Werke*.

Dostojewski, F.: *Die Brüder Karamasoff* (1880), München: Piper, 1980.

E

Eastwood, C. Cyril: *Life and Thought in the Ancient World*, Derby: Peter Smith, 1964.

Easwaran, Eknath: *Die Bhagavad-Gita: die Quelle der indischen Spiritualität* (1985), München: Goldmann, 2012.

Easwaran, Eknath: *Die Upanischaden* (1987), München: Goldmann Verlag, 2018.

Eccles, John C.: *Die Evolution des Gehirns – die Erschaffung des Selbst*, München, Zürich: Piper, 1989.

Einstein, A.: *Aus meinen späten Jahren*, Stuttgart: DVA, 1984.

Einstein, A.: *Letters to Solovine: 1906–1955*, New York: Philosophical Library, 1987.

Eldredge, Niles: *Reinventing Darwin: The Great Debate at the High Table of Evolutionary Theory*, New York: Wiley, 1995.

Eldredge, Niles: *Time Frames: The Evolution of Punctuated Equilibria* (1985), Princeton, N. J.: Princeton University Press, 1989.

Ellis, John M.: *Against Deconstruction*, Princeton, N.J.: Princeton University Press, 1989.

The Encyclopedia Britannica, 15. Aufl. (Britannica 3), hg. von Warren E. Preece und Philip W. Goetz, Chicago: Encyclopaedia Britannica, 1974–2012.

Engels, Friedrich: *Ludwig Feuerbach und der Ausgang der klassischen deutschen Philosophie* (1886 in *Die Neue Zeit)*, Zittau: BMV, 2009.

Erbrich, Paul: *Zufall: eine naturwissenschaftlich-philosophische Untersuchung*, Stuttgart: Kohlhammer, 1988.

Euripides: *Die Bakchen*.

Evans-Pritchard, E. E.: *Nuer Religion* (1956), 2. Aufl., London: Oxford University Press, 1971.

F

Feuerbach, Ludwig: *Das Wesen des Christentums* (1841), Stuttgart: Reclam, 1984.

Feynman, Richard: *Sechs physikalische Fingerübungen* (1963), München: Piper, 2003.

Fischer, Ernst: *Was Marx wirklich sagte*, Wien: Molden, 1968.

Fish, Stanley: *Is There a Text in This Class? The Authority of Interpretive Communities*, Cambridge, Mass.: Harvard University Press, 1980.

Fish, Stanley: *There's No Such Thing as Free Speech, and It's a Good Thing Too*, New York: Oxford University Press, 1994.

Flew, Antony mit Roy Abraham Varghese: *There Is a God: How the World's Most Notorious Atheist Changed His Mind*, London: HarperCollins, 2007.

Fox, S. W. (Hg.): *The Origins of Prebiological Systems and of Their Molecular Matrices*, New York: Academic Press, 1965.

Frazer, J. G.: *Der goldene Zweig: das Geheimnis von Glauben und Sitten der Völker* (ab 1890), Reinbek: Rowohlt, 2000.

Fromm, Erich: *Die Herausforderung Gottes und des Menschen* (1966), Konstanz: Diana, 1970.

G

Gates, Bill: *Der Weg nach vorn: die Zukunft der Informationsgesellschaft* (1995), München: Heyne, 1997.

Geisler, Norman L. und William E. Nix: *A General Introduction to the Bible*, Chicago: Moody Press, 1986.

Gerson, Lloyd P.: *Plotinus*, London: Routledge, 1994.

Gilligan, Carol: *Die andere Stimme: Lebenskonflikte und Moral der Frau* (1982), München: Piper, 1999.

Goldschmidt, Richard: *The Material Basis of Evolution. The Silliman Memorial Lectures Series* (1940). Repr.: Yale University Press, 1982.

Gooding, David W. und John C. Lennox: *The Human Quest for Significance: Forming a Worldview* (auf Russisch). Minsk: Myrtlefield Trust, 1999. (Das vorliegende Buch ist der zweite Band der Reihe in deutscher Sprache.)

Gould, Stephen Jay: *Die Lügensteine von Marrakesch: vorletzte Erkundungen der Naturgeschichte; Essays* (2000), Frankfurt a. M.: Fischer, 2006.

Gould, Stephen Jay: *Zufall Mensch* (1989), Frankfurt a. M.: Fischer, 2003.

Grant, Michael: *Jesus: Leben und Welt des Jesus von Nazareth* (1977), Bergisch Gladbach: Lübbe, 1981.

Grene, Marjorie: *A Portrait of Aristotle*, London: Faber & Faber, 1963.

Groothuis, Douglas: *Truth Decay: Defending Christianity against the Challenges of Postmodernism*, Leicester: InterVarsity Press, 2000.

Guthrie, W. K. C.: *Die griechischen Philosophen von Thales bis Aristoteles* (1950), Göttingen: Vandenhoeck & Ruprecht, 1963.

Guthrie, W. K. C.: *Plato: the man and his dialogues, earlier period*, Bd. 4 von: *A History of Greek Philosophy* (1875). Repr.: Cambridge: Cambridge University Press, 2000.

H

Haldane, J. B. S.: *Possible Worlds* (1927), London: Chatto & Windus, 1945.

Harrison, E.: *Masks of the Universe* (1985), 2. Aufl., New York: Macmillan, 2003. Die Zitate beziehen sich auf die erste Macmillan-Auflage.

Harvey, William: *On the Motion of the Heart and the Blood of Animals* (1628). http://legacy.fordham.edu/halsall/mod/1628harvey-blood.asp (aufg. am 11.09.2015).

Hawking, Stephen und Leonard Mlodinow: *Der große Entwurf: eine neue Erklärung des Universums* (2010), Reinbek: Rowohlt, 2011.

Hawking, Stephen: *Eine kurze Geschichte der Zeit* (1988), Reinbek: Rowohlt, 2018.

Hegel, G. W. F.: *Gesammelte Werke*, Hamburg: Felix Meiner, 1968–2019.

Hegel, G. W. F.: *Phänomenologie des Geistes* (1807), Hamburg: Felix Meiner, 1988 (Nachdruck 2011).

Hegel, G. W. F.: *Vorlesungen über die Philosophie der Geschichte*, Stuttgart: Reclam, 1961.

Hegel, G. W. F.: *Wissenschaft der Logik, Erster Band. Die objektive Logik. Erstes Buch. Das Sein* (1812), Hamburg: Meiner, 1999.

Hemer, Colin: *The Book of Acts in the Setting of Hellenistic History*, Tübingen: J. C. B. Mohr, Paul Siebeck, 1989.

Hengel, Martin: *Judentum und Hellenismus: Studien zu ihrer Begegnung unter bes. Berücks. Palästinas bis zur Mitte d. 2. Jh.s v. Chr.* (1969), Tübingen: Mohr, 1988.

Hengel, Martin: *Studien zur Christologie, Kleine Schriften, Teil 4,* Tübingen: Mohr Siebeck, 2006.

Herodot: *Historien.*

Herzen, Alexander Iwanowitsch: *Byloe i dumy,* (London 1853), übers. von C. Garnett, *My Past and Thoughts, The Memoirs of Alexander Herzen* (1968), rev. von H. Higgens, eingel. von I. Berlin, 1968. Repr.: London: Chatto and Windus, 2008.

Hesiod: *Theogonie.*

Hippolytus: *Widerlegung aller Häresien.*

Holmes, Arthur F.: *Wege zum ethischen Urteil: Grundlagen u. Modelle* (1984), Wuppertal: Brockhaus, 1987.

Honderich, Ted (Hg.): *The Oxford Companion to Philosophy*, Oxford, 1995, 2. Aufl., Oxford: Oxford University Press, 2005.

Hooper, Judith: *Of Moths and Men*, New York: Norton, 2002.

Hooykaas, R.: *Religion and the Rise of Modern Science* (1972). Repr.: Edinburgh: Scottish Academic Press, 2000.

Hospers, John: *An Introduction to Philosophical Analysis* (1953), 4. Aufl., Abingdon: Routledge, 1997.

Houghton, John: *The Search for God – Can Science Help?*, Oxford: Lion Publishing, 1995.

Hoyle, Fred und Chandra Wickramasinghe: *Cosmic Life-Force, the Power of Life Across the Universe*, London: Dent, 1988.

Hoyle, Fred: *Das intelligente Universum: eine neue Sicht von Entstehung und Evolution* (1983), Frankfurt a. M.: Umschau, 1984.

Hoyle, Fred und Chandra Wickramasinghe: *Evolution aus dem Weltraum* (1981), Berlin: Ullstein, 1983.

Hume, David: *Dialoge über natürliche Religion* (1779), Hamburg: Meiner, 2016.

Hume, David: *Eine Untersuchung über den menschlichen Verstand* (1748), Hamburg: Meiner, 1993.

Hume, David: *Ein Traktat über die menschliche Natur, Buch 1: Über den Verstand* (1739–40), Hamburg: Meiner, 1989.

Hume, David: *Ein Traktat über die menschliche Natur, Buch 2: Über die Affekte / Buch 3: Über die Moral* (1739), Hamburg: Meiner, 1978.

Hunt, R. N. Carew: *The Theory and Practice of Communism*, Baltimore: Penguin Books, 1966.

Hurley, Thomas: *Method and Results: Collected Essays*, Bd. 1, London: Macmillan, 1898.

Husserl, Edmund (Hg.): *Jahrbuch für Philosophie und phänomenologische Forschung*, 1. Bd., Teil 1 (1913), Verlag von Max Niemeyer, Halle a. d. S.: 1913.

Huxley, Julian: *Ich sehe den künftigen Menschen: Natur und neuer Humanismus* (1964), München: List, 1965.

Huxley, Julian: *Religion Without Revelation*, New York: Mentor, 1957.

I

Isherwood, Christopher (Hg.): *Vedanta for Modern Man* (1951). Repr.: New York: New American Library, 1972.

J

Jacob, François: *Chance and Necessity: An Essay on the Natural Philosophy of Modern Biology*, New York: Alfred A. Knopf, 1971.

Jacob, François: *The Logic of Life: A History of Heredity*, New York: Pantheon Books, 1973.

Jaeger, Werner: *Die Theologie der frühen griechischen Denker* (1936), Stuttgart: Kohlhammer, 2009.

James, E. O.: *Christianity and Other Religions*, London: Hodder & Stoughton, 1968.

Jaroszwski, T. M. und P. A. Ignatovsky (Hg.): *Socialism as a Social System*, Moskau: Progress Publishers, 1981.

Jeremias, J.: *Neutestamentliche Theologie, Teil 1: Die Verkündigung Jesu* (1971), 2. Aufl., Gütersloh: Gütersloher Verl.-Haus Mohn, 1973.

Joad, C. E. M.: *The Book of Joad: A Belligerent Autobiography (= Under the Fifth Rib)*, London: Faber & Faber, 1944.

Johnson, Phillip E.: *Objections Sustained: Subversive Essays on Evolution, Law and Culture*, Downers Grove, Ill.: InterVarsity Press, 1998.

Jones, Steve: *Gott und die Gene: die Berichte der Bibel und die Erkenntnisse der Genetik* (1996), Hamburg: Hoffmann und Campe, 1998.

Josephus, Flavius: *Jüdische Altertümer.*

K

Kant, Immanuel: *Grundlegung zur Metaphysik der Sitten,* Frankfurt a. M.: Suhrkamp, 2007.

Kant, Immanuel: *Kritik der reinen Vernunft* (1781/87)„ Hamburg: Meiner, 1998.

Kant, Immanuel: *Kritik der praktischen Vernunft* (1788), Hamburg: Meiner, 2003.

Kant, Immanuel: *Metaphysische Anfangsgründe der Tugendlehre* (1785), Berlin: De Gruyter, 2019.

Kant, Immanuel: *Prolegomena zu einer jeden künftigen Metaphysik, die als Wissenschaft wird auftreten können* (1783), Hamburg: Meiner, 2001.

Kantikar, V. P. (Hemant) und W. Owen: *Hinduism – An Introduction: Teach Yourself* (1995). Repr.: London: Hodder Headline, 2010.

Kaye, Howard L.: *The Social Meaning of Modern Biology, From Social Darwinism to Sociobiology* (1986). Repr. mit neuem Epilog: New Brunswick, N.J.: Transaction Publishers, 1997.

Kenny, Anthony: *An Illustrated Brief History of Western Philosophy*, Oxford: Blackwell, 2006. Zunächst veröffentlicht unter dem Titel *A Brief History of Western Philosophy*, 1998.

Kenyon, D. H. und G. Steinman: *Biochemical Predestination*, New York: McGrawHill, 1969.

Kenyon, Frederic: *Our Bible and the Ancient Manuscripts* (1895), 4. Aufl. (1938). Repr.: Eugene, Oreg.: Wipf & Stock, 2011.

Kilner, J. F., C. C. Hook und D. B. Uustal (Hg.): *Cutting-Edge Bioethics: A Christian Exploration of Technologies and Trends*, Grand Rapids: Eerdmans, 2002.

Kirk, G. S., J. E. Raven und M. Schofield: *Die vorsokratischen Philosophen: Einführung, Texte und Kommentare* (1957), Stuttgart: Metzler, 2001.

Kirk, M. und H. Madsen: *After the Ball*, New York: Plume Books, 1989.

Knott, Kim: *Der Hinduismus: eine kleine Einführung* (1998), Stuttgart: Reclam, 2017.

Koertge, Noretta (Hg.): *A House Built on Sand: Exposing Postmodernist Myths About Science*, Oxford: Oxford University Press, 1998.

Kolbanovskiy, V. N.: *Communist Morality*, Moskau, 1951.

Krikorian, Yervant H. (Hg.): *Naturalism and the Human Spirit* (1944). Repr.: New York: Columbia University Press, 1969.

Kuhn, Thomas: *Die Struktur wissenschaftlicher Revolutionen* (1962), Frankfurt a. M.: Suhrkamp, 1996.

Kurtz, Paul: *The Fullness of Life*, New York: Horizon Press, 1974.

Kurtz, Paul: *The Humanist Alternative*, Buffalo, N.Y.: Prometheus, 1973.

Kurtz, Paul (Hg.): *Humanist Manifestos I & II*, Buffalo, N.Y.: Prometheus, 1980.

Kurtz, Paul (Hg.): *Humanist Manifesto II*, Buffalo, N.Y.: Prometheus Books, 1980. http://americanhumanist.org/Humanism/Humanist_Manifesto_II (aufg. am 11.09.2015).

L

Lamont, Corliss: *A Lifetime of Dissent*, Buffalo, N.Y.: Prometheus Books, 1988.

Lamont, Corliss: *The Philosophy of Humanism* (1947), 8. Aufl., Emherst, N.Y.: Humanist Press, 1997.

Labica, Georges: *Karl Marx – Thesen über Feuerbach*, Berlin: Argument-Verl., 1998.

Lapouge, G. Vacher de: *Les Sélections Sociales*, Paris: Fontemoing, 1899.

Leakey, Richard: *Die ersten Spuren: über den Ursprung des Menschen* (1994), München: Goldmann, 1999.

Leitch, Vincent B.: *Deconstructive Criticism: An Advanced Introduction*, New York: Columbia University Press, 1982.

Lenin, Wladimir: *Materialismus und Empiriokritizismus: kritische Bemerkungen über eine reaktionäre Philosophie* (1927), Berlin: Dietz, 1989.

Lenin, Wladimir: *Werke* (erschienen im Dietz Verlag). Siehe: www.mlwerke.de.

Lennox, John C.: *Stephen Hawking, das Universum und Gott*, Witten: SCM Brockhaus, 2011.

Lennox, John C.: *Hat die Wissenschaft Gott begraben?: eine kritische Analyse moderner Denkvoraussetzungen*, Witten: SCM Brockhaus, 2009.

Lennox, John C.: *Vorher bestimmt?: die Souveränität Gottes, Freiheit, Glaube und menschliche Verantwortung* (2017), Dillenburg: Christliche Verlagsgesellschaft, 2019.

Leslie, John: *Universes, London*, Routledge, 1989.

Levinskaya, Irina: *The Book of Acts in its First Century Setting*, Bd. 5, Diaspora Setting, Grand Rapids: Eerdmans, 1996.

Lewis, C. S.: *Die Abschaffung des Menschen* (1943), Einsiedeln: Johannes, 2015.

Lewis, C. S.: *Gedankengänge: Essays zu Christentum, Kunst und Kultur* (1967), Basel: Brunnen, 1986.

Lewis, C. S.: *Gott auf der Anklagebank* (1970), Basel: Fontis, 2018.

Lewis, C. S.: *Pardon, ich bin Christ: meine Argumente für den Glauben* (1952), Brunnen, Basel: 2001.

Lewis, C. S.: *Transposition and other Addresses* (1949), London: Geoffrey Bles, 1949.

Lewis, C. S.: *Über den Schmerz* (1940), Basel: Brunnen, 2005.

Lewis, C. S.: *Wunder: möglich, wahrscheinlich, undenkbar?* (1947), Basel: Brunnen, 2012.

Lewontin, Richard: *The Dialectical Biologist*, Cambridge, Mass.: Harvard University Press, 1987.

Locke, John: *Versuch über den menschlichen Verstand* (1689), in 4 Büchern, Bd. 1, Buch I und II, Hamburg: Meiner, 1981.

Locke, John: *Versuch über den menschlichen Verstand* (1689), in 4 Büchern, Bd. 2, Buch III und IV, Hamburg, Meiner: 1988.

Long, A. A.: *Hellenistic Philosophy* (1974), 2. Aufl., Berkeley, Calif.: University of California Press, 1986.

Lossky, N. O.: *History of Russian Philosophy*, London: Allen & Unwin, 1952.

Lukrez (Titus Lucretius Carus): *Über die Natur der Dinge.*

Lumsden, Charles J. und Edward O. Wilson: *Das Feuer des Prometheus: wie das menschliche Denken entstand* (1983), München: Piper, 1984.

M

Mabbott, J. D.: *An Introduction to Ethics*, Hutchinson University Library. London: Hutchinson, 1966.

McKay, Donald: *The Clockwork Image: A Christian Perspective on Science*, London: InterVarsity Press, 1974.

Majerus, Michael: *Melanism: Evolution in Action*, Oxford: Oxford University Press, 1998.

Margenau, Henry und Roy Abraham Varghese (Hg.): *Cosmos, Bios, and Theos: Scientists Reflect on Science, God, and the Origins of the Universe, Life, and Homo Sapiens*, La Salle, Ill.: Open Court, 1992.

Marx, Karl und Friedrich Engels: *Werke* (erschienen im Dietz Verlag, Berlin). Siehe: www.mlwerke.de.

Mascall, E. L.: *Words and Images, a study in the Possibility of Religious Discourse*, London: Longmans, 1957.

Mascarō, Juan (Übers.): *The Upanishads*, Harmondsworth: Penguin, 1965.

Maslow, Abraham: *Psychologie des Seins: ein Entwurf* (1968), München: Kindler, 1973.

Masterson, Patrick: *Atheism and Alienation*, Harmondsworth: Pelican, 1972.

May, Rollo: *Antwort auf die Angst: Leben mit einer verdrängten Dimension* (1967), Stuttgart: DVA, 1982.

Medawar, Peter: *Ratschläge für einen jungen Wissenschaftler* (1979), München: Piper, 1984.

Medawar, Peter und Jean Medawar: *The Life Science*, London: Wildwood House, 1977.

Medawar, Peter: *The Limits of Science*, Oxford: Oxford University Press, 1985.

Metzger, Bruce: *Der Text des Neuen Testaments: Eine Einführung in die neutestamentliche Textkritik* (1964), Stuttgart: Kohlhammer, 1966.

Mill, John Stuart: *Der Utilitarismus,* in: Schroth, Jörg (Hg.): *Texte zum Utilitarismus,* Stuttgart: Reclam 2016.

Millard, Alan: *Pergament und Papyrus, Tafeln und Ton: lesen und schreiben zur Zeit Jesu* (2000), Basel: Brunnen, 2000.

Miller, David, Janet Coleman, William Connolly und Alan Ryan (Hg.): *The Blackwell Encyclopaedia of Political Thought* (1987). Repr.: Oxford: Blackwell, 1991.

Monod, Jacques: *From Biology to Ethics*, San Diego: Salk Institute for Biological Studies, 1969.

Monod, Jacques: *Zufall und Notwendigkeit: philosophische Fragen der modernen Biologie* (1970), München: Piper, 1971.

Morris, Simon Conway: *The Crucible of Creation: The Burgess Shale and the Rise of Animals* (1998), Oxford: Oxford University Press, 1999.

Mossner, Ernest C. (Hg.): *David Hume, A Treatise of Human Nature*, London: Penguin, 1985.

Moule, C. F. D.: *The Phenomenon of the New Testament: An Inquiry into the Implications of Certain Features of the New Testament*, London: SCM, 1967.

Murphy, John P.: *Pragmatism: From Peirce to Davidson*, Boulder, Colo.: Westview Press, 1990.

N

Nagel, Thomas: *Das letzte Wort* (1997), Stuttgart: Reclam, 1999.

Nagel, Thomas: *Letzte Fragen* (1979), Darmstadt: Wiss. Buchges., 1996.

Nahem, Joseph: *Psychology and Psychiatry Today: A Marxist View*, New York: International Publishers, 1981.

Nasr, Seyyed Hossein und Oliver Leaman (Hg.): *History of Islamic Philosophy.* Teil 1, Bd. 1 von: *Routledge History of World Philosophies* (1996). Repr.: London: Routledge, 2001.

Nettleship, R. L.: *Lectures on the Republic of Plato*, London: Macmillan, 1922.

Newton, Isaac: *Principia Mathematica.* London, 1687.

Nietzsche, Friedrich: *Jenseits von Gut und Böse* (1886), Hamburg: Nikol, 2017.

Noddings, Nel: *Caring: A Feminine Approach to Ethics and Moral Education* (1984). Repr.: Berkeley, Calif.: University of California Press, 2013.

Norris, Christopher: *Deconstruction: Theory and Practice* (1982), London: Methuen, 2002.

O

Olivelle, Patrick: *The Early Upanishads: Annotated Text and Translation* (1996). Repr.: Oxford: Oxford University Press, 1998.

O'Meara, Dominic J.: *Plotinus: An Introduction to the Enneads*, Oxford: Clarendon Press, 1993.

P

Paley, William: *Natural Theology on Evidence and Attributes of Deity* (1802). Repr.: Oxford: Oxford University Press, 2006.

Patterson, Colin: *Evolution* (1978), Ithaca, N.Y.: Cornstock Publishing Associates, 1999.

Peacocke, Arthur: *The Experiment of Life*, Toronto: University of Toronto Press, 1983.

Pearsall, Judy und Bill Trumble (Hg.): *The Oxford English Reference Dictionary*, Oxford: Oxford University Press, 1996.

Pearse, E. K. Victor: *Evidence for Truth: Science*, Guildford: Eagle, 1998.

Penfield, Wilder: *The Mystery of the Mind*, Princeton, N.J.: Princeton University Press, 1975.

Penrose, Roger: *Computerdenken: die Debatte um künstliche Intelligenz, Bewußtsein und die Gesetze der Physik* (1986), Heidelberg, Berlin: Spektrum, Akad. Verl., 2002.

Penrose, Roger: *Der Weg zur Wirklichkeit: die Teilübersetzung für Seiteneinsteiger* (2004), Heidelberg: Spektrum, Akad. Verl., 2010.

Peterson, Houston (Hg.): *Essays in Philosophy*, New York: Pocket Library, 1959.

Pinker, Steven: *Der Sprachinstinkt: wie der Geist die Sprache bildet* (1994), München: Droemer Knaur, 1998.

Plantinga, Alvin: *Gewährleisteter christlicher Glaube* (2000), Berlin: De Gruyter, 2015.

Platon: *Des Sokrates Verteidigung.*

Platon: *Euthyphron.*

Platon: *Phaidon.*

Platon: *Der Staat.*

Platon: *Timaios.*

Plinius der Jünger: *Briefe.*

Plotin: *Enneaden.*

Polanyi, Michael: *Implizites Wissen* (1966), Frankfurt a. M.: Suhrkamp, 1985.

Polkinghorne, John: *One World: The Interaction of Science and Theology*, London: SPCK, 1986.

Polkinghorne, John: *Reason and Reality: The Relationship between Science and Theology* (1991). Repr.: London: SPCK, 2011.

Polkinghorne, John: *Science and Creation: The Search for Understanding* (1988), rev. Ausg., West Conshohocken, Pa.: Templeton Foundation Press, 2009.

Polkinghorne, John: *Science and Providence: God's Interaction with the World* (1989). Repr.: West Conshohocken, Pa.: Templeton Foundation Press, 2011.

Popper, Karl R. und John C. Eccles: *Das Ich und sein Gehirn* (1977), München: Piper, 1991.

Popper, Karl R.: *Die Welt des Parmenides: der Ursprung des europäischen Denkens* (1998), München, Zürich: Piper, 2005.

Pospisil, Leopold J.: *Kapauku Papuans and their Law*, Yale University Publications in Anthropology 54, New Haven, 1958.

Pospisil, Leopold J.: *The Kapauku Papuans of West New Guinea, Case Studies in Cultural Anthropology* (1963), 2. Aufl., New York: Holt, Rinehart and Winston, 1978.

Powers, B. Ward: *The Progressive Publication of Matthew*, Nashville: B&H Academic, 2010.

Poythress, Vern S.: *Inerrancy and the Gospels: A God-Centered Approach to the Challenges of Harmonization*, Wheaton, Ill.: Crossway, 2012.

Pritchard, J. B. (Hg.): *Ancient Near Eastern Texts Relating to the Old Testament*, Princeton, 1950, 3. Aufl., Princeton, N.J.: Princeton University Press, 1969.

Putnam, Hilary: *Vernunft, Wahrheit und Geschichte* (1981), Frankfurt a. M.: Suhrkamp, 1995.

R

Rachels, James: *Elements of Moral Philosophy*, New York: McGraw-Hill, 1986.

Ragg, Lonsdale und Laura Ragg (Hg.): *The Gospel of Barnabas*, Oxford: Clarendon Press, 1907.

Ramsay, William: *St. Paul the Traveller and the Roman Citizen*, London: Hodder & Stoughton, 1895.

Randall, John H.: *Cosmos*, New York: Random House, 1980.

Raphael, D. D.: *Moral Philosophy* (1981), 2. Aufl., Oxford: Oxford University Press, 1994.

Rawls, John: *Eine Theorie der Gerechtigkeit* (1971), Berlin: Akad.-Verl., 2013.

Redford, Donald B. (Hg.): *The Oxford Encyclopaedia of Ancient Egypt*, Oxford: Oxford University Press (2001); DOI: 10.1093/acref/9780195102345.001.0001.

Reid, Thomas: *An Enquiry Concerning Human Understanding*, Oxford: Clarendon Press, 1777.

Reid, Thomas: *An Inquiry into the Human Mind on the Principles of Common Sense* (1764). Repr.: Cambridge: Cambridge University Press, 2011.

Renfrew, Colin: *Archaeology and Language: The Puzzle of Indo-European Origins* (1987). Repr.: Cambridge: Cambridge University Press, 1999.

Ricoeur, Paul: *Hermeneutics and the Human Sciences* (1981), Repr.: Cambridge: Cambridge University Press, 1998.

Ricoeur, Paul: *Interpretation Theory: Discourse and the Surplus of Meaning*, Fort Worth, Tex.: Texas Christian University Press, 1976.

Ridley, Mark: *Evolution: Probleme – Themen – Fragen* (1985), Berlin: Birkhäuser, 1992.

Rodwell, J. M. (Übers.): *The Koran*, hg. von Alan Jones, London: Phoenix, 2011.

Rorty, Richard: *Consequences of Pragmatism: Essays, 1972–1980*, Minneapolis, Minn.: University of Minnesota Press, 1982.

Rose, Steven: *Darwins gefährliche Erben: Biologie jenseits der egoistischen Gene* (1998), München: Beck, 2000.

Ross, Hugh: *The Creator and the Cosmos*, Colorado Springs: NavPress, 1995.

Ross, W. D.: *The Right and the Good*, Oxford: Clarendon Press, 1930. Repr.: 2002.

Rousseau, Jean Jacques: *Der Gesellschaftsvertrag* (1762).

Russell, Bertrand: *Moral und Politik* (1962), München: Nymphenburger Verl.-Hdlg., 1973.

Russell, Bertrand: *Philosophie des Abendlandes: ihr Zusammenhang mit der politischen und der sozialen Entwicklung* (1946), 2. Aufl., Köln: Parkland, 2009.

Russell, Bertrand: *Probleme der Philosophie* (1912), Frankfurt a. M.: Suhrkamp, 1969.

Russell, Bertrand: *Religion and Science*, Oxford: Oxford University Press, 1970.

Russell, Bertrand: *The Autobiography of Bertrand Russell. 1967–69*. Repr.: London: Routledge, 1998.

Russell, Bertrand: *Understanding History* (1943), New York: Philosophical Library, 1957.

Russell, Bertrand: *Warum ich kein Christ bin* (1957), Berlin: Matthes & Seitz, 2017.

Russell, L. O. und G. A. Adebiyi: *Classical Thermodynamics*, Oxford: Oxford University Press, 1993.

Ryle, Gilbert: *Der Begriff des Geistes* (1949), Stuttgart: Reclam, 1973.

S

Sagan, Carl: *Cosmos: The Story of Cosmic Evolution, Science and Civilisation* (1980). Repr.: London: Abacus, 2003.

Sagan, Carl: *Der Drache in meiner Garage oder die Kunst der Wissenschaft, Unsinn zu entlarven* (1996), München: Droemer Knaur, 2000.

Sagan, Carl: *Nachbarn im Kosmos: Leben u. Lebensmöglichkeiten im Universum* (1973), München: DTV, 1978.

Sandbach, F. H.: *The Stoics* (1975), rev. Ausg., London: Bloomsbury, 2013.

Sartre, Jean-Paul: *Das Sein und das Nichts* (1943), Berlin: De Gruyter, 2015.

Sartre, Jean-Paul: *Existentialism and Human Emotions*, New York: Philosophical Library, 1957.

Sartre, Jean-Paul: *Existentialism and Humanism*, London: Methuen, 1948.

Sartre, Jean-Paul: *Die Fliegen/Die schmutzigen Hände. Zwei Dramen* (darin enthalten: *Die Fliegen* [1943]), Reinbek: Rowohlt 1984.

Sartre, Jean-Paul: *Drei Essays* (darin enthalten: *Ist der Existentialismus ein Humanismus?)* (1946), Frankfurt: Ullstein, 1964.

Schaff, Adam: *Marx oder Sartre?: Versuch einer Philosophie des Menschen* (1963), Berlin: VEB Dt. Verl. d. Wissenschaften, 1965.

Scherer, Siegfried: *Evolution. Ein kritisches Lehrbuch*, Weyel Biologie, Gießen: Weyel Lehrmittelverlag, 1998.

Schmidt, W.: *The Origin and Growth of Religion*, übers. von J. Rose, London: Methuen, 1931.

Schroth, Jörg (Hg.): *Texte zum Utilitarismus*, Stuttgart: Reclam 2016.

Scruton, Roger: *Modern Philosophy* (1994), London: Arrow Books, 1996.

Searle, John R.: *Die Konstruktion der gesellschaftlichen Wirklichkeit: zur Ontologie sozialer Tatsachen* (1995), Reinbek bei Hamburg: Rowohlt, 1997.

Searle, John R.: *Geist, Hirn und Wissenschaft* (1984), Frankfurt a. M.: Suhrkamp, 1989.

Selsam, Howard: *Sozialismus und Ethik* (1943), Berlin: Dietz, 1955.

Shakespeare, William: *Wie es euch gefällt.*

Sherrington, Charles S.: *The Integrative Action of the Nervous System* (1906). Repr. mit neuem Vorwort: Cambridge: Cambridge University Press, 1947.

Sherwin-White, A. N.: *Roman Society and Roman Law in the New Testament.* The Sarum Lectures 1960–61. Oxford: Clarendon Press, 1963. Repr.: Eugene, Oreg.: Wipf & Stock, 2004.

Simplicius: *Commentary on Aristotle's Physics* (oder: Miscellanies), in: Kirk, G. S., J. E. Raven, und M. Schofield: *The Presocratic Philosophers: A Critical History with a Selection of Texts* (1957), rev. Ausg., Cambridge: Cambridge University Press, 1983.

Simpson, George Gaylord: *The Meaning of Evolution: A Study of the History of Life and of Its Significance for Man*, The Terry Lectures Series (1949), rev. Ausg., New Haven, Conn.: Yale University Press, 1967.

Singer, Peter: *Leben und Tod: der Zusammenbruch der traditionellen Ethik* (1994), Erlangen: Fischer, 1998.

Singer, Peter: *Praktische Ethik* (1979), 3. erw. und rev. Ausg., Stuttgart: Reclam, 2013. Hier übersetzt nach: Singer, Peter: *Practical Ethics* (1979), 2. Aufl., Cambridge: Cambridge University Press, 1993.

Sire, James: *Die Welt aus der Sicht der anderen: Informationen über Weltanschauungen*, Neuhausen: Hänssler, 1980.

Skinner, B. F.: *Jenseits von Würde und Freiheit* (1971), Reinbek: Rowohlt, 1973.

Skinner, B. F.: *Lectures on Conditioned Reflexes*, New York: International Publishers, 1963.

Skinner, B. F.: *Wissenschaft und menschliches Verhalten* (1953), München: Kindler, 1973.

Sleeper, Raymond S.: *A Lexicon of Marxist-Leninist Semantics*, Alexandria, Va.: Western Goals, 1983.

Smart, J. J. C. und Bernard Williams: *Utilitarianism: For and Against* (1973). Repr.: Cambridge: Cambridge University Press, 1998.

Smith, Adam: *Der Wohlstand der Nationen: eine Untersuchung seiner Natur und seiner Ursachen* (1776), München: Beck, 1974.

Smith, John Maynard und Eörs Szathmary: *Evolution: Prozesse, Mechanismen, Modelle* (1995), Heidelberg, Berlin, Oxford: Spektrum, Akad. Verl., 1996.

Smith, Wilbur: *Therefore Stand*, Grand Rapids: Baker, 1965.

Sober, E.: *Philosophy of Biology* (1993), rev. 2. Aufl., Boulder, Colo.: Westview Press, 2000.

Social Exclusion Unit: *Teenage Pregnancy*, Cmnd 4342, London: The Stationery Office, 1999.

Sophokles: *Antigone*.

Spencer, Herbert: *Social Statics*, New York: D. Appleton, 1851.

Stalin, Josef: *Werke* (erschienen im Dietz Verlag). Siehe: https://kommunistische-geschichte.de/stalin-werke/.

Stam, James H.: *Inquiries into the Origin of Language: The Fate of a Question*, New York: Harper & Row, 1976.

Starkey, Mike: *God, Sex, and the Search for Lost Wonder: For Those Looking for Something to Believe In* (1997), 2. Aufl., Downers Grove, Ill.: InterVarsity Press, 1998.

Stauffer, Ethelbert: *Jesus – Gestalt und Geschichte*, Bern: Francke Verlag, 1957.

Storer, Morris B. (Hg.): *Humanist Ethics: Dialogue on Basics*, Buffalo, N.Y.: Prometheus Books, 1980.

Stott, John R. W.: *The Message of Romans*, Leicester: InterVarsity Press, 1994.

Strabo: *Geography*, übers. und eingel. von Duane W. Roller als *The Geography of Strabo*, Cambridge: Cambridge University Press, 2014. Übers. von H. C. Hamilton und W. Falconer, London, 1903, Perseus, Tufts

University, http://www.perseus.tufts.edu/hopper/text?doc=Perseus%3Atext%3A1999.01.0239 (aufgerufen am 11.09.2015).

Strabon: *Geographika.*

Strickberger, Monroe: *Evolution* (1990), 3. Aufl., London: Jones and Bartlett, 2000.

Strobel, Lee: *Der Fall Jesus: Ein Journalist auf der Suche nach der Wahrheit* (1998), Aßlar: Gerth, 2014.

Sueton: *Kaiserbiographien.*

Sunderland, Luther D.: *Darwin's Enigma*, Green Forest, Ark.: Master Books, 1998.

Swinburne, Richard: *Die Existenz Gottes* (1979), Stuttgart: Reclam, 1987.

Swinburne, Richard: *Glaube und Vernunft* (1981), Würzburg: Echter, 2009.

Swinburne, Richard: *Gibt es einen Gott?* (1996), Frankfurt a. M.: Ontos, 2006.

Swinburne, Richard: *Providence and the Problem of Evil.*, Oxford: Oxford University Press, 1998.

T

Tacitus, Cornelius P.: *Annalen.*

Tada, Joni Eareckson und Steven Estes: *Wie das Licht nach der Nacht: Hoffnung, die im Leiden trägt* (1997), Bielefeld: CLV, 2005.

Tax, Sol und Charles Callender (Hg.): *Issues in Evolution*, Chicago: University of Chicago Press, 1960.

Thaxton, Charles B., Walter L. Bradley und Roger L. Olsen: *The Mystery of Life's Origin*, Dallas: Lewis & Stanley, 1992.

Thibaut, George (Übers.): *The Vedānta Sūtras of Bādarāyana* mit Kommentar von Śankara, 2 Teile, New York: Dover, 1962.

Torrance, T. F.: *The Ground and Grammar of Theology*, Belfast: Christian Journals Limited, 1980; und Charlottesville: The University Press of Virginia, 1980. Repr. mit neuem Vorwort: Edinburgh: T&T Clark, 2001.

Torrance, T. F.: *Theological Science*, Oxford: Oxford University Press, 1978

U

Unamuno, Don Miguel de: *The Tragic Sense of Life*, übers. von J. E. Crawford, 1921. Repr.: Charleston, SC: BiblioBazaar, 2007.

V

Von Kirchmann, J. H.: *René Descartes' philosophische Werke*, Abt. 1, Berlin: Heimann, 1870.

Von Neumann, John: *Theory of Self-Reproducing Automata*, hg. und erg. von Arthur W. Burks, Urbana: University of Illinois Press, 1966.

W

Waddington, C. H. (Hg.): *Science and Ethics: An Essay*, London: Allen & Unwin, 1942.

Wallis, R. T.: *Neoplatonism* (1972). Repr.: London: Duckworth, 1985.

Ward, Keith: *God, Chance and Necessity* (1996). Repr.: Oxford: Oneworld Publications, 2001.

Warner, Richard und Tadeusz Szubka: *The Mind-Body Problem*, Oxford: Blackwell, 1994.

Weiner, Jonathan: *Der Schnabel des Finken oder der kurze Atem der Evolution* (1994), München: Droemer Knaur, 1996.

Welch, I. David, George A. Tate und Fred Richards (Hg.): *Humanistic Psychology*, Buffalo, N.Y.: Prometheus Books, 1978.

Wenham, John: *Easter Enigma – Do the Resurrection Stories Contradict One Another?*, Exeter: Paternoster Press, 1984. Repr. als *Easter Enigma: Are the Resurrection Accounts in Conflict?*, Eugene, Oreg.: Wipf & Stock, 2005.

Wesson, Paul: *Beyond Natural Selection* (1991). Repr.: Cambridge, Mass.: Massachusetts Institute of Technology Press, 1997.

Westminster Shorter Catechism (Der kürzere Westminster Katechismus) (1647). Siehe z. B.: https://www.bucer.org/fileadmin/_migrated/tx_org/mbstexte061.pdf (aufgerufen am 15.01.2020).

Wetter, Gustav: *Der dialektische Materialismus*, Wien: Herder, 1956.

Whitehead, Alfred North: *Prozess und Realität: Entwurf einer Kosmologie* (1929), Frankfurt a. M.: Suhrkamp, 1995.

Wilson, Edward O.: *Die Einheit des Wissens* (1998), München: Goldmann, 2000.

Wilson, Edward O.: *Genes, Mind and Culture*, Cambridge, Mass.: Harvard University Press, 1981.

Wilson, Edward O.: *Biologie als Schicksal: Die soziobiologischen Grundlagen menschlichen Verhaltens* (1978), Frankfurt a. M.: Ullstein, 1980.

Wilson, Edward O.: *Sociobiology: The New Synthesis. Cambridge*, Mass.: Harvard University Press, 1975.

Wimsatt, William K. und Monroe Beardsley: *The Verbal Icon: Studies in the Meaning of Poetry* (1954). Repr.: Lexington, Ky.: University of Kentucky Press, 1982.

Wippel, John F. (Hg.): *Studies in Medieval Philosophy*, Bd. 17 von: *Studies in Philosophy and the History of Philosophy*, Washington D.C.: Catholic University of America Press, 1987.

Wittgenstein, Ludwig: *Über Gewissheit* (1969), Frankfurt am Main: Suhrkamp, 1990.

Wolpert, Lewis: *Unglaubliche Wissenschaft* (1992), Frankfurt a. M.: Eichborn, 2004.

Wolters, Clifton (Übers.): *The Cloud of Unknowing* (1961). Repr.: London: Penguin, 1978.

Wolstenholme, Gordon/Jungk, Robert (Hg.): *Das umstrittene Experiment der Mensch: 27 Wissenschaftler diskutieren d. Elemente e. biolog. Revolution* (1963), München: Desch, 1966.

Wolterstorff, Nicholas: *Divine Discourse: Philosophical Reflections on the Claim that God Speaks* (1995). Repr.: Cambridge: Cambridge University Press, 2000.

X

Xenophon: *Memorabilien.*

Y

Yancey, Philip: *Warum ich heute noch glaube: Menschen, die mir halfen, die Gemeinde zu überleben* (2001), Wuppertal: R. Brockhaus, 2002.

Yockey, Hubert: *Information Theory and Biology,* Cambridge: Cambridge University Press, 1992.

Z

Zacharias, Ravi: *Jesus – der einzig wahre Gott?: christlicher Glaube und andere Religionen* (2000), Basel: Brunnen-Verl., 2002.

Zacharias, Ravi: *The Real Face of Atheism*, Grand Rapids: Baker, 2004.

Zaehner, Z. C. (Hg.): *The Concise Encyclopedia of Living Faiths* (1959), 2. Aufl., 1971. Repr.: London: Hutchinson, 1982.

ARTIKEL, ABSTRAKTE, KAPITEL UND VORTRÄGE

A

Adams, R. M.: *Religious Ethics in a Pluralistic Society*, in: G. Outka und J. P. Reeder, Jr. (Hg.): *Prospects for a Common Morality*, Princeton, N.J.: Princeton University Press, 1993.

Alberts, Bruce: *The Cell as a Collection of Protein Machines: Preparing the Next Generation of Molecular Biologists*, Cell 92/3 (06.02.1998), 291–4. DOI: 10.1016/ S0092-8674(00)80922-8.

Almond, Brenda: *Liberty or Community? Defining the Post-Marxist Agenda*, in: Brenda Almond (Hg.): *Introducing Applied Ethics*, Oxford: Wiley Blackwell, 1995.

Alpher, R. A., H. Bethe und G. Gamow: *The Origin of Chemical Elements*, Physical Review 73/7 (Apr. 1948), 803–4. DOI: 10.1103/PhysRev.73.803.

Anscombe, G. E. M.: *Modern Moral Philosophy, Philosophy 33* (1958), 1–19.

Asimov, Isaac (Interview mit Paul Kurtz): *An Interview with Isaac Asimov on Science and the Bible, Free Enquiry* 2/2 (Frühj. 1982), 6–10.

Auer, J. A. C. F.: *Religion as the Integration of Human Life, The Humanist* (Frühj. 1947).

Austin, J. L., P. F. Strawson und D. R. Cousin: *Truth, Proceedings of the Aristotelian Society, Supplementary Volumes, Vol. 24, Physical Research, Ethics and Logic* (1950), 111–72. http://www.jstor.org/stable/4106745. Repr. in: Paul Horwich (Hg.): *Theories of Truth*, Aldershot: Dartmouth Publishing, 1994.

B

Bada, Jeffrey L.: *Stanley Miller's 70th Birthday. Origins of Life and Evolution of Biospheres* 30/2 (2000), 107–12. DOI: 10.1023/A:1006746205180.

Baier, Kurt E. M.: *Egoism*, in: P. Singer (Hg.): *A Companion to Ethics*, Oxford: Blackwell, 1991. Repr.: 2000, 197–204.

Baier, Kurt E. M.: *Freedom, Obligation, and Responsibility*, in: Morris B. Storer (Hg.): *Humanist Ethics: Dialogue on Basics*, Buffalo, N.Y.: Prometheus Books, 1980, 75–92.

Baier, Kurt E. M.: *The Meaning of Life*, 1947, in: Peter Angeles (Hg.): *Critiques of God*, Buffalo, N.Y.: Prometheus Books, 1976. Repr. in: E. D. Klemke (Hg.): *The Meaning of Life*, New York: Oxford University Press, 1981, 81–117.

Baker, S. W.: *Albert Nyanza, Account of the Discovery of the Second Great Lake of the Nile, Journal of the Royal Geographical Society* 36 (1866). Auch in: *Proceedings of the Royal Geographical Society of London 10* (1856), 6–27.

Bates, Elizabeth, Donna Thal und Virginia Marchman: *Symbols and Syntax: A Darwinian Approach to Language Development*, in: Norman A. Krasnegor, Duane M. Rumbaugh, Richard L. Schiefelbusch und Michael Studdert-Kennedy (Hg.): *Biological and Behavioural Determinants of Language Development* (1991). Repr.: New York: Psychology Press, 2014, 29–65.

Behe, Michael J.: *Reply to My Critics: A Response to Reviews of Darwin's Black Box: The Biochemical Challenge to Evolution, Biology and Philosophy* 16 (2001), 685–709.

Berenbaum, Michael: *T4 Program*, in: *Encyclopaedia Britannica*. https://www.britannica.com/event/T4-Program (aufg. am 02.11.2017).

Berlinski, David: *The Deniable Darwin, Commentary* (Juni 1996), 19–29.

Bernal, J. D.: *The Unity of Ethics*, in: C. H. Waddington (Hg.): *Science and Ethics: An Essay*, London: Allen & Unwin, 1942.

Black, Deborah L.: *Al-Kindi*, in: Seyyed Hossein Nasr und Oliver Leaman (Hg.): *History of Islamic Philosophy*, Teil 1, Bd. 1 von: *Routledge History of World Philosophies* (1996). Repr.: London: Routledge, 2001, 178–197.

Boghossian, Paul A.: *What the Sokal hoax ought to teach us: The pernicious consequences and internal contradictions of „postmodernist" relativism, Times Literary Supplement*, Kommentar (13.12.1996), 14–15. Repr. in: Noretta Koertge (Hg.): A *House Built on Sand: Exposing Postmodernist Myths about Science*, Oxford: Oxford University Press, 1998, 23–31.

Briggs, Arthur E.: *The Third Annual Humanist Convention, The Humanist* (Frühj. 1945).

Bristol, Evelyn: *Turn of a Century: Modernism, 1895–1925*, Kap. 8 in: C. A. Moser (Hg.): *The Cambridge History of Russian Literature* (1989). Rev. Ausg., 1992. Repr.: 1996, Cambridge: Cambridge University Press, 387–457.

C

Caputo, John D.: *The End of Ethics*, in: Hugh LaFollette (Hg.): *The Blackwell Guide to Ethical Theory*, Oxford: Blackwell, 1999, 111–128.

Cartmill, Matt: *Oppressed by Evolution*, *Discover* Magazine 19/3 (März 1998), 78–83. Repr. in: L. Polnac (Hg.): *Purpose, Pattern, and Process*, 6. Aufl., Dubuque: Kendall-Hunt, 2002, 389–397.

Cavalier-Smith, T.: *The Blind Biochemist*, *Trends in Ecology and Evolution* 12 (1997), 162–163.

Chaitin, Gregory J.: *Randomness in Arithmetic and the Decline and Fall of Reductionism in Pure Mathematics*, Kap. 3, in: John Cornwell (Hg.): *Nature's Imagination: The Frontiers of Scientific Vision*, Oxford: Oxford University Press, 1995, 27–44.

Chomsky, Noam: *Review of B. F. Skinner, Verbal Behavior. Language* 35/1 (1959), 26–58.

Chomsky, Noam: *Science, Mind, and Limits of Understanding*, Abschrift des Vortrags vor der Science and Faith Foundation (STOQ), Vatikan (Jan. 2014). Keine Seiten. http://www.chomsky.info/talks/201401--.htm (aufgerufen am 03.08.2017).

Chruschtschow, Nikita: *Ukrainian Bulletin* (1.–15.08.1960), 12.

Coghlan, Andy: *Selling the family secrets*, *New Scientist* 160/2163 (05.12.1998), 20–21.

Collins, Harry: *Introduction: Stages in the Empirical Programme of Relativism*, *Social Studies of Science* 11/1 (Feb. 1981), 3–10. http://www.jstor.org/stable/284733 (aufgerufen am 11.09.2015).

Collins, R.: *A Physician's View of College Sex*, *Journal of the American Medical Association* 232 (1975), 392.

Cook, Sidney: *Solzhenitsyn and Secular Humanism: A Response*, *The Humanist* (Nov./Dez. 1978), 6.

Cookson, Clive: *Scientist Who Glimpsed God*, *Financial Times* (29.04.1995), 20.

Cottingham, John: *Descartes, René*, in: Ted Honderich (Hg.): *The Oxford Companion to Philosophy*, Oxford, 1995, 2. Aufl., Oxford: Oxford University Press, 2005.

Crick, Francis: *Lessons from Biology*, *Natural History* 97 (Nov. 1988), 32–39.

Crosman, Robert: *Do Readers Make Meaning?*, in: Susan R. Suleiman und Inge Crosman (Hg.): *The Reader in the Text: Essays on Audience and Interpretation,* Princeton, N.J.: Princeton University Press, 1980.

D

Davies, Paul: *Bit before It?*, *New Scientist* 2171 (30.01.1999), 3.

Dawkins, Richard: *Put Your Money on Evolution*, Rezension von Maitland A. Edey und Donald C. Johanson: *Blueprint: Solving the Mystery of Evolution*, Penguin, 1989. *The New York Times Review of Books* (09.04.1989), Abs. 7, 34–35.

Dembski, William: *Intelligent Design as a Theory of Information, Perspectives on Science and Christian Faith* 49/3 (Sept. 1997), 180–190.

Derrida, Jacques: *Force of Law: The „Mystical Foundation of Authority"*, in: Drucilla Cornell, Michel Rosenfeld und David Gray Carlson (Hg.): *Deconstruction and the Possibility of Justice* (1992). Repr.: Abingdon: Routledge, 2008.

Dirac, P. A. M.: *The Evolution of the Physicist's Picture of Nature, Scientific American* 208/5 (1963), 45–53. DOI: 10.1038/scientificamerican0563-45.

Dobzhansky, Theodosius: *Chance and Creativity in Evolution*, Kap. 18 in: Francisco J. Ayala und Theodosius Dobzhansky (Hg.): *Studies in the Philosophy of Biology: Reduction and Related Problems,* Berkeley, Calif.: University of California Press, 1974, 307–336.

Dobzhansky, Theodosius: Diskussion einer Arbeit durch Gerhard Schramm, *Synthesis of Nucleosides and Polynucleotide with Metaphosphate Esters,* in: Sidney W. Fox (Hg.): *The Origins of Prebiological Systems and of Their Molecular Matrices,* 299–315. Protokoll einer Konferenz in Wakulla Springs, Florida, 20.–30.10.1963, unter der Schirmherrschaft des Institute for Space Biosciences, der Florida State University und der National Aeronautics and Space Administration, New York: Academic Press, 1965.

Dobzhansky, Theodosius: *Evolutionary Roots of Family Ethics and Group Ethics*, in: *The Centrality of Science and Absolute Values*, Bd. 1 von: *Proceedings of the Fourth International Conference on the Unity of the Sciences,* New York: International Cultural Foundation, 1975.

Documents of the 22nd Congress of the Communist Party of the Soviet Union, 2 Bände, Documents of Current History, Nr. 18–19, New York: Crosscurrents Press, 1961.

Dose, Klaus: *The Origin of Life: More Questions Than Answers, Interdisciplinary Science Reviews* 13 (Dez. 1988), 348–356.

Druart, Th.-A: *Al-Fārābī and Emanationism*, in: J. F. Wippel (Hg.): *Studies in Medieval Philosophy*, Bd. 17 von: *Studies in Philosophy and the History of Philosophy*, Washington D.C.: Catholic University of America Press, 1987, 23–43.

Dyson, Freeman: *Energy in the Universe, Scientific American* 225/3 (1971), 50–59.

E

Eddington, Arthur: *The End of the World: From the Standpoint of Mathematical Physics, Nature* 127 (21.03.1931), 447–53. DOI: 10.1038/127447a0.

Edwards, William: *On the Physical Death of Jesus Christ, Journal of the American Medical Association* 255/11 (21.03.1986), 1455–1463.

Eigen, Manfred, Christof K. Biebricher, Michael Gebinoga und William C. Gardiner: *The Hypercycle: Coupling of RNA and Protein Biosynthesis in the Infection Cycle of an RNA Bacteriophage, Biochemistry* 30/46 (1991), 11005–18. DOI: 10.1021/ bi00110a001.

Einstein, Albert: *Physics and Reality* (1936), in: Sonja Bargmann (Übers.): *Ideas and Opinions*, New York: Bonanza, 1954.

Einstein, Albert: *Science and Religion* (1941), veröffentlicht in: *Science, Philosophy and Religion, A Symposium*. New York: The Conference on Science, Philosophy and Religion in Their Relation to the Democratic Way of Life (1941). Repr. in: *Out of My Later Years* (1950, 1956) (auf Deutsch erschienen als: *Aus meinen späten Jahren*, Stuttgart: DVA, 1984). Repr.: New York: Open Road Media, 2011.

Eysenck, H. J.: *A Reason with Compassion*, in: Paul Kurtz (Hg.): *The Humanist Alternative*, Buffalo, N.Y.: Prometheus Books, 1973.

F

Feynman, Richard P.: *Cargo Cult Science*. Repr. in: *Engineering and Science* 37/7 (1974), 10–13. http://calteches.library.caltech.edu/51/2/CargoCult.pdf (Faksimile), aufg. am 11.09.2015 (urspr. gehalten als Eröffnungsrede am Caltech 1974 in Pasadena, Calif.).

Fletcher, J.: *Comment by Joseph Fletcher on Nielsen Article*, in: Morris B. Storer (Hg.): *Humanist Ethics: Dialogue on Basics*, Buffalo, N.Y.: Prometheus Books, 1980, 70.

Flew, Anthony: *Miracles*, in: Paul Edwards (Hg.): *The Encyclopedia of Philosophy*, New York: Macmillan, 1967, 5:346–353.

Flew, Anthony: *Neo-Humean Arguments about the Miraculous*, in: R. D. Geivett und G. R. Habermas (Hg.): *In Defence of Miracles*, Leicester: Apollos, 1997, 45–57.

Flieger, Jerry Aline: *The Art of Being Taken by Surprise*, Destructive Criticism: Directions. SCE Reports 8 (Herbst 1980), 54–67.

Fodor, J. A.: *Fixation of Belief and Concept Acquisition*, in: M. Piattelli-Palmarini (Hg.): *Language and Learning: The Debate Between Jean Piaget and Noam Chomsky*, Cambridge, Mass.: Harvard University Press, 1980, 143–149.

Fotion, Nicholas G.: *Logical Positivism*, in: Ted Honderich (Hg.): *The Oxford Companion to Philosophy*, 2. Aufl., Oxford: Oxford University Press, 2005.

Frank, Lawrence K.: *Potentialities of Human Nature*, *The Humanist* (Apr. 1951).

Frankena, William K.: *Is morality logically dependent on religion?*, in: G. Outka und J. P. Reeder, Jr. (Hg.): *Religion and Morality*, Garden City, N.Y.: Anchor, 1973.

G

Genequand, Charles: *Metaphysics*, Kap. 47 in: Seyyed Nossein Nasr und Oliver Leaman (Hg.): *History of Islamic Philosophy*, Bd. 1 von: *Routledge History of World Philosophies*, London: Routledge, 1996, 783–801.

Genné, William H.: *Our Moral Responsibility*, *Journal of the American College Health Association* 15/Suppl. (Mai 1967), 55–60.

Gilbert, Scott F., John Opitz und Rudolf A. Raff: *Resynthesizing Evolutionary and Developmental Biology*, *Developmental Biology* 173/2 (1996), 357–372.

Ginsburg, V. L.: *Poisk* 29–30 (1998).

Gould, Stephen Jay: *Evolution as Fact and Theory*, in: Ashley Montagu (Hg.): *Science and Creationism*, Oxford: Oxford University Press, 1984.

Gould, Stephen Jay: *Evolution's Erratic Pace*, *Natural History* 86/5 (Mai 1977), 12–16.

Gould, Stephen Jay: *Evolutionary Considerations*, vorgetragen auf der McDonnell Foundation Conference, *Selection vs. Instruction*, Venedig, Mai 1989.

Gould, Stephen Jay: *In Praise of Charles Darwin*, vorgetragen auf der Nobel Conference XVIII, Gustavus Adolphus College, St. Peter, Minn. Repr. in: Charles L. Hamrum (Hg.): *Darwin's Legacy*, San Francisco: Harper & Row, 1983.

Gould, Stephen Jay: *The Paradox of the Visibly Irrelevant*, *Annals of the New York Academy of Sciences* 879 (Juni 1999), 87–97. DOI: 10.1111/j.1749-6632.1999.tb10407.x. Repr. in: *The Lying Stones of Marrakech: Penultimate Reflections in Natural History*, 2000. Repr.: Cambridge, Mass.: Harvard University Press, 2011 (auf Deutsch erschienen als: Gould, Stephen Jay: *Die Lügensteine von Marrakesch: vorletzte Erkundungen der Naturgeschichte; Essays*, Frankfurt a. M.: Fischer, 2006.)

Gribbin, John: *Oscillating Universe Bounces Back*, *Nature* 259 (01.01.1976), 15–16. DOI: 10.1038/259015c0.

Grigg, Russell: *Could Monkeys Type the 23rd Psalm?*, *Interchange* 50 (1993), 25–31.

Guth, A. H.: *Inflationary Universe: A Possible Solution to the Horizon and Flatness Problems*, *Physical Review* D 23/2 (1981), 347–356.

Guttmacher Institute: *Induced Abortion in the United States*, Informationsblatt, New York: Guttmacher Institute, Jan. 2018. https://www.guttmacher.org/fact-sheet/ induced-abortion-united-states (aufg. am 01.02.2018).

H

Haldane, J. B. S: *When I am Dead*, in: *Possible Worlds* (1927), London: Chatto & Windus, 1945, 204–211.

Hansen, Michèle, J. Kurinczuk, Carol Bower und Sandra Webb: *The Risk of Major Birth Defects after Intracytoplasmic Sperm Injection and in Vitro Fertilization*, *New England Journal of Medicine* 346 (2002), 725–730. DOI: 10.1056/NEJMoa010035.

Hardwig, John: *Dying at the Right Time: Reflections on (Un)Assisted Suicide*, in: Hugh LaFollette (Hg.): *Ethics In Practice*, Blackwell Philosophy Anthologies, 2. Aufl., Oxford: Blackwell, 1997, 101–111.

Hawking, S. W.: *The Edge of Spacetime: Does the universe have an edge and time a beginning, as Einstein's general relativity predicts, or is space-time finite without boundary, as quantum mechanics suggests?*, *American Scientist* 72/4 (1984), 355–359. http://www.jstor.org/stable/27852759 (aufg. am 15.09.2015).

Hawking, S. W.: *Briefe an den Herausgeber*, Antwort auf den Brief von J. J. Tanner bezüglich des Artikels *The Edge of Spacetime*, *American Scientist* 73/1 (1985), 12. http://www.jstor.org/stable/27853056 (aufg. am 15.09.2015).

Hawking, S. W. und R. Penrose: *The Singularities of Gravitational Collapse and Cosmology*, *Proceedings of the Royal Society London* A 314/1519 (1970), 529–48. DOI: 10.1098/rspa.1970.0021.

Hocutt, Max: *Does Humanism Have an Ethic of Responsibility?*, in: Morris B. Storer (Hg.): *Humanist Ethic: Dialogue on Basics*, Buffalo, N.Y.: Prometheus Books, 1980, 11–24.

Hocutt, Max: *Toward an Ethic of Mutual Accommodation*, in: Morris B. Storer (Hg.): *Humanist Ethics: Dialogue on Basics*, Buffalo, N.Y.: Prometheus Books, 1980, 137–146.

Hookway, C. J.: *Scepticism*, in: Ted Honderich (Hg.): *The Oxford Companion to Philosophy*, Oxford, 1995, 2. Aufl., Oxford: Oxford University Press, 2005.

Hoyle, Fred: *The Universe: Past and Present Reflections*, *Annual Reviews of Astronomy and Astrophysics* 20 (1982), 1–35. DOI: 10.1146/annurev.aa.20.090182.000245.

Hursthouse, Rosalind: *Virtue theory and abortion*, *Philosophy and Public Affairs* 20, 1991, 223–246.

Huxley, Julian: *The Emergence of Darwinism*, in: Sol Tax (Hg.): *The Evolution of Life: Its Origins, History, and Future*, Bd. 1 von: *Evolution after Darwin*, Chicago: University of Chicago Press, 1960, 1–21.

Huxley, Julian: *The Evolutionary Vision: The Convocation Address*, in: Sol Tax und Charles Callender (Hg.): *Issues in Evolution*, Bd. 3 von: *Evolution after Darwin*, Chicago: University of Chicago Press, 1960, 249–261.

I

Inwood, M. J.: *Feuerbach, Ludwig Andreas*, in: Ted Honderich (Hg.): *The Oxford Companion to Philosophy*, Oxford, 1995, 2. Aufl., Oxford: Oxford University Press, 2005.

J

Jeeves, Malcolm: *Brain, Mind, and Behaviour*, in: Warren S. Brown, Nancey Murphy und H. Newton Malony (Hg.): *Whatever Happened to the Soul: Scientific and Theological Portraits of Human Nature*, Minneapolis: Fortress Press, 1998.

Johnson, Barbara: *Nothing Fails Like Success, Deconstructive Criticism: Directions. SCE Reports* 8 (Herbst 1980), 7–16.

Josephson, Brian: *Briefe an den Herausgeber, The Independent* (12.01.1997), London.

K

Kant, Immanuel: *Beantwortung der Frage: Was ist Aufklärung?*, Berlinische Monatsschrift 4 (Dez. 1784), 481–494. Repr. in: *Kant's Gesammelte Schriften*, Berlin: Akademie Ausgabe, 1923, 8:33–42.

Klein-Franke, Felix: *Al-Kindī*, in: Seyyed Hossein Nasr und Oliver Leaman (Hg.): *History of Islamic Philosophy*, Bd. 1, Teil 1 von: *Routledge History of World Philosophies* (1996). Repr.: London: Routledge, 2001, 165–177.

Kurtz, Paul: *A Declaration of Interdependence: A New Global Ethics, Free Inquiry* 8/4 (Herbst 1988), 4–7. Auch veröffentlicht in: Vern L. Ballough und Timothy J. Madigan (Hg.): *Toward a New Enlightenment: The Philosophy of Paul Kurtz*, New Brunswick, N.J.: Transaction Publishers, 1994 (Kap. 3, *The Twenty-First Century and Beyond: The Need for a New Global Ethic and a Declaration of Interdependence*).

Kurtz, Paul: *Does Humanism Have an Ethic of Responsibility?*, in: Morris B. Storer (Hg.): *Humanist Ethics: Dialogue on Basics*, Buffalo, N.Y.: Prometheus Books, 1980, 11–24.

Kurtz, Paul: *Is Everyone a Humanist?*, in: Paul Kurtz (Hg.): *The Humanist Alternative*, Buffalo, N.Y.: Prometheus Books, 1973.

L

Lamont, Corliss: *The Ethics of Humanism*, in: Frederick C. Dommeyer (Hg.): *In Quest of Value: Readings in Philosophy and Personal Values*, San Francisco: Chandler, 1963, 46–59. Repr. aus Kap. 6 von: Corliss Lamont: *Humanism as a Philosophy*, Philosophical Library, 273–297.

Larson, Erik: *Looking for the Mind*, (Rezension von David J. Chalmers: *The Conscious Mind: In Search of a Fundamental Theory.*) *Origins & Design* 18/1(34) (Winter 1997), Colorado Springs: Access Research Network, 28–29.

Leitch, Vincent B.: *The Book of Deconstructive Criticism, Studies in the Literary Imagination* 12/1 (Frühj. 1979), 19–39.

Lewis, C. S.: *The Funeral of a Great Myth*, in: Walter Hooper (Hg.): *Christian Reflections*, Grand Rapids: Eerdmans, 1967, 102–116.

Lewis, C. S.: *The Weight of Glory*, in: *Transposition and other Addresses*, London: Geoffrey Bles, 1949. Repr. in: *The Weight of Glory and Other Addresses*, HarperOne, 2001 (auf Deutsch erschienen als *Das Gewicht der Herrlichkeit und andere Essays*, Basel: Brunnen, 2005).

Lewontin, Richard C.: *Billions and Billions of Demons*, *The New York Review of Books* 44/1 (09.01.1997).

Lewontin, Richard C.: *Evolution/Creation Debate: A Time for Truth*, *BioScience* 31/8 (Sept. 1981), 559. Repr. in: J. Peter Zetterberg (Hg.): *Evolution versus Creationism*, Phoenix, Ariz.: Oryx Press, 1983. http://bioscience.oxfordjournals.org/content/31/8/local/ed-board.pdf (aufg. am 15.09.2015).

Lieberman, Philip und E. S. Crelin: *On the Speech of Neanderthal Man*, *Linguistic Inquiry* 2/2 (März 1971), 203–222.

Louden, Robert: *On Some Vices of Virtue Ethics*, Kap. 10 in: R. Crisp und M. Slote (Hg.): *Virtue Ethics*, Oxford: Oxford University Press, 1997.

M

Mackie, J. L.: *Evil and Omnipotence*, *Mind* 64/254 (Apr. 1955), 200–212.

McNaughton, David und Piers Rawling: *Intuitionism*, Kap. 13 in: Hugh LaFollette (Hg.): *The Blackwell Guide to Ethical Theory*, Oxford: Blackwell, 2000, 268–287, Kap. 14 der 2. Aufl., Wiley Blackwell, 2013, 287–310.

Maddox, John: *Down with the Big Bang*, *Nature* 340 (1989), 425. DOI: 10.1038/340425a0.

Marx, Karl: *Differenz der demokritischen und epikureischen Naturphilosophie*, in: Marx, Karl und Friedrich Engels, *Werke*, Bd. 40, Berlin: Dietz, 1985.

Marx, Karl: *Thesen über Feuerbach* (1845), in: Georges Labica: *Karl Marx – Thesen über Feuerbach*, Berlin: Argument-Verl., 1998.

May, Rollo: *The Problem of Evil: An Open Letter to Carl Rogers*, *Journal of Humanistic Psychology* (Sommer 1982).

Merezhkovsky, Dmitry: *On the Reasons for the Decline and on the New Currents in Contemporary Russian Literature*, Vortrag im Jahr 1892, in: Dmitry Merezhkovsky: *On the reasons for the decline and on the new currents in contemporary Russian literature*, Petersburg, 1893.

Meyer, Stephen C.: *The Explanatory Power of Design: DNA and the Origin of Information*, in: William A. Dembski (Hg.): *Mere Creation: Science, Faith and Intelligent Design*, Downers Grove, Ill.: InterVarsity Press, 1998, 114–147.

Meyer, Stephen C.: *The Methodological Equivalence of Design and Descent*, in: J. P. Moreland (Hg.): *The Creation Hypothesis*, Downers Grove, Ill.: InterVarsity Press, 1994, 67–112.

Meyer, Stephen C.: *Qualified Agreement: Modern Science and the Return of the „God Hypothesis"*, in: Richard F. Carlson (Hg.): *Science and Christianity: Four Views*, Downers Grove, Ill.: InterVarsity Press, 2000, 129–175.

Meyer, Stephen C.: *The Return of the God Hypothesis*, *Journal of Interdisciplinary Studies* 11/1&2 (Jan. 1999), 1–38. http://www.discovery.org/a/642 (aufg. am 03.08.2017). Die Zitate stammen aus der archivierten, repag. Version. http://www.discovery.org/scripts/viewDB/filesDB-download.php?command= download&id=12006 (aufg. am 03.08.2017).

Miller, J. Hillis: *Deconstructing the Deconstructors*, Rezension von Joseph N. Riddel. *The Inverted Bell: Modernism and the Counterpoetics of William Carlos Williams*, *Diacritics* 5/2 (Sommer 1975), 24–31. http://www.jstor.org/stable/464639 (aufg. am 03.08.2017). DOI: 10.2307/464639.

Monod, Jacques: *On the Logical Relationship between Knowledge and Values*, in: Watson Fuller (Hg.): *The Biological Revolution*, Garden City, N.Y.: Doubleday, 1972.

N

Nagel, Ernest: *Naturalism Reconsidered* (1954), in: Houston Peterson (Hg.): *Essays in Philosophy*, New York: Pocket Books, 1959. Repr.: New York: Pocket Books, 1974.

Nagel, Thomas: *Rawls, John*, in: Ted Honderich (Hg.): *The Oxford Companion to Philosophy* (1995), 2. Aufl., Oxford: Oxford University Press, 2005.

Nagler, Michael N.: *Reading the Upanishads*, in: Eknath Easwaran: *The Upanishads* (1987). Repr.: Berkeley, Calif.: Nilgiri Press, 2007 (auf Deutsch erschienen als: Easwaran, Eknath: *Die Upanischaden*, eingel. und übers. von Eknath Easwaran, München: Goldmann, 2018).

Neill, Stephen: *The Wrath of God and the Peace of God*, in: Max Warren: *Interpreting the Cross*, London: SCM Press, 1966.

Newing, Edward G.: *Religions of pre-literary societies*, in: Sir Norman Anderson (Hg.): *The World's Religions*, 4. Aufl., London: InterVarsity Press, 1975.

Nielsen, Kai: *Religiosity and Powerlessness: Part III of „The Resurgence of Fundamentalism", The Humanist* 37/3 (Mai/Juni 1977), 46–48.

O

The Oxford Reference Encyclopaedia, Oxford: Oxford University Press, 1998.

P

Palmer, Alasdair: *Must Knowledge Gained Mean Paradise Lost?, Sunday Telegraph*, London (06.04.1997).

Penzias, Arno: *Creation is Supported by all the Data So Far*, in: Henry Margenau und Roy Abraham Varghese (Hg.): *Cosmos, Bios, Theos: Scientists Reflect on Science, God, and the Origins of the Universe, Life, and Homo Sapiens*, La Salle, Ill.: Open Court, 1992.

Pinker, Steven und Paul Bloom: *Natural Language and Natural Selection, Behavioral and Brain Sciences* 13/4 (Dez. 1990), 707–27. DOI: 10.1017/S0140525X00081061.

Polanyi, Michael: *Life's Irreducible Structure. Live mechanisms and information in DNA are boundary conditions with a sequence of boundaries above them, Science* 160/3834 (1968), 1308–12. http://www.jstor.org/stable/1724152 (aufg. am 03.08.2017).

Poole, Michael: *A Critique of Aspects of the Philosophy and Theology of Richard Dawkins, Christians and Science* 6/1 (1994), 41–59. http://www.scienceandchristianbelief.org/serve_pdf_free.php?filename=SCB+6-1+Poole.pdf (aufg. am 03.08. 2017).

Popper, Karl: *Scientific Reduction and the Essential Incompleteness of All Science*, in: F. J. Ayala und T. Dobzhansky (Hg.): *Studies in the Philosophy of Biology, Reduction and Related Problems*, London: MacMillan, 1974.

Premack, David: *„Gavagai!" or The Future History of the Animal Controversy*, *Cognition* 19/3 (1985), 207–96. DOI: 10.1016/0010-0277(85)90036-8.

Provine, William B.: *Evolution and the Foundation of Ethics*, *Marine Biological Laboratory Science* 3 (1988), 27–28.

Provine, William B.: *Scientists, Face it! Science and Religion are Incompatible*, *The Scientist* (05.09.1988), 10–11.

R

Rachels, James: *Naturalism*, in: Hugh LaFollette (Hg.): *The Blackwell Guide to Ethical Theory*, Oxford: Blackwell, 2000, 74–91.

Randall, John H.: *The Nature of Naturalism*, in: Yervant H. Krikorian (Hg.): *Naturalism*, 354–382.

Raup, David: *Conflicts between Darwin and Palaeontology*, *Field Museum of Natural History Bulletin* 50/1 (Jan. 1979), 22–29.

Reidhaar-Olson, John F. und Robert T. Sauer: *Functionally Acceptable Substitutions in: Two α-helical Regions of λ Repressor*, *Proteins: Structure, Function, and Genetics* 7/4 (1990), 306–316. DOI: 10.1002/prot.340070403.

Rescher, Nicholas: *Idealism*, in: Jonathan Dancy und Ernest Sosa (Hg.): *A Companion to Epistemology* (1992). Repr.: Oxford: Blackwell, 2000.

Ridley, Mark: *Who Doubts Evolution?*, *New Scientist* 90 (25.06.1981), 830–832.

Rogers, Carl: *Notes on Rollo May*, *Journal of Humanistic Psychology* 22/3 (Sommer 1982), 8–9. DOI: 10.1177/0022167882223002.

Rorty, Richard: *Untruth and Consequences*, *The New Republic* (31.07.1995), 32–36.

Ruse, Michael: *Is Rape Wrong on Andromeda?*, in: E. Regis Jr. (Hg.): *Extraterrestrials*, Cambridge: Cambridge University Press, 1985.

Ruse, Michael: *Transcript: Speech by Professor Michael Ruse*, Symposium, *The New Antievolutionism*, 1993 Annual Meeting of the American Association for the Advancement of Science, 13.02.1993. http://www.arn.org/docs/orpages/or151/mr93tran.htm (aufg. am 03.08.2017).

Ruse, Michael und Edward O. Wilson: *The Evolution of Ethics*, *New Scientist* 108/1478 (17.10.1985), 50–52.

Russell, Bertrand: *A Free Man's Worship*, 1903, in: *Why I Am Not a Christian*, New York: Simon & Schuster, 1957 (auf Deutsch erschienen als: Russell, Bertrand: *Warum ich kein Christ bin*, Berlin: Matthes & Seitz, 2017). Auch in: *Mysticism and Logic Including A Free Man's Worship*, London: Unwin, 1986.

Russell, Colin: *The Conflict Metaphor and its Social Origins*, *Science and Christian Belief* 1/1 (1989), 3–26.

S

Sanders, Blanche: *The Humanist* 5 (1945).

Sanders, Peter: *Eutychus*, *Triple Helix* (Sommer 2002), 17.

Sayre-McCord, Geoffrey: *Contractarianism*, in: Hugh LaFollette (Hg.): *The Blackwell Guide to Ethical Theory*, Oxford: Blackwell, 2000, 247–267, 2. Aufl., Wiley Blackwell, 2013, 332–353.

Scruton, Roger: *The Times* (Dez. 1997), London.

Searle, John: *Minds, Brains and Programs*, in: John Haugeland (Hg.): *Mind Design*, Cambridge, Mass.: Cambridge University Press, 1981.

Sedgh, Gilda et al.: *Abortion incidence between 1990 and 2014: global, regional, and subregional levels and trends*, *The Lancet* 388/10041 (16.07.2016), 258–267. DOI: http://dx.doi.org/10.1016/S0140-6736(16)30380-4.

Shapiro, James A.: *In the Details ... What?*, *National Review* (16.09.1996), 62–65.

Simpson, George Gaylord: *The Biological Nature of Man*, *Science* 152/3721 (22.04.1966), 472–478.

Singer, Peter: *Hegel, Georg Wilhelm Friedrich*, in: Ted Honderich (Hg.): *The Oxford Companion to Philosophy*, Oxford, 1995, 2. Aufl., Oxford: Oxford University Press, 2005.

Skorupski, John: *Mill, John Stuart*, in: Ted Honderich (Hg.): *The Oxford Companion to Philosophy*, Oxford, 1995, 2. Aufl., Oxford: Oxford University Press, 2005.

Slote, Michael: *Utilitarianism*, in: Ted Honderich (Hg.): *The Oxford Companion to Philosophy*, Oxford, 1995, 2. Aufl., Oxford: Oxford University Press, 2005.

Slote, Michael: *Virtue Ethics*, in: Hugh LaFollette (Hg.): *The Blackwell Guide to Ethical Theory*, Oxford: Blackwell, 2000, 325–347.

Sokal, Alan D.: *Transgressing the boundaries: towards a transformative hermeneutic of Quantum Gravity*, *Social Text* (Frühj./Sommer 1996), 217–252.

Sokal, Alan D.: *What the Social Text Affair Does and Does Not Prove*, in: Noretta Koertge (Hg.): *A House Built on Sand: Exposing Postmodernist Myths About Science*, Oxford: Oxford University Press, 1998, 9–22.

Solzhenitsyn, Alexander: *Alexandr Solzhenitsyn – Nobel Lecture*, Nobelprize.org., Nobel Media AB 2014. http://www.nobelprize.org/nobel_prizes/literature/ laureates/1970/solzhenitsyn-lecture.html (aufg. am 15.08.2017).

Spetner, L. M.: *Natural selection: An information-transmission mechanism for evolution*, *Journal of Theoretical Biology* 7/3 (Nov. 1964), 412–29.

Stalin, Josef: *Rede vom 24.04.1924*, New York, International Publishers, 1934.

Stolzenberg, Gabriel: *Reading and relativism: an introduction to the science wars*, in: Keith M. Ashman und Philip S. Baringer (Hg.): *After the Science Wars*, London: Routledge, 2001, 33–63.

T

Tarkunde, V. M.: *Comment by V. M. Tarkunde on Hocutt Article*, in: Morris B. Storer (Hg.): *Humanist Ethics: Dialogue on Basics*, Buffalo, N.Y.: Prometheus Books, 1980, 147–148.

Taylor, Robert: *Evolution is Dead*, *New Scientist* 160/2154 (03.10.1998), 25–29.

W

Walicki, Andrzej: *Hegelianism, Russian*, in: Edward Craig (allg. Hg.): *Concise Routledge Encyclopedia of Philosophy*, London: Routledge, 2000.

Wallace, Daniel: *The Majority Text and the Original Text: Are They Identical?*, *Bibliotheca Sacra*, April–Juni, 1991, 157-8.

Walton, J. C.: *Organization and the Origin of Life*, *Origins* 4 (1977), 16–35.

Warren, Mary Ann: *On the Moral and Legal Status of Abortion*, Kap. 11 in: Hugh LaFollette (Hg.): *Ethics in Practice: An Anthology*, 1997, 72–82, 4. Aufl., Oxford: Blackwell, 2014, 132–140.

Watters, Wendell W.: *Christianity and Mental Health*, *The Humanist* 37 (Nov./Dez. 1987).

Weatherford, Roy C.: *Freedom and Determinism*, in: Ted Honderich (Hg.): *The Oxford Companion to Philosophy*, Oxford, 1995, 2. Aufl., Oxford: Oxford University Press, 2005.

Wheeler, John A.: *Information, Physics, Quantum: The Search for Links*, in: Wojciech Hubert Zurek: *Complexity, Entropy, and the Physics of Information*, Protokoll des *1988 Workshop on Complexity, Entropy, and the Physics of Information*, Mai–Juni 1989, in Santa Fe, N. Mex. Redwood City, Calif.: Addison-Wesley, 1990.

Wigner, Eugene: *The Unreasonable Effectiveness of Mathematics in the Natural Sciences*, Richard Courant Lecture in Mathematical Sciences, vorgetragen an der New York University, 11.05.1959. *Communications in Pure and Applied Mathematics*, 13/1 (Feb. 1960), 1–14. Repr. in: E. Wiger: *Symmetries and Reflections*, Bloomingon, Ind., 1967. Repr.: Woodbridge, Conn.: Ox Bow Press, 1979, 222–237.

Wilford, John Noble: *Sizing Up the Cosmos: An Astronomer's Quest*, New York Times (12.03.1991), B9.

Wilkinson, David: *Found in space?*, Interview mit Paul Davies. *Third Way* 22:6 (Juli 1999), 17–21.

Wilson, Edward O.: *The Ethical Implications of Human Sociobiology*, *Hastings Center Report* 10:6 (Dez. 1980), 27–9. DOI: 10.2307/3560296.

Y

Yockey, Hubert: *A Calculation of the Probability of Spontaneous Biogenesis by Information Theory*, *Journal of Theoretical Biology* 67 (1977), 377–398.

Yockey, Hubert: *Self-Organisation Origin of Life Scenarios and Information Theory*, *Journal of Theoretical Biology* 91 (1981), 13–31.

FRAGEN FÜR LEHRER UND SCHÜLER/STUDENTEN

TEIL 1: BEDEUTUNG, GRUNDLAGE UND AUTORITÄT VON ETHIK

KAPITEL 1: FRAGEN AN ETHIKTHEORIEN

Einleitung

1.1 Welchen Eindruck haben Sie von der Einstellung Ihrer Mitmenschen zu Ethik und Moral? Würden Sie sagen,

a) dass sie einen gemeinsamen Kern von moralischen Werten haben? Wenn ja, welchen?
   Oder
b) dass es über Ethik keinen generellen Konsens gibt? Wenn ja, warum nicht?

1.2 Was verstehen Sie unter Liberalismus? Was sind seine ursprünglichen Prinzipien und seine gegenwärtigen Probleme? Würden Sie Brenda Almonds Kritik, die in diesem Text zitiert wird, zustimmen?

1.3 Welche besonderen Schwierigkeiten stellen sich in unserer Zeit sowohl bei der Bildung einer in sich stimmigen Moraltheorie als auch bei den praktischen ethischen Entscheidungen, die man treffen muss?

1.4 Glauben Sie, dass Menschen Rechte haben? Wenn ja, welche Rechte, und wer verleiht diese Rechte?

1.5 Glauben Sie, dass Menschen Pflichten haben? Wenn ja, wer oder was legt ihnen diese auf?

1.6 Man unterscheidet zwischen Menschenrechten und Bürgerrechten. Wo liegt der Unterschied?

1.7 Was bedeutet es, dass Information nicht unbedingt gleich Wissen ist und Wissen nicht unbedingt gleich Erkenntnis? Diskutieren Sie diese Frage.

1.8 Diskutieren Sie die vierfache Analyse der Ethiktheorie in diesem Text.
   a) Worum geht es jeweils schwerpunktmäßig bei den einzelnen vier Ebenen?
   b) Warum wird Ihrer Meinung nach ein Verständnis der ersten drei Ebenen Einfluss auf Entscheidungen auf der vierten Ebene haben?

1.9 Was können wir vom hippokratischen Eid über die Wichtigkeit der Unterscheidung zwischen den vier Ebenen der Ethiktheorie lernen?

KAPITEL 2: WAS SOLLTEN WIR TUN, UND WARUM?

Die Bedeutung der Ethik

2.1 Was meinen wir, wenn wir Ethik als „normative" Disziplin bezeichnen?

2.2 Erklären Sie die emotivistische Ethiktheorie und diskutieren Sie ihre Vor- und Nachteile.

2.3 Ist die Theorie des kulturellen Relativismus völlig richtig oder nur teilweise richtig?

2.4 Diskutieren Sie folgende Aussage: „Die Theorie des kulturellen Relativismus ist letztendlich inkohärent."

2.5 Kann eine moralische Aussage jemals objektiv wahr sein oder ist sie nie mehr als der Ausdruck einer Meinung?

2.6 Ist Intoleranz immer falsch? Welche Einstellung hätten Sie gegenüber Pol Pots Ethiktheorie und deren Umsetzung gehabt?

Die Unzulänglichkeit des Subjektivismus

2.7 Wir alle werden durch unseren kulturellen Hintergrund geprägt und beeinflusst. Heißt das, dass es für uns unmöglich ist,

a) jemals zu erkennen, dass wir falsch liegen könnten und eine andere Kultur richtig?

b) jemals wahrzunehmen, dass manche Wahrheiten objektiv und universell sind?

2.8 Ziehen es die Leute bei praktischen Dingen manchmal vor, sich von einer objektiven Quelle leiten zu lassen, anstatt ihren eigenen subjektiven Eindrücken und Urteilen zu vertrauen? Nennen Sie Beispiele.

2.9 Stimmt es, dass die Moral, wenn sie subjektiv wäre, auf eine Frage des Geschmacks reduziert würde? Wäre es von Bedeutung, wenn dies so wäre?

2.10 „Wenn es keine objektiven moralischen Maßstäbe gäbe, müssten wir uns von der Idee des moralischen Fortschritts verabschieden." Warum ist dies so?

2.11 Vor noch nicht allzu langer Zeit wurde auf Hindu-Witwen enormer gesellschaftlicher und kultureller Druck ausgeübt, sich auf dem Scheiterhaufen ihrer Ehemänner selbst zu opfern (diese Praxis wurde als *Sati* bezeichnet). Hätten Sie

a) argumentiert, dass diese Praxis toleriert werden sollte, da sie Teil der Kultur war?

b) sich jenen angeschlossen, die sich dafür einsetzten, dass die Regierung diese Praxis für illegal erklärt? Wenn ja, aus welchem Grund hätten Sie dies getan?

2.12 „Der Subjektivismus neigt dazu, sich selbst zu widerlegen." Diskutieren Sie diese Aussage und nennen Sie ein Beispiel.

2.13 „Für moralische Subjektivisten ist es schwer, im Alltag im Einklang mit ihrer eigenen Theorie zu handeln." Nennen Sie Beispiele, die dies zeigen.

Argumente gegen Objektivismus

2.14 Wenn Sie den Einwand erheben, etwas sei nicht fair, erwarten Sie dann, dass die Leute wissen, was Sie mit „fair" meinen? Wenn ja, warum?

2.15 Wenn Familienmitglieder den Besitz eines verstorbenen Verwandten aufteilen, sind sie sich manchmal äußerst uneinig darüber, welche Aufteilung fair wäre. Heißt das, dass das Konzept der „Fairness" keinen praktischen Nutzen hat und verworfen werden sollte?

2.16 „Wenn es so etwas wie Gerechtigkeit nicht gibt, wird letztendlich der Wille zur Macht den Rest kontrollieren." Diskutieren Sie diese Aussage.

2.17 „Moralgesetze sind wie die Gesetze der Arithmetik: Niemand hat sie erfunden." Diskutieren Sie diese Aussage.

2.18 Welche Beweise gibt es dafür, dass moralische Werte universell sind?

2.19 Nennen Sie eine Kultur, die Sie kennen, in der es ein normales, zu erwartendes und akzeptables Verhalten ist, andere zu täuschen. Würden Sie dies hinnehmen? Wenn nicht, warum nicht?

2.20 Welcher Fehler liegt in der Behauptung, die unterschiedlichen Bestattungsbräuche der Griechen und der Kallatier bewiesen, dass moralische Werte nicht universell und objektiv seien, sondern relativ?

2.21 „Die Tatsache, dass uns moralische Werte durch unsere Eltern und Lehrer beigebracht werden mussten, zeigt, dass diese Werte bloß kulturelle Traditionen sind." Ist das unbedingt richtig? Diskutieren Sie diese Frage.

KAPITEL 3: DIE QUELLE OBJEKTIVER MORALISCHER WERTE

Worauf gründen sich moralische Werte?

3.1 Nennen Sie Gründe für und gegen die Theorie, dass die materialistische Evolution die Existenz von universellen, objektiven moralischen Werten erklären kann.

3.2 Was ist Soziobiologie? Stimmt es, dass unsere Gene unser Verhalten kontrollieren?

3.3 Können wir gegen unsere Gene rebellieren?

3.4 Wie würden Sie erklären, dass manche Menschen selbstlos handeln?

3.5 Was ist ethischer Naturalismus?

3.6 In welchem Maße würde die Bibel dem ethischen Naturalismus zustimmen?

3.7 Welche logische Schwierigkeit ergibt sich, wenn man von einer reinen Tatsachenaussage das „Sollen" einer Pflicht ableitet will, und zwar ohne einen zusätzlichen angemessenen Grund, der zwischen beidem sozusagen eine Brücke schlägt?

3.8 Diskutieren Sie Rachels Vorschlag, dass unsere persönlichen Interessen eine ausreichende Grundlage für eine angemessene Ethik bilden.

3.9 „Der Instinkt ist die Quelle und Grundlage jeder Ethik." Nennen Sie Argumente für und gegen diese Sicht.

Universelle, objektive moralische Werte sind im Charakter und Willen Gottes begründet

3.10 Warum muss jede Moraltheorie in der Lage sein, eine schlüssige Erklärung zu geben, warum wir die Pflicht haben, das Moralgesetz einzuhalten?

3.11 Warum beriefen sich die Menschen in der Antike (und auch manche heute noch) auf Gott oder die Götter als Zeugen für ihre Aussagen, Versprechen und Verträge?

3.12 Welche Bedeutung hatte der Kontraktualismus für Sokrates?

3.13 Wie wurde der politische Kontraktualismus im 16. und 17. Jahrhundert umgesetzt?

3.14 Wie unterschieden sich Hobbes und Rousseaus Anwendung des Kontraktualismus?

3.15 Was ist moderner moralischer Kontraktualismus? Welche Motivation steckt dahinter?

3.16 Was sind die positiven Merkmale des moralischen Kontraktualismus?

3.17 Wo liegen seine Schwächen?

3.18 Was ist die „Theorie des göttlichen Moralgebots"? Was ist ihre Grundlage? Welche Auswirkungen hat sie?

3.19 Erklären Sie das Euthyphron-Dilemma mit eigenen Worten. Denken Sie, dass es darauf eine befriedigende Antwort gibt?

3.20 Was war der „alte Bund"? Was war nach 2. Mose 19,1-6 sein Hintergrund? Wie lauteten seine Bedingungen?

3.21 Was bietet Christus uns an, durch den „neuen Bund" für uns zu tun?

TEIL 2: BEDEUTENDE ZEITGENÖSSISCHE ETHIKSYSTEME

KAPITEL 4: CHRISTLICHE ETHIK

Einleitung

4.1 Worauf basiert die christliche Ethik, und welche Autorität beansprucht sie?

4.2 Welche Auffassung hat sie von der Natur?

4.3 Was meinen Christen, wenn sie sagen, der Gehorsam gegenüber dem Moralgesetz sei letztendlich der Gehorsam gegenüber einer Person? Warum ist dies für sie wichtig?

4.4 Aus welchen Quellen gewinnen Christen ihr Wissen über das Moralgesetz?

4.5 Nennen und erklären Sie vier Hauptziele der christlichen Ethik.

4.6 Welche vier generellen Prinzipien liegen einem christlichen ethischen Verhalten zugrunde und motivieren dieses?

4.7 Welche Handlungsbereiche decken die Zehn Gebote ab?

4.8 Wie ist die Einstellung des Neuen Testaments gegenüber den Zehn Geboten des Alten Testaments? Welche Rolle spielen sie in seiner Ethiktheorie?

4.9 Was bedeutet die Aussage: „Die christliche Ethik setzt eine persönliche Erlösungserfahrung voraus"?

4.10 „Christi ethische Forderungen sind höher als reine Gesetzeskonformität." Nennen Sie hierfür ein Beispiel.

4.11 Warum benötigt man für ein gesundes ethisches Verhalten sowohl Gerechtigkeit als auch Liebe?

4.12 Woher können Christen Anleitung erhalten, wenn die Bibel selbst nicht ausdrücklich sagt, wie man sich bei einer Sache entscheiden sollte?

4.13 Nennen Sie einige Einwände gegen die christliche Ethik. Wie überzeugend finden Sie diese? Begründen Sie Ihre Antwort.

KAPITEL 5: HANDLUNGSUTILITARISMUS

Damals und heute

5.1 Auf welcher Theorie über die psychologische Veranlagung eines Menschen gründete Bentham seine eigene Theorie?

5.2 Was ist laut Utilitarismus das höchste Ziel und Gut des Menschen, und für welches generelle Prinzip plädiert er zur Erreichung dieses Zieles?

5.3 Was war Benthams hedonistisches Kalkül? Welchen Zweck hatte es?

5.4 Wie übertrug Bentham seine Theorie auf die Frage der Bestrafung und einer Gefängnisreform?

5.5 Welche spezifische Regel legte Bentham für alle Tätigkeitsbereiche fest?

5.6 Was war Benthams „Nutzenprinzip"?

5.7 Warum wird diese Theorie als „Handlungsutilitarismus" bezeichnet?

5.8 Stimmen Sie Bentham zu, dass der Zweck die Mittel heiligt? Ist es von Bedeutung, ob eine Handlung an sich böse ist, wenn damit ein gutes Ergebnis erzielt wird?

5.9 Was meinte Bentham mit der Aussage, dass wir bei unseren Entscheidungen immer neutral und unparteiisch sein sollten, wenn wir die größtmögliche Menge an Glück für die größtmögliche Anzahl von Leuten berechnen? Sollte diese Regel grundsätzlich in allen Fällen angewendet werden?

5.10 Würden Sie in dem Fall des Feuers im Krankenhaus dem Elektriker Vorwürfe machen, wenn er seiner Frau statt dem Chirurgen das Leben rettete? Wenn nein, wo liegt der Unterschied zwischen dem Elektriker und dem Polizeichef, der seinen Bruder davonkommen lässt?

Eine Bewertung des Utilitarismus: seine praktischen Schwierigkeiten

5.11 Welche Merkmale des Utilitarismus finden Sie ansprechend?

5.12 J. S. Mill sagte, es sei besser, ein unzufriedener Sokrates zu sein als ein zufriedener Narr. Welche Bedeutung hat diese Bemerkung für Benthams Theorie des Glücks?

5.13 Welche Schwierigkeiten ergeben sich, wenn man Benthams hedonistisches Kalkül in die Praxis umsetzen will?

5.14 Wer sollte beurteilen, welche Art von Glück/Wohl in folgenden Bereichen angestrebt werden sollte:
a) in einer Familie?
b) in einer Schule?
c) im Staat?

5.15 Ist es ausreichend fair und gerecht, wenn ein Staat sich einfach nur die Maximierung des Glücks/Wohls der größtmöglichen Anzahl von Leuten zum Ziel setzt?

5.16 Worauf gründen sich laut J. S. Mill die Menschenrechte? Stimmen Sie ihm zu?

5.17 Was ist der Unterschied zwischen Menschenrechten und Bürgerrechten? Haben beide denselben Ursprung? Welche Pflichten gehen mit Bürgerrechten einher?

5.18 Ist es fair und gerecht, die Moralität einer Handlung allein von ihren zukünftigen Folgen abhängig zu machen? Wenn nein, warum nicht?

5.19 Wovon würden Sie die Antwort auf die Frage, ob eine Handlung moralisch richtig oder falsch ist, abhängig machen?

5.20 Wie weit müssen wir in die Zukunft blicken, bevor wir entscheiden können, ob eine vorgeschlagene Handlung ausgeführt werden sollte oder nicht? Hätten Atomreaktoren jemals gebaut werden sollen?

5.21 Wie unterminiert es das Grundprinzip des Handlungsutilitarismus, wenn man bei der Beurteilung der Moralität einer Handlung die Motive und Absichten der handelnden Person sowie die Qualität der Ergebnisse bedenken muss?

5.22 Wenn eine Handlung, die mit bösen Absichten getan wird, zusätzlich zu den unmittelbaren schlechten Ergebnissen schließlich zu guten Ergebnissen führt, sollte diese Handlung dann als moralisch gut betrachtet werden?

5.23 Wenn Christen sagen, dass alle Dinge zum Guten mitwirken, auf welches Gute beziehen sie sich dann? (Lesen Sie Röm 8,28-30.)

5.24 Wie haben moderne Utilitaristen die ursprüngliche Theorie modifiziert?

Eine Bewertung des Utilitarismus: seine moralischen Probleme

5.25 In welchem Sinn dachte Bentham, dass die Natur, Leid und Glück die moralischen Pflichten des Menschen vorschreiben?

5.26 Was heißt es, wenn man sagt: „Glück ist etwas, das man findet, wenn man nach etwas anderem sucht"? Stimmen Sie dem zu?

5.27 Ist jede Art von Vergnügen aus moralischer Sicht gut? Wenn nein, wie entscheidet man, welches gut ist und welches nicht?

5.28 Welche Gefahren liegen darin, Glück oder Vergnügen zum höchsten Gut im Leben zu machen?

5.29 Ist es immer richtig, den Leuten das zu geben, was ihnen Vergnügen bereitet?

5.30 Denken Sie einen Moment lang über Ihre eigenen Motivationen nach. Stimmt es, dass Sie allein von Leid und Glück angetrieben werden? Wenn nein, welche anderen Motive treiben Sie an?

5.31 Würde Ihre Treue zur Wahrheit Sie jemals dazu bewegen, Leuten Dinge zu sagen, die diese gar nicht gerne hören würden?

5.32 Könnte Sie die Liebe zu einem alten Elternteil dazu bewegen, sich um dieses zu kümmern, auch wenn die Fürsorge für dieses Elternteil Ihnen viel Mühe, aber kein Glück bringen würde?

5.33 Welche Schwäche hat das Prinzip, die Pflicht gegenüber der Gesellschaft einfach nur auf die Tatsachen der unpersönlichen Natur zu gründen?

Das generelle Prinzip des Utilitarismus

5.34 Welche konkreten Kriterien würden Sie anführen, wenn es um die Frage geht, ob das Abholzen der Regenwälder auf der ganzen Welt richtig oder falsch ist?

5.35 Wenn Geschäftsführer von Unternehmen feststellen, dass sie durch Lügen mehr Gewinn machen, mehr Arbeitsplätze erhalten und ihre Anteilseigner zufriedenstellen können, ist dies dann trotzdem falsch? Wenn ja, warum?

5.36 Wenn Institutionen wie Ehe und Familienleben zusammenbrächen und an ihre Stelle die sexuelle Freizügigkeit träte, würde dies die Zufriedenheit aller Betroffenen erhöhen oder vermindern? Begründen Sie Ihre Antwort.

5.37 Warum brauchen wir für die verschiedenen Tätigkeitsbereiche im Leben spezifische Regeln?

5.38 Woher erhalten wir laut J. S. Mill die Regeln und Normen für moralisches Verhalten? Welche Autorität schrieb er ihnen zu?

5.39 Was ist der Unterschied zwischen direktem und Regel-Konsequenzialismus?

5.40 Im letzten Jahrhundert wurde die Regel „Du sollst keine unschuldigen Menschen ermorden" millionenfach gebrochen. Nennen Sie Beispiele aus der Geschichte, um Ihre Sicht zu untermauern, dass dies die Gesamtsumme der Zufriedenheit der Menschen a) erhöht oder b) nicht erhöht hat.

5.41 Was ist Verteilungsgerechtigkeit?

5.42 Warum und wie fordern J. S. Mill und John Rawls eine Modifizierung des Utilitarismus, damit Verteilungsgerechtigkeit erreicht werden kann?

5.43 Die Theorie des Handlungsutilitarismus, dass der Zweck die Mittel heiligt, widerspricht klar der Moral des gesunden Menschenverstands. Warum? Stimmen Sie dem zu? Nennen Sie Beispiele, die Ihre eigene moralische Meinung untermauern.

5.44 Was ist für Sie die Rolle und Funktion der Familie in der Gesellschaft, und was betrachten Sie als unsere Pflicht gegenüber unseren nahen Verwandten? In welchem Maße sollte diese Pflicht Priorität vor anderen Pflichten und Loyalitäten haben?

KAPITEL 6: INTUITIONISMUS

Das „Ziel" und das „Sollte"

6.1 Was ist der Unterschied zwischen einer teleologischen Ethiktheorie und einer deontologischen?

6.2 Zu welcher dieser beiden Arten von Theorie gehört der Intuitionismus, und warum?

6.3 Durch welchen Prozess nehmen Intuitionisten das wahr, was sie als grundlegende Pflichten betrachten?

6.4 Was sind laut Ross die grundlegenden Pflichten?

6.5 Was meinen Intuitionisten, wenn sie manche Pflichten als abgeleitet bezeichnen? Nennen Sie zwei Beispiele für abgeleitete Pflichten und erklären Sie, wovon sie sich ableiten.

6.6 Warum bezeichnete Ross die grundlegenden Pflichten als Prima-facie-Pflichten?

6.7 Was sollte laut Ross passieren, wenn in einer bestimmten Situation zwei grundlegende Pflichten im Konflikt miteinander stehen?

Eine Bewertung des Intuitionismus: seine Stärken und Schwächen

6.8 Würden Sie zustimmen, dass der Intuitionismus einige Merkmale besitzt, die Utilitarismus und Konsequenzialismus überlegen sind? Wenn ja, begründen Sie Ihre Antwort.

6.9 „Der Intuitionismus ist gekennzeichnet durch eine starke Betonung unserer Pflichten, die sich aus der Vergangenheit ergeben." Erklären Sie die Bedeutung dieser Aussage und ihre Aussagekraft.

6.10 „Der Intuitionismus liefert uns Gründe dafür, dass unsere besondere Fürsorge für unsere Eltern und Verwandten moralisch angemessen ist." Kommentieren Sie diese Aussage und stellen Sie sie dem Utilitarismus gegenüber.

6.11 „Anthony Kennys Kritik am Konsequenzialismus zeigt im Gegenzug die Richtigkeit der Theorie des Intuitionismus." Erklären Sie, was dies bedeutet.

6.12 Viele Philosophen kritisieren Ross' Auflistung der grundlegenden Pflichten. Warum?

6.13 Viele meinen, dass Ross' Behauptung, die grundlegenden Pflichten seien selbstevident, nicht wahr sein könne. Wie begründen sie dies?

6.14 „Der Intuitionismus hat weder ein Hauptziel noch irgendein allumfassendes Prinzip." Stimmt das? Wenn ja, warum ist dies ein Nachteil?

6.15 Warum sagt man, dass die Ethik des Intuitionismus keine Grundlage und damit keine letzte Autorität besitzt? Stimmt das?

6.16 Was ist der Unterschied zwischen „einem Grund, etwas zu tun" und „der Pflicht, etwas zu tun"?

6.17 Welche Schwächen hat die Vorstellung, dass die Gesellschaft selbst der Ursprung unserer grundlegenden ethischen Maßstäbe ist?

6.18 „Menschen, die nicht an Gott glauben, haben Probleme, eine ausreichende ethischen Alternative vorzuschlagen." Diskutieren Sie diese Behauptung.

KAPITEL 7: KANTSCHE ETHIK

Die erste Formulierung des kategorischen Imperativs

7.1 „Kants Herangehensweise an Ethik war eher die eines Rationalisten als die eines Empiristen." Erklären Sie, was dies bedeutet.

7.2 Was meint man, wenn man sagt, Kants Ethiksystem sei äußerst deontologisch? Wo unterscheidet es sich vom Utilitarismus?

7.3 Was meinte Kant mit dem „guten Willen", und welche Rolle spielte er in seinem Ethiksystem?

7.4 Wenn Sie einem Armen eine Gabe aus Mitleid gegeben hätten oder weil Ihnen eine solche Großzügigkeit selbst Freude bereitet hätte, hätte Kant Ihre Tat nicht als wahrhaft moralisch betrachtet. Warum? Würden Sie ihm zustimmen?

7.5 Was war nach Kant an der Moral des Krämers unbefriedigend?

Die drei Formulierungen des kategorischen Imperativs

7.6 Was ist der Unterschied zwischen einem hypothetischen Imperativ und einem kategorischen Imperativ?

7.7 Kant ist der Ansicht, dass es nur *einen* kategorischen Imperativ gibt und dass dieser das Grundprinzip jeder wahren moralischen Entscheidung ist. Wie lautet dieser kategorische Imperativ, und welche Auswirkung hat er auf das Verhalten?

7.8 Was meint Kant, wenn er sagt: „Handle nur nach derjenigen Maxime, durch die du zugleich wollen kannst, dass sie ein allgemeines Gesetz werde"? Wie würden Sie dieses Prinzip bewerten?

7.9 Welche Gründe nennt Kant dafür, dass es falsch wäre, wenn ich mir Geld leihen und versprechen würde, es zurückzuzahlen, obwohl ich von Anfang an weiß, dass ich es nicht werde zurückzahlen können?

7.10 Erklären Sie genau, warum es nach Kants zweitem Beispiel falsch ist, wenn ein wohlhabender Mensch sich weigert, anderen Menschen in Not zu helfen. Dann beantworten Sie folgende Fragen:

a) Was verstehen Sie unter der „goldenen Regel"? Lehrt Kant Ihrer Meinung nach mit seinem zweiten Beispiel etwas Ähnliches wie die „goldene Regel"?
b) Ist Kant bei seinem zweiten Beispiel unbewusst dazu übergegangen, ein utilitaristisches Prinzip anzuwenden?

7.11 Was bedeuten die Begriffe „Mittel" und „Zweck"?

7.12 Wo liegt der Unterschied, ob ich andere Leute *auch* als ein Mittel benutze oder ob ich sie *bloß* als Mittel benutze?

7.13 Was heißt es, wenn man sagt, dass jeder Mensch ein Zweck in sich ist?

7.14 Was heißt es in der Praxis, Menschen als Zwecke zu behandeln?

7.15 Welche Auswirkungen hat dieses Prinzip für

a) das Privatleben?
b) die Industrie?
c) den Staat?

7.16 Was ist laut der Bibel der Hauptzweck des Menschen?

7.17 „Die dritte Formulierung des kategorischen Imperativs bildet den Ausgleich zu den ersten beiden." Was bedeutet das? Und warum ist dies wichtig?

7.18 Was sollte passieren, wenn vernünftige Menschen darüber uneins sind, welche Prinzipien und Regeln für allgemeingültig erklärt werden sollten?

Eine kritische Bewertung der kantschen Ethik

7.19 Was meint Raphael, wenn er sagt, dass die Fähigkeit zur Empathie das ist, was uns befähigt, als moralische Wesen zu urteilen und zu handeln? Wie wird es unsere Einstellung gegenüber anderen Menschen beeinflussen, wenn wir diese Fähigkeit einsetzen?

7.20 „Die empiristische Version liefert uns eine positive psychologische Erklärung für das Pflichtgefühl anderen gegenüber, schafft es jedoch nicht, uns einen guten Grund für ein normatives Urteil ... zu liefern" (Raphael). Was möchte Raphael damit sagen, und warum ist dies wichtig?

7.21 Was ist der fundamentale Unterschied zwischen der christlichen und der säkularen Ethik?

7.22 Warum glaubte Kant an Gott, das Leben nach dem Tod und das Endgericht?

7.23 „Kants ‚autonomer Wille' stellt den Menschen und die menschliche Vernunft statt Gott und Gottes Wort in den Mittelpunkt der Moral." Diskutieren Sie diese Aussage.

7.24 Sehen Sie irgendwelche Ähnlichkeiten zwischen Kant und Sartre?

KAPITEL 8: TUGENDETHIK

Ein anderer Schwerpunkt

8.1 Was ist Tugendethik? Wie unterscheidet sie sich von den Ethiktheorien, die Sie bis jetzt kennengelernt haben?

8.2 Wie beeinflusst die Art von Person, die wir innerlich sind, unser äußeres Verhalten? Veranschaulichen Sie Ihre Antwort mit Beispielen.

8.3 Wie verändern innere Motive und Absichten die moralische Bedeutung einer Handlung? Nennen Sie Beispiele.

8.4 Was ist nach der Bibel die wichtigste aller Tugenden? Wodurch ist diese gekennzeichnet?

8.5 Was ist Quietismus? Warum heißt die Bibel diesen nicht gut?

8.6 Was ist die Einstellung des Neuen Testaments gegenüber der Entwicklung von inneren Tugenden?

8.7 Was genau ist eine Tugend? Wie würden Sie zwischen einer Tugend und einem Motiv oder einer Absicht unterscheiden?

8.8 Was sind laut Aristoteles die drei Teile des menschlichen Wesens? Zu welchem Teil gehören die moralischen Tugenden und zu welchem die Verstandestugenden?

Aristoteles' Ethik

8.9 Was war die ursprüngliche Bedeutung des griechischen Wortes für „Tugend“ *(aretē)*? Was bedeutet es, wenn es im Hinblick auf Moral verwendet wird?

8.10 Formulieren Sie mit eigenen Worten Aristoteles' Lehre von „der Mitte“. Wie hilft uns seine Analogie mit der Nahrung, diese zu verstehen?

8.11 Ist Angst an sich etwas Schlechtes? Welchem Zweck dient sie als Teil des menschlichen Wesens?

8.12 Was meint Aristoteles, wenn er sagt, Mut sei die Mitte zwischen Feigheit und Unbesonnenheit?

8.13 Ist Vergnügen immer etwas Gutes? Wenn nein, wie kann es zu etwas Schlechtem werden?

8.14 Was wäre nach Aristoteles die richtige und was die falsche Einstellung gegenüber
a) dem Beschaffen und Ausgeben von Geld?
b) der Selbsteinschätzung?
c) Lebenszielen?
d) anderen Menschen?

8.15 Ordnen Sie die folgenden Gruppen von jeweils drei Eigenschaften diesen Kategorien zu:
1. Mangel; 2. Maßlosigkeit; 3. Mitte:
a) Geduld, Jähzorn, Temperamentlosigkeit
b) Großherzigkeit, Ängstlichkeit, Eitelkeit
c) Schüchternheit, Hemmungslosigkeit, Bescheidenheit

8.16 Mit welcher Methode entscheiden wir in einer Situation, was die Mitte ist? Mit Logik? Wenn nein, wie dann?

8.17 In welcher Weise ist das Erlernen eines tugendhaften Handelns wie das Erlernen von Autofahren?

8.18 Wie wird man tugendhaft?
a) Was sagt Aristoteles dazu?
b) Was sagt die Bibel dazu?

8.19 Was meint Petrus, wenn er sagt, dass Gott uns „alles zum Leben und zur Gottseligkeit geschenkt hat" (2Petr 1,3)?

Unfaire Kritik an Aristoteles

8.20 „Mut und Liebe sollten in großherzigem Überfluss praktiziert werden, nicht mit den kleinkarierten Berechnungen eines Händlers, der Teepackungen abwiegt." Ist diese Kritik an Aristoteles' Ethiktheorie fair?

8.21 „Deshalb ist die Tugend nach ihrer Substanz und ihrem Wesensbegriff Mitte; insofern sie aber das Beste ist und alles gut ausführt, ist sie Äußerstes und Ende." Was meinte Aristoteles damit?

8.22 Denkt Aristoteles, dass alle Laster entweder ein Übermaß oder ein Mangel irgendeiner Tugend sind? Welche Einstellung hatte er gegenüber Neid, Boshaftigkeit und Diebstahl?

8.23 Im Hinblick auf Ehebruch, Mord und ähnliche Dinge sagt er: „Demnach gibt es hier nie ein richtiges Verhalten ... sondern es ist überhaupt gefehlt, irgend etwas derartiges zu tun. ... sondern wie man sie auch tun mag, immer ist es gefehlt." Wie unterscheidet sich seine Ansicht hier vom Handlungsutilitarismus?

8.24 Was würde Aristoteles wohl heutigen Verfechtern von sexueller Freizügigkeit sagen? Auf welcher Grundlage würden diese (wenn überhaupt) seiner Ansicht widersprechen?

8.25 Was sind laut Aristoteles Verstandestugenden? Wie unterscheiden sie sich von anderen Tugenden?

8.26 Welches Ziel haben die Verstandestugenden gemein?

8.27 Warum muss die praktische Weisheit selbst tugendhaft sein, wenn sie ihre Aufgabe richtig erfüllen will?

8.28 Was meint Aristoteles, wenn er sagt: „Es ist der Schlechtigkeit eigen, das Prinzip zu verderben“?

8.29 Welche Funktion hat die wissenschaftliche Kraft des Verstands?

8.30 Wenn Aristoteles sagt, dass wir die „ersten Prinzipien“ nicht durch wissenschaftliche Beweise, sondern durch Intuition begreifen, was meint er damit? Und wie ähnelt dies dem, was die Bibel dazu sagt?

8.31 Würden Sie zustimmen, dass die Funktionsfähigkeit unserer Intuition durch unsere bereits vorhandenen Neigungen beeinflusst wird?

8.32 Wie wurde Aristoteles' Konzept der Glückseligkeit *(eudaimonia)* von seiner damaligen Kultur beeinflusst?

8.33 Was war Aristoteles' Vorstellung der idealen, höchsten Zufriedenheit?

8.34 Welchen Unterschied hätte es für Aristoteles' Ethiktheorie gemacht, wenn er statt der Vernunft die Liebe als das Höchste im Universum betrachtet hätte?

Moderne Tugendethik

8.35 „Die moderne Tugendethik verdankt viele ihrer guten Aspekte weiblichen Philosophen.“ Kommentieren und erklären Sie diese Aussage.

8.36 Welches Prinzip der Tugendethik unterscheidet diese von Utilitarismus und Kantianismus?

8.37 Wie verstehen Sie Slotes „grobe“ Charakterisierung der Tugendethik?

8.38 „Manche Tugendethiker sind gegen Regeln. Sie meinen, man sollte moralische Entscheidungen den Empfindungen bzw. der moralischen Kenntnis des tugendhaften Individuums überlassen.“ Was heißt das? Und welche Gründe haben sie für diese Einstellung?

8.39 Was bestimmt nach Hursthouse, ob eine Handlung falsch oder richtig ist?

8.40 „Eine Handlung gilt als richtig, wenn sich eine tugendhafte Person dazu entscheiden würde.“ Warum ist dies eine zwiespältige Aussage?

8.41 Ist ein Gemälde deshalb gut, weil ein erfahrener Kunstkritiker es auswählt? Oder wählt er es aus, weil es gut ist?

8.42 Was findet Robert Louden schwierig daran, dass die Tugendethik zuerst die Moralität der handelnden Person einschätzen muss? Würden Sie ihm zustimmen?

8.43 Warum wäre es gefährlich, das Richtige als etwas zu definieren, „für das tugendhafte Menschen sich entscheiden würden“?

8.44 „Die Tugendethik, auch wenn sie etwas anderes zu sagen scheint, setzt letztendlich die Objektivität von moralischen Maßstäben und absoluten Werten voraus und ist von diesen abhängig.“ Ist dieser Kommentar fair?

8.45 Was ist laut Hursthouse das Ziel der Ethik? Warum gefällt Slote das nicht?

8.46 Was ist in dem Beispiel im Text der Unterschied zwischen der Einstellung der beiden Fußballer zum Fußballspielen?

8.47 Was meint Slote damit, wenn er behauptet, die Tugendethik müsse eigenständig sein und dürfe kein Ziel jenseits ihrer selbst haben?

8.48 Warum sagen Christen, dass es nicht ausreicht, nur tugendhaft zu leben, sondern dass das Leben ein Ziel jenseits seiner selbst haben muss? Was ist dieses Ziel?

Slotes Version der Tugendethik

8.49 Slote berichtet uns von seiner Suche nach dem einen Grundprinzip, das die Tugendethik als Theorie vereinheitlicht. Welche zwei Prinzipien schlägt er vor, und welches davon bevorzugt er?

8.50 Was meint Slote, wenn er sagt, in einer Ethiktheorie müsse die handelnde Person im Fokus stehen?

8.51 Wenn universelles Wohlwollen als das grundlegende vereinheitlichende Prinzip gewählt würde, wie würde man dann die Tugendhaftigkeit einer handelnden Person messen?

8.52 Was bedeutet die Behauptung, universelles Wohlwollen gründe sich nicht auf einer noch grundsätzlicheren Sache und keinem noch grundsätzlicheren Prinzip oder Moralgesetz?

8.53 Warum lehnt Slote letztendlich das universelle Wohlwollen als grundlegendes vereinheitlichendes Prinzip ab? Warum meint er, dies wäre genauso unmenschlich wie Benthams Utilitarismus?

8.54 Welchen Beitrag leisteten Carol Gillingham und Nel Noddings zu Slotes Version der Tugendethik?

8.55 Welches Problem löst laut Slote eine Ethik der Fürsorge?

8.56 Wie überträgt Slote das Beispiel der Fürsorge des liebenden Vaters zu seinen beiden Söhnen auf die Frage der humanitären Hilfe?

8.57 „Die Tugendethik schließt alle deontischen Gedanken aus und konzentriert sich allein auf aretaische Werte." Was bedeutet diese Aussage? Was sind ihre Auswirkungen?

8.58 Es ist sicherlich eine bewundernswerte Tugend, wenn wir für andere sorgen, aber ist es auch unsere *Pflicht,* für andere zu sorgen? Wenn ja, warum? Worauf basiert diese Pflicht?

8.59 Haben große Firmen die Pflicht, für ihre Angestellten zu sorgen?

8.60 Was erwiderte Gott tatsächlich auf Kains Frage „Bin ich meines Bruders Hüter?“ (siehe 1Mo 4)?

KAPITEL 9: EGOISMUS

Extreme in der ethischen Theorie und Praxis

9.1 In welchem Sinne stellt die Tugendethik eine extreme Position dar?

9.2 In welcher Hinsicht stehen Handlungsutilitarismus und Kantianismus an gegensätzlichen Extremen, und in welchem Sinne stehen sie beide am selben Extrem?

9.3 Was bedeutet der Ausdruck „Egoist“? Können Sie irgendwelche berühmten Egoisten aus der Geschichte nennen?

9.4 Was ist der Unterschied zwischen Eigeninteresse und Selbstsucht?

9.5 Können gemischte Motive manchmal moralisch akzeptabel sein?

9.6 Wenn wir Geschöpfe eines Schöpfers sind, warum muss es dann logischerweise in unserem Interesse liegen, dem Willen und den Absichten unseres Schöpfers zu dienen?

9.7 Wenn wir andererseits das Produkt geistloser Kräfte sind, liegt es dann *unbedingt* in unserem Interesse, irgendetwas oder irgendjemandem zu dienen? Oder sollte unser grundsätzliches Motiv das Überleben des Stärkeren sein?

9.8 Ist das Streben nach persönlicher Erlösung, wie es in der Bibel steht, ein unwürdiges, selbstsüchtiges Ziel? Wenn nein, warum nicht?

9.9 Lehrt das Christentum die Leute, gut zu sein, um dafür belohnt zu werden? Wenn nein, was lehrt es dann?

9.10 Was meint die Bibel mit „sich selbst verleugnen“? Warum lehrte Christus seine Jünger, dass sie dazu bereit sein müssten?

9.11 Was sollte die christliche Motivation für die tägliche Arbeit sein? Notwendigkeit? Spaß? Uneigennützige Menschenliebe? Selbstsüchtiger Ehrgeiz? Eigeninteresse? Geld und materielle Güter?

Christliche Ethik und die Falschheit von Selbstsucht

9.12 Was ist Selbstsucht?

9.13 Was heißt es, wenn man sagt, ein selbstsüchtiger Mensch mache sich des groben Missbrauchs der Rahmenbedingungen des menschlichen Lebens und der Gesellschaft schuldig? Stimmen Sie dem zu?

9.14 Fassen Sie die Lehren zusammen, die wir aus der Analogie vom menschlichen Körper für unser individuelles Verhalten in der Gesellschaft ziehen können. Wie kombinieren sie Eigeninteresse mit selbstlosem Dienst?

9.15 Wenn Christen davon sprechen, dass sie ihr Dienst für Christus und andere Menschen auf eine Belohnung hoffen lässt, auf was für eine Art von Belohnung freuen sie sich?

9.16 Welche Einstellungen und Motive vermittelte Christus als Vorbild seinen Jüngern?

Ethischer Egoismus

9.17 Was ist ethischer Egoismus?

9.18 Auf welchem Grundprinzip gründet er? Nennen Sie einige der ernsten Auswirkungen, die er hat, weil er auf diesem einzigen Prinzip gründet.

9.19 „Wenn jemand versucht, ethischen Egoismus für allgemeingültig zu erklären, wird dieser logisch widersprüchlich.“ Nennen Sie hierfür ein Beispiel.

9.20 Warum könnte es unmoralisch sein, jemandem zu raten, nach dem Grundprinzip des ethischen Egoismus zu handeln?

9.21 Denken Sie sich ein praktisches Beispiel aus, das zeigt, wie das allgemeine Praktizieren des ethischen Egoismus in der Gesellschaft zu einem verbreiteten Zusammenbruch des Vertrauens führen würde.

Unternehmerischer Egoismus

9.22 Was verstehen Sie unter unternehmerischem Egoismus?

9.23 Argumentieren Sie mit Beispielen für und gegen die Vorstellung, dass ein durch unternehmerischen Egoismus erzeugter Wohlstand zur Gesellschaft im Ganzen „durchsickert." Nennen Sie Ihre eigene Lösung für das Problem.

Psychologischer Egoismus

9.24 „Beim psychologischen Egoismus handelt es sich nicht um eine Moraltheorie." Was ist er dann? Und welchen Einfluss hat er auf die Ethiktheorie?

9.25 Es ist ein Grundsatz der Ethiktheorie, dass ein „Sollte" auch ein „Kann" impliziert. Was bedeutet dies, und welche moralische Auswirkung auf die ethischen Pflichten des Menschen folgt aus dem psychologischen Egoismus, wenn dieser Grundsatz stimmt?

9.26 Welche wissenschaftliche Grundlage beansprucht die Theorie des psychologischen Egoismus für sich?

9.27 „Ein einziges gegensätzliches Beispiel würde die Theorie des psychologischen Egoismus zerstören." Wie kann das sein? Fällt Ihnen irgendein Beispiel dafür aus der Geschichte oder der heutigen Zeit ein?

9.28 Wie schätzen Sie die Erklärung des psychologischen Egoismus für das Verhalten des Mannes ein, der die Kinder aus dem brennenden Haus gerettet hat?

9.29 „Eine Theorie, die dieselbe Erklärung sowohl für eine Sache als auch für ihr Gegenteil gibt, ist wertlos." Ist dieser Kommentar fair?

9.30 Stimmen Sie zu, dass Menschen nur von einem einzigen Motiv motiviert werden? Wenn nein, begründen Sie Ihre Sicht.

9.31 Haben Sie Verständnis für den Autor von Römer 7,18-19?

TEIL 3: WAS NÜTZT ETHIK?

KAPITEL 10: DEN WERT EINES MENSCHEN BESTIMMEN

Einleitung

10.1 In welchem Sinne basiert Ethik auf Werten?

10.2 Stimmt es, dass alle Menschen ethische Ansichten haben, ob ihnen dies nun bewusst ist oder nicht?

10.3 Welche Werte der im Text genannten Ethiktheorien würden Sie sich zu eigen machen?

10.4 „Ein neugeborenes Baby ist weniger wert als ein Schwein." Diskutieren Sie diese Aussage.

10.5 Was bedeutet es, wenn man sagt, es sei unmöglich, eine befriedigende Ethik ohne eine transzendentale Dimension aufzubauen?

KAPITEL 11: DIE ETHIK VON DER WEITERGABE DES LEBENS

11.1 Was ist naturgemäß der notwendige Rahmen für die Weitergabe neuen Lebens?

11.2 Welche Bedeutung hat die Ehe?

11.3 Was heißt es, dass Sex in der Ehe eine doppelte Funktion hat?

11.4 Wenn die Ehe ein Ideal ist, was sind dann die ethischen Bedingungen dafür, dieses zu bewahren?

11.5 Welche Auswirkungen kann es haben, wenn Sex von der Ehe losgelöst wird? Sind diese Auswirkungen Ihrer Meinung nach gut oder schlecht? Begründen Sie Ihre Antwort.

11.6 „Die unverantwortliche Einstellung mancher Männer gegenüber ihren Ehefrauen macht die Ehe zu einer elenden Situation.“ Was würden der Intuitionismus und die Tugendethik dazu sagen?

11.7 „Die Ehe wurde erfunden, um die Tyrannei der Männer über die Frauen zu rechtfertigen.“ Kommentieren Sie diese Ansicht.

11.8 Welcher Druck wird Ihrer Meinung nach auf junge Leute im Hinblick auf sexuelle Aktivitäten ausgeübt?

11.9 Medienmogule machen mit der Kommerzialisierung von Sex sehr viel Geld. Ist dies ethisch? Begründen Sie Ihre Antwort.

11.10 Welche Einstellung hat das Christentum zu unverbindlichem Sex? Welche Gründe und Motivationen nennt es für diese Einstellung?

KAPITEL 12: ETHISCHE FRAGEN, DIE DURCH WISSENSCHAFT UND TECHNIK AUFGEWORFEN WERDEN

Neue Möglichkeiten – neue Fragen

12.1 „Wenn es getan werden kann, sollte es getan werden.“ Wäre es aus ethischer Sicht unbedenklich, dieses Prinzip bei allen Möglichkeiten anzuwenden, die uns Wissenschaft und Technik eröffnen? Wenn nein, warum nicht?

12.2 Der Einsatz von Samen- und Eizellenspenden wirft eine Reihe von ethischen Fragen auf. Welche sind dies? Wie berechtigt sind diese?

12.3 Was bedeutet „die Integrität der ehelichen Beziehung verletzen“?

12.4 Denken Sie, dass Kinder das Recht haben, ihre genetische Abstammung zu kennen? Warum ist das wichtig?

12.5 Welche Auswirkungen könnte es Ihrer Meinung nach auf ein Kind haben, wenn es entdeckt, dass bei seiner Zeugung ein anonymer Spender beteiligt war?

12.6 Warum fordern Ihrer Meinung nach Spender, anonym zu bleiben? Warum könnten Eltern nicht wollen, dass ihre Kinder wissen, wer der Spender war?

Wann beginnt das Leben?

12.7 Schreiben Sie einen Aufsatz, der die Argumente in diesem Vortrag kritisiert.

Fragen zum Lebensende

12.8 Wie wird Sterbehilfe definiert?

12.9 Was ist der Unterschied zwischen freiwilliger und unfreiwilliger Sterbehilfe?

12.10 „Der Begriff der passiven Sterbehilfe ist ein Widerspruch in sich.“ Kommentieren Sie diese Aussage.

12.11 Welche Einstellung wurde durch den hippokratischen Eid aufrechterhalten, und warum?

12.12 Warum weigern sich noch immer viele Regierungen, Sterbehilfe zu legalisieren? Was ist das Argument des „Schlitterpfads“? Sehen Sie die Gefahr eines Schlitterpfads? Was ist diese?

12.13 Hat ein Arzt die Pflicht, immer die neueste Medizintechnik einzusetzen, um einen Patienten am Leben zu erhalten?

12.14 Welchen Unterschied macht ein religiöser Glaube bei der Einstellung zur Sterbehilfe?

12.15 Warum sind die Absichten einer Ärztin bei der Verabreichung eines schmerzlindernden Medikaments wichtig?

KAPITEL 13: ETHIK IN DER PRAXIS

13.1 Die Bezeichnungen, die normalerweise den drei Ansichten zum Thema Bestrafung verliehen werden, die unter der Überschrift „Verbrechen und Bestrafung" diskutiert werden, sind „Abschreckung", „Vergeltung" und „Besserung". Welche Bezeichnung passt nun zu welcher Ansicht?

13.2 Wählen Sie drei Personen aus Ihrer Klasse oder Studiengruppe aus, die die Rollen von Ramesch, Lee und Juliana spielen. Lassen Sie jeden für seine bzw. ihre Position argumentieren und die Klasse/Gruppe darauf antworten.

13.3 „Der Hauptzweck einer ‚vergeltenden' Bestrafung ist, die durch das Gesetz zum Ausdruck gebrachten Werte zu verteidigen. Das Gesetz gegen Mord versucht, den Wert des menschlichen Lebens zu verteidigen. Wenn dieses Gesetz ungestraft gebrochen werden kann, wird der Wert, der durch das Gesetz verteidigt werden soll, zerstört." Argumentieren Sie für und gegen diese Ansicht.

13.4 „Ohne Gerechtigkeit kann man in einer Gesellschaft keine wahre Freiheit haben." Stimmt das?

13.5 „Wenn eine Person in dem Moment, in dem sie etwas tut, weiß, dass es falsch ist, und man dann sagt, sie habe nicht anders gekonnt und sollte daher nicht für ihre Tat verantwortlich gemacht werden, ist dies, als behandele man sie nicht wie einen Menschen, sondern mehr wie ein Tier oder einen Kohlkopf. Der richtige (und freundlichste) Weg, ihr zu helfen, ist, ihr beizubringen, Verantwortung für ihre Taten zu übernehmen." Diskutieren Sie diese Ansicht.

13.6 Stellen Sie sich vor, zwei Männer – Raul und Iwan – begehen das gleiche Verbrechen. Raul genießt sein Verbrechen jedoch viel mehr als Iwan. Die utilitaristische Theorie meint zur Frage der Bestrafung, dass Raul daher mehr bestraft werden sollte als Iwan. Stimmen Sie ihr zu?

13.7 Lesen Sie 5. Mose 25,1-3. Welche Prinzipien der Gerechtigkeit werden hier verkündet? Wie sollten sie in unserer heutigen Welt interpretiert und angewendet werden?

13.8 Halten Sie es für ethisch, wenn Eltern ihre Kinder bestrafen? Gehen Sie in Ihrer Antwort auch auf eventuell bestehende Gefahren von übermäßiger Bestrafung oder überhaupt keiner Strafe ein.

KAPITEL 14: MEHR ALS ETHIK

Ethik bringt die Probleme ans Licht

14.1 Welche zwei Fragen kann die Ethik als normatives System nicht selbst beantworten?

14.2 Was hielt Sokrates für den Grund, weshalb Leute Falsches tun, und was hielt er für das Heilmittel?

14.3 Haben Sie schon mal etwas getan, von dem Sie wussten, dass es falsch war? Wenn ja, warum?

Aristoteles' Sicht

14.4 Aus welchen Gründen war Aristoteles bei dieser Frage anderer Meinung als Sokrates?

14.5 Was war nach Aristoteles der Unterschied zwischen einer Person, der es an Selbstkontrolle mangelt, und einer zügellosen Person?

14.6 „Kann man von einer Person, die bewusst etwas Falsches tut, sagen, dass sie wirklich weiß, dass es falsch ist?" Wie lautete Aristoteles' Antwort auf diese Frage, und wie veranschaulichte er seine Antwort?

14.7 Welche Theorie von Aristoteles soll mit der Geschichte der jungen Frau, die die harte Droge genommen hat, veranschaulicht werden? Ist sie realitätsnah?

Aristoteles über die Grundursache und das Heilmittel für falsches Verhalten

14.8 „Aristoteles' Theorie über die Grundursache des schlechten moralischen Verhaltens der Menschheit hat viel mit der sozialen Evolutionstheorie gemein." Kommentieren Sie diese Ansicht.

14.9 Wie überzeugend ist Aristoteles' Theorie im Lichte der gewaltigen Menge an Korruption in unseren heutigen Städten und angesichts des Verhaltens der zivilisierten Nationen der Welt im letzten Jahrhundert und bis heute?

14.10 Was schlug Aristoteles als Heilmittel für schlechtes moralisches Verhalten vor? In welchem Maße ist es realistisch?

14.11 Was meinte Aristoteles, als er sagte, es gebe viele Wege, schlecht zu sein, aber nur einen Weg, gut zu sein?

14.12 Würden Sie Aristoteles zustimmen, dass es schwierig ist, gut zu sein?

Das Bekenntnis des Apostels Paulus

14.13 In einer gewissen Zeit in seinem Leben dachte der Apostel Paulus, dass er die Zehn Gebote in ausreichendem Maße einhalten könne und sie auch wirklich einhalte. Was brachte ihn zum Umdenken?

14.14 Was meinte Paulus, als er sagte, das Gesetz sei geistlich?

14.15 Was ist Begehren?

14.16 In welchem Sinne kann man sagen, dass das Hegen von Hassgefühlen im Herzen und in Gedanken gleichbedeutend mit Mord ist?

14.17 Paulus sagte, dass die Verbote des Gesetzes ihn manchmal dazu brachten, diese Dinge umso mehr tun zu wollen. Ist das Ihrer Erfahrung nach wirklich so? Wenn ja, warum passiert dies?

14.18 Glauben Sie, dass der Verstand und reine Willenskraft ausreichen, um einen Menschen davon abzuhalten, falsche Dinge zu tun oder zu denken?

14.19 „Eine Person, die mit dem von ihr erreichten moralischen Standard völlig zufrieden ist, leidet entweder unter einem defekten moralischen Gewissen oder aber unter einer starken Form des Pharisäertums." Was heißt das? Würden Sie dem zustimmen?

Eine marxistische Erkenntnis

14.20 Kommentieren Sie die Ähnlichkeiten zwischen der Sprache, die in der Stellungnahme der Kommunistischen Partei von 1961 verwendet wurde, und der Sprache des Neuen Testaments. Habe beide irgendwelche substanziellen Ideen gemein?

14.21 Stimmt es, dass manche Leute es ablehnen, Gott in die Ethik einzubringen? Wenn ja, warum?

14.22 Denken Sie, dass es aus psychologischer Sicht ungesund ist, die ethischen Maßstäbe der Religion ernst zu nehmen? Warum oder warum nicht?

Der Rang der Ethik in der christlichen Lehre

14.23 Was heißt es, dass Ethik eine Angelegenheit zweiter (und nicht erster) Ordnung ist? Veranschaulichen Sie Ihre Antwort mit einem Beispiel.

14.24 „Gott schuf die Menschheit nicht, um Geschöpfe zu haben, denen er Regeln und Vorschriften auferlegen konnte." Wozu hat er uns dann geschaffen?

14.25 Wie veranschaulicht das Gleichnis vom verlorenen Sohn, was die Bibel als Wurzel des Fehlverhaltens der Menschheit betrachtet?

14.26 „Die christliche Ethik hat ihren Ursprung in der Barmherzigkeit Gottes und ist dadurch motiviert." Was ist diese Barmherzigkeit?

14.27 Warum äußert sich Paulus erst im letzten Teil seiner Abhandlung zur christlichen Ethik?

14.28 Die Höhepunkte der ersten beiden Teile von Paulus‘ Abhandlung ähneln einander. In welcher Hinsicht?

14.29 Wie unterscheiden sich die Hauptthemen der ersten beiden Teile voneinander?

14.30 Warum ist die Reihenfolge dieser beiden Teile von Bedeutung? Welche Auswirkungen hätte es auf die Botschaft der Abhandlung, wenn die Reihenfolge andersherum wäre?

14.31 Wie veranschaulicht das Gleichnis vom verlorenen Sohn den Punkt, auf den Paulus hinweisen möchte, indem er betont, dass die Versöhnung mit und die Annahme durch Gott der moralischen Erneuerung des Charakters eines Menschen vorangehen?

14.32 Inwiefern ähnelte das anfängliche Verhalten des verlorenen Sohnes dem von Adam und Eva im 1. Buch Mose?

14.33 Was sind laut Römer 1,18–3,20 die Symptome der Entfremdung der Menschheit von Gott?

14.34 Was ist laut Römer 3,21ff. die Vorkehrung Gottes für die Versöhnung mit dem Menschen? Auf Grundlage welcher Prinzipien wird sie uns angeboten?

14.35 Welchen Einfluss hat diese Vorkehrung auf die zweite Stufe des Prozesses der Schaffung des „neuen Menschen“?

14.36 Teil 1 von Paulus’ Abhandlung lehrt, dass eine Person unabhängig von den Werken des Gesetzes durch den Glauben gerechtfertigt wird (3,28). Was heißt das?

14.37 Teil 2 lehrt, dass Gott möchte, dass die gerechten Forderungen des Gesetzes erfüllt werden. Wie kann das geschehen? Und in welcher Stufe der Erfahrung einer Person geschieht dies?

14.38 „Die christliche Ethik ist nicht bloß eine Frage von entschlossenem eigenem Bemühen." In welcher Weise ist sie dies nicht, und warum nicht?

14.39 Was ist im Christentum im Unterschied zum Marxismus das Mittel, um den „neuen Menschen" zu erschaffen und auszubilden?

14.40 „Die christliche Ethik schafft keine sklavische Mentalität und kein sklavisches Verhalten. Sie ist der Lebensstil von Gottes frei geborenen erwachsenen Söhnen und Töchtern." Warum ist dies nach Römer 8 so?

14.41 Welche Lebensbereiche deckt die christliche Ethik laut Teil 4 der Abhandlung ab?

14.42 Frankena meint, wenn man versuche, Ethik auf religiösen Überzeugungen zu gründen, spalte dies die Gesellschaft und verhindere, dass die Menschheit sich über moralische und politische Prinzipien einig werde. Welche Antworten haben christliche Ethiker auf diesen Einwand?

14.43 In welchem Sinne und in welchem Maße müssen die Wahrheitsansprüche aller Religionen genauso behandelt werden wie die von Philosophie und Wissenschaft?

BIBELSTELLENVERZEICHNIS

WEITERE ANTIKE LITERATUR

PERSONEN- UND STICHWORTVERZEICHNIS

T

ÜBER DIE AUTOREN

David W. Gooding (1925–2019) war emeritierter Professor für alttestamentliches Griechisch an der *Queen's University Belfast* und Mitglied der *Royal Irish Academy.* Er war als internationaler Bibellehrer tätig und hielt Vorträge über die Authentizität der Bibel und ihre Relevanz für Philosophie, die Weltreligionen und das alltägliche Leben. Er veröffentlichte wissenschaftliche Artikel über die Septuaginta und alttestamentliche Überlieferungen sowie Auslegungen zum Lukas- und Johannesevangelium, der Apostelgeschichte, dem Hebräerbrief, dem Gebrauch des Alten Testaments im Neuen Testament und mehrere Bücher, die sich mit kritischen Argumenten gegen die Bibel und den christlichen Glauben auseinandersetzen. Seine Analyse der Bibel und unserer Zeit hat das Denken von Wissenschaftlern, Lehrern und Studenten gleichermaßen geprägt.

John C. Lennox (geb. 1943) ist emeritierter Professor für Mathematik an der *University of Oxford* und *Emeritus Fellow* in Mathematik und Philosophie der Wissenschaften am *Green Templeton College.* Er ist auch *Associate Fellow* der *Saïd Business School.* Zudem ist er Lehrbeauftragter am *Oxford Centre for Christian Apologetics* (Zentrum für christliche Apologetik in Oxford) und ein *Senior Fellow* des *Trinity Forum.* Neben seinen akademischen Publikationen hat er Bücher über das Verhältnis von Wissenschaft und Christentum, zum 1. Buch Mose, zum Buch Daniel sowie zur Lehre von der Souveränität Gottes und dem freien Willen des Menschen veröffentlicht. Er hält international Vorträge und hat an einer Reihe von TV-Debatten mit weltweit führenden atheistischen Denkern teilgenommen.

David W. Gooding (rechts)
und John C. Lennox (links)

David Gooding / John Lennox
Was ist der Mensch?
Würde, Möglichkeiten, Freiheit und Bestimmung

Wie sollen wir unseren Weg finden in einer sich rasant verändernden Welt? Traditionelle Ideen und Werte werden radikal infrage gestellt. In dieser Buchreihe, die mit „Was ist der Mensch?“ beginnt, nehmen Gooding und Lennox unterschiedliche Weltanschauungen unter die Lupe: Was ist die Wahrheit über unsere Welt? Dabei hören sie auf die Bibel als Gottes Offenbarung, nehmen aber auch auf, was Intuition, Wissenschaft, Philosophie und die Geschichte zu sagen haben.

Was ist der Grundwert eines Menschen? Wo ist menschliche Freiheit gefährdet? Was sind die Maßstäbe für Moral? Welche Macht hat der Mensch über die Natur, und wo sind die Grenzen? Und was ist die letzte Bestimmung des Menschen? Warum leben wir?

Dabei wird deutlich: Es geht nicht nur darum, die großen Fragen des Lebens zu beantworten, sondern auch darum, bessere Fragen zu stellen als bisher. Die Buchreihe „Die Suche nach Wirklichkeit und Bedeutung“ stellt sich dieser Herausforderung.

Gb., 400 S., 15,1 x 22,8 cm
Best.-Nr. 271 651
ISBN 978-3-86353-651-0

John Lennox
Vorher bestimmt?
Die Souveränität Gottes, Freiheit, Glaube und menschliche Verantwortung

Sind wir frei – oder bestimmt Gott alles im Voraus? Eine kontroverse Frage unter Christen. Doch häufig ersetzen Schlagworte wie *Prädestination* und *Determinismus* eine gründliche Bibelexegese. Der Autor setzt sich respektvoll-kritisch mit aktuellen Positionen auseinander, um dann wesentliche Bibeltexte zu diskutieren. Er hält bewusst an der völligen Souveränität Gottes fest, betont aber auch die gottgegebene menschliche Verantwortung. Das Ergebnis ist ermutigend: Ein Christ kann sich seines Heils gewiss sein, aus einem ganz bestimmten Grund ...

Gb., 400 S., 13,5 x 20,5 cm
Best.-Nr. 271 616
ISBN 978-3-86353-616-9

Norman L. Geisler / Patrick Zukeran
Wie kann ich meinen Glauben verteidigen?
Von Jesus Apologetik lernen

Jesus war der ultimative Verteidiger der Wahrheit und des Glaubens. Lernen Sie direkt von ihm, wie sie ihre Überzeugungen wirksam verteidigen können.

Es gibt viele Bücher zum Thema Apologetik, aber wie hat Jesus selbst den Glauben verteidigt? Dieses Buch zeigt, wie unser Erlöser Menschen überzeugte. Zaghafte Christen – oder streitlustige Skeptiker – können in den Gleichnissen, Predigten und Prophezeiungen Jesu entscheidende Argumente für seine Göttlichkeit finden. Die Autoren bieten überzeugende Hilfen, wie Christus Neugierige in die Entscheidung stellte. Durch einen neuen Blick auf die Botschaft und die Wunder der Bibel wird Christi fürsorgliche Herangehensweise im Umgang mit Zweiflern neu lebendig. Ein Buch, das vielen helfen wird, überzeugend von Jesus zu reden.

Pb., 240 S., 13,5 x 20,5 cm
Best.-Nr. 271 680
ISBN 978-3-86353-680-0

institut für glaube
und wissenschaft

Das Institut für Glaube und Wissenschaft will seit seiner Gründung 1999 Denkanstöße und Orientierung in einer pluralistischen Gesellschaft geben und den Dialog zwischen Wissenschaft und christlichem Glauben fördern.

Dies tun wir durch Vorträge, interdisziplinäre Tagungen sowie Publikationen und zwei Websites. Ergänzend zu unserer Buchreihe über Glaube und Wissenschaft sollen unsere Dokumentarfilme die wissenschaftliche Diskussion verständlich und anschaulich nahebringen und kommen auch im Schulunterricht zum Einsatz. Unsere Internetseiten bieten eine umfangreiche Textsammlung zu Ethik, Geschichte, Literatur, Naturwissenschaft, Philosophie, Psychologie, Theologie und Zeitfragen.

Auf **www.begründet-glauben.org** finden Sie Videos, Audios und Texte, die Fragen beantworten und nach Schwierigkeitsgrad gefiltert werden können. Auch einen Podcast bieten wir an. Das Institut gehört zur SMD e.V. (**www.smd.org**).

www.iguw.de
www.begruendet-glauben.org
www.shop.iguw.de

Institut für Glaube und Wissenschaft

[illegible]